陶松垒 陈嫣 项将瑞 毛晨露 叶 同 编著

创造思维与专利申请

清华大学出版社

北京

内 容 简 介

本书围绕创造发明与专利申请的主题,阐述创造力开发、创造思维训练、创新人才培养、发明创造方法、检索查新、专利申请文件的撰写、专利应用实施等内容。

本书语言简洁,内容翔实,图文并茂,深入浅出,通俗易懂,适合作为进行创新教育的教材,也可供其他相关人员参考,无论是在校的师生,还是创新工作者,都会从中汲取到智慧和灵感。

图书在版编目(CIP)数据

创造思维与专利申请/陶松垒等编著. —北京:清华大学出版社,2015(2023.1重印)
ISBN 978-7-302-41099-7

Ⅰ. ①创… Ⅱ. ①陶… Ⅲ. ①创造思维学 ②专利申请 Ⅳ. ①B804.4 ②G306.3

中国版本图书馆 CIP 数据核字(2015)第 176682 号

责任编辑:汪汉友
封面设计:常雪影
责任校对:梁 毅
责任印制:丛怀宇

出版发行:清华大学出版社
   网 址:http://www.tup.com.cn,http://www.wqbook.com
   地 址:北京清华大学学研大厦 A 座   邮 编:100084
   社 总 机:010-83470000   邮 购:010-62786544
   投稿与读者服务:010-62776969,c-service@tup.tsinghua.edu.cn
   质量反馈:010-62772015,zhiliang@tup.tsinghua.edu.cn

印 装 者:三河市龙大印装有限公司
经 销:全国新华书店
开 本:185mm×260mm 印 张:22.25 插 页:2 字 数:553 千字
版 次:2015 年 10 月第 1 版   印 次:2023 年 1 月第 4 次印刷
定 价:69.00 元

产品编号:057626-01

序 一

科技兴则民族兴，科技强则国家强。国家主席习近平指出，创新是引领发展的第一动力，适应和引领中国经济发展"新常态"，关键是要依靠科技创新转换发展动力。党的十八大报告强调科技创新是提高社会生产力和综合国力的战略支撑，必须摆在国家发展全局的核心位置。这是党中央综合分析国内外大势、立足国家发展全局做出的重大战略抉择，具有十分重要的意义。

本书是基于这样的大背景下积极创新的产物。陶松垒教授作为中国发明协会的老会员，一直热衷于发明创新的研究与教学，拥有诸多科研成果和发明专利。它们被广泛应用，产生了较好的社会和经济效益。在新的形势下，陶教授深感肩上责任重大。为能培养创新人才，让更多人能成为发明创造者，他率先在大学中开设"创造思维和专利申请"课程，并将数十年的实践经验编撰成册，为鼓励和促进青少年创新、创业做出了有益的尝试。

该书从认识创新到思维训练、从方法实施到选题研究，从专利检索申报到专利应用实施，对发明创造的整个过程做了详细的梳理和讲解，旨在让发明创造者增进兴趣，树立信心，提高成功率。该书深入浅出，生动活泼，通俗易懂，将对我国开展群众性的发明创造活动，对推进科学技术进步，促进社会经济发展起着积极的作用。

创造改变生活，发明实现梦想。希望未来的发明家们发扬努力学习、勤于探索、勇于实践、开拓进取、甘于奉献的精神，积极投身发明创新与专利申请活动之中，以自己的创造性劳动为建设创新型国家、为实现中国梦做贡献。

2015 年 3 月

序　二

创新、创造、创业是人们热议的话题，"大众创业，万众创新"正成为全民共识，如何培养具有创新、创造思维的人才的问题正迫切需要我们去解决。

在各类、各层次的教育中，培养创新、创造的想法和方法固然应渗透在各门学科的课程教学中，但是开设跨学科的综合性论述创新、创造思维的课程和讲座，以及开展实践活动，对激发敢于创新、创造意识，懂得如何创新、创造的方法，培养创新、创业的兴趣也有重要的作用。

浙江科技学院长期以来从中国实际出发，借鉴德国应用科学大学经验，致力于培养应用型本科、研究生人才，崇德尚用，求真创新。在这种氛围下，陶松垒等人较早地开展了创造思维与专利申请的教学活动，不是过分依赖论文作为评判科技成果的标准，而是重视解决实际问题，追求社会和经济效益，在校内外产生了良好的影响。

我为他们能将多年来积累的资料和经验汇总、编写成书，为参与创新、创造活动的高校学生和广大有志创新、创造人士提供了一本内容丰富的读物而深感欣慰。

笪树声

2015 年 3 月

序 三

从农耕时代、工业时代到信息时代,科技的力量不断推动人类去创造新世界。以计算机、互联网、大数据、云储存为核心的信息时代,正掀起一场影响人类所有层面的深刻变革。思维方式和生活方式的改变在所难免,教育改革和学习革命势在必行。发明创造者正站在这个新时代的前沿,创新、创业已经成为这个时代的主旋律。

在这样一个新时代,有很多人虽然一生都在辛苦忙碌,读了许多书,但是到头来却没有一项属于自己的创造发明和专利成果,总是认为自己读书不够,没达到炉火纯青、融会贯通、学以致用的境界。其实限制人们发展的不是智商与学历,是自己的观念。观念决定命运,思路决定出路。做一切事情,首要问题是观念问题,有了新观念,就有了新思路;有了新思路,就有了新出路;有了新出路,就有了新财路。所谓的贵人就是开拓你的眼界,打开你的思路,带你进入新世界的人。正如本书所讲,"创造发明人人可为","发明离你仅一步之遥"。

人生最大的幸运是遇到一位好导师或读到一本好书,使自己茅塞顿开,在心灵注入正能量,让思想打开闸门,让智慧的火炬指明成功的方向。

当年,我和其他有幸接触过"创造思维与专利申请"课程的学生一样,无不从最初的惊愕到兴趣盎然,从被动接受到积极探索,从不知发明为何物到拥有自己的多项专利。同学们受到课程的激发,对科学技术产生了兴趣,自动组成科研小组,或从社会需求中捕捉课题,或从身边的小事着手,去研究,去创造。例如,如何防止飞车抢包? 如何避免 PM2.5 对人体的伤害? 如何在地震时保护自己? 如何解决快件派送难题? 如何解决城市内涝? 如何解决输电线路冰雪灾害……一个个问题接踵而来,为此,我们去检索相关资料,了解技术现状,动手开展研究、实验、创造,在研究和开发中学习知识培养能力。在这些研究探索过程中,我们不仅学会了信息利用能力、创新思维能力、团队合作能力、应变能力和对知识的驾驭能力,培养了钻研精神、冒险精神和奉献精神,还意识到创造发明是人类劳动中最高级、最活跃、最复杂、也是最有意义的一项实践活动。这个过程中使我们能将知识融会贯通、举一反三、催化质变、大彻大悟。慢慢地,我们的研究都有了成果,都有了专利,都有了论文。有些同学拥有几十项,甚至几百项专利;有些课题被列入"春萌"、"创新"、"新苗"、"国创"等创新、创业计划,得到基金的支持;有些项目得到"风投"资金或"天使"资金的资助;有些专利转让成功并得到应用投产。有些作品还获得了全国和省市创新创业大赛一等奖。受益匪浅,终生受用。

在本书出版之际,我很荣幸与大家分享自己的感受。初读本书,会觉得它是本讲述创造、思维、发明、专利的书籍,读着、学着就会产生出新想法,发明出新产品和新成果;细细品味,本书却是在讲述创造发明和专利申请的整个过程中穿插了许多做人、做事、做学问的道理,学着、做着,不知不觉地,丑小鸭就变成白天鹅;用心体会,本书还包含着教育改革的观点和学习革命、超越自我、纯化心灵的方法，从宏观环境讲到微观世界，再讲到心灵深处。

多读励志成才、纯化心灵、提升品格、修身养性的好书，会使更多立志振兴中华，报效祖国的学子成为有用之才。希望本书的读者会成为未来的科学家、发明家和成功人士……

2015 年 3 月

前　　言

1. 本书编写的意图

"创造思维与专利申请"是一门创新教育课程。本书的编写目的就是为了推行创新教育,使更多的年轻人成为发明创新人才。创新教育是建立创新型国家、建成小康社会的重要举措,是提高自主创新能力、发展经济的必然要求,是高校落实科学发展观、进行教育改革的方法,是振兴中华、赶超世界的重大策略,是国家发展战略的核心,是提高综合国力的关键。当前,全国乃至全球都需要大量的创新人才。开展创新教育,激发大学生发明创造的积极性,使大学成为培养创新创业者的摇篮,使年轻人拓展才智、全面发展、健康成长,是功在当代利在千秋的伟大事业。

中华民族曾以无与伦比的创造发明和辉煌的历史文化雄居世界民族之林,但是自工业革命以来,世界重大科学发现和重大发明中几乎没有中国人的成果,诺贝尔科技类奖项的名单中直到 2015 年才有中国内地的科学家。值得我国教育全面反思的是,传统的应试教育过分强调继承和接受,束缚了学生的创新精神和创新意识,使许多人缺乏创造性,缺乏坚强的意志和毅力,缺乏吃苦耐劳的精神,高分低能,劳动和生活能力差,不能适应信息时代社会发展变化的要求。中国教育在这个新的历史结点上,担负着培养和造就大批振兴中华、赶超世界人才的历史使命。

创新教育是通过提出问题、检索查新、发明创造、科学实验与专利申请等教学实践活动,塑造创新人格,启迪创新思维,开发创新能力,培养创新人才的新型教育。它超越了固有经验乃至习惯的束缚,既爱护和培养学生的好奇心和求知欲,又帮助学生自主学习、独立思考,保护学生的探索精神、创新思维。通过理想、信念、意志、个性、献身精神等方面的教育,使学生多角度、全方位地正确评价自己。通过创新教育,极大地提高学生的创造精神和实践能力。

2. 我的发明创造之路

在我的成长历程中,发明创造使我这个普通孩子成长为有突出贡献的科技专家。从小父母经常给我讲童话、神话、寓言、谜语等。我从故事中吸取了不少营养,使我具有了较为宽广的想象力。上小学前的我喜欢玩,那时候没有什么玩具,看到沙堆就会去挖"隧道",碰到泥滩就会去筑"水库",我成为土木建筑工程师可能也与此有关。儿时虽然常搞得衣裤很脏,所筑的"堤坝"、所建的"水渠"、所挖的"山洞"、所造的"桥梁"没过几天都"溃塌归零"了,但是内心却充满着创造的喜悦。我上小学时喜欢看书,尤其是科普类的书籍,例如看了《少年电工》《少年航模制作》《科学小实验》之后常会按照书上的介绍自己动手制作一些小玩意,从开始的变压器、万花筒、单管机、显微镜、电动机、发电机、收录机到后来的航模、遥控船、遥控飞机,电视机等,虽然所做的物品没有像批量生产的产品那样漂亮,但是在一次次的失败和一步步的深入中,内心常洋溢着成功的快乐。

在"文革"时期,我有机会跟着父亲下车间劳动,学会了车、钳、刨、焊、电、机方面的技术,高中毕业就上山下乡,历经过农、工、兵、学、商。在农村的广阔天地,我搞过农机改造、土地改良、植保、除虫、杂交、嫁接、真菌培养，当亲手育出银耳、灵芝、蘑菇时，真有成就感。在船厂当机电工时，船上的交流接触器和继电器经常出现故障，我经过观察思考，在查阅书籍资料后，发明了多功能自带信号交流接触器，不但减少了故障，而且提高了工作效率。在部队当汽车兵时，我留校任汽车教导员，迷上了汽车节油净化技术的研究，检索了当时几乎所有的汽车节油净化的资料，以寻求创造灵感，经潜心研究，反复试验，终于打破了动力性和经济性不可兼得的思维桎梏，发明了汽车变工况下的节能净化方法，实现了在汽车减速行驶时截止燃油消耗，在汽车匀速行驶时适当调稀空燃比，不影响动力，不增加操作。经测试，加权平均节油率 11.4%，一氧化碳、碳氢化合物排放量比安装前分别下降 93.7% 和 89.3%。该技术被多个厂家采用，并在 1988 年获原商业部（现商务部）重大科技成果一等奖。在企业和高校，我曾带领团体开展科学研究与创新教育实践，在软基快速筑堤、软黏物料远距离管道输送等方面取得了成果，逐步走上了"发明创造→专利申请→应用实施→取得效益"的良性循环，同时也培养了一批创新人才。

回顾自身经历，收获颇多，深深感到，创造发明魅力四射，专利申请其乐无穷。

3. 创新教育的研究与实践

长期以来，应试教育深深影响着我国的大、中、小学校及学生。传统教学的弊端很显然，例如课程教学目标单一，唯知识目标倾向严重；课程教学脱离学生生活与社会实际，本本倾向严重；学习方式单一，过于依赖以知识结果获得为目的的接受性学习、死记硬背、机械记忆等，这些都不利于创新人才的成长。应试教育把考试成绩作为社会人才培养和使用的唯一标准。把唯一标准答案，强行灌输给学生，以单一标准答案符合与否，作为能力判断的唯一尺度，使学生丧失想象力和原创力，丧失探求真理的动力。应试型人才擅长模仿、抄袭和剽窃，以作弊和应付的方式完成工作；擅长放弃主体性，拒绝独立的价值判断，服从威权，按别人的思路行走；擅长在被规训的压力处境中生存；擅长从社会责任和义务中逃脱。应试教育消解了创新思维生长的可能性，成为创新人才培养的阻碍。

在来到大学任教以前，我在浙江省围海集团公司当总工程师，兼任青少年科技辅导员协会理事，经常对学生的小发明小论文进行指导，每年也有一些大学生来我手下工作，使我知道学校的应试教育与社会脱节严重。来到大学工作后，一直在思考创新人才的培养问题，从事创新教育的研究与实践。我认为教育的最高境界是培养具有做事能力的创新创业人才，而绝非记忆工具。教师再也不能仅把十几年前从老师那里获得的知识复制给自己的学生，要逐步打破应试教育一统天下的现象。

浙江科技学院自开展创新教育以来，以"崇德、尚用、求真、创新"的办学理念，体现"学以致用，全面发展"的高层次应用型创新人才培养观念。以创造发明、科研立项、创新竞赛、实践实习和专利申请为抓手，在校内掀起创新创业的热潮。在教学中融入发明创造的实践活动，形成"培养能力，强调实践，激励创新"的机制。发挥应用型大学的优势，实现产、学、研结合，实现发明专利的产业化。既注意学科内部各教学内容间的纵向联系，还注意不同学科之间的横向沟通。针对科技、经济和社会发展的需要设置课程，引导学生对不同学科的知识进行综合、重组，使各种知识、技能相互迁移、交叉、渗透，互成体系，最终形成"能力链"、"知识树"的整体网络。促进自由选课，自主学习。注重培养学生创新思维，鼓励他们冲破思维定式的束缚，发挥逆向思维、延伸思维、发散思维，不唯书、不唯师、不唯权威，克服从众心理，勇于标新立异、大胆质疑、独树一帜、追求创新。在"启迪创造思维，培养创新能力，塑造创新人格，培养探索精神"方面做了积极的探索。出现了一批具有创新和实践能力的研究型本科学生。在出人才、出成果上，取得了一些可喜的成绩。

4. 一点体会

在发明创造与专利申请课程的教学中，我逐渐得到如下体会。

（1）学生中蕴有无限的创造潜能。在创新教育的实践中不难发现，每个学生都具有自己的聪明才智和创造潜力。不管是否考上重点大学，年轻人的潜能都是不可估量的。学生的头脑一旦被激活，智慧就会如火山爆发一样。创新能力皆可传授，皆能开发的。发明创新，人人可为，人人是创造之人，天天是创造之时，处处是创造之地。在中学创新教育中，出现了吴伟标这样的多个全国和省市一等奖学生。在中职创新教育中，出现了朱振霖这样的一批全国和省市一等奖学生。在大学创新教育中，出现了一个普通高校每年申请专利一千多项的情况。《浙江日报》在 2006 年 11 月 1 日文教科卫头条新闻，专题报道了浙江科技学院开展创造发明和专利申请的情况，题为《蚕宝宝直接织布，硬币自个儿排队——浙江科技学院学生搞发明越来越"异想天开"》，对学生们的创造发明大加赞赏。

（2）促进学生独立思考。独立性到创造性是人才成长的普遍规律，通过对学生独立的意识培养和创造力的开发，使每个学生都变得越来越聪明可爱。很多学生开心了，自信了，忙碌了，有了自己的想法和目标，成为了学习的主人。《浙江日报》在 2008 年 11 月 18 日政治与社会头条新闻，专题报道了浙江科技学院的一学生给校长写的信引起师生大讨论的情况，题为《学生才是学校真正的主人》。

（3）促进学生自主学习。发明创新需要多方面的知识，这就促进了学生的自觉学习和自主学习。看到自己的特长，克服厌学情绪，激发学习兴趣。玩电子游戏的少了，上网检索资料的多了；只是围绕着课本学习的少了，围绕着问题学习的多了；死读书，死记硬背应付考试的少了，自由选题，自主学习，学以致用，产学结合的多了。我校有一名学生开始学习成绩不太好，打算休学，经过创新教育，发明了等离子反截获导弹，获首届发明创造和金点子大赛一等奖。继而一发不可收，她奋发学习，大胆钻研，连获浙江省电子设计大赛二等奖，全国机器人大赛一等奖、二等奖，同时，她的学习成绩也得到了提高。很多学生结合所学专业，学以致用，理论和实践相结合，发明了轻便式汽车防晒防冻罩，无纺真丝织物和方法，下吸式免拆洗脱排油烟机，鞋子防水防污保护膜套及制备方法，精炼石油水乳剂的生产工艺和方法，等等。

（4）促使学生走近科技前沿。发明创造培养学生搜集信息和利用信息的能力。根据社会需要，学会选题方法，并对自己选题进行检索查新，登高望远，一览无余，极大地开阔了学生的眼界，丰富了学生的知识，提早熟悉了本领域世界前沿的现有技术状况和国内外同行所需要解决的难题。针对性地在干中学，边研究边学习，把创新教育与专业教学、科技立项、学科竞赛结合起来。促使学生站上巨人的肩膀，走近了科技前沿。为学生施展才华，拓展睿智，体验成功提供机会。例如，有些学生针对南方地区的冰雪灾害发明了架空输电线路防冰雪灾害方法、输电线冰雪去除方法、架空输电线自动激振器、架空输电线路冰雪感应器等。针对世界石油危机学生发明了可燃粉末内燃机、生物粉末燃料和粉末燃料内燃机。针对中国四川汶川大地震发明了地震避难柜、家用地震警报器、抗震救灾气压顶袋等。

（5）提高了学生的整体素质。教育应是开启受教育者的头脑，而不是在头脑中塞装一些东西。传统教育的悲哀，是把数以千万计的尽善尽美的人脑变成装信息的容器。传统教育中,对于知识、技能教授得多,对独立创新意识的培养少。创新教育符合学生的需求和发展激发了学生的创新意识、培养了学生的创新能力,到了发明创造的物化阶段,还需要有动手操作能力、观察分析能力、人际交往能力、语言表达能力等,促进学生整体素质的提高。有很多学生拥有几十项,甚至几百项专利,很多学生成为中国发明协会会员,很多学生的专利成功转让,应用投产,还有很多学生在大学生电子设计大赛、机械设计大赛、结构设计大赛、"挑战杯"等竞赛中获得大奖。

(6)促使学生思考并解决社会生活中的难题。传统教育只重视书面知识,考试是各自为政,用不着互相交流。现行教育使学生埋头书本,无暇他顾,这使许多学生走向社会后很不适应。经过创新教育的学生自信、自立、自强,走向社会必备而常规教育所忽视的各种能力在创新教育中得到了加强。学生结合所学专业知识,针对社会中遇到的问题,瞄准市场需求进行研究。例如,针对城市中的 PM 2.5 问题,学生发明了室内空气净化器;遇到下雨天高速路面视线不良问题,发明了汽车轮胎罩防溅防雾化结构及方法;遇到城市水涝问题,发明了城市窨井淤泥清运方法;遇到下水道爆炸事故,发明了下水道易燃气体含量控制系统的结构和方法……

(7)提高了就业率。学校应试教育分数至上,用人单位则看重能力,人才标准出现错位是造成大学生就业难的一个重要原因。创新教育引导学生利用所学的专业,做一些适应社会、面向未来的小发明、小创造,并努力创造条件,让这些成果走向社会,走进市场。改变了学生高分低能,毕业等于失业的现象,使学生提早进入社会,融入企业,根据社会需求培养创新能力。在当今社会,科技成为第一生产力,创造性人才备受欢迎,具有创新能力的人才进入企业,不久都能成为企业的中坚力量。

5. 编写过程

本书所用资料大多是在多年的创新教育过程中积累形成的。

开始是在大学生中组织兴趣小组,在校内外开设讲座。内容包括与大学生谈创新创业、大学生是 21 世纪创新创业的主力军、发明创造与专利申请、创造品格的培养与发明创造、创造思维能力培养与大学生创造力开发、实践能力培养与学习方式的转变、发明创造人人可为、如何指导学生开展发明创造活动、创新人才培养方法等。

创新的人数逐渐多了,就开设选修课。在讲座提纲的基础上编制了教学大纲,包括教学内容及教学基本要求,课内实验或实践环节教学安排及要求,教学方法,学生创新精神和实践能力培养方法等。

随着学校的重视,每个学生必须有两个创新学分才可以毕业。学校拨专款支持学生科研创新活动。开展创新文化节活动和竞赛活动有发明创造与金点子大赛、创新创业大赛、大学生挑战杯、大学生创业杯、设计竞赛、专利知识竞赛等。开展科研实习活动有建立各种创新创业实习基地,开放实验室,固定科研实习时间,鼓励参加新苗计划、创富项目和各种科技项目,讨论怎样做人、做事、做学问,什么是人才,怎样成才,怎样结合自己所学的知识进行创新创业,怎样把科学技术转化为生产力,怎样规划自己的人生,形成人人参与创新的氛围。

本书第 1~4 章由陈嫣编写,第 5~7 章由项将瑞编写,第 8~11 章由毛晨露编写,第 12 章由叶宁同编写,最后由陶松垒统稿完成。

6. 对读者阅读的建议

(1)要自信。首先要有"我能行"的心理暗示,要建立自信心。要改变潜意识,使原来储备的知识能有效整合。不能总是想"我不行，我不懂"，障碍自己思维的伸展。

（2）要转变。指导思想从应试教育向创新教育转变；教学立足点从知识本位，向能力、对象、用户、市场本位转变；教师从组织者、主导者、领导者地位向辅导者、引导者、主持人的地位转变；学习方式从死记硬背向开拓型、突破型、积累型转变。

（3）要站到巨人的肩上。要瞄准社会的需求选一个研究课题，充分利用信息，查找相关资料，对自己的课题进行检索，运用创造原理技法对自己的选题进行研究，然后把自己的研究写成专利文件。

（4）要交流合作。课堂讲授时，要求围绕中心问题开展讨论，采用启发式、研讨式、案例分析式，互相启发，解放思想，开动脑筋。学生之间、师生之间进行交流。课外自学，动手动脑，实验实践，鼓励创新。鼓励不同学科、不同特长、不同个性的人之间的合作。

（5）要在干中学。鼓励学以致用，学科交叉，产、学、研相结合，要求边干边学，动手动脑。要与产业界密切配合，教学与社会需求、生产劳动相结合。

（6）要努力成才。通过本书所涉问题的研学，使更多的学生懂得怎么做人，怎么做事，怎么做学问。走出应试教育的阴影，观察生活，发现自我，创造人生，挑战未来，成为学习的主人，成为新时代具有实践能力和开拓精神的高素质的创新人才。

7. 全书重点及特色

本书全部采用我和学生们的发明创造和申请专利的事例，通过本课程教学，力图培养具有创新意识、创新能力、创新人格、应用型创新人才的新世纪学生；使学生懂得创造发明和专利申请并不神秘，它常常就在你的身边；使学生知道创造发明和专利申请的主要方法，激发创造欲望；让学生形成强烈的创造愿望和养成良好的创造品格；使学生解放思想，学以致用，动手动脑，实验实践，早日成为创造性人才。希望读者能从中汲取到智慧和灵感，起到抛砖引玉的作用，敬请批评指正。

8. 鸣谢

在创新教育的实践中及本书编写出版的过程中，得到了浙江科技学院原校长杜卫教授、教务处长罗朝盛教授和浙江科技学院发明协会的创始人白建辉会长，以及为创新教育的开展作出贡献的老师和学生的大力支持。在此再次向他们致以由衷的感谢！

感谢中国教师发展基金会教师出版专项基金的资助，使得本书能够顺利出版。

当然，最要感谢的是我的夫人陈丽君，她总是默默地为我做好所有工作，使我有更多的时间投入科研与创作。另外，她还是我作品的第一欣赏者和批评者，每每都能提出一些意想不到的宝贵意见。

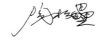

2015 年 8 月

目　　录

上篇　创造发明

第1章　走近创新 …………………………………………………………… 3
　1.1　让思维飞翔 ………………………………………………………… 4
　　1.1.1　突破思维定式 ……………………………………………… 4
　　1.1.2　展开想象的翅膀 …………………………………………… 8
　　1.1.3　开展创新思维 ……………………………………………… 10
　　1.1.4　排除思维障碍 ……………………………………………… 12
　1.2　创新教育 …………………………………………………………… 14
　　1.2.1　应试教育 …………………………………………………… 14
　　1.2.2　创新教育 …………………………………………………… 16
　1.3　创造的基本特征 …………………………………………………… 20
　　1.3.1　创造的实践性 ……………………………………………… 20
　　1.3.2　创造的新颖性 ……………………………………………… 21
　　1.3.3　创造的社会效果 …………………………………………… 22
　1.4　创造过程和结构模式 ……………………………………………… 23
　　1.4.1　王国维模式 ………………………………………………… 23
　　1.4.2　"三阶段"模式 ……………………………………………… 24
　　1.4.3　"五阶段"模式 ……………………………………………… 24
　　1.4.4　更多创造模式 ……………………………………………… 25
　1.5　创造是继承和发展的过程 ………………………………………… 26

第2章　创造力开发 ………………………………………………………… 29
　2.1　人人具有创造力 …………………………………………………… 30
　　2.1.1　无时无处不在的创造力 …………………………………… 30
　　2.1.2　人人都有一个尽善尽美的大脑 …………………………… 31
　　2.1.3　创造力的特点和构成 ……………………………………… 33
　2.2　环境与创造力 ……………………………………………………… 36
　　2.2.1　环境对创造力人才培养至关重要 ………………………… 36
　　2.2.2　创造力要及早开发 ………………………………………… 37
　　2.2.3　创造力的开发环境 ………………………………………… 38
　　2.2.4　科技发展的良好创造环境 ………………………………… 40
　2.3　创造力开发方法 …………………………………………………… 42
　　2.3.1　生理开发 …………………………………………………… 42

2.3.2 心理开发 ··· 44

2.3.3 全脑开发 ··· 46

2.3.4 学习力开发 ·· 48

2.3.5 行动力开发 ·· 51

2.4 创造力测试··· 53

2.4.1 大学生的创造力测试 ································· 53

2.4.2 其他的创造力测试方法 ····························· 57

第3章 创造思维训练 ··· 59

3.1 创造思维 ·· 60

3.1.1 认识思维 ··· 60

3.1.2 思维过程 ··· 60

3.1.3 创新思维 ··· 61

3.2 几种创新思维简介 ·· 61

3.2.1 发散思维 ··· 61

3.2.2 收敛思维 ··· 64

3.2.3 求异思维 ··· 65

3.2.4 联想思维 ··· 66

3.2.5 灵感思维 ··· 68

3.2.6 逆向思维 ··· 70

3.2.7 其他思维方法 ··· 71

3.3 思维训练··· 72

3.3.1 右脑开发 ··· 73

3.3.2 集中精力训练 ··· 73

3.3.3 全脑训练的手指练习 ·································· 74

3.3.4 左脑训练 ··· 75

3.4 头脑风暴 ·· 78

3.4.1 什么是头脑风暴 ·· 78

3.4.2 辨识目标与问题 ·· 78

3.4.3 头脑风暴的准备 ·· 78

3.4.4 头脑风暴的运用要点 ·································· 79

3.4.5 团队头脑风暴 ··· 79

3.4.6 头脑风暴的规则 ·· 80

3.5 思维导图 ·· 82

3.5.1 放射性思维的外在图 ·································· 82

3.5.2 什么是思维导图 ·· 82

3.5.3 创造天才的笔记 ·· 83

3.5.4 绘制思维导图的规则 ·································· 85

3.6 奥斯本检验表法 ··· 86

   3.7   批评性思考 ·· 88

      3.7.1 擦亮双眼,看清世界 ·· 88

      3.7.2 社会力量、大众媒体以及人们的经验 ················· 89

      3.7.3 常见的思维方式 ··· 90

      3.7.4 要想得到答案,先要问对问题 ····························· 90

      3.7.5 思考元素之间的关系 ··· 91

      3.7.6 用概念思考 ··· 92

      3.7.7 用信息思考 ··· 93

      3.7.8 推论和假设 ··· 93

      3.7.9 区分信息、推论以及假设 ····································· 95

      3.7.10 理性思考的标准有哪些? ··································· 96

第4章　超越自我 ··· 99

   4.1   改变自己,超越自我 ··· 100

      4.1.1 创造发明就是自我超越 ······································· 100

      4.1.2 超越自我的方法 ··· 102

   4.2   创造品格培养 ·· 104

      4.2.1 创造品格的要素和特性 ······································· 104

      4.2.2 高创造力者的特征 ··· 106

      4.2.3 创造品格的培养 ··· 108

   4.3   创造潜力发掘 ·· 109

      4.3.1 创造潜力人人都有 ··· 109

      4.3.2 创造潜力的特性 ··· 111

      4.3.3 创造潜力的开发方法 ··· 111

   4.4   走向成功的秘诀 ··· 113

      4.4.1 成功的含义 ··· 113

      4.4.2 向成功人士学习成功的方法 ······························ 115

      4.4.3 成功秘诀:超越自己 ··· 115

      4.4.4 享受人生的绝妙境界——无我 ·························· 116

第5章　走进发明创造 ·· 119

   5.1   发明创造传奇 ·· 120

   5.2   发明创造剖析 ·· 122

      5.2.1 什么是发明创造 ··· 122

      5.2.2 发明创造的要素 ··· 122

   5.3   发明创造的规律 ··· 123

   5.4   发明的灵光一闪 ··· 126

      5.4.1 自主发现 ··· 126

      5.4.2 他人反映 ··· 128

　　　5.4.3　普遍存在的社会问题 ·· 130

　5.5　发明创造的源动力 ·· 133

　　　5.5.1　以解决具体问题为目标 ·· 133

　　　5.5.2　利益驱使 ·· 135

　　　5.5.3　偶然兴趣为之 ·· 136

　5.6　发明的实践 ·· 137

　　　5.6.1　创造外界的新事物 ·· 137

　　　5.6.2　改变旧事物的固有结构 ·· 138

　　　5.6.3　治理和改造环境自然环境 ······································ 140

　5.7　发明的挑战 ·· 141

　　　5.7.1　动手挑战 ·· 141

　　　5.7.2　大学生"挑战杯"简介 ·· 141

　　　5.7.3　其他挑战杯 ·· 142

第6章　发明创造方法 ·· 145

　6.1　TRIZ 理论 ··· 146

　　　6.1.1　TRIZ 简介 ··· 146

　　　6.1.2　TRIZ 理论的主要内容 ·· 147

　　　6.1.3　TRIZ 理论的基本哲理 ·· 147

　　　6.1.4　核心思想 ·· 148

　　　6.1.5　使用中的 40 个原则 ··· 148

　6.2　列举法 ·· 154

　6.3　组合法 ·· 157

　6.4　联想法 ·· 158

　6.5　类比法 ·· 159

　6.6　移植法 ·· 159

　6.7　换元法 ·· 161

　6.8　迂回法 ·· 164

　6.9　逆反法 ·· 166

　6.10　强化法 ··· 169

　6.11　仿生法 ··· 171

第7章　创造发明的选题与研究 ·· 175

　7.1　选题的意义和原则 ·· 176

　　　7.1.1　选题很重要 ·· 176

　　　7.1.2　选题要遵循的原则 ·· 176

　7.2　选题的范围和步骤 ·· 177

　　　7.2.1　选题的范围 ·· 177

　　　7.2.2　选题的来源 ·· 177

7.2.3　选题的步骤 ·· 180

7.3　必须克服的常见问题 ·· 181

7.4　课题研究 ·· 184

7.4.1　制订研究方案 ·· 184

7.4.2　开题论证 ·· 185

7.4.3　实施研究 ·· 185

7.4.4　课题研究总结 ·· 186

7.4.5　中期研究总结 ·· 187

7.5　小发明课题实施与评价 ·· 188

7.5.1　小发明 ·· 188

7.5.2　小发明实施的步骤 ·· 188

7.5.3　检验与评价 ·· 189

7.6　课题研究实例 ·· 190

下篇　专利申请

第8章　专利与专利法 ·· 201

8.1　专利权 ·· 202

8.1.1　从知识产权说起 ·· 202

8.1.2　专利权 ·· 202

8.2　授予专利权的条件 ·· 206

8.2.1　实质条件和形式条件 ·· 206

8.2.2　发明或实用新型的积极条件 ·· 206

8.2.3　外观设计的积极条件 ·· 208

8.2.4　消极条件 ·· 209

8.3　选择申请专利的种类及原则 ·· 210

8.3.1　如何选择专利申请的种类 ·· 210

8.3.2　专利申请的一般原则 ·· 210

8.4　专利申请前的准备 ·· 212

第9章　信息利用与专利检索 ·· 215

9.1　信息资源和信息素养 ·· 216

9.1.1　信息资源的特点 ·· 216

9.1.2　信息素养 ·· 217

9.2　检索和信息利用 ·· 219

9.2.1　检索就是搜索和获取相关信息 ·· 219

9.2.2　检索是一个思维过程 ·· 220

9.2.3　检索是一个学习的过程 ·· 221

9.2.4　检索是一个发明创造的过程 ·· 223

9.2.5　检索是一个站上巨人的肩膀的过程 ·· 224

9.3　如何进行检索查新 ·· 224
　　9.3.1　检索查新的一般方法 ······························· 225
　　9.3.2　常用搜索引擎的介绍 ······························· 226
9.4　专利检索 ·· 228
　　9.4.1　专利信息 ·· 228
　　9.4.2　专利的检索查新 ···································· 229
　　9.4.3　专利检索策略 ·· 229
　　9.4.4　专利信息数据库 ···································· 231
　　9.4.5　专利信息检索方式 ································· 232
　　9.4.6　专利信息检索入口与字段 ···················· 233
　　9.4.7　实战演练 ·· 234
　　9.4.8　常用专利检索网站介绍及应用 ··············· 239

第 10 章　申请专利的途径和流程 ····························· 241
10.1　专利申请的途径 ·· 242
　　10.1.1　递交申请文件的 3 个途径 ···················· 242
　　10.1.2　提交文件的注意事项 ··························· 242
10.2　专利申请审批制度 ··· 243
　　10.2.1　审查制度 ··· 243
　　10.2.2　授予原则 ··· 243
　　10.2.3　我国的专利审批制度 ··························· 244
10.3　专利流程详解 ··· 245
　　10.3.1　发明专利的审批流程 ··························· 245
　　10.3.2　实用新型专利的审批流程 ···················· 248
　　10.3.3　外观设计的审批流程 ··························· 250
　　10.3.4　专利审批流程的几点补充 ···················· 250
10.4　专利的电子申请 ·· 253
　　10.4.1　电子申请基本知识 ······························ 253
　　10.4.2　电子申请使用流程 ······························ 254
10.5　专利缴费 ··· 261
　　10.5.1　专利费用介绍 ······································ 261
　　10.5.2　专利费用的减缓 ··································· 264
　　10.5.3　缴费注意事项 ······································ 264
　　10.5.4　费用减缓请求 ······································ 265
10.6　专利国际申请 ··· 266
　　10.6.1　专利国际申请的条件 ··························· 266
　　10.6.2　专利国际申请的途径和流程 ················· 266
　　10.6.3　专利国际申请的作用和意义 ················· 267

第 11 章　专利申请文件的撰写 ··· 269

11.1　撰写专利申请文件的步骤和原则 ·· 270

11.2　外观设计专利申请文件的撰写 ·· 271

11.2.1　外观设计专利请求书的填写 ·· 272

11.2.2　外观设计的图片或照片 ·· 272

11.2.3　外观设计的简要说明 ·· 274

11.2.4　外观设计专利的撰写示例 ·· 274

11.3　发明和实用新型专利申请文件的撰写 ·· 276

11.3.1　权利要求书的撰写 ·· 277

11.3.2　说明书的撰写 ·· 282

11.3.3　说明书摘要的撰写 ·· 287

11.3.4　说明书和摘要的附图 ·· 287

11.3.5　发明专利申请文件的撰写实例 ··· 288

11.4　实用新型与发明专利请求文件的不同点 ···································· 295

11.4.1　实用新型的特点 ··· 295

11.4.2　实用新型申请文件撰写实例 ··· 296

11.5　其他文件的撰写 ··· 302

11.5.1　请求书 ··· 302

11.5.2　费用减缓请求书 ··· 303

11.5.3　补正书 ··· 304

11.5.4　意见陈述书 ·· 305

11.5.5　其他表格的填写 ··· 306

第 12 章　专利应用实施 ··· 307

12.1　专利应用实施的意义 ·· 308

12.1.1　专利应用实施的概念 ·· 308

12.1.2　专利应用实施的意义 ·· 310

12.2　专利转让 ·· 312

12.3　专利合同 ·· 313

12.3.1　专利转让合同 ·· 313

12.3.2　专利实施许可合同 ·· 315

12.3.3　专利实施许可合同备案 ·· 316

12.3.4　需注意的一些细节 ·· 317

12.4　专利应用实施的方法 ·· 320

12.4.1　专利应用实施难的原因 ·· 320

12.4.2　对专利转让实施难的对策 ·· 321

12.4.3　专利应用实施的一般方法 ·· 321

　　　　12.4.4　专利应用实施中一些不容忽视的问题 ················· 324

　12.5　专利的应用实施案例 ····································· 325

　　　　12.5.1　专利的应用实施的智慧 ··························· 325

　　　　12.5.2　案例应用和分析 ································· 327

参考文献 ··· 333

上篇

创造发明

创造发明就是运用现有的科学知识和科学技术，首创出先进、新颖、独特的具有社会意义的事物及方法，有效地解决某一实际问题。

第 1 章　走 近 创 新

创新是人类独有的活动，是人类所进行的能动的创造性活动，是人之所以为万物之灵的一大基本特征。

1.1　让思维飞翔

人才最本质的特点在于创造。一提到发明创造，人们就会觉得深不可测，高不可攀，认为这是伟大的科学家和发明家们干的事。而实际上，人人都具有创造性，人人都可以是发明者。

每个孩子都具有发明家的天赋，问题在于是否能够在长大的过程中，继续保持发明家的灵性，成人后能否打破条条框框的束缚，超越自我，克服思维定式，给思维一个自由飞翔的空间。

1.1.1　突破思维定式

1. 什么是思维定式

人们在工作和生活中会形成一些固定性、模式性、习惯性的思维方式，人们称之为思维定式。成人在筛选信息、分析问题、做出决策的时候，总是习惯于从固定的角度来观察、思考事物，以固定的方式接受事物，自觉或不自觉地沿着熟悉的方向和路径进行思考，而不愿意另辟蹊径。

【小实验】　把跳蚤放在广口瓶中并用透明的盖子盖上。一开始，跳蚤会不断地跳起来撞到盖子，但是当持续观察一段时间后便会发现，虽然跳蚤还会继续地跳，但是再也不会跳到撞到盖子的高度了，以至于最终当拿掉盖子时，它们也不会跳到广口瓶以外去。为什么呢？理由非常简单，跳蚤已经习惯了自己跳跃的高度，变得不再"突破"自己了。

不要嘲笑可怜的跳蚤，人也是一样——夜里想想有千条路，每天起来还是走老路，总是习惯在框定的范围内进行活动，喜欢选择熟悉的方向和路径，这便是人的思维定式。

中国古代的八股文，每篇文章均按一定的格式，由破题、承题、起讲、入手、起股、中股、后股、束股八部分组成，字数、章法与格调都要限定。题目主要摘自四书、五经，所论内容主要依据宋朝朱熹所著的《四书章句集注》，不得自由发挥、越雷池一步。作为考试的文体，八股文从内容到形式都很死板，无自由发挥的余地，不仅使人的思想受到极大的束缚，而且败坏学风。在科举制度下，尤其是自宋朝之后随科举而来的应试教育极其深刻地影响到社会的各个角落。经过县试、府试、院试、乡试、会试和殿试，从童生、秀才到进士，层层选拔，束缚着一代又一代人的实践能力，扼杀了无数的创新思维。

在当今的信息化网络时代，人们总是面对各种各样的屏幕，完全依靠搜索引擎代替传统的学习行为。久而久之，会对互联网产生过度的依赖。使人的信息获取渠道单一，实践能力退化，失去了独立自主思考能力和动手能力，失去了使用灵感直觉的创新能力。

"人"被框住便为"囚"。学会如何打破框框，让思维飞翔，超越自己，创造出新发明是本章讨论的重点。

【思考题】　用4条直线一笔将图1-1(a)中的9个点连接起来，不得断笔、重笔。

答案本来是一件很容易的事，如图1-1(b)所示，但是对于学过"拐点"概念的人来说，总想在点上去拐，从而束缚了自己的思维。

【思考题】　用一条直线一笔将图1-1(a)中的9个点连接起来，不得断笔、重笔。

处理这道题时,小孩可能会直接用粗大的毛笔一画就行了,如图1-2所示。但是对于学了数学中"点、线、面"概念的大人们来说,往往难以实现。

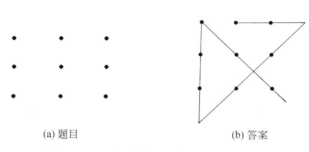

(a) 题目　　　　　　　　　　(b) 答案

图1-1　用4条直线一笔将9个点连接起来,　　　　图1-2　用一条直线一笔将9个
　　　　　不得断笔、重笔　　　　　　　　　　　　　　　　　点连接起来

可见,人们头脑中先入为主的概念、教条的方法和固有的观念阻碍着自己的思想。

【思考题】　有一只长方形的容器,里面装了3kg的水。想个简便的办法,把容器里的水去掉一半,使之剩下1.5kg。

有人说,把水冻成冰,切去一半;还有人说,用另一容器量出一半。但是最简便的方法,是把容器倾斜成一定的角度。相当于将一块长方形木块,从对角线锯成两块。如果是固体,人们很自然会从这方面去想;如果是液体,就要靠思维去分析。

这个例子再次说明,问题的答案往往不是唯一的,从多种角度出发得到的答案可能都是正确的。看问题时既要看到事物的这一面,又要想到它的另一面;平面问题可以看成立体问题,液体可以想象成固体,反之亦然。平面几何学成功地把三维中的一些问题抽象成了二维,使许多问题得以简化;而在生活中,应避免三维简化为二维的思维定式。

【思考题】　在河边停着一只小船,这只小船只能容纳一个人。有两个人同时来到河边,可是他们都乘这只船过了河。那么他们是怎样过河的呢?

答案很简单,即两人分别处在河的两岸,先是一个渡过河来,然后另一个渡过去。对于这道题,有些人大概"绞尽了脑汁"。的确,小船只能坐一人,如果他们是处在同一河岸,对面又没有人,他们无论如何也不能都渡过去。当然,也可能也设想了其他方法,例如一个人先过去,然后再用什么方法让小船空着回来……但是为什么始终要想到这两个人是在同一岸边呢?题目本身并不一定有这样的意思呀!看来,还是自己从习惯出发,从而形成了"思维栓塞"。

思维定式是人们从事某项活动的一种预先准备的心理状态,它能够影响后继活动的趋势、程度和方式。

2. 构成思维定式的因素

(1) 有目标的注意。例如,在随行的旅游者毫无察觉的情况下,猎人向导却能很快发现潜伏在草丛中的野兽,这就是思维定式的作用。

（2）刚刚发生的感知经验。例如，人在多次感知两个重量不相等的钢球后，对两个重量相等的钢球也会认为不相等。

（3）认知的固定倾向。先前形成的经验、习惯、知识等都会使人们形成认知的固定倾向，影响后来的分析、判断，形成"思维栓塞"，即思维总是摆脱不了已有"框框"的束缚，从而表现出消极的思维定式。

【思考题】 给出两张照片，看看图 1-3 所示的两幅图中是否为两位女士？估计一下岁数是多少？长相如何？衣着如何？身份又如何？

(a)   (b)

图 1-3　两位女士

有人或许会认为图 1-3(b) 中的女士是位妙龄女子，时尚、端庄，讨人喜欢；也有人会说这位女士已有六七十岁，而且面带忧愁；读者又会怎样认为呢？

人的思维是随着年龄的增长而变化的。孩子们的思想没有框框，而成年人往往有一大套固定的生活习惯和经验，人越老这种倾向越突出。经验固然难得，但是换个角度看问题，这也许是"成熟"的象征。

例如，有一组同心圆一组同心正方形和一组同心三角形，要是仅仅把它们看作是 3 种大套小的不同的图形，那就说明可能自己的思维已在老化。而一般的孩子则可能把它们想象成多种物品：同心圆像钟表的发条，同心三角形像俯视的金字塔，同心正方形像一枚方章……

3. 试一试自己突破思维定式的能力

【思考题】 针对下列问题，试试自己突破思维定式的能力。

（1）篮子里有 4 个苹果，由 4 个孩子平均分，最后篮子里还有一个苹果，这是怎么回事？

（2）一位卡车司机撞上一个骑摩托车的人，卡车司机受重伤，摩托车手却没事。

（3）小黄因工作需要常交际应酬，虽然每天都很早回家，可老婆还是抱怨不断。

（4）谁最喜欢出口伤人？

（5）生米煮成熟饭时怎么办？

（6）小惠很怕打针，但今天医生给她打针，她觉得屁股不疼了。

（7）什么事天不知地知，你不知我知？

（8）闭着眼睛也看得见的是什么？

（9）有种东西，买的人知，卖的人知，用的人不知。

（10）有人横穿马路，虽然他身穿黑衣服，当时既无路灯，也无月亮，司机却看到了他。

（11）车祸发生不久，第一批警察和救护车赶到现场，发现翻覆的车子内外都血迹斑斑，却没有发现死者和伤者。

（12）桌上有 12 根蜡烛，被风吹灭了 3 根，不久又被风吹灭了 2 根，最后剩下几根？

（13）世界上哪儿的海不产鱼？

（14）一个警察有个弟弟，但弟弟却否认自己有个哥哥。

（15）什么东西越洗越脏？

（16）天天去看病的人是谁？

（17）有种东西破裂之后，用精密仪器也找不到裂纹。

（18）青春痘长在哪里时，你最不担心？

（19）警方发现一桩智能杀人案，现场没有留下线索，也找不到目击者，但一小时后警方宣布破案。

（20）有一个人们从小到大都念错的字是什么？

（21）一个玻璃瓶装有牛奶，瓶口盖着橡胶塞，不能将橡胶塞拔出，也不能将瓶子打破，怎样才能喝到牛奶？

以下答案可供参考：

（1）每人分一个苹果，最后一个人连篮子和苹果一起拿走了。

（2）卡车司机当时没有开车。

（3）他每天都是凌晨三四点回家。

（4）军火出口商。

（5）准备开饭。

（6）针打到身体别的部位了。

（7）鞋底破了一个洞。

（8）梦。

（9）棺材。

（10）这是在白天。

（11）捐血车。

（12）剩下了 5 根。

（13）辞海、脑海。

（14）因为警察是女的。

（15）水。

（16）医生、护士。

（17）感情。

（18）长在别人的脸上。

（19）杀人犯自首。

（20）"错"字。

（21）用硬的吸管扎透橡胶塞吸取。

思维定式在生活中是允许的，但在发明创造中是必须排除的"恶习"。以创造性思维颠覆思维定式的训练方法很多。总体上说,在认识对象,研究问题时,要多角度、多方位、多层次、多学科、多手段地考虑,而不只限于一个方面、一个答案。

经常留心身上的思维定式,不断突破,将会带领自己渐渐走近创新。只有解放思想、放下包袱、开动脑筋、独立思考、坚持真理、超越自我,人生才会更精彩。

1.1.2 展开想象的翅膀

1. 什么是想象

想象又称想象力,是在头脑中创造一个念头或思想画面的能力,是形成意象、知觉和概念的能力。其实意象、知觉和概念不是通过视觉、听觉或者其他感官而被感知的。想象是心灵的工作,有助于创造出幻想,它是心灵的一种能力,具有自由、开放、浪漫、跳跃、形象、夸张等特点。

想象力和创造力是一对好兄弟,他俩总是在一块。想象力是人类创新的源泉,它比知识更重要,因为知识是有限的而想象无限。

2. 两个故事的启示

【小故事】 1994 年,日本索尼公司举办的国际"未来家庭娱乐产品概念设计大赛"提出了"发挥你的想象,画出你的设计,从最简单的设计到最不可思议的想法,你大可以尽情地展开想象的翅膀"的理念。参赛的有澳大利亚、新西兰、新加坡、菲律宾、印度尼西亚、印度、中国等国家和地区的大、中、小学生。北京有 8 所高校和 12 所中、小学校的 1366 名学生参加了这项大赛,其中不乏名牌高校和重点小学。但是比赛结果是,两个组的冠军、亚军和季军都被其他国家和地区的参赛者拿走,北京赛区的设计作品仅仅只有一项"宇宙旅行健身室"的设计勉强入围,名列少年组 8 个获奖者的最末(纪念奖)位次。

相比之下,中国学生的设计的确让人汗颜,一是视野狭小;二是设计思维简单、片面、缺乏奇异构想。而由国外学生设计的产品所表现出的奇思异想,让人大开眼界。例如,获得冠军的学生作品中家庭娱乐产品概念的想象和构思大大超出了地球的范围,专家们称之为"宇宙思维"。

中国学生的想象力哪儿去了?是谁剪去了他们想象的翅膀?是老师,是家长或者学生自己?提出这个问题的目的当然不是要打谁的板子,而是应该关注问题本身。

【小故事】 1968 年,在美国的内华达州发生了一起诉讼案,这场诉讼关注的也是学生想象力的问题。一天,美国内华达州一个叫伊迪丝的 3 岁小女孩告诉妈妈,她认识礼品盒上OPEN 的第一个字母 O。这位妈妈非常吃惊,问她怎么认识的。伊迪丝说:"是薇拉小姐教的"。

这位母亲表扬了女儿之后,一纸诉状把薇拉小姐所在的劳拉三世幼儿园告上了法庭,理由是该幼儿园剥夺了伊迪丝的想象力,因为她的女儿在认识 O 之前,能把 O 说成苹果、太阳、足球、鸟蛋之类的圆形东西,然而自从劳拉三世幼儿园教她识读了 26 个字母,伊迪丝便失去了这种能力,她要求该幼儿园对这种后果负责,赔偿伊迪丝精神伤残费 1000 万美元。诉状递上之后,在内华达立刻引起轩然大波。劳拉三世幼儿园认为这位母亲疯了,一些家长也认为她有点小题大做,她的律师也不赞同她的做法,认为打这场官司是浪费精力,然而这位母亲却坚持要把这场官司打下去,哪怕倾家荡产。

3个月后,此案在内华达州立法院开庭。最后的结果出人预料,劳拉三世幼儿园败诉,因为陪审团的23名成员被这位母亲在辩护时讲的一个故事感动了。她说:"我曾到东方某个国家旅行,在一家公园里见过两只天鹅,一只被剪去了左边的翅膀,一只完好无损。剪去翅膀的被放养在较大的一片水塘里,完好的一只被放养在一片较小的水塘里。当时我非常不解,就请教那里的管理人员。他们说,这样能防止它们逃跑。我问为什么,他们解释,剪去一边翅膀的天鹅无法保持身体平衡,飞起后就会掉下来;在小水塘里的,虽然没被剪去翅膀,但起飞时会因没有必要的滑翔路程而老实地待在水里。当时我非常震惊,震惊于东方人的聪明。可是我又感到非常悲哀,为两只天鹅感到悲哀。今天,我为我女儿的事来打这场官司,是因为我感到伊迪丝变成了劳拉三世幼儿园的一只天鹅。他们剪掉了伊迪丝的一只翅膀,一只幻想的翅膀,人们早早地就把她投进了那片小水塘,那片只有ABC的小水塘。"

这段辩护词后来成了内华达州修改《公民教育保护法》的依据。现在美国《公民权法》规定,幼儿在学校拥有两项权利:

（1）玩的权利；

（2）问为什么的权利。

伊迪丝的妈妈为了女儿获得发挥想象力的权力而敢于站出来去打一场官司,在有些人看来已经是一件不可思议的事情了,而法院竟然判原告胜诉,这对有些人来说简直就是不可理喻了。从中也看到一种差距,一种让人震惊的差距:对摧残宝贵的想象力的现象漠然视之,对扼杀创造力的行为更是熟视无睹,标准答案式的考查方式,竟然长期作为选拔人才的方法。

3. 创造需要大胆想象

想象是创造之母和奇迹之源。萧伯纳认为,想象是创造之始。奥斯本说,想象力可能成为解决其他任何问题的钥匙。爱因斯坦则告诫说,想象力比知识更重要,因为知识是有限的,而想象力概括世界上的一切,推动着进步,并且是知识进化的源泉。查尔斯说,想入非非是通向科学探索的必需的和首要的步骤。幻想正是创造的开始,也是想象的一个最高境界。如果人们停止了幻想,没了梦想,那才是人类衰落的真正征兆。实现中华民族的伟大复兴,需要人们拥有丰富的想象力。想象使思维之流逍遥神驰,一泻千里,超越时空。在创造性想象中,大胆运用想象力去创造希望实现的事物的清晰形象,接着,继续把注意力集中在这个思想或画面上,给予它肯定性的能量,直到最后将其变为客观的现实。这一点要比得满分重要,比参加国际奥林匹克竞赛拿几块金牌重要。

创造需要大胆想象,可在现实情境下,很多孩子的想象空间被应试教育打压到让人窒息的程度,凡题都有"标准答案",凡事都不准越雷池一步,老师金口玉言,父母永远正确,孩子想象的翅膀就这样可悲地被剪掉了。应试教育是扼杀孩子们创造性的元凶,而一些家长和老师往往充当帮凶。一个被剪掉想象翅膀的人,就像一只被剪掉飞翔翅膀的鸽子一样可悲。

4. 培养想象力

每一个人天生都具有一定的想象力,但要使之丰富,就需随时注意培养。培养想象力应做到"六要"。

（1）需要自由宽松的氛围。想象最需要自由,新的学术思想的产生需要从容宽松的学术氛围。鼓励大胆幻想,取消各色条条框框的制约。不要刻意做什么,不在一天一时,不要施加压力,不要干预太多。只是努力营造和谐自由宽松的氛围,只要扎扎实实、长远地努力和系统性地想象,出成果是早晚的事情。

（2）需要空灵快乐的心态。一个好的心态,可以使人乐观豁达;一个好的心态,可以使人战胜面临的苦难;一个好的心态,可以使人淡泊名利,过上真正快乐的生活。人的心灵是脆弱的,需要在忙碌疲惫时的激励与抚慰。学会给心灵营造一个温馨的港湾,学会给心灵松绑,闲情逸致。常常自我激励,自我表扬,会使心灵快乐无比。人类几千年的文明史告诉人们,积极的心态有助于获取健康、幸福和财富。

（3）需要丰富多元的知识。通过博览群书、沟通、交流,有助于自己将多个学科的知识交叉、结合。一个人所掌握的知识,有助于他的想象力的展开。随着现代科学的发展,社会各部门的分工越来越细致,社会各知识领域广泛紧密的联系和交流,为人类的想象力打开了前所未有的广阔天地。纵观科学发展史,任何一位科学家的成就,都与他们勤奋学习后积累下来的丰富知识有关。发明家爱迪生从小勤奋好学,11岁时就阅读了科学百科全书,以后又大量阅读了牛顿、法拉第等人的许多著作,积累了丰富的科学知识,为以后的科学发明打下了坚实的基础。

（4）需要保持饱满的热情。足够的自信和饱满的热情是进行想象活动的直接动力。人的想象活动与其情绪生活是紧密地联系着的。人在情绪低落时的想象能力只有平常的二分之一甚至更少,这时人们主观上根本就不愿去多想。人们往往在情绪激动时闪烁出智慧的火花。青年人比老年人更富于想象力,正是在于青年旺盛的热情和自信。重大创造永远产生于丰富的感情之中。诗人只有在心潮汹涌情绪激昂时才最容易驰骋他的想象,写出感人肺腑的诗篇。对于发明家来说,只有先对自己的事业倾注了全身心的热爱之情,才有可能驱使他去努力研究,发挥最大的创造性和想象力。

（5）需要多种信息的刺激。广泛的爱好和多方面的兴趣可以使人思路开阔,想象也就有了广阔的天地。世界是复杂多样且彼此相关的。各种兴趣、爱好、知识可以互相补充,互相启发,取长补短。人们在生活中常会遇到这样的情况:当思考一个问题,从一方面百思不得其解时,换一个角度,用不同信息的刺激一下,也许马上会豁然开朗。多种信息的刺激对想象力的积极作用就在于此。在创造性想象中,多种信息的刺激往往是触发点,当想象积聚到临界点,当接受了一个新的信息刺激后,就像水库开闸放水一样,思维之流道遥神驰,一泻千里,灵感随之而来,此时就进入了忘我的境界,废寝忘食,浑身上下好像有用不完的干劲。

（6）需要用心细致地观察。要勤于观察、善于观察,在不懈地观察中悟出事物的特性和本质联系,从而"想象"出新的科学形象。这里所说的观察绝不仅仅是用眼睛观察,而是要用心去观察,要在头脑里"看见"和"听见"事物的本质,在观察的过程中还要勤于思考,并进行尽可能多的实践活动。在实践中观察,在观察中体会,这是创造想象不可或缺的,也是每个发明家必走的路。人类丰富的创造想象是靠不断地观察、积累,及其对事物执着地探究培养起来的。

1.1.3　开展创新思维

创新思维是创造力的灵魂。人类能够成为地球的主人,就在于人类具有创新思维能力。有的人有很高的创造力,做出了划时代的伟大贡献,或者在某一方面有显著成果;而有的人不具备这种能力,虽然也很勤奋努力,辛辛苦苦,忙忙碌碌干了一辈子,但是却没有什么值得欣慰的成果。

创造发明需要创新思维,创新思维怎么想都不过分。

1. 勤思考

思考即思维,是人类特有的一种精神活动,是从社会实践中产生的。每个人都有一个能想会算的头脑,通俗地说,"想"和"算"就是思考。

思考是具有意识的人脑对于客观现实的本质属性和内部规律的自觉的、间接的、概括的反映,是在表象、概念的基础上进行分析、综合、判断、推理等认识活动的过程。

思考的基本要素是思考原料、思考主体和思考工具。思考的原料是已被感知的具体的事物的形象;思考的工具是思维形式和思维规律;思考的主体是人脑及意识。

进化论认为,用则进,不用则退。头脑是越用越灵活、越用越发达的,要克服"懒"和"惰"的习惯,勤于思考、善于思考。

2. 爱学习

学习包括"学"和"习","学"就是见、闻与模仿,是为了获得信息和技能,它主要是指接受感官信息、书本知识和前人的思想。"学"是自学或有人教你学,"习"是巩固知识、技能的行为,有温习、实习、练习的含义。学属知,习属行,"学"偏重于思想意识的理论领域,"习"偏重于行动实习的实践方面。学习就是获得知识,形成技能,获得适应环境改变环境的能力的过程学习,实质上就是学、思、习、行的总称。"学"是指知识和经验的累积,"习"是指对所获知识和经验的实践,学习是思考原料的来源,是让头脑丰富的途径,头脑中有什么,才会看到什么,才会感悟显现出来,让头脑中有更多的信息样本,才能接受更多的信息。越爱学习就越能学习,越能学习就更爱学习,灵感总是落在有准备的头脑,因此需要勤学习和多经历,让知行合一。

3. 敢创新

创新是人类独有的活动,是人类所进行的能动的创造性活动,是人之所以为万物之灵的一大基本特征。创新思维是指在探索未知时积极地以独特新颖的方式和多向的角度,促使思维转化去寻获新成果的一种思维。创新思维是指整合各种天赋能力和专业技术,在既存的资源中取得新思维、新概念、新方法、新款式的过程。

创新思维还强调思维状态的积极性,这就要求人们发挥最大的主观能动性,千方百计不达目的不罢休。当用习惯思维不能解决问题时,创新思维强调转化方式或角度,使思维过程在这转化结点上发生质的变化,从而创造性地解决问题,这样一种思维状态才能称为创新思维。

创新要有自信心,要有强大的心理能量,要有敢想、敢问、敢做,敢创新,敢为天下先的精神。

4. 创新思维的特征

(1)具有非逻辑和非常规性。创造性思维活动是一种开放的、灵活多变的思维活动,它的发生伴随有"想象"、"直觉"、"灵感"之类的非逻辑、非常规性思维活动,常常以违反常规的形式出现。

(2)具有获得突破时的突然性。创新思维常常以突然降临的形式,在人们的脑中闪现,似有"踏破铁鞋无觅处,得来全不费功夫"之神奇。其实,突然性绝不等于"从天而降",恰恰相反,没有大脑的高度集中和紧张思考,创新思维成果的突然闪现是根本不可能的。诸葛亮的"眉头一皱,计上心来"便是基于平时的深思熟虑、熟读兵书。

（3）具有与众不同、与前不同的独立性。创新思维成果总是由某个人首先独立获得，因此独立性就成为其特征。提出创新思维成果的人往往是孤立的，创新思维成果有着"前无古人"的独到之处，具有一定范围内的首创性、开拓性，是一种独创、一种新的见解、一项新的发明和一个新的突破。"真理有时掌握在少数人手里"恐怕就是这一现象。

（4）具有主动性和进取性。该特征表现为主体的心理状态处于主动、进取之中。历经千难万苦不以为苦，屡遭挫折失败欲罢不能，就是这种心理状态的生动写照。

（5）具有挑战性和冒险性。创新思维总是对传统势力和偏见产生冲击。现有权威和传统势力都会竭力维护自己的存在，对新思维活动的成果抱有抵触甚至仇视的心理。在中世纪的欧洲，宗教在社会生活中占据着绝对统治地位，一切与宗教相悖的观点都被称为"异端邪说"，一切违背此原则的人都会受到宗教裁判所的严厉惩罚，因而挑战者会有影响到"政治前途"的风险，可是如果人人都做"太平官"，不求有功，但求无过，人类社会就无法前进。

1.1.4 排除思维障碍

1. 有哪些思维障碍

（1）直线思维障碍。直线思维是指死记硬背现成的答案，生搬硬套，不善于从侧面、反面迂回思考问题，是一种单维的、定向的视野局限，它思路狭窄，缺乏辩证性的思维方式。直线思维同时也被认为是以最简洁的思维历程和最短的思维距离直达事物内蕴的最深层次的一种思维方式。直线思维表面看来是有效解决问题的办法，是很多人在面临问题时首先考虑的就是如何直截了当、一击即中的办法，在实际应用中却常常是事与愿违。

（2）权威性思维障碍。一切按照权威意见办事，不敢怀疑，就会成为创新思维的障碍。

【小故事】 1923 年，美国遗传学权威、得克萨斯大学的校长 Paint（1889—1969）提出了人体的染色体数目为 $2n=48$ 的观点。这后来作为一条定论充斥于各种教科书和百科全书。直到 1956 年美籍华裔学者蒋有兴（Tjio J H）和 Levan 首先正确鉴定出了人类染色体是 $2n=46$ 条而不是 48 条才得以更正，蒋有兴因此荣获了美国肯尼迪国际奖。但是，首先观察到 46 条染色体的却是美籍华裔科学家徐道觉（Hsu T C，1917—2003）。徐道觉发现真实人体染色数源于实验室中的一位技术员在配制平衡盐溶液时读错了刻度标尺以致配为低渗液，使得成功地将低渗透液技术运用到人体染色体的研究上，成功检测出染色体数 $2n=46$。但是在面对科学界众多的权威面前，他没有发布，对整个科学界来说，无疑是一个不小的损失，而对他个人来说，更是一个莫大的遗憾。

（3）从众心理思维障碍。大多数人都会有从众的思维障碍，往往简单思考就可以得到的真理，也会因为从众心理而失去。

【小故事】 一位名叫福尔顿的物理学家，因工作需要测量出了固体氦的热传导度。他运用的是新的测量方法，测出的结果比按传统理论计算的数字高出 500 倍。福尔顿感到这个差距太大了，一旦公布，很有可能被人视为故意标新立异、哗众取宠，于是他并未声张自己的研究。不久后，一位年轻的美国科学家通过实验也测出了固体氦的热传导度，测试结果同福尔顿完全相同。年轻的科学家对外公布了自己的测量结果，很快便引起了科技界的广泛关注。此时的福尔顿追悔莫及，在日记中他写道：如果当时我能摘掉名为"习惯"的帽子，而戴上"创新"的帽子，那个年轻人就绝不可能抢走我的荣誉。福尔顿那顶"习惯"的帽子就是"从众心理"。

（4）习惯性思维障碍。习惯性思维又称思维定式，是随着人的知识、经验的积累而形成的思考和解决问题的习惯方式。思维定式对解决一般问题、老问题是有效的，但对新问题而言，往往就成了障碍。例如，说到五边形，会先想到正五边形，对于简单的生活上的小事可以减少精力，但是对于复杂思维就要打破习惯性思维，寻求新的思维方法。

（5）书本型思维障碍。本本主义是主观主义的一种表现形式。本本主义的主要特点是把书本、理论当教条，思想僵化，一切从定义、公式出发，不从实际出发，反对具体情况具体分析，否认实践是检验真理的标准。教条主义轻视实践、割裂理论与实践、主观与客观、具体的和历史的统一。做事要不唯书，不唯众，只唯真。1979 年诺贝尔物理学奖的获得者、美国物理学家温伯格说过："不要安于书本上给你的答案，要去尝试下一步，发现那些与书本上不同的知识。这种素质可能比智力更重要，它往往成为卓越和优秀学生的分水岭。"

（6）经验型思维障碍。技术和管理方面的工作，需要大量的工作经验。有时候经验是最宝贵的，但是有可能导致人们对于经验的过分依赖乃至崇拜，形成固定的思维模式，降低创造性思维能力。这就是人们说的人越老就越容易固执。人们随着年龄的增长、阅历的增加，会积累大量的实践经验，动不动就倚老卖老，很难听进别人的意见，遇到事情会先把自己年轻时的经验搬出来和眼前的事情对比考量，若有出入，它只相信自己的经验。所以无论年轻人怎么苦口婆心地劝说，都不会轻易相信，殊不知，科技在发展，时代在变化，昨天的经验也许早就不能处理今天的问题，更不是放之四海而皆准的真理，因此经验型思维会在一定程度上对创新思维会有阻碍作用。

【小故事】 美国早期设计的宇宙飞船上都曾装有一个小小的减速器，用来降低太阳能发电板的开启速度，后来科学家发觉这种减速器太笨重而且容易黏油污，可是新的设计又不尽人意，于是有科学家直接建议将其拆掉。后来经过验证，这个部件从一开始就是多余的。

2. 怎样排除思维障碍

创新思维的方法很多，有纵横向思维法、顺逆向思维法、分合思维法、颠倒思维法、质疑思维法等。应从以下几点进行训练。

（1）积极的求异性。创新思维是一种求异思维，着力于发掘客观事物之间的差异，现象与本质的不一致性，已有知识、理论和认识的局限性；对习以为常的现象要敢于怀疑；对人们异口同声称赞的事物要勇于找毛病；对已有的权威要持分析、批判的态度。没有积极求异这一要素，很难称得上是创造性思维。

（2）敏锐的洞察力。洞察力主要表现在观察之中，而观察是知觉与思维相互渗透的认知活动。不断地将观察到的事物与已知的事物进行联系，寻找相似性和特异性，发现其中的内在联系和本质现象，这就是洞察力。

（3）创造性的想象。创新思维一时一刻也离不开想象，创造主体要有过人的科学预见、丰富的想象、大胆的科学假说，其中想象起着不可替代的重要作用。想象是发明、发现以及其他各种创新活动的泉源。

（4）活跃的灵感。获取灵感的能力，是创新思维能力的一个既神奇又重要的构成。灵感是指不用平常的感觉器官而能使精神互相交通，又称远隔知觉，是指无意识中突然兴起的神妙能力，是指寻求解决疑难问题时，经长时间苦思。豁然开朗、顿然醒悟，获得了解决问题的新思路、新方法的思维过程。

（5）合理而有特色的知识结构。创新思维需要合理而有特色的知识结构作为思维原料。合理是常指知识的广度、深度要适合创造的需要。特色是指与个人创造课题的范围、领域相联系的知识结构要不同于他人。思维原料不足或不合理，创新思维难以活跃。

（6）新颖的表达。创新思维离不开新颖的表达。新颖的、不落俗套的表达方式不仅可决定创造性思维成果能否被人接受，也是创新思维本身的构成成分。表达要有新颖性，一是要提出一套新的概念、原理、范畴，二是要形成表现新的思维形式的结构体系，三是要运用准确、鲜明、生动、形象和不拘一格的语言、文字、动作、图形、形体，赋予表达以创新的形式。

1.2 创 新 教 育

1.2.1 应试教育

1. 一位母亲说的故事

【小故事】 一位把9岁的儿子带到美国念小学的母亲说，美国虽然没有在课堂上对孩子们进行大量的知识灌输，但是他们想方设法地把孩子的目光引向校外那个无边无际的知识海洋，他们要让孩子知道，生活的一切时间和空间都是他们学习的课堂；他们没有让孩子去死记硬背大量的公式和定理，但是他们煞费苦心地告诉孩子怎样去思考问题，教给孩子们在面对陌生领域时寻找答案的方法；他们从不用考试把学生分成三六九等，而是竭尽全力地肯定孩子们的一切努力，赞扬孩子们自己思考的一切结论，保护和激励孩子们所有的创作欲望和尝试。有一次，她问儿子的老师："你们怎么不让孩子背记一些重要的东西呢？"老师笑着说："对人的创造能力中有两个东西比死记硬背更重要：一个是要知道到哪里去寻找比能够记忆的多得多的有用知识，另一个是综合使用这些知识进行创造的能力。死记硬背，不会让一个人知识丰富，也不会让一个人变得聪明。"

中国人太习惯于在一个被划定的框子里施展拳脚，一旦失去了常规的参照，对不少中国人来说感到的可能并不是自由，而是惶恐和茫然。那些沉重的课程、繁多的作业、严格的考试……它让人感到一种神圣与威严的同时，也让人感到巨大的压抑和束缚，但是多少代人都顺从它，把它视为一种改变命运的出路。这是一种文化的延续，它或许有着自身的辉煌，但是面对需要每个人发挥创造力的信息社会，面对明天的世界，又该怎样审视呢它？

2. 应试教学的弊端

应试教育是以提高学生应试能力为主要目的且十分看重于考试成绩的教育，它对人类文明的继承和传播有着重要的作用，但是在当下的信息时代显现了一些不适应，不利于创新人才的成长。应试教学的弊端如下。

（1）课程教学目标单一，唯知识为目标的倾向严重。

（2）课程教学脱离学生生活和社会实际，本本主义倾向严重。

（3）学习方式单一，过于依赖以知识的获得为目的的接受性学习、死记硬背、机械记忆倾向严重。

真正的教育应该是把老师所教的内容通通都忘记后,仍然有留在心中的东西,创新思维就是其中重要的一部分。教育的最高境界是培养具有做事能力的创新、创业人才,绝不是培养记忆的工具。不能仅仅把十几年前自己的老师传给我们的内容原封不动地传授给自己的学生。

3. 应试教育与科举制度

应试教育在传播人类文明成果、促进个体社会化,以及统一人们的思想方面功不可没。

科举制度是应试教育的前身。从隋朝大业二年(公元 606 年)至清光绪三十一年(公元 1905 年)波澜壮阔 1300 年的科举制度,尤其是自宋朝之后随科举而来的应试教育,极其深刻地影响到中国。我国传统文化博大精深、根须深广、涟漪久远,体现着人才素质及知识结构与国家需要的一致,是一定时空条件下政治经济的最高结晶,其存在是十分合理的。特别像科举制度这样运行长久的历史产物,积累着先人们相当深刻的实践经验,凝结着厚实的理性内涵,起着巨大的政治文化的社会整合功能。西方学界也给予相当高的评价,甚至认为科举制度是中国的第五大发明。

中国的高考制度恢复后,许多人认为高考和中考是选拔人才的唯一方式。受这种思潮的影响,并在历史惯性的作用下,再次形成了规模宏大的应试教育的风气。正是由于一系列考试和利用考试对学生、教师、学校进行评价,也正是由于考试作为唯一的人才的选拔方法,应试教育之风才会随之盛行,衍生出大量的分支。

应试教育的支持者声称中国的应试教育是在培养优秀的学生,是在选拔人才,高考是目前中国最公平的选拔方式。他们认为应试教育有以下优点。

(1)由分数高低选拔人才,公平。

(2)由分数主宰前途,学生都会努力学习。

(3)可以磨炼学生吃苦耐劳的精神,中国自古就有"十年寒窗"和"头悬梁锥刺股"的说法。

(4)规定考试范围,避免学生去学与考试无关的"乱七八糟"的知识。

(5)学生变得更加尊师重道。

(6)标准答案只有一个,评判操作方便。

反对人士认为应试教育危害了学生的身心健康,抹杀了学生的各种能力,剥夺了学生的个性,会导致学生思想的奴化。对应试教育的批评主要集中在以下几点。

(1)应试教育的本质实为奴化教育。应试教育剥夺学生的个性、思想与自由,导致学生缺乏表达的勇气,不敢独立思考,所培养的高分学生,大部分没有个性与主见。

(2)高分低能。应试教育教给学生的是笔试上的分数比较,属纸上谈兵,欠缺知识的实行,不注重综合能力的培养,以致被讽为"应试教育是个筐,什么垃圾都能装"。不利于体育、艺术能力和多元智能的培养。不少大学生学习、钻研应试技巧,结果虽然于高考英文拿高分或通过四、六级考试却没有真正的英语能力。

(3)违背学生的利益。学习的主体学生在应试教育体系中地位低下,几乎没有任何干涉教育体制的权利,导致教育体制得不到大多数学生的认可,教学内容也随之超出学生的接受能力范围。

(4)学习目标狭隘化。应试教育的盛行,令人缺乏对新兴文学、新科技、娱乐产业等新社会文化的了解。应试教育者认为这些事物都是会影响学习的。

（5）对学生心理造成重大损害。在应试教育制度下,考试成绩成了唯一的评判个人成就的标杆。不少学生因成绩差而导致自信低落,心灵扭曲。破坏学生学习的积极性和对生活的积极态度。

（6）危害学生的身心健康。疲于应试,会导致休息不足,严重者可导致心理疾病和精神疾病。应试造成的压力,令学生体能及健康恶化,这可能是造成近视的其中一个原因。目前中国大陆近视率为全球最高。

应试教育的悲哀是把成千上万尽善尽美的人脑变成了记忆的工具,变成了装"垃圾"的容器。人们在追求知识的过程中,重复前人的结论往往远多于自己的思考。没有自己的思考,就难有新的创造。祖传秘方式的继承,不利于事业的发展,不利于创新人才的成长。创新教育有利于打破应试教育的桎梏,提高教育效益。

4. 应试教育是创新教育的对头

中国长期以来的科举制度和应试教育阴魂,仍影响着人们的思想,还处于统治地位。传统的思想弥漫着,习惯势力还阻碍着创新教育的开展。与之相比,创新教育还是新生事物,尚存在着思想分歧、认识不一、惯性大等问题。

应试教育把考试成绩作为社会人才培养和使用的唯一标准,把唯一的标准答案强行灌输给学生,并把答案的正确与否作为能力判断的唯一尺度。应试教育仇视反叛,乐于培养思想的奴隶。学生为此丧失想象力和原创力,丧失探求真理的动力。应试型人格擅长模仿、抄袭甚至剽窃,以应付和作弊的方式完成工作;擅长放弃主体性,拒绝独立的价值判断,服从威权,按别人的思路行走;擅长在被规训的压力处境中生存;擅长从社会责任和义务中逃脱。它消解了创新思维生长的可能性,成为创新人才培养的最大阻碍。这些因素制约着大学生创新精神的培养。

根深蒂固的保守倾向是抑制创新的又一个因素,孔子的乐天知命,董仲舒的"天不变道亦不变"的观念构成保守行为和保守思想的理论依据。表现在生活方式上,就是崇尚和称颂东方社会的悠闲,已经深深地积淀在我们民族的社会文化心理之中,造成不求速度、不讲效率、缺乏时间紧迫感的观念,并在一定条件下转化为调和折中、委曲求全的精神状态;表现在处世方式上,就是知足常乐、安分守己、明哲保身、不为人先等行为规范盛行。根深蒂固的等级观念影响着中国人迷信权威、唯书唯上,使得中国历代知识分子大都创新精神不足,缺乏独立意识,容易人云亦云、与权威保持一致。同时传统的中国文化在思维定式上,强调笼统模糊的直觉感悟而弱于精确细致的理性分析,这种传统思维方式依然对现代国人产生影响,成为阻碍提升创新能力的一个不可忽视的因素。

1.2.2 创新教育

1. 创新教育的意义

创新教育是一种以开发学生潜在创造力,培养具有创新能力的人才为目标的新型教育,它代表着人类社会进步对人才需求的一种发展方向,是适合知识经济时代的教育。21世纪被称为创新的世纪,世界的竞争,源于利益,决于力量,胜于智慧,关键是人才。提高自主创新能力,建设创新型国家,建成小康社会。21世纪,中国的腾飞需要培养千百万创新型人才。

当今是互联网、大数据、云技术的时代,风起云涌、竞争激烈的世界。一个国家,要想在竞争的浪潮中,劈波斩浪、奋勇前进,就必须敢于竞争、善于竞争。国家间的竞争,说到底是综合国力的竞争。综合国力的竞争能力又转化为科技水平、创新能力、国民素质的竞争。这些竞争实际上又是人才的竞争。因此,怎样培养、教育出大批创新型人才去发挥创造力,参与国际竞争,是教育必须解决的重大任务。而创新教育在培养高质量的创新人才方面,具有十分有效的作用。所以如何贯彻实施创新教育是关系到国家发展前途、兴衰成败的伟大事业。

创新教育是通过教育实践塑造创造性人格,启迪创造性思维,开发创造力,培养创造性人才的新型教育。它是通过理想、信念、意志、个性、献身精神等方面的教育使学生能多角度、全方位地正确评价自己,极大地促进了学生创造精神的培养和实践能力的提高。

用创新教育培养创新人才,功在当代、利在千秋。

培养创新人才是国家发展战略的核心,是提高综合国力的关键,是功在当代利在千秋的伟大事业。

培养千百万创新人才是建成小康社会和创新型国家的重要步骤,是政治经济发展的必然要求,是落实科学发展观实行教学改革的方向,是振兴中华赶超世界的基础。

创新教育强调培养和塑造创新人才,主要体现在教育内容、途径和方法,以及教育管理、操作和绩效。创新教育对推进素质教育有着非常重要的作用:一是创新教育是适应知识经济时代人才素质培养的一种重要的教育形式,它的实施有助于加速应试教育向素质教育转轨的进程,同时也使素质教育具体化,是实现素质教育的核心;二是创新教育要求更新教学观念,建立新的思想观念和理论,而新的思想观念、理论和方法需要从素质教育中产生和传递,所以创新教育是实现素质教育的关键;三是创新教育要求教学内容具体体现与时代发展相适应的先进的科学技术知识和技能,而先进的知识和技能又是由创新教育来更新和普及的,所以创新教育是实现教育创新的基础。

2. 创新教育的含义

创新教育所培养造就的人才,不是知识记忆型的人才,也不是能力标准型人才,而是兼具广博的知识、突出的能力、创新精神和实践才干的新型人才。

所谓创新教育,就是依据创造心理学的理论和方法并将其运用于教育实践,开发学生的创造力,培养和造就大批创新型人才的教育。所以从广义上来说,凡是有利于受教育者树立创新志向、培养创新精神、激发创新思维、增长创新才干、开展创新活动而进行的教育,都可称为创新教育。创新教育要教学生去掌握已知、探索未知,要教育学生开拓进取、除旧革新。

3. 创新教育的内容

创新教育的具体内容可分为以下 10 个方面。

(1)思维教育。一个人是否具有创造力,关键是看其能否进行创新思维。所以创新教育的首要任务是开展创新思维教育。而创新思维教育又包括各种思维形式的培养以及各种思维技巧的训练,因此创新思维教育就是多种思维教育在创新形式和创新高度上的有机结合。

(2)发现教育。发现是指人们在认识自然、改造自然的过程中领悟和发现了某些自然想象和自然规律。如果把"发现"作为一种能力,那么就可以通俗地解释为"找到新东西的能力"。发现客观存在的事物、认识客观存在的规律,都有利于创新思维的培养和创造才能的提高。因此,要开展发现教育以树立学生的求知精神和探索精神,鼓励学生突破局限,有所发现,有所前进。

（3）发明教育。所谓发明是指人们采用科学原理和技术,创造出新的事物、新的产品,如果把"发明"作为一种能力,那么就可以通俗地解释为"创造新东西的能力"。发明教育是将人们在发明创造过程中成功的经验充分传授给学生,培养和训练他们从事发明创造所需的思路与方法、技能与技巧,使学生能在创新活动中发明和创新。

（4）信息教育。发明创造必须以一定的信息为基础。信息代表着新的知识,新的技术,掌握了最新的信息,就使人能够站得高,看得远。信息教育着重培养获取和运用信息的能力,并使他们形成敏感的信息洞察力。此外,信息教育还要教育学生掌握现代化的信息分析手段和高效率的信息处理方式,从而在信息社会中能够把发明创造的有利信息,转化为发明创造的成果。

（5）学习教育。学习教育的任务是教会学生怎样进行有效的学习,让学生做学习的主人。传统教育的弊端往往在于"填鸭式"、"满堂灌"的知识继承型教育方式,学生只是被动地从老师处获取"知识"。学校只注意老师如何教,不注意学生如何学,因而学生对学习方法和学习技巧都知之甚少,思维定式,头脑封闭,无创造性可言。学习教育就是要改变这种状况,使学生具有良好的学习方法和有效的思维技巧,早日跨入创新领域。

（6）渗透教育。目前,科学技术高度交叉,高度渗透,各种横断性学科、交叉性学科、边缘性学科如雨后春笋。要使自己在这种形势面前不落后,就必须进行科学的整体性教育和现代科学技术之间的渗透教育。在这种教育中,不仅要注意科学和技术之间的渗透,也要注意科学技术与社会生产之间的渗透,还要注意它们与创造活动之间的渗透。使学生能够充分认识科学知识、社会发展和发明创造之间的相互关系和渗透原理。

（7）艺术教育。艺术是一种创造活动,创造力可分为科学创造力和艺术创造力两种,它们都可引发伟大的创造。艺术教育有助于提高人们的鉴赏力和艺术创造力,并进一步转化为全面创造力。现代优秀的发明创造成果,不但要求社会价值高,经济价值高,还要求艺术价值高,这就迫切需要学校广泛开展艺术教育以弥补过去在这方面的不足,使学生知识理论水平和艺术修养水平均达到一定高度。

（8）参与教育。参与教育是引导学生参与社会实践,用生动现实的生活素材来教育学生,启发学生,调动学生的创新热情,引发学生的创新兴趣,在现实中找到发明创造的目标,提高学生发现问题、认识问题、分析问题、解决问题的能力,为人民、为祖国、为社会多做贡献。

（9）未来教育。未来教育是创新教育中适应社会发展需要必不可少的组成部分。让学生探索人类社会的未来情况,就必须了解科学发展的未来趋势,对于帮助学生树立远大的创造志向和明确奋斗目标都大有好处。人类社会的希望寄托在青年一代的身上,必须让他们早做思想、精神、知识和理论上的准备。

（10）个性教育。创新教育不仅要培养学生的创造能力,更要培养学生的创造个性。这就需要教师在教育和教学工作中懂得爱护、尊重和激发学生在学习上的主动性、积极性和独立性。过去的教育模式要求培养的是整齐划一的"标准型人才",因而扼杀了学生的个性。创新教育要改变以前在个性问题上的陈腐偏见,把培养积极进取、特色显著、个性张扬的创造人才作为一项重要内容来认识。

4. 创新教育的做法

"学以致用,全面发展"的人才培养观念是以创造发明、科研立项、创新竞赛、实践实习和专利申请为抓手,在教学中融入发明创造的实践活动,形成"培养能力,强调实践,激励创新"的机制,"启迪创造思维,培养创新能力,塑造创新人格,培养探索精神"。力求做到以下几点:

(1) 从偏重学科性到加强综合性;

(2) 从间接经验的传递到直接经验的体验;

(3) 从偏重接受的学习转向加强探究发现;

(4) 变结论的学习为过程的学习;

(5) 强调学以致用。

改变以往过于强调接受学习、死记硬背、机械训练的现状,倡导学生主动参与、乐于探究、勤于动手,培养学生搜集和处理信息的能力、获取新知识的能力、分析和解决问题的能力以及交流与合作的能力。

(1) 创新意识教育。强化创新动力观、主体观教育,冲破求稳循规的思想羁绊,敢于创新,勇于实践。使每个学生都懂得"我是 21 世纪创新创业的主力军"。

(2) 创新思维训练。对学生创新思维的激发,注重右脑开发和左、右脑的平衡,从发散思维和聚合思维的结合中训练学生的抽象思维,从形象联想和表象想象的结合中训练学生形象思维,从直觉体悟和灵感激发的结合中训练学生的感知潜能和灵感思维。

(3) 创新能力培养。它体现在吸取知识的能力和运用知识的能力,不仅要看学习过多少知识,还要看在多大程度上将人类文化转化为自身的素养,更要看对周围事物的理解能力、应变能力和对未来知识的驾驭能力。

(4) 创新人格塑造。引导学生在自学进取中培养自信,在战胜挫折中培养意志,在对待利益关系调整中树立正确的人生态度,培养学生对科学和真理的探索精神,培养建设有中国特色社会主义强国高素质创造型人才的精神状态和综合素质。获得亲身参与实践的积极体验和丰富经验,形成对自然、社会、自我的关爱和责任感,形成从自己的周围生活中主动地发现问题并独立地解决问题的态度和能力,发展实践能力,发展对知识的综合运用和创新能力,养成合作、分享、积极进取等良好的个性品质。

5. 创新教育的目标

创新教育是一种不同于传统教育的新型教育。它既不以知识积累的数量为目标、也不以知识继承的程度为目标。与传统教育相比,创新教育同样强调合理的知识结构以及获取知识的方式;同样强调培养学生的各种能力,但是更强调学生创造能力的培养。创新教育的主要目标,不是像传统教育那样去培养同一规格的人才,而是要全力以赴地开发学生的创造力,矢志不渝地培养创造型、复合型、通才型的人才。

创新教育的目标不在于具体知识的获取,而在于完善人的整体人格,提高人的创新精神、实践能力以及对国家和社会的责任感。具体目标如下。

(1) 实现三个转变。

① 教学指导思想从应试教育向创新教育转变,从知识本位向能力、对象、用户和市场本位转变。

② 教师从组织者、主导者、领导者向辅导者、引导者和主持人转变。

③ 学生的学习方式,从死记硬背向开拓型、突破型和积累型转变。

(2)培养两种精神:科学精神和人文精神。

(3)培养四种意识:主体意识、实践意识、合作意识和责任意识。

(4)培养六种能力:观察能力、操作能力、思维能力、表达能力、创造能力和协作能力。

总之,通过创新教育,使更多的学生走出应试教育的阴影,观察生活,发现自我,创造人生,成为学习的主人,成为新时代具有实践能力和开拓精神的高素质的各种创新人才。

1.3　创造的基本特征

创造的两大基本特征:是实践性;二是创新性。也就是说,创造首先是一个科学实践的过程,没有科学实践,就不会有什么科学创造。

1.3.1　创造的实践性

【小知识】　"神农尝百草,日遇七十毒"的典故。相传约 6000 年前,中华民族的祖先们已进入新石器时代的原始氏族社会。那时,有位至尊无上的神农氏,在人民众多,膳食不足的情况下,边采集,边尝百草,从而学会了"因天之时,分地之利,制耒耜教民农耕"的本事。同时也学会了就益避危,告诫人民利用草木的不同特性,以治疗疾病的办法。这就是所谓"神农尝百草之滋味,水泉之甘苦,令民知所避就,一日而遇七十毒"的古代传说故事。

不言而喻,这个有关远古人类的传说,只能说明中华民族的祖先,在初兴农业的时代,就已经通过以身试毒的经验积累,开始掌握中草药知识了。然而,当生产力发展到一定水平,有人把我国有史以来人们世代积累的医药知识汇集成一部药典《神农本草经》时,就可以说已经结出了人类智慧最初的创造之果。图 1-4 展示了中国古代医书。

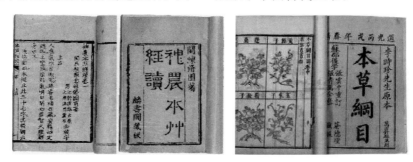

图 1-4　中国古代医书

【小知识】　《神农本草经》。一般认为,《神农本草经》是由东汉末年名医张仲景和华佗托借神农之名初步撰成,后由华佗弟子吴普修订润色而成书的。书中详细记载了 365 种药名,其中多数为植物类药,也包括动物类药和矿物类药。并注明了药物的产地,其药用部分、配方剂型、剂量,以及服用时间等。根据药物的性能、功效和病情的需要,书中对它们进行了一定程度的分类,即把它们划分为上、中、下三品。对三品间的关系和配方时应注意的比例,以及用药与患者的病因、病情、身体状况之间的辩证关系等,也都有一定程度的论述。

《神农本草经》是较系统的药物学著作。因为著作者把前人几千年积累的零散的、不系统的,其至是杂乱无章、菁芜混存的经验知识,经过消化和亲身体验,进行分析、筛选、综合、整理、判明、确认,使之达到了一定程度的系统化、理性化,从而上升成为可供别人和后人遵循的具有一定规律性的理性知识,可以堪称为科学创造。

虽然《神农本草经》并非是已达到精确实验水平的科学著作,但它还是在相当长的时间里起到了为人们健康服务的作用,归根到底这是因为它来自长期医疗实践,是凝聚了张仲景、华佗、吴普等人扎根于医疗实践的创造性劳动的精神产品。

创造乃是创造者的主观意识活动,是通过科学实践对自然界某一方面或某些方面的合乎规律的反映。不难看出,人们如果不经过所谓"日遇七十毒"(这当然是传说中夸张的描述)这样艰苦的实践过程,是根本不可能总结出有关药物各种特性和规律的。

1.3.2 创造的新颖性

所谓创新性,就是开创性和新颖性,也这就是说光有从科学实践和在实践中得到的某些反映客观规律的正确认识,也不一定就是科学创造。只有那种超出前人或别人已有的成就,具有一定开创性和新颖性的科技成果,才称得上是科学创造。《神农本草经》尽管是早期作品,但它却是我国历史上流传下来的最早的一部药典。它使前人的经验知识得到了较系统的整理,是开我国药物学研究之先河的具有开创性、新颖性特点的药物学著作。因而说它是一部科学创造的著作,也是当之无愧的。与之相比,被世界医坛誉为"东方医学巨典"的《本草纲目》的创新性特点,自然更加明显。

【小知识】《本草纲目》。《本草纲目》为我国明代的药学家李时珍(1518—1593)所修,《神农本草经》正是他所依据的最重要的典籍之一。《本草纲目》较前者无论在内容上还是在方法上都有重大的创新和发展。《本草纲目》成书52卷,载药名1892种,共计190余万言。书中对每种药物的产地、形态、采集方法、炮制过程和功效等均有较详细的说明。有的药物还设有"辨疑"、"正误"栏,以纠正前人"本草"中的错误。李时珍还根据自身的经验,打破了传统的按病情需要划分药物为上、中、下"三品"的做法,而采取更为客观的按植物、动物和矿物分类的药物分类法,把中药分类学向前推进了一大步。为修"本草",李时珍不仅参阅了近千种医学书籍和经史百家之作,而且踏遍了深山野谷,走访了千家万户,经历了无数次成功和失败,最终批判地继承旧说,阐发自己的新说,并在各种"本草"旧作基础上,增添了由他新发现的374种药物。

可见,《本草纲目》这颗祖国医药学宝库中璀璨夺目的明珠,确实是李时珍付出毕生艰辛,发挥了巨大创造力的科学劳作的产物。

【小知识】 林耐和"双名命名法"。在欧洲,18世纪著名瑞典博物学家林耐的创新性贡献与李时珍的贡献有类似之处。林耐游学各国,访问了许多著名的博物学家,并亲自搜集了大量植物标本后在其名著《自然系统》中创制了影响至今的植物分类"双名命名法"(又称"二名法")。由于"二名法"的创制,使得在这之前长期混乱而无规律的植物名称,从此归于一致。这不仅在植物分类学史上产生了重大影响,而且为整个生物分类学的研究创造了最基本的条件,故而成为生物分类学发展中一个重要的里程碑。

从上述例证中看到,大凡以科学观察为基本研究方法的科学创造,可以说都具有创造者在科学实践中通过观察。发现新事物、新现象、新特性,或者说从经验观察(包括接受前人或别人的经验和自己的观察)上升到理论概括(例如,系统化为一种新的观念、新的认识体系、新的方法等),从而取得创新性认识的共同特点。诚然,李时珍、林耐等人所取得的创造性成果实质上都属于传统生物学的研究范围,所采取的主要是经验观察的方法。其实,也不仅是这一种类型的科学创造具有通过实践取得创新的特点。纵观全部科学发展史,可以说任何科学创造都概莫能外。在西方科学史上,真正的实验科学,即所谓经验自然科学,开始形成于15世纪后半叶。各学科领域无一不是经历过这样的基本过程。例如,天文学、力学领域由哥白尼、开普勒、伽利略、牛顿等人提出或完成的太阳中心说、天体运行论、惯性定律、万有引力原理;物理学领域能量守恒与转化定律的发现,电磁理论的建立;化学领域氧化理论的建立,元素周期律的发现;生物学领域的细胞学说、达尔文进化论和生理医学方面血液循环理论的建立……由于各门学科性质的不同,所采用的观察、观测和实验的具体方法不尽相同,特别是随着各门学科观测手段和实验技术的不断更新和发展,有时这个过程表现得不像上述例证那样明显。

20世纪初开始形成,并在近几十年得到迅猛发展的现代自然科学的新发现,从根本上说情况也是一样。现代自然科学与以伽利略、牛顿等伟人为代表的经验自然科学相比,已不那么直观,因而对于某一项科学发现来说,未必一定能直接看到从经验观察到理论概括的实际过程。例如,爱因斯坦在20世纪初创立的相对论,就不是直接依据他亲身的实验观察而作出理论概括的结果。然而仔细分析起来,归根到底它仍是从经验到理论的科学创造。首先,不能割断历史来看待任何一项科学发现,一方面要看到爱因斯坦创立的相对论,正是克服了牛顿经典力学之不足的科学创新;同时还应看到,它也是牛顿经典力学长期准备的结果。也就是说,它也是从经验自然科学发展而来的理论自然科学的创造。其次,从狭义相对论创立的实际过程本身来看,如果没有从19世纪下半叶开始的一系列有关所谓"绝对以太"的观测和实验(例如著名的迈克尔逊—莫雷实验),就不可能充分暴露牛顿经典力学的理论矛盾,爱因斯坦也就不可能做出他的理论创造。当然这并不是说,爱因斯坦的狭义相对论就是从当时已有的观测和实验中直接导出的,这里还有着爱因斯坦个人创造性思维的特殊作用。然而,完全撇开当时物理学发展的实际背景来看待爱因斯坦相对论的创立,也是不符合客观事实的。所以总的来说,现代自然科学,特别是理论自然科学的创新,不可能还像近代自然科学一样,从经验到理论的过程表现得那样直观、明显,但是只要对它们进行历史地、逻辑地分析,就会看到它们本质上都是通过科学实践而从经验积累达到理论飞跃的结果。

1.3.3　创造的社会效果

上面涉及的主要都是以探索未知为目的的自然科学新发现的科学创造问题。科学创造问题还有另一方面,除了直接把自然科学成果转化为生产力的发明创造外,还有一些是直接在生产实践中进行探索的技术发明创造。总的来看,科学发现一般表现为诸如发现新事物、新现象、新特性,给出新概念、新原理、新定律,提出新观点、新假说、新理论,等等;技术上的发明创造则主要表现在技术设计或产品制造等方面,其主要形式则如为新的设计或制造提出新思想、新方案,开发新产品、新工艺,做出新改革、新发明,等等。这方面的实例举不胜举,在此不再赘述。

与创造的实践性和创新性这两个基本特征相关,还有一个创造的社会效果问题。也就是说,一个科学创造能否成立,重要的是它能否产生有益于人类社会的实际效果。对于科学发现来说,就要看它是否为人们提供了认识自然规律的新知识;而对于技术发明来说,则要看它是否有益于发展社会生产或改善人们的生活。从最终目的看,科学发现往往也要通过技术改进而起到促进生产发展或改善人们生活的作用。但也不排斥科学发现在一定阶段上,仅以认识成果的形式而体现其实际效果。由此看来,科学创造不仅来源于实践,还必须经受实践的检验,即包括科学实验和生产实践的验证,才能判定能否最终成立。判定的过程也许会有种种曲折,例如并非都是一次性判定就能得出最后结果,但是作为能取得实际社会效果的科学创造来说,这个来源于实践并以实践为终点的客观过程则是必然的,不可避免的。

科学创造者的创造力得到充分发挥是科学创造的第三个基本特征。也就是说,并非任何科学实践活动都能获取创新性成果,只有充分发挥了创造者科学创造力的科研实践活动才有可能做出科学创新。如前所述,爱因斯坦创立的相对论不是已有实验观测结果的简单堆砌,也不是从经验事实中进行简单归纳的产物,而是充分发挥了非凡无比的知识力、理解力以及敏锐的直觉洞察力等创造性思维能力的结果。

由于科学创造终归是某个人或某个集体发挥特有创造力的结果,所以它总是具有一定的独特性,因而人们也往往称创造性为独创性。也就是说,创造总是具有一定个性的创造,它总是打有某个科学家或发明家,或某个科学集团或学派的个性色彩和烙印。这正如众多的文学艺术作品不但各自都有内容的殊异,而且即使是相同的主题,也能表现出不同作家或艺术家特有的风格。也就是说,即便在同一时期有另一个人独自提出了反映宇宙时空相对性规律的"相对论",也不一定与爱因斯坦的表达方式一模一样。在科学史上,迈尔、焦耳等人几乎同时独立地发现了能量守恒原理,达尔文与华莱士几乎同时独立地发现了物种进化规律,但是他们彼此都有各自独创性,这些都是有史实为据的。这也是科学创造的个性特征。因此,研究和揭示科学家和发明家创造性思维的内在机制和创造才能与个性特征的一般规律性,就成为一个需要探究的方法论问题。

1.4　创造过程和结构模式

1.4.1　王国维模式

"昨夜西风凋碧树。独上高楼,望尽天涯路。衣带渐宽终不悔,为伊消得人憔悴。众里寻他千百度,回头蓦见,那人正在,灯火阑珊处。"这是我国著名晚清学者王国维,以借喻的手法所描述的有关做学问的"三境界"。所谓"三境界",正好符合创造过程的三个步步深入的阶段。上述第一句即第一境界,也即从事创造活动的"悬想"阶段;第二句即第二境界,则为"苦索"阶段;第三句即第三境界,便是经悬想和苦索后,所达到的灵感爆发也即对问题的解决有所"顿悟"的阶段。王国维荟萃古代诗词佳句成一首,把创造者从悬想到苦索再到顿悟(或灵感爆发)所经历的"三阶段",描摹成一个倾心的热恋者在追逐意中人时的心境跌宕,可说是绘声绘色,跃然纸上。从他简赅精当的描绘中,好像看到一位执着书生,夜以继日地埋首于书海之后,独辟蹊径,高瞻远瞩,于遐思绵绵、想入非非之际,脑海里渐渐形成自己理想中"恋人"形象的悬念;于是在茫茫中追寻着,矻矻求索,如痴如狂,一直熬得消瘦憔悴也不灰心;忽然一天,一瞬闪亮,原来朝思暮想、千寻百求的"心上人",就在那稀落灯影下嫣然相迎。

其实,这一生动描绘,也正是王国维本人创作体验的自述。而且,他所反映的尽管是一般做学问的特点,但同样也能体现一个科学家在创造活动中,那种步步深入直至豁然开朗的情景。

创造活动一般采取何等形式或结构进行,是宏观地考虑创造思维规律首先遇到的问题。王国维模式虽然侧重的只是创造者心理活动的描述,但这种分析思路也是具有一定启发性的。除此之外,国外也有不少研究者提出过各种"三阶段"、"四阶段"、"五阶段"等的结构模式。

1.4.2 "三阶段"模式

(1) W. 萨尔蒙提出的模式:假说的发明→"似乎可能性"的考虑→检验论据。

(2) 美国当代著名创造工程学家、创造学奠基人奥斯本提出的模式:寻找事实→寻找构想→寻找解答。

(3) 美国兰德公司的特里戈和凯普纳的模式:发现问题→分析原因→最终决策。

显然,这几种"三阶段"模式,都不像王国维模式那样,只是侧重于创造者心理活动的描述。它们虽不排斥创造者心理活动因素方面,实际上却多侧重于逻辑因素分析方面。

1.4.3 "五阶段"模式

20世纪初美国实用主义哲学家杜威,在其1910年出版的名著《我们是怎样思维的》一书中提出的"五阶段"模式,则是明显地从逻辑思维活动的角度提出的。

"五阶段"模式的5个阶段如下:

(1) 感到某种困难的存在;

(2) 认清是什么问题;

(3) 搜集资料,进行分类,并提出假说;

(4) 接受或抛弃试验性的假说;

(5) 得出结论并加以评论。

人们一度认为,杜威的模式是经典的,似乎它表述了创造性思维过程的"最终公式"。但在目前看来,这一模式与王国维模式恰恰相反,它又忽略了诸如顿悟、灵感等非逻辑因素在创造过程中的作用。20世纪以来,不少心理学家和非心理学的科学家,对一些著名学者的创造性思维特征进行了分析。所分析的原始资料,有的来源于创造者本人提供的极为宝贵的自我体验报告。从这些分析看,各种非逻辑因素在创造过程中具有特殊的重要作用是毋庸置疑的。所以与杜威不同,不少研究者在探索创造过程结构模式时,都把非逻辑因素也作为重要环节考虑进去。

但由此也有走入另一极端的情况,即把创造发明过程的研究,简单地归之于创造的心理学问题,而认为与逻辑学毫无关系。如当代著名英国科学哲学家波普尔就明确认为,科学发现这样的创造过程,与逻辑分析是毫不相干的。很明显,如果接受这种观点,就有可能出现两种完全相反类型的科学创造结构模式:纯逻辑型的,如杜威式的结构模式;与逻辑无关的非逻辑型的,如王国维式的结构模式。然而,这种割裂都未必能真实地反映创造性思维的实际过程。

1.4.4 更多创造模式

更多的学者倾向于把创造过程中的逻辑因素与非逻辑因素联系起来考虑,即把它们囊括于一个统一的结构模式中作系统的分析。事实上,也确有不少研究者在这个思想前提下,提出了各种"三阶段"、"四阶段"、"五阶段",以及"七阶段"的创造模式。有的还在各阶段中又细分出各个不同层次的小步骤。较早的如英国心理学家 G.沃勒斯的"四阶段说",是比较有代表性的。

沃勒斯在其 1926 出版的《思考的行为》一书中提出,无论是科学的或艺术的创造,一般都要经过 4 个阶段。

第 1 阶段,也就是创造的准备期。它包括发现问题,收集资料,以及从前人的经验中获取知识和得到启示。

第 2 阶段为酝酿期。这阶段主要是冥思苦索,其中也包括利用传统的知识和方法,对问题做各种试探性解决。

第 3 阶段为明朗期。也就是在上阶段酝酿成熟基础上脱颖而出,豁然开朗,即突然出现灵感或产生顿悟的时期。只有这个阶段才摆脱了旧经验、旧观念的束缚,产生超常的新观念、新思想。

第 4 阶段即验证期。对灵感突发时得到的初具轮廓的新想法进行检验和证明。这也就是利用逻辑的力量,以检验其理论上的合理性与严密性;利用观察、实验等方式,证明其事实上的可能性等。不完备处则可在验证阶段予以修正。

沃勒斯以后,还有不少人提出各种分阶段创造模式,但分析起来,这些模式在基本思想上都与沃勒斯相差无几。

如著名法国数学家 J.阿达玛的"四阶段"模式:准备→酝酿→豁朗→完成。

著名法国数学家、物理学家和天文学家 H.彭加勒的"四阶段"模式:收集→酝酿→发现→证明。

苏联学者 r.戈加内夫提出的"五阶段"模式:提出问题→势力解决→顿悟→潜伏→验证。

苏联创造心理学家 A.H.卢克提出的"五阶段"模式:明确地了解和提出问题→搜索相关信息→酝酿→顿悟→检验。

有趣的是,加拿大内分泌专家、应力学说的创立者 C.塞利尔,把创造与生殖过程相类比提出一个"七阶段"的模式。具体如下。

(1) 恋爱与情欲:指科学家对真理追求的强烈愿望与热情。

(2) 受胎:实指发现和提出问题及资料准备等。

(3) 怀孕:科学家孕育着新思想。开始,科学家自己甚至也可能没意识到。

(4) 痛苦的产前阵痛:这种独特的"答案临近感",只有真正的创造者才能体会到。

(5) 分娩:使人愉快和满足的新思想诞生。

(6) 查看和检验:像检查新生儿一样,使新思想受到逻辑和实验的验证。

(7) 生活:新思想受到考验并证明了自己的生命力后,便开始独立生存,且有可能被社会接受。

尽管上述模式各有特点,实在说均未超出沃勒斯最初所提"四阶段"模式的框架。总体来看,这些模式的框架,基本上都是按照"准备→创新→验证"的"三阶段"程序来构筑的。当然,首尾均可向外延伸,如"准备"前有"问题","验证"后有"结果"。也就是说,它们实际上都反映了创造过程存在着3个基本的阶段这样的规律性。而每个基本阶段自然还可细分出一些更为具体的步骤。例如,国外目前有人提出列为"三阶段"计分13个步骤的创造过程模式:第一(准备)阶段分为5个步骤;第二(创新)阶段分为2个步骤;第三(验证)阶段分为6个步骤。从思维形式看,第二阶段主要是非逻辑思维形式的作用;第一、三阶段则主要是逻辑思维形式的作用。其中以第7个步骤(即顿悟)为中心环节使13个步骤呈对称分布的格局,从而显示出这一步骤在整个创造过程中的特殊地位和作用。

总之,上述都表明,创造是一个实在过程。尽管目前对它的具体分析还有许多分歧,其中也包括对所谓逻辑的(C),尤其是非逻辑的(U)思维形式的理解上所存在的分歧;但在创造思维过程中存在着逻辑的与非逻辑的两种思维形式,其中又尤以非逻辑思维形式占有特殊重要地位,则是肯定无疑的,如表1-1所示。

表1-1　创造的阶段过程模式

步骤	阶段	名　　称	思维方式
1	第一阶段	前导	U/C
2		不满	U/C
3		认识环境	C
4		获得资料	C
5		研究分析	C
6	第二阶段	潜伏	U
7		顿悟	U
8	第三阶段	产生	U
9		发展	C
10		审核	C
11		实施	C
12		满意	U/C
13		转向	U/C

1.5　创造是继承和发展的过程

从宏观上看,人类的科学研究和创造发明从来就是"接力跑"。总是在已做过的前人手中接过接力棒,再向前跑去。继承前人的研究成果,在前人的研究基础上发展,一环接着一环,往复循环,以至无穷。所述的前人的研究成果就是研究背景或称现有技术状况。所述的继承就是学习、理解、吸收、再现。所述的发展是对现有技术的批判、扬弃、修正、否定,就是再进一步深入研究下去,然后取代和超越。

没有继承环节的创造发明就会是无源之水、无本之木,无法立足,难以被人们理解和接受。如果没有发展环节,就没有生命力,没有科技进步和社会的发展。新事物不能无中生有,必定是从旧事物中脱胎而来的。新事物在旧事物的母胎中成长立足,旧事物完成了历史的使命后,才退出历史舞台。创造发明也是如此,离开了继承,全盘否定前人的研究成果的创造,不被社会接纳就不叫发明,常被称为"发疯"、"发癫"、"发神经"。

【应用案例】 照明灯的创造过程。

人类史上原始的照明来自太阳、月亮、星星、闪电,可能还有磷光、萤火虫等。了解了火以后,人们于是开始使用火把、火堆、火烛。在照明实践中发现油的特性,于是开始使用松明、蜡烛、油灯。石油的采用后,人们于是开始使用各种各样的煤油灯、汽油灯。了解了电以后,人们就开始发明和使用各种各样的电灯。

在1845年美国辛辛那提的斯塔尔提出可以在真空泡内使用通电碳丝的方法,并申请了专利。

英国的斯旺按照这种思路,用一条条碳化纸作灯丝,使电流通过它来发光。但是,由于当时抽真空的技术还很差,灯泡中的残余空气使得灯丝很快烧断,因此这种电灯的寿命相当短,仅有一两个小时,不具有实用价值。1878年,真空泵的出现,使斯旺有条件再度开展对白炽灯的研究。1879年1月,他发明的白炽灯当众试验成功,并获得好评。

爱迪生在1879年开始投入对电灯的研究,他认为延长白炽灯寿命的关键是提高灯泡的真空度和采用耗电少、发光强且价格便宜耐热材料作灯丝。爱迪生先后试用了1600多种耐热材料,结果都不理想。1879年10月21日,他采用碳化棉线作为灯丝,把它放入玻璃球内,再启动抽气机将球内抽成真空。碳化棉灯丝发出的光明亮而稳定,足足亮了十多个小时。就这样,碳化棉丝白炽灯诞生了,爱迪生申请了专利。成功并未使爱迪生停步,他在继续寻找比碳化棉更坚固耐用的耐热材料。1880年,爱迪生又研制出碳化竹丝灯,使灯丝寿命大大提高,同年10月,爱迪生在新泽西州自行设厂,开始进行批量生产。这是世界最早的商品化白炽灯。英国的斯旺也于1881年在新堡郊外本威尔设厂。两位发明家的竞争十分激烈,专利纠纷几乎不可避免,后来两人达成协议,合资组建了爱迪生—斯旺电灯公司,在英国生产白炽灯。

电灯的发明,美国通常归功于爱迪生,英国则归功于斯旺。在英国,电灯发明百周年纪念于1978年10月举行,而美国则于一年后的11月举行。

碳丝电灯寿命还是短。钨丝的电灯到1908年才由美国发明家库利奇试制成功。灯中的发光体是用金属钨拉制的灯丝,这种材料最可贵的特点是其熔点很高,即在高温下仍能保持固态。一只点亮的白炽灯的灯丝温度高达3000℃。电灯的亮度和寿命都有大幅度的提高。后来发明了卤钨灯、低气压放电灯、荧光灯、高压汞灯、金属卤化物灯、陶瓷金属灯、低压钠灯、高频无极灯、卤素灯,等等。现代的照明已进入了无丝阶段,有汞灯、气体灯、LED灯等,光质更好、寿命更长、能耗更低。可以预见,今后将会发明出更加异想天开的电灯,可以有更意想不到的照明方法。

第2章 创造力开发

人人是创造之人；天天是创造之时；处处是创造之地。

——陶行知

人可以老而益壮，也可以未老先衰，关键不在岁数，而在于创造力的大小。

——卢尔卡尔斯基

想象力比知识更重要，因为知识是有限的，而想象力概括世界上的一切，推动着进步，并且是知识化的源泉。

——爱因斯坦

2.1 人人具有创造力

创造力是人类特有的一种综合性本领。一个人是否具有创造力，是一流人才和一般人才的分水岭。创新能力是可以开发的。发明创新不是少数天才的专利。创造发明人人可为，并不神秘。创造力是如知识、智力、能力及优良的个性品质等因素综合优化而成的。它是完成创造性活动所必需的品质和能力。

2.1.1 无时无处不在的创造力

1. 什么是创造力

创造力是指产生新思想，发现和创造新事物的能力。创造力是把主意变成行为的艺术。创造力就是喜欢动脑筋，善于异想天开，或者说脑子里浮想联翩，然后再把它们统统变成现实。

2. 打破创造力的神秘感

创新意识不高，不能正确评价自己创造性能力，其主要原因是普遍缺乏对创造性的正确认识。其实，创造性人皆有之，它可渗透到每个人学习、生活和工作的各个领域。只要不拘泥成法，不与人雷同，能独立自主地思考与解决问题，就可视为创造力的表现。

要打破创造的神秘感，创造可以体现在自己的学习、工作、生活等各个方面。因此，通过有意识的创新教育活动，可以唤醒、启发、诱导、挖掘丰富的创造潜能，并使之以全新的观念审视自我，意识到自己所拥有的丰富创造力。这对自我意识的统一及适应复杂的社会生活尤为重要。

3. 无时不在无处不在的创造力

创造力人人都有，无时无处不在。创造力也包括吸引力，与创造力随之而来的是精神的高度愉悦和饱满的工作热情。这方面，孩子做出了示范。当孩子全身心投入到游戏中时，旁人所看到的即是创造力。他们专心致志，废寝忘食，要费九牛二虎之力才能把他们拉开。创造力不仅仅是个概念，而且也是身体及精神的感知，那么，醉心于创造力的人就能够拥有创造力；而如果只是从清醒的动机诸如义务或者理智出发，也许就永远与创造力无缘了。这样说也许并不奇怪吧。

在日常生活中，创造力来得太容易、太轻松了。因而有时不能正确地评价其意义。创造力常常是自己翩然而至，以至于有人会钦佩地问："你到底是怎么做到的呢？"人们肯定这样回答："不就是这样喽。"几乎没有谁把与生俱来的能力——创造力当成一回事。

也许会有人认为只有雕刻家、画家或者建筑师等艺术家才有创造力。一位孩子的母亲有这样的体会："我也曾经富有创造力，可自从我生了 3 个孩子以后，一切就都不复存在了。"许多人都和这位母亲有同感：只有在从事发明创造时才谈得上创造力。但这一想法真是太狭隘了。当然，画家应该清楚地知道，颜色应该如何使用和搭配。假使让一位男士同样看管 3 个小孩，他可能就会不知所措，不知道该对哪一个孩子说什么话，不知道如何使孩子们协调起来一起玩耍，因为他突然失去创造力。不仅母亲在和孩子打交道时富有创造性，有天赋的教育工作者们也有能力马上吸引一群孩子的注意力，尽管这些孩子们压根儿从来就不认识他。这位母亲后来觉得："只不过我的创造力转到生活的其他方面了。"

那么,心理能力训练的第一步就是要明确不论有没有上过学,有无文凭、证书,不论生活状况如何,人人具有创造力,年轻人更是具有巨大的创造潜能。而且创造力是可以开发的。创造力是指如下情形:

- 与人打交道的方式与众不同;
- 交流时会察言观色;
- 能布置房间、挑选自己的衣服;
- 常让人发笑,有幽默感;
- 能做好组织工作,能让诸多事情"步调一致";
- 喜爱园林,愉悦自然;
- 喜爱绘画、制陶、装饰、手工制作;
- 熟练使用身体技巧,精通某种运动;
- 熟练地操作电器、设备;
- 烹饪时"不费吹灰之力"就能编个菜谱;
- 爱好音乐,能有意识地感知颜色的魅力,陶醉于游戏、书籍和电影;
- ⋯⋯

自己在上述哪方面具有创造力呢?当然,其中尚有许多生活领域并未提及,可以根据实际情况进行扩展。这里的问题在于在什么情况下自己会有内心萌动的感觉,产生出于人于己都有益的想法。

因此知道,创造力不是局限于科研、艺术等领域,而是在生活的方方面面。

4. 人类绵延至今的创造力

人类的历史就是一部创造史,人类社会发展的历史,就是一部发挥创造力的历史。真正的创造活动总是给社会产生有价值的成果,人类的文明史实质是创造力的实现结果。在人类进步和发展的过程中,有着人类无数创造力的结晶。在人类悠长的历史和灿烂的文化中,可以处处看到不朽的创造力。

【小知识】 尼安德特人的灭绝与现代人类的幸存。在德国的杜塞尔多夫市附近的尼安德特考古发现的旧石器时代中期的尼安德特人曾分布在欧洲、北非、西亚一带,很长时间人们一直以为他们是人类祖先的一支。现在人们才知道,在人类发展史上,尼安德特人只不过是一支"旁系",充其量是现代人的"表亲",也就是说尼安德特人曾与现代人生活在大约同一时代,并行向前发展过,但是后来尼安德特人灭绝了,而现代人类却生存了下来。

至于现代人类为何能绵延至今,科学家们各抒己见,其中普遍认为的一个关键因素居然是发明了针和线!我们的一位先人脑海里突然涌现出了一个绝妙主意,在一块尖利的骨头碎片上钻个洞,再用这个工具将毛皮缝制成保暖、耐用的衣服。穿上这样的衣服,在不同的地区、不同的气候条件下人类就都可以生存下去了。如果没有创造力,现代人类根本就不可能延续下来。

2.1.2 人人都有一个尽善尽美的大脑

1. 认识人脑

(1) 人脑的结构。人脑由约 140 亿个脑细胞组成,每个脑细胞可生长出几万个树枝状的树突,与几十万个脑细胞连接,用来储存传送着信息。人脑的计算能力远远超过世界最强大的计算机。其复杂程度在世间万物中无与伦比。因此说人脑的创造潜力是无穷无尽的。

人脑由大脑、小脑及连接大脑、小脑的间脑、中脑和延髓组成。间脑、中脑、延髓统称为脑干,结构如图 2-1 所示。

① 脑干。脑干位于脊髓的上端。由脊髓传至脑的神经冲动先传到脑干,再由脑干传至大脑。它对维持觉醒和抑制、过滤各感觉器官传入的信息起着重要的作用。主要功能是维持个体生命的心跳、呼吸、消化、体温、睡眠等重要生理活动。

② 小脑。小脑位于大脑和枕叶的下方,在脑干之后。主要功能是和大脑皮质运动区共同控制肌肉的运动,调节姿势和身体的平衡。

③ 大脑。大脑是人脑中最高层的部分,也是人脑中最复杂最重要的神经中枢。人脑的平均重量约 1.55kg,仅占体重的 2%～3%,然而它的血流量却是全身的 20%,消耗的氧气是全身的 25%。原因就在于人脑高度发达的大脑皮层。

大脑不同的部位有着不同的功能,能进行相应的思维,如图 2-2 所示。

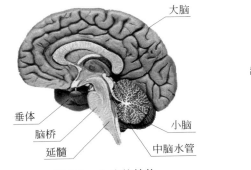

图 2-1　人脑的结构

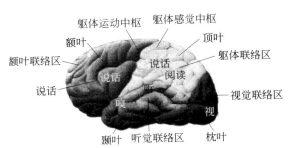

图 2-2　大脑皮层功能分布

(2) 神经元。神经元即神经细胞,具有高度的敏感性。主要由 3 个部分组成:细胞体、多个树突和一个轴突组成。人体中 99% 以上的神经细胞是中间联结神经元,或称中间神经元,它们存在于中枢神经系统内,起着联络运动神经元和感觉神经元的作用。同时,还接收、处理并中转全身传来的信息,如图 2-3 所示。

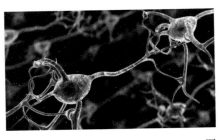

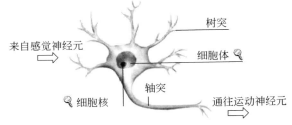

图 2-3　神经元结构

人类创造力的限制都是从自己的内心开始的。正常人大脑的结构和细胞量与爱因斯坦、比尔·盖茨相比都是基本相同的。很多人内心认为自己不行,正是这副枷锁,束缚了自身能力的发挥,限制了潜力的挖掘。人类潜能的发挥,就是要打破一个又一个自设的枷锁。

打开这些枷锁,才会发掘出巨大的潜能。大脑就是一座巨大的金矿,充分开发了,就能成为发明家。

这样尽善尽美的人脑,仅被当成记忆的工具,扼杀了创造力的发挥,是多么可惜!

2.1.3 创造力的特点和构成

1. 创造力的特点

创造力是人类特有的一种综合本领。一个人的创造力水平是人才和庸才的分水岭。究竟什么样的人可以算得上有较高的创造力呢?研究者从不同角度提出的有创造品格的人应具有的普遍的、共同的主要特征是能产生新异、适宜、高质想法并付诸实践。另外他们还应具有以下特质:

(1)敢于挑战并努力尝试别人认为不可能做到的事;

(2)不循规蹈矩,不按常理出牌;

(3)有自己的见解,不人云亦云;

(4)质疑各种规范和老生常谈的道理;

(5)愿意表明某种与众不同的立场。

艺术家说,具有创造力的艺术家是冒险者;商人说,生意场上的创造力常常体现在不按常规思考;哲学家强调,有创造力的思想者从不轻易接受已经"被接受"的观点;物理学家则认为,对所有人都认同的基本原理产生质疑非常重要。在投资领域,优秀的投资者善于低买高卖,他们要么在股票低价时买入,要么购买当时不被看好或被看好的投资产品。在思维领域,"低买"就好比个体产生一个新奇甚至怪异的想法,但这并不那么容易。有的人会对这些逆流而上的人说:"你没病吧?"也有人会认为他们不可理喻甚至愚蠢:如果这项投资或这个想法真那么好,哪还轮得到你?

难道人们对于有创造力的看法各不相同吗?显然不是。换句话说,所有人都认同创造型的个体通过拒绝流行的观点来"低买",他们喜欢产生和挑战新鲜的观点。而当"追求低价"这个观点获得了社会的普遍认可时,其他人终于如梦方醒,开始趋之若鹜。与股市中的成功投资相类似,有时,创造力会因为在想法尚不成熟时就付诸实施("卖")而失败,或者由于持有时间过长而失去最佳时机。"高卖"对于创造力的成功非常重要,无论是个人项目上还是一项创造力的工作上都是如此。

心理学家研究认为,创造力的主要特点如下。

(1)绝大多数人具有创造力。任何人都有创造的禀赋,创造力不是少数尖子人才所特有的。当然也存在着个别差异,其差异程度在全人口中呈正态分布,就是大多数人都具有中等水平的创造力,创造力极高和极低的人数极少。

(2)创造力是可以培养的。创造力是人类特有的一种心理活动。人的创造力不是先天就有的,先天的禀赋是后天发展的基础。创造力的禀赋虽有差异,但不能决定儿童创造力发展的水平,后天的环境、教育、训练与儿童少年本身的努力才是创造力发展水平的决定性因素。所以创造力是可以培养的,可以通过创造性的基本训练,开发和培养儿童创造性思维能力和创造性活动能力。

(3)创造力高的人其智商都在中等以上。智力不等于创造力,智力是侧重于认识方面的综合能力,创造力侧重于创新和发现;创新离不开认识,认识却未必包含创新。根据大量心理测验研究结果表明：智商低的人其创造力不会高，但智商高的人其创造力也不一定很高，创造力高的人其智商都在中等以上。由此可见，智力和创造力两者不是包含关系，但也不是毫无关系，一定水平的智力是创造力高度发展的必要条件，所以智力教育不能代替创造力培养，在知识教学和技能训练的过程中要非常重视培养创造力。

（4）创造力在各年龄段的发展是不平衡的。国外研究者认为创造力发展的总趋势是随着年龄增长的，但各年龄段的发展是不平衡的。幼儿期是创造力的萌芽时期，三四岁是创造性想象发展较高的时期，五六岁以后有下降趋势，创造性想象，低年级比高年级丰富。由此可见，创造力的培养宜早不宜迟，应从小开始就培养他们的创造精神。

2. 创造力的构成

知识、智能和优良个性品格是创造力构成的基本要素，它们相互作用、相互影响，决定创造力的水平。

（1）知识。

① 知识是创造力的基础。知识是从人类活动中所获取的真理、原则、思想及信息，是信息的高级表现形式。知识是人类理解与学习的结果，是主体获得的与客观事物存在及变化内在规定性有关的系统化、组织化的信息。

知识是创造力和现有社会接轨的必要基础，是存在于专业人员身上的技能，包括吸收知识、巩固知识、掌握专业技术、实际操作技术、积累实践经验、扩大知识面、运用知识分析问题，是创造力的基础。

② 任何创造都离不开知识。知识丰富有利于更多、更好地提出创造性设想，对设想进行科学的分析、鉴别、简化、调整和修正；有利于创造方案的实施与检验；有利于克服自卑心理，增强自信心，这是创造力的重要内容。金融家认为，要在投资领域获得成功，除了知识别无他法。同样在创意方面，个体必须对想要施展创造力的领域有着充分的了解，要超越过去就必须把握现在，否则将面临画蛇添足的风险。

③ 创新是在现有知识上产生和发展的。人们对于创造力概念的研究也很强调创造性知识的重要性。人们总是提到"高成就能力"，想要在不经意中说出"创意"的概念以及一些相关的描述，就必须了解创意是什么。要做到不人云亦云，就必须知道别人在说什么。要质疑原理，就必须知道这些原理在讲什么。创新都是在现有基础上产生和发展的，都是有背景技术的，不可能无中生有。即使它与背景技术截然相反，它依然需要了解那些背景技术到底是什么。经常会看到，因为缺乏对现有相关知识和背景技术的了解而出现的窘况，例如，常常有人自认为想出了一个前所未有的创意，但结果往往是别人早就提出，并已经做得很完美。

④ 做已有知识的主人。怎样才能使追求知识与不墨守成规协调一致呢？曾有观点认为"知识越多越保守"，"知识越多越反动"。太多知识反而是件危险的事情，因为个体会被这些知识所禁锢，从而无法超越。这种看法具有两面性。美国加利福尼亚大学心理学教授迪安·基思·西蒙顿（Simonton）认为，历史上最富有创造力的人常常仅受过中等程度的教育。不要使过多的知识阻碍思考，使个体无法挣脱固有思维的樊篱，结果导致个体成为自己已有知识或观点的奴隶。

⑤ 好多发明创造出自外行人之手。例如，一群计算机设计师负责将软盘中的文件安装到硬盘中并进行更新。这些专家按标准程序执行了这一操作，如从软盘中读写每个文件。

而假如使用标准程序来更新整个系统需要花费 21 个小时,并且,一旦此过程中出现哪怕一个错误,那么所有的步骤都得重新开始。当时,有一位研究其他领域的负责计算机设计的顾问从一个全新的角度解决了这个问题。他利用软盘和硬盘的物理特性来有效读写软盘的所有扇区,而不是费力地读写每一个文件。这样一来,更新系统的时间一下缩短为 42 分钟,而且一旦出错可以随时重启。这个例子表明,人们很可能因为太熟悉某种方式而忽略了其他的可能性。因此,创造性眼光不仅取决于所具备的知识,还取决于希望突破已有知识的意愿。

科学发明史中的大量事例都证明,许多大胆、新颖,甚至具有突破性的创造,往往出于外行之手。发明电报的莫尔是个画家,语言学教师贝尔发明了电话,焦耳是个酿酒师,对地质学一窍不通的魏格纳创造了地质学的新理论"大陆漂移学说",职业编辑开普勒发现了天体运动的规律,近代遗传学奠基人孟德尔是职业牧师……

(2)智力。智力是指生物一般性的精神能力。这个能力包括以下几点:理解、计划和解决问题,抽象思维,表达意念以及语言和学习的能力。智能是以创造性思维能力为核心的。智能是智力和多种能力的综合,包括吸收知识的能力、记忆知识的能力和理解知识的能力,既包括敏锐、独特的观察力,高度集中的注意力,高效持久的记忆力和灵活自如的操作力,也包括创造性思维能力,还包括掌握和运用创造原理、技巧和方法的能力等。这是构成创造力的重要部分。

智力在创造力中起到 3 个关键作用。

① 综合。有助于个体从一个全新的角度来看待问题,或者重新定义一个问题。综合是智力的一个方面,是一种富有洞察力的信息加工过程。创造力的重要性在于"能够把旧的信息和理论以一种全新的方式进行组合",以及能够利用"他所能找得到的材料做出完全不同的新东西",还具有"改变方向和程序的能力"。这些论述不约而同地说明了换个角度看问题的重要性。也就是说,必须在大多数人还没有意识到的时候形成或发现一个观念的价值。

【小故事】 "便利贴"的发明。"便利贴"是一种让人可以随手记下一些要做的事情,然后贴在醒目处随时提醒自己的小纸片,它的出现要归功于 3M 公司的一个工程师。这位工程师的工作是开发一种强力胶水,然而他却发现了一种不那么黏的物质,但是他并没有将这种东西随手扔掉,而是对遇到的问题进行了重新定义,即为这种物质找到一种最佳用途。接下来所发生的已然在历史上留下了浓重的一笔,这个意外收获为 3M 公司赢得了很好的收益,也为广大用户提供了便利。有些伟大的发现和发明确实发生在那些不循规蹈矩的人身上。

② 识别。智力的第二个作用是识别新创意的好坏,有效地分配资源,以及完成解决问题的基本步骤,在这个阶段,智力起到分析的作用。创意新颖并不能代表它有多好。例如,用卫生纸建一所房子是个创意,但却是个不怎么样的创意。在投资领域,任何以低于盈利率的价格出售的股票都意味着市场并不看好它们。创新的投资者必须看准有升值潜力的股票。

③ 实践。智力的第三个作用是实践性,即把产品有效地呈现给顾客的能力。通常,把好创意变成成品需要一个关键步骤,即把创意"卖"给别人。运用这种技能,包装后的创意既可能被强化,也可能被伪装。同时,个体必然会得到他人对其产品的反馈,了解如何对这种反馈做出反应就是一种实践技能。这种批评意见值得考虑吗?是否应该对产品做好改变?

总而言之,综合、分析以及实践,智力就是以崭新、没有限制的方式洞察事物的能力去重新定义问题,对问题进行结构化分析,重新分配资源,对创意进行评估,推进创意逐步变成现实,利用他人的反馈,这些都是创造性工作的基础。但是,要做出开创性工作,就必须了解和突破已有领域的现状。

3. 品格

创造品格属于非智力因素,它是创造活动的内在动力机构,反映出创造主题良好的思想面貌和精神状态,集中体现为强烈的创造动机、顽强的创造意识和健康的创造情感等。因此,创造品格就是指人们在进行创造活动时所表现出的意志、情感、自信心和目标等特征。它具有独立的系统,支撑着创造者的行为和活动。它是在一个人的生理素质基础上,经过在一定的社会、历史条件下的社会实践活动形成和发展起来的,是创造活动中所表现出来的创造素质。优良的素质对创造极为重要,是构成创造力的又一重要部分。

心理学家托兰斯在分析了大量的研究案例的基础上指出,一个高创造力的人应该是利他主义的、精力旺盛的、刻苦勤勉的、百折不挠的、自我肯定的和多才多艺的;他们易于受到神秘事物的吸引,藐视常规,独立判断与思考,有怪癖,好极端等;他们有敏锐的感受力和独立自主性。优良的个性品质如永不满足的进取心、强烈的求知欲、坚韧顽强的意志、积极主动的独立思考精神等是发挥创造力的重要条件和保证。

人们在研究中发现,人们认为创造力不仅仅意味着一种认知或心理特质,还包括了人格特质。例如,人们会将创造型个体描述为"冒险者"。这只是创造力的一个关键方面。

另一个再怎么强调也不过分的人格特质是个体必须坚持立场。个体不仅要不断地克服周围人给他制造的障碍,还应坚定信念,哪怕直面异议和嘲讽。事实上,幽默感也非常重要,它能把自己从自我怀疑和遭受排斥的困境中拉出来。

要超越潜能真正表现出创造力,就需要动力。创意人员应该充满活力、多产、目标明确。目标可以是外在的(如钱、权力以及名望),也可以是内在的(如自我表达,个人挑战)。对于创造性工作而言,外部动机和内部动机都很重要,因为它能使个体全力以赴。创造型个体的确精力充沛,专心致志。西蒙顿的研究表明,比起普通人来,有创造力的人工作更富有成效,在学术领域,他们发表更多的文章;在技术领域,他们也能做出更多的创新。格鲁伯(Gruber)观察到,这类人的一生中充满着一连串相互关联的计划。他们的目标可能很清晰,也可能不那么明确,但是他们总是会去努力实现自己设立的目标。尽管具有创造才能的人"喜欢别人赞美他们的成就",但实际上他们是被强烈的内部动机驱使。他们几乎总是在做他们喜欢的事情。同理,不喜欢自己工作的人很少能做出杰出的贡献。

创造力是复杂多因素综合优化构成的。

2.2　环境与创造力

2.2.1　环境对创造力人才培养至关重要

1. 环境对心理起决定作用

存在决定意识。人的心理是人脑对客观现实的反映,客观现实是心理的源泉和内容,环境对心理的形成起决定作用。双生子的实验研究表明,不论是同卵还是异卵的双生子,在他们的身心各方面总是有许多差异,这就是环境影响的结果。世界上发现的 50 多例"兽孩"。这些人就是出生后一段时间内与某种野兽共同生活,不与人类社会接触,长到一定年龄后,则无论用什么方法都是无法恢复其作为人的本来天性。"兽孩"由于他们没有接触人的社会生活环境,所以虽然具有正常人的脑、手、感觉器官、发音器官和人所固有的遗传素质,但是却无法拥有正常人的心理。事实证明,人是环境的产物,离开了人类社会,离开了人类实践活动,连人的心理都不能形成,创造力就更无从谈起。

"人之初,性本善,性相近,习相远。"所谓的"习"就是指后天环境的习染。人一出世就是一个对环境的积极探索者和万能的适应者,有着惊人的反应能力、学习能力和适应能力。F. N. 弗里曼、H. H. 纽曼和 H. M. 斯基尔斯等人做了寄养子女的研究,结果一致证明,家庭环境不同,养子的智力、才能发展有明显的差异。近朱者赤,近墨者黑,染苍则苍,染黄则黄。随着生活领域范围与接触的人、事、物的扩大,潜移默化之中,自然都受到后天环境的影响,所以环境对创造力开发至关重要。

2. 环境对大脑发育起决定作用

环境不但在心理形成过程中起决定作用,在大脑发育过程中也起决定作用。现代生理学表明,脑细胞与人体其他部分的细胞有所不同,其他部分的细胞是靠新陈代谢的作用成长的,而脑细胞却都是依靠一个一个地接受外部对它的刺激,不断增加反应次数来促进其发育的。就一般情况来说,大脑中能够对来自外部刺激积极反应的脑细胞越多,头脑也就越灵敏。

神经纤维髓鞘化过程的完成是人脑活动的开始,是人的智力活动的第一步。然而髓鞘化并不是自然发育成熟的,它也是反复接受来自外部刺激作用才逐渐完成的。脑细胞有各种分工,各司其职,对于一些复杂的刺激,需要很多各司其职的各方面的脑细胞互相配合才能应付,为此脑细胞之间的联络网和脑细胞之间的联络通路就成为不可或缺的了。这种脑细胞之间的联系通路是神经传导作用的机制。只有这种神经传导功能顺利而又迅速地发育成长,人的思考能力,才算最终形成。然而,这种脑细胞神经传导功能的发育也和脑细胞本身发育一样,它受到外部刺激越多、越复杂,它本身发育也越早、越快、越健全。

所以说,作为人类创造力的物质基础,大脑的先天遗传只是身心发展的物质前提,后天环境与教育开发的程度才是其正常发育决定性因素。如果没有丰富的客观外部刺激,神经细胞就会体积小、结构简单,树突就会短而分支少,轴突神经纤维就会大部分没有髓鞘化,皮层兴奋和抑制的机能就会很弱,大脑发育就会不完善,就会使身心无法健康发展从而心理发展水平也受神经系统发展水平的制约,无法成为触类旁通、举一反三广泛联系、创造性思维的人才。

2.2.2 创造力要及早开发

创造力是根据一定的目的和任务,运用已知条件和信息,开展能动思维活动,经过反复研究和实践,产生某种新颖的独特的有价值的成果的一种能力。对于创造力的研究日趋受到重视,由于侧重点不同,出现两种倾向,一是不把创造力看作一种能力,认为它是一种或多种心理过程,从而创造出新颖和有价值的东西,二是认为它不是一种过程,而是一种产物。一般认为它既是一种能力,又是一种复杂的心理过程和新颖的产物。

环境是指人在创造过程中,受到的影响的外部条件和创造主体对外部条件的感觉。前者被称为外环境,后者被称为内环境,外环境的刺激促进内环境的成熟,而内环境的成熟又能动地对外环境作高层次的感觉,周而复始,以至发展。内因和外因在事物发展中的地位和作用是不同的。外因是变化的条件,内因是变化的根据。外因通过内因而起作用。创造力是人内环境与他所在外环境相互作用的产物。

人不仅是一个独立的个体,更是社会的人,是社会环境的产物,人生来就会受环境的影响。人的先赋资源让人有了生存的可能,但是只有把自己的先赋资源发挥出来转化为一种服务才能有益于社会,造福于人类。它依赖于后赋资源的形成,而在一定环境的实践 ,就成为后赋资源的炼金石。在这个过程中,人们忍受着痛楚和心灵的折磨,时刻想放弃,常有自卑的心理出现,总觉得周围的一切与自己作对,让自己失败,时常觉得活得太累、不舒服。这就是人的心智——内环境的成熟过程,或者说是一种思维观的再造。心智成熟的标准是明白磨难是发现自己、塑造自己的机会,任何的事件都是为了让自己有机会感悟人生,培养自己优秀的品性。

不少人认为创造还只是遥远的事情。要等把知识学好了再去创造,把课程读完了再去创造,把创造力提高了再去创造。这是完全错误的思想,这是内环境的不成熟的典型表现。读书是学习,创造也是学习,而且是最重要的学习。死读书一辈子提高不了创造力,死读书不如不读书。学习与创造从来是不能分开的。学习与创造对立起来,割裂开来,以后再说,就会贻误了自我创造的最好时机。到头来将碌碌无为,一无所有。一旦清醒,后悔莫及,遗憾终身。

人的潜能是随着年龄的增长而递减的,创造力要及早开发,最好从小开始,从娃娃抓起。在大学开始创造教育,实际上已经迟了,创新教育应从幼儿开始。

2.2.3 创造力的开发环境

马克思指出:"人创造了环境,同样环境也创造了人"(《德意志意识形态》第33页,人民出版社1987年版)。创造人才的出现绝不是随心所欲的,它是一个综合效应,有其独特的规律性,既受到社会制度、生产力发展水平、社会文明程度、群体的相互作用等条件的制约。那么,如何营造一个充分发挥创造力的良好的环境,在现有的条件下,怎样激发人才萌芽成长呢?根据现代社会要求和我国现状,提出"六多六少",并分析如下。

1. 多鼓励,少训斥

清代著名教育家颜元说:"数子十过,莫如奖子一长。"意思是,训斥孩子的过错,远不如鼓励孩子的优点取得的教育效果好。弗洛伊德认为,人的心理生活包含3个不同的成分——伊德(Id)、自我(Ego)和超我(Superego)。人最初是由无意识的非理性的作用的本能冲动(id)支配的。伊德遵循的是快乐原则。如果人们获得的快感太少或体验到不幸和挫折时,发展就可能被抑制而产生停滞,并导致不良人格特性的出现,如沮丧、悲观、吝啬、消极、抵抗、自恋、傲慢等。

因为人有较大的可塑性,当产生一些天真的想法时,受到某些人的是非观和兴趣的压制,甚至讽刺、挖苦、打骂、训斥,就会产生忧愁、悲伤、痛苦、恐惧、愤怒等消极心理状态,在心灵中留下深深的创伤,使创造能力受到压抑,服从意识得到加强,长此以往,思维能力就刻板呆滞。如果提出的问题,受到鼓励和表扬,就能使心理保持喜悦、满意、快乐、振奋的积极状态。感到心理安全,才可能达到心理自由,即能够坦然承认自己的努力,而不怕被别人笑话和奚落,能够勇敢地表达自己的冲动和思想,而不必压抑、歪曲和隐瞒。在这种良好的心理环境中,人体的健康和生命的活力得以增强,独立意识加强、服从意识减弱;创造力、想象力得到发展。也只有在这时,人的潜能才会得以充分的发挥。

2. 多刺激,少单调

智力是多种因素组成的,知识、理论和应用技能又是相互联系的。现代社会更是只有广博才能深入,所以人才的产生和成长,也绝非是单方面单独施加教育影响达到的,而是全面发展的结果。人才萌芽期更应该全面打好基础。如果一味地以他人的意志进行教育,长驱直入,不顾及自由、欢乐、健康的需要,也不懂身心发展的顺序性、阶段性、不均衡性和个别差异性,往往事倍功半,以失败而告终。

脑细胞的发育,神经纤维的髓鞘化,都需要丰富、适当的信息刺激,所谓"适当"是指在足够营养和睡眠的前提下,根据身心发展规律,依照接受程度,循序渐进地从简到繁,从低级到高级的多种信息的刺激。单调的环境会使人感到乏味、死滞、枯寂、无聊,时间久了还会形成心理失常,甚至酿成精神病。所以生活环境应时常有新的变化,以引起其多方面的兴趣使之兴奋,保持好奇,引起注意,产生联想,促进创造力的开发,人才成长。

3. 多独立,少依赖

独立性对其智力和个性的发展都有重要意义。大量研究表明,创造力高的人比创造力低的人在家里享有更多的自由和更多解决问题的机会。

人的依赖性不是其本性,如不加以引导,样样事情包办代替,怕伤脑筋,一切听吩咐,一切困难由别人代其解决,造成"衣来伸手,饭来开口"的环境,则影响其独立意识的萌芽,养成依赖、随众的恶习。依赖性不是对真理的顺从性,而是一种唯唯诺诺,自己毫无主见,或者虽有看法,却不能自立于人的心理状态。随众性是人云亦云,听之任之,如墙上小草东摇西摆,苟且偷生,心灵脆弱,行为可怜,胆小怕事。这都是创造性的大敌,是妨碍人才成功的心理品格。

所以要有遇到曲折和独立解决问题的环境气氛,来促进内环境的成熟,克服依赖心理。养成独立、自信、自强,不怕困难、百折不挠的气质,对开发创造力,成为杰出人才至关重要。

4. 多思维,少强记

创造力的开发不能只理解为知识灌输。重要的不是获得知识,而是发展创新思维能力。灌输是被动的,就像把墨水瓶中的墨水往钢笔里倒一样,进去不了多少。即使死记硬背记住了,也很快会忘记。启发引导才能使其进行理解记忆,并在头脑中建立一种思维通路体系,掌握正确的思维方法。

美国心理学家格赛尔的成熟理论认为,支配人们心理发展的因素是成熟与学习,成熟与内环境有关,学习与外环境有关。心理发展是行为或心理形式在环境影响下,按一定顺序出现的过程,不成熟就无从学习,而学习只是对成熟起一种促进作用。内因是变化的根据,外因是变化的条件,外因通过内因起作用。

知识、才能、思想、品德不是天生就有的,也不是从外部简单的灌输或移植到身上的,而是外部的影响作用,并通过自身积极的活动实现的。所以要调动学习的自觉性、主动性与创造性。

5. 多入世,少封闭

"人的本质并不是单个人所固有的抽象物。在其现实性上,它是一切社会关系的总和"(《马克思、恩格斯选集》第一卷,第 18 页)。人才无一不是社会的人才,现代社会做任何事情都离不开与社会的联系。现代科技的发展,由于科学研究劳动专业化和科学研究任务的综合性程度急剧增加,已使科学家很难以个体为单位完成科学研究任务,而必须经过多学科、多行业专家的联合协作。现代科技人才的涌现,协作是最大的福音,所以封闭是人才创造力开发的最大障碍。

在中国长期自给自足的自然经济环境下,形成"鸡犬之声相闻,老死不相往来"的封闭思想。反映到教育问题也是这样,现代的中国家庭总不放心孩子出去,怕与别人吵架,怕吃亏,从而把孩子关在家里,放在封闭的保护圈里,使孩子很少能接触社会,剥夺了他们历练的机会。

鉴于以上现实,更应加强自身这方面的能力培养,多接触社会,在社会这个大课堂中多学多练。马克思指出:"只有在集体中,个人才能获得全面发展其才能的手段,也就是说,只有在集体中才可能有个人自由。"(《马克思、恩格斯选集》第一卷,第82页)。要开放,要让他去加入集体的行列,去吵架,去接触社会,自己去处理社会人际关系,这样对体力、智力、道德品质的发展都是有益的。

6. 多历练,少束缚

爱因斯坦也曾说过,现代的教育方法竟然还没有把研究问题的神圣好奇心完全扼杀掉,真可以说是一个奇迹;因为这样脆弱的幼苗,除了需要鼓励以外主要需要自由,要是没有自由,它不可避免地会夭折。认为用强制和责任感就能增进观察和探索的乐趣,那是一种严重的错误。在日常生活中也不难发现,"淘气顽皮"的孩子聪明伶俐;而循规蹈矩,很讨大人喜欢的孩子,往往没有创造性。可见,有"我教你学,我说你服"的习惯是错误的。

多历练,少束缚,是为了避免在性格上会出现两种倾向:一种是极端外向型,任性、逞能、自私,甚至专横暴戾,一不如意就不得了。另一种是极端内向型,非常神经质,胆小、羞涩、脆弱、心理承受能力低下,稍遇挫折就会受不了,长大后往往感情冷漠,以自我为中心,嫉贤妒能,心中无他人,只知受人爱,不知爱别人,成为一种可怕的被扭曲的个性,同社会群体格格不入,无疑是成事不足,败事有余的人。在不危及身心安全的条件下,大的自由环境和多种信息的刺激,会让人勇于放手活动、探索、思考、创造,从而为事业立志、奋斗、献身。

总之,只有感觉欢乐、和睦、民主、自由、开放、丰富多彩,才能成为体格健壮、心理健康、兴趣多样、思维活跃、品性良好,无私无畏、积极向上、有创造性、有开拓精神的现代社会有用人才。

2.2.4 科技发展的良好创造环境

有道是,人在江湖,身不由己。一个电子总是被电场所规范,一个磁子总被磁场左右,一个人一定是在人类社会环境中成长和发展。人的创造无一不是当时社会历史条件中的产物,无一不受环境条件限定。

1. 创造力的背景和环境

从工业革命发展的历程中可以看到,环境可以滋养创造力,也可以压制创造力。创造力是人与所在环境相互作用的产物。能够激发和鼓励非凡的创意的环境必然能使新思想层出不穷、硕果累累、群星灿烂。

经验表明,科学技术的发展和创新能力的增强都需要良好的环境做支撑。创新能力的增强依赖于创新的体制、机制和文化。

第一次工业革命的发源地在英国,当时的英国有较宽松的宗教背景,有进行科学探索的合适的学术氛围,有实现创新的市场意识和商贸手段。历史学家的研究表明,其实早在第一次工业革命发生前的 100 年,英国已有了必要的科学知识,但只有到了能够使用这些知识的社会条件成熟后,第一次工业革命才能发生。

第二次工业革命发生在德国,是因为德国出现了新的社会条件——活跃的理论思维,原有的科学知识与工艺技术的结合,大学教学与专业研究的联盟,为科技创新营造了良好的社会环境和文化氛围,使德国成为继英国之后的世界科学中心。

20 世纪的美国逐渐成为科技创新的中心是因为美国有了比英国和德国更有利于科技创新的环境,有了被人们称为"技术发明与应用系统之间互动所需要的地域性基础"。尤其是有利于创新的良好文化氛围。

美国科技和经济发展是通过创新而后来居上的。尤为突出地表现在以市场机制为基础,不断营造和优化有利于创新的良好文化氛围。竞争意识、冒险精神、创业胆识和宽容失败的传统是其文化的积极方向。美国较早实现了规模化生产和科学管理,较早地将研究开发机构纳入企业的核心部门,建立了较为完善的知识产权法制。在美国,科学和开放式研究机构使科技与经济、政治、社会发展密切联系。风险投资能从真正意义上得以实施。美国是个移民国家,其文化的包容性是促进创新的重要挑战,但是美国仍在主要高技术领域保持领先地位。

2. 硅谷创新与环境氛围

硅谷是美国创新成功的缩影。硅谷称为世界各国发展高科技的"样板"、"高技术的麦加圣地"、"创新思想和技术冒险者的天堂"。有人甚至以为,"文化复兴之后所发生的全部事件中,对世界影响最大的莫过于硅谷的技术"。事实上,硅谷成了 20 世纪下半叶影响世界经济、技术、社会发展的"火车头"。这就向人们提出了一个尖锐而严肃的问题:硅谷成功的奥秘是什么? 良好的创造环境与思维氛围是至关重要的。不识其真谛、不学其精髓,硅谷精神是学不来的,或者是只学其皮毛,未能得其精髓。

长期研究硅谷特征的美国伯克利加州大学教授萨克森宁(A. Saxenian)教授指出:"仅仅拥有硅谷的基本因素并不意味着就能创造出该地区具有的那种活力。事实证明,那种认为'科学园区+风险投资+几所大学=硅谷'的观点是完全错误的"。萨克森宁说,上述基本因素犹如一块块积木,但无法把这些积木组合成完整的图案。积木是搭不出硅谷来的,关键在于它有适于创新的组织结构和良好的创新文化环境氛围。

美国《商业周刊》一篇题为《克隆硅谷最宝贵的东西》的文章说:"硅谷成功的诀窍不在硅片当中。不是快速芯片,不是奇妙的计算机游戏,也不是供查找使用的技术深奥的软件。硅谷成功的秘诀甚至也不在计算机上、杂志中以及广告牌上大量出现的网址……硅谷的一些要素有人照搬过,但是世界任何地方都未能克隆出一个'基因'完全相同的硅谷。"原因是"没有抓住硅谷的真谛"。那么,硅谷的真谛是什么? 作者认为:"归根到底,还是那个定义模糊、然而却极为重要的因素:环境文化氛围。"美国圣何塞州立大学人类学中心主任查理·达拉(Charles Darra)也得到的同样的结论:"硅谷已经造就出一种独特的文化。"阿伦·韦伯(Alan Webber)在他的《新经济的新意是什么?》(*What's So New Aboutthe New Economy?*)一书中也这样说:"最终,新经济版图并不在科技里,也不在晶片中,或是全球电信网络,而是在人的思想疆界里。"自由无限的创新思维。

钱颖一教授对硅谷作了学术研究,概括了 7 个方面的因素:

(1)硅谷公司的生产结构是开放型的;

(2)硅谷人才流动频繁,跳槽的情况常有发生;

(3)加州法律环境较为宽松,使跳槽变得容易;

(4)硅谷人容许失败;

(5)硅谷人是工作狂;

(6)在硅谷工作的外国移民特别多;

(7)美国的全国证券交易商自动报价系统股票市场为硅谷公司上市创造了有利条件。

这些硅谷环境和硅谷文化造成了创新和创业的新天地。钱颖一教授强调:"只有一种自由的创业机制,分散的决策过程才能创造出硅谷这样的奇迹。发展高科技,资金固然重要,但更重要的是要有一种能充分发挥人的创造力的体制和文化,用以造就创业者的栖息地。"

3. 开发创造力的土壤和环境

由于中国特殊的历史条件和社会环境,不可能也无必要完全仿照硅谷。但是有一点是共同的、确定无疑的,这就是文化环境是一个潜在的、深层次的、至关重要的因素。创新要有成果,出成果要有人才,出人才要有适合创新人才成长和发挥作用的土壤和环境。历史上一时间的人才辈出、群星灿烂的现象。优秀的人才只有在创新的文化环境中,才能发挥潜能,完成重大成果,开创卓越的事业。

硅谷正在生成一种转向市场驱动的文化,而在信息数字时代的中国,创新在很大程度上受技术的驱动。这种技术驱动的创新就难以有根本性的突破,若要有根本性的突破就必然要有制度创新和文化创新。为了使科技创新有一个更大的发展,取得更大的成就,必须致力于营造良好的环境氛围。但良好的环境的营造绝非是一蹴而就的,特别需要有一种奋发向上、持久不断的精神动力,逐渐形成支持创新、刺激创造力的环境。

2.3 创造力开发方法

2.3.1 生理开发

创造力是一系列连续的复杂的高水平的人脑活动。它要求人的全部体力和智力的高度紧张,以及创造性思维在人脑中最高水平运行。大脑是一个依附在人体之上的生理器官和物质结构体。它的机能活动虽然有着自身的体系性和规律性,但是却又受到机体生理状态及生理过程的影响和制约。身心健康是创造力的基础。健康的身体、充沛的精力、愉快的心情可使人的智力机能很好地发挥作用,反之,人的智力活动就会受到压抑。如何提高身心健康水平,让大脑变得更强呢?请从饮食、睡眠、锻炼等方面进行调整。

1. 睡眠休息

休息指的是在一定时间的行动后,从生理和心理上给予放松的状态,暂停活动,以恢复精神体力。睡眠是恢复精力所必需的休息,有利于精神和体力的恢复;而适当的睡眠是最好的休息,既是维护健康和体力的基础,也是取得高度生产能力的保证。睡眠应该是一种无意识的愉快状态。睡眠时间因人而异,睡眠时间一般应维持 7~8 小时。人的一生大约有 1/3

的时间是在睡眠中度过的。当人们处于睡眠状态中时,可以使人们的大脑和身体得到休息、休整和恢复。人的大脑要思维清晰、反应灵敏,必须要有充足的睡眠,如果长期睡眠不足,大脑得不到充分的休息,就会影响大脑的创造性思维和处理事物的能力。

2. 劳逸结合

劳逸结合,历来为我国养生家所提倡。孔子曰:"百日之劳,一日之乐,一日之泽,非尔所知也。张而不弛,文武弗能;弛而不张,文武弗为。一张一弛,文武之道也。"一直把弓弦拉得很紧而不松弛一下,这是周文王、周武王也无法办到的。倘若我们懂得劳逸结合、松紧有度,这个中庸之道,不但不会荒废时光,身心也不至于过度疲劳。

3. 合理饮食

合理饮食是健康的基础,对饮食营养的认识的过程就是人类健康不断增强的过程。中国的饮食文化源远流长。几千年来,人们经过不断的总结已形成了中华美食。膳食均衡,营养充足,卫生健康,是生理开发的基础。但暴饮暴食,贪得无厌,不利于大脑的创造性思维。可以阅读相关图书,提高自己这方面知识。

4. 运动锻炼

除了饮食上要注意之外,适量运动也很关键,民谚就有"吃饭留一口,饭后百步走,能活九十九"的说法。适量的运动可以使血脉流通,加强胃肠的运动功能,帮助食物消化。运动可促进血液循环,增强心肺功能,提高抗病能力,保持健康与活力。让我们经常锻炼,体脑结合,和谐身心,张弛有度。提高健康水平,使智慧之河长流不竭。

5. 超脑呼吸

一个人的脑储存信息的容量相当于1万个藏书为1000万册的图书馆,以前的观点是最善于用脑的人,一生中也仅使用脑力的10%,但现代科学证明这种观点是错误的。有的观点认为人的潜能是无限的,也是错误的。脑虽只占人体体重的2%,但耗氧量达全身耗氧量的25%,血流量占心脏输出血量的15%,一天内流经脑的血液为$2m^3$。脑消耗的能量若用电功率表示大约相当于25W。大脑是个高能耗的器官。假如人脑的140亿个脑细胞所生长出的树突全部连接,并用于储存和传送信息,必然要有比现在大几百倍的血管来维持所需的耗氧量,那么人的头、肺、心都不够大。所以就需要有更多的氧分来供给大脑,尽量少的兴奋点,集中注意力于某一点,使之有效地工作。方法很多有超脑呼吸法、丹田呼吸法、眉心定位呼吸法、固定点凝视法、视点移动法等。下面简介安全、简单、自然的超脑呼吸法。

(1)选择一个舒适的环境,采用舒适自然的姿势(坐、卧、站)。静下心来,排除干扰,放下杂念。

(2)采用腹式呼吸,口呼气的同时,头缓缓低下,腹凹进,最大化地排出废气。

(3)鼻吸气的同时,头徐徐向上抬头,腹凸起,嘴巴是自然随着张开,刺激出现打哈欠,呼吸动作状态循环即可。此后产生的种种奇异感觉现象都是自动产生的,不要人为控制。

(4)在腹式呼吸加打哈欠,双重效果的作用下,身心就会逐渐进入极佳状态,有时双眼还会出现自然的湿润,是有时身心会出现自然的震颤。最终的效果达到身心合一的境界。

(5)感觉现象,当调整呼吸到一定程度后,人体会产生自然的频率波动,感受会非常奇妙的,此时大脑进入非常活跃阶段,脑波进入α波状态,感觉大脑在不断放大膨胀,并形成强烈流动的气场,建立连接与宇宙沟通共鸣,所谓的天人合一的境界,脑中会看到新奇的景象。

此后精神放松,心灵清净、明澈,大脑才能进入极佳的工作状态,开发较大的创造潜能。放下杂念,智慧门开。

2.3.2　心理开发

生理开发固然重要,心理开发更会使人具有无穷的创造力。创造力是成功地完成某种创造性活动所必需的心理品质。心理现象是宇宙中最复杂的现象之一,从古至今为人们所关注。心理是大脑对客观现实的主观反应,意识是心理发展的最高层次,只有人才有意识。认知、情绪、情感和意志是以过程的形式存在的,它们都要经历发生、发展和消失的不同阶段,所以属于心理过程。

心理开发即发掘心理潜能,包括智慧的潜能、情感的潜能、意志的潜能和个性的潜能。心理潜能包括性格、气质、能力、知识、兴趣、毅力、品质、价值观、道德水准等多方面。人的生理潜能是有限的,而人的心理潜能却是无比巨大的。

1. 良好的心态

创新要有良好的心态。一个是积极向上的心态,为了社会进步,乐于奉献的心态。要经得起挫折,经得起失败。要创新,就要坚持不懈地努力,勇敢面对困难,要有克服困难的决心,不要怕失败,相信一点,失败乃成功之母。有这个心态,就能够做到认真走自己的路,让人家去说吧。例如著名学者周海中教授在探究梅森素数分布时就遇到不少困难,有过多次失败,但他并不气馁。由于良好的心态和坚持不懈的努力,他终于找到了这一难题的突破口。1992年他给出了梅森素数分布的精确表达式。目前这项重要成果被国际上命名为"周氏猜测"。又如发明电灯的爱迪生,失败了1000多次,最后成功。记者问爱迪生:"你都失败了1000多次还在努力?",他说:"我不是失败了1000多次,是成功了1000多次,每一次你们认为是失败,我认为是成功。"

2. 充满自信

毛泽东在"七大"所做的闭幕词中指出:"我们宣传大会的路线,就是要使全党和全国人民建立起一个信心,即革命一定要胜利。首先要使先锋队觉悟,下定决心,不怕牺牲,排除万难,去争取胜利。"此后,成为人们战胜一切艰难险阻的精神动力,成为人们勇于奋斗、敢于牺牲斗争精神的写照。创造力来自信心,自信是一种十分可贵的品质。很难想象一个缺乏自信的人会有出类拔萃的成就。一个人是不是有自信心来源于其对自己能力的认识。相信自己的能力完成各种任务、应付各种生活事件、达到预定目标的人,必然是一个充满自信的人。一个人如果缺乏自信,会变得畏缩不前,缺乏勇气和竞争心;会影响自身才能的发挥,影响人的精神状态;还会导致许多其他的心理问题。反之,有必胜的信念,是生活愉快、学习进步、潜能开发的重要保证,是促进心理健康的重要因素,是人生和事业成功的基石。

3. 无所畏惧

无私者无畏,只因不用考虑名利权色,放下一切包袱,轻装上阵。得,未必欣喜;失,无须懊恼。朝着既定目标,坦荡前行,所有的怀疑、不屑、讽刺、冤枉都会被理解成另一种善意的提醒;所有的打击,都会瞬间化作鞭策他前行的力量! 再暗的路,也有迎接黎明的时候;再远的目的地,只要坚持,总有到达的时候! 创造力的发挥要无所畏惧,有所畏惧,他的创造力出不来。

【小故事】　有个高中数学老师,给同学们布置家庭作业,布置了4道题让大家回去做。

这个同学回家做第一道,很轻松做出来了。第二个题稍微难一点,也做出来了。第三道题确实有点难,做了不到一个小时做出来了。第四个题他怎么也做不出来,他说今天怎么搞的,我的家庭作业题从来都做出来的啊。使劲做,直到东方发白,熬了一个通宵,也做出来了。第二天给了老师。老师第一个打钩,第二个打钩,第三个打钩,第四个虽然也打钩,但是打得非常凝重。老师惊呆了,"哇!你怎么把这个题做出来了"。因为老师一不留意,把一道超级难题写在了黑板上,这个同学给解出来了。如果要是老师说,这是超级难题,全世界是没有几个人能解,估计那个同学下去,做都不做它。因此无所畏惧才能创造。

4. 置之死地而后生

"置之死地而后生"出自《孙子兵法·九地篇》,其中讲到:"投之亡地然后存,陷之死地然后生"。韩信很好地应用了"置之死地而后生"这一战术理论。背水列阵,以汉军 3 万打败赵代 20 万军队,收赵地,追斩赵代二主,那是因为他胸中已经有了取胜之道,韩信把士兵对生的渴望激发出来了,每一个士兵是为自己的生而在战场上拼杀着。科学家说,人在处于险境时,会分泌大量肾上腺素,进而能使人在短时期内发出让人意想不到的很大的创造力。

【小故事】 有一次,作者邻居家房子着火了,当看到时,火势很旺正在蔓延,忽然发现边上有两包易燃品,于是一个箭步跑上去,抱起两包易燃物品,很快地将其移至安全地点。然后打 119 电话。消防队将火灭了以后,再想把两包易燃物品放回原地,怎么会有这么重,一包也拿不动。

【小故事】 有一次,在某钢丝绳厂的拉丝车间,由于机械故障,正在拉丝的钢筋从转盘上跳了出来,正巧套在路过的工人身上,并继续行进。这时关电闸停机已经来不及了,眼看工人的两手捏着绕在身上的钢筋挣扎着,就在自己要被拦腰截断的时候,钢筋被工人折断了。

人在拼命的时候会爆发出很强的力量。发明创造有时会进入这种境地,就像打了兴奋剂,废寝忘食,没日没夜没命地工作,干劲不知是从哪里来的。潜能激发,成功不远了。

5. 交流合作

一个人在那苦思冥想是不够的,还要有与人交流合作的心态。与人沟通与人合作是现代科研的最大福音。通过交流信息产生创新的思想火花。你有一个想法,我有一个想法,双方交换一下想法,每个人就都有两个想法了。而在思想碰撞过程中,要是碰出新的思想,新的思想火花,就有很多个思想出来,所以要交流。通过交流,创新思维,创造力才会出来。创新固然需要有创新的个体的行为,但是创新需要合作。马克思讲,人是社会的人,生产力是社会生产力。当今的创新和创造中,个人的作用虽然非常大,但是也必须要有团队合作。当今世界,高新技术要求全世界的合作,这种合作就非常需要有领衔人物协调沟通,这样才能发挥团队优势,群体优势,使创新思维和创造力升华。

6. 适度紧张

环境要宽松,心情要愉悦,去掉枷锁,创造力才能发挥出来。但是进入"舒适地带"安于现状,创造力就发挥不了。所以要适度紧张,适度紧张可以把创造力发挥出来。

【小故事】 中国古代,一群猎人上山打猎,远远看去烟雾缭绕,一只老虎向他们扑来,猎人张弓开箭,把老虎射了。其他人趴下了,等了不久,没想到过去一看,哪是老虎啊!是一个像老虎扑来样子的石头。但是大家惊呆了,这一箭把石头射成两半,箭的力量好大呀,把石头都劈开了。事后再弄个石头让他射,就再没成功过。因为他在第一箭射的时候,以为是老虎向他扑来,有生命危险,所以用了全部的力量。

为了让创造力发挥出来,有时候要制造一点危机,让大家认识到有危机感。竭尽全力,集中毕生的精力做一件事情,没有做不好的。

7. 适当刺激

"羡慕嫉妒恨"这是流行于大众的一串词,仔细品味还是相当的绝妙,人因不满情绪的递增而强烈到差不多不能自持。你越是"向阳石榴红似火",他越是"背阴李子酸透心"。什么是嫉妒?那就是对于别人的价值伴随着憎恶的羡慕。歌德讲得透彻:"憎恨是积极的不快,嫉妒是消极的不快"。所以嫉妒很容易转化为憎恨,就不足为奇了。"羡慕-嫉妒-恨"正好画出了嫉妒的生长轨迹,始于羡慕终于恨。羡慕只是嫉妒的表层,恨才是嫉妒的核心。据美国的一项研究表明,"微妒"可以激发人的进取心和竞争意识,似乎并非什么坏事。恨铁不成钢也并非什么坏事。要适当刺激,心灵要有触动,不能保持着一潭死水。

2.3.3 全脑开发

1. 大脑的巨大潜力

人类的大脑内部有千亿个神经细胞,这已是科学上不争的事实,然而,人脑的力量虽令人敬畏,却也难以捉摸。唯有先懂得如何去开发脑中的潜能,才能真正运用这份力量。人们必须先接受一个观念,那就是真心地相信自己的潜力还没完全展现出来。

在这个互联网、大数据、云计算的信息时代,著名科学家霍金就认为:"在某种程度上,人类需要改进其精神和体能素质,才可以应付人类周围越来越复杂的世界和迎接诸如太空旅行这种挑战";詹姆斯·怀特就认为:"我们必须让自己的脑能发生特殊的变革,才能适应网络时代的要求。"

詹姆斯·怀特还说过:"用丰富的脑能拓展人生是最美丽的梦想,因此,人们用各种手段激发脑能成长。"每个人都带着成为天才人物的潜力来到人世,又带着幸福、健康、喜悦的种子来到人间。人脑与生俱来就有记忆、学习与创造的莫大潜力,大脑潜力比自己的想象还要大得多。

2. 大脑的开发

(1)左脑和右脑的分工。自从 16 世纪,笛卡儿提出"心是一个,大脑为何是两个?"这一疑问后,世界各国的生物学家开始对其进行了几个世纪的探索和研究,发现了大脑左右半球分别担任着不同的工作:左脑主管抽象思维,包括辨认时间、计算、逻辑分析、理解、听觉、语言(议论、听、说、读、写)等。右脑主管形象思维,包括认识空间、感受音乐、情感等,如图 2-4 所示。

(2)左右脑的差异。1981 年,诺贝尔医学生理奖得主罗杰·史贝尼教授将左、右脑的功能差异归类整理为右脑是本能脑或潜意识脑,左脑是意识脑。

人类所能得到的一些技巧,包括以前分配到左脑或者右脑上面的东西。

① 语言。

· 词汇;

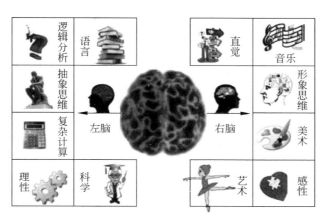

图 2-4 人的悟性和灵性的左右脑分工

- 符号。
② 数字。
③ 逻辑。
- 顺序；
- 列单；
- 线性感；
- 分析；
- 时间；
- 联想。
④ 节奏。
⑤ 色彩。
⑥ 形象。
- 白日梦；
- 视觉化。
⑦ 空间意识。
- 维度；
- 完整倾向（整体观念）。

　　右脑的五感包藏在右脑底部，可称为"本能的五感"，控制着自律神经与宇宙波动共振等，和潜意识有关。右脑是将收到的信息以图像处理，瞬间即可处理完毕，因此能够把大量的信息一并处理。一般人右脑的五感都受到左脑理性的控制与压抑，因此很难发挥即有的潜在本能。然而懂得活用右脑的人，听音就可以辨色，或者浮现图像、闻到味道等。心理学家称这种情形为"共感"，这就是右脑的潜能。

　　如果让右脑大量记忆，右脑会对这些信息自动加工处理，并衍生出创造性的信息。也就是说，右脑具有自主性，能够发挥独自的想象力、思考，把创意图像化，同时具有作为故事述说者的卓越功能。如果是左脑的话，无论如何地绞尽脑汁，都有它的极限。但是右脑的记忆力只要和思考力一结合，就能够和不靠语言的前语言性纯粹思考、图像思考联结，而独创性的构想就会神奇般地被引发出来。

3. 全脑开发

20 世纪 60 年代末期,美国加利福尼亚的罗杰·斯佩里(Roger Sperry)教授公布了他对大脑进化最为完整的区域,即大脑皮质调查的结果("皮质"的意思是"外表"或皮层)。斯伯里初期的发现说明,皮质的两边,叫半脑,两者之间的主要智力功能似有分开的倾向。经过骶骨,左侧大脑半球控制人体的右侧,而右侧大脑半球则控制人体的左侧。创造力一般被划归为右半球。右半脑看起来好像主司下列功能:节奏、空间感、完整倾向(整体概念)、想象、白日梦、色彩及维度。左半脑主要负责的功能似有不同,但也同样重要:词汇、逻辑、数字、顺序、线性感、分析和列单。

由奥斯坦(Ornstein)、柴德尔(Zaidel)、布洛克(Bloch)及其他人接下来进行的研究证明了这些发现。另外还发现,尽管两半脑各司其职,可是,它们在所有的领域里基本上都发挥功能,而由罗杰·斯佩里分辨出来的一些大脑功能实际上都分布在皮质各处。

因此,目前说一些人左脑或右脑发达这个提法是对人不利的。如迈克尔·布洛克(Michael Bloch)在他的论文中所说的:"如果我们把自己说成是'左脑人'或'右脑人',那是在限制自己开发新战略的能力。"说"我在某种思维技巧方面不行,或者不具备思维技巧",这不仅不符合事实,同样也是误解。如果人在某一领域的能力较差,正确的说法是"我得在某种思维技能上多花点功夫"。表现或者应用所有思维技巧唯一的障碍,在于如何掌握有关思维技能的知识。

今天人们知道,不仅右侧大脑半球可以使人具有创造力,而且左右大脑半球的协调合作更可使人产生创造力。因为创造力不仅仅意味着你有一些绝妙的主意。创造力是把主意变成行为的艺术。

将想法付诸行为也必须有左侧大脑半球的参与。在大脑的左右半球之间存在着一些神经纤维束,其作用就是让两半球进行"对话"。也就是说,大脑的大部分潜能不仅依靠大脑中枢的不同功能,也要看这些中枢是怎么相联的。大脑专家认为,互相联结的中枢使大脑获得巨大的能量,直到生命终结都受用不尽。

大脑细胞的神经末梢结成网络以后,在大脑中可以维持多年,而不必让记忆活跃起来。例如,一个人已经两年没有骑自行车了,可现在拿过来就能骑:这一技能你仍旧掌握如初。

大脑没有内存空间问题。就此而言,为了学习新东西我们根本不必去放弃、荒疏什么,人们可以通过拓展视野、学习新知识来弥补自身的不足。

创造力也是一种身体状态,它是和大脑的新陈代谢在一起的。理想的新陈代谢保证大脑可以找到通往所有已储存的记忆通道,把里面的想法进行重新组合,并重新作出判断。

2.3.4　学习力开发

1. 学习力就是创造力

学习力就是学习动力,学习毅力和学习能力。学习力是把知识资源转化为知识资本的能力。学习力就是创造力。

要使创新变为现实,有丰富的知识是很重要的。丰富的知识是和创新思维创造力的发挥成正比,丰富的知识从哪儿来? 不是天上掉下来的,不是地下冒出来的,不是人原有的,头脑里面固有的,要通过学习得到。通过学习知识,创新思维出来,通过学习知识,创造力发挥。现代的脑生理学研究证实,人的大脑具有巨大的学习潜能,人的学习力是巨大的,但这一潜力需要积极开发,才能使潜力变成实际的能力。

2. 要树立志向

古人讲"非志无以成学"、"志不强者智不达"。所谓立志就是激励自己走向一条进取的、迎难而上的、智慧的人生之路。

【小故事】 三个泥瓦匠在砌一堵墙。有人过来问:"你们在干什么?"第一个人没好气地说:"没看见吗? 砌墙。"第二个人抬头笑了笑,说:"我们在盖一幢高楼。"第三个人边干边哼着歌曲,他的笑容很灿烂开心:"我们正在建设一个新城市。"10 年后,第一个人在另一个工地上砌墙;第二个人坐在办公室中画图纸,他成了工程师;第三个人则是前两个人的老板。

人有了志向,就会对自己严格要求,就会克服前进路上的任何困难,他的聪明才智才会发挥出来。正如高尔基所说:"我常常重复这样一句话,一个人追求的目标越高,他的才力就发展得越快,对社会就越有益,我确信这也是一个真理。"有些人智商很高,但由于缺乏远大志向,现有的智力都不能得到彻底发挥,更谈不上开发学习力了。

3. 学会学习

未来的文盲不是不识字的人,而是没有学会学习的人。学会学习可以使人更有效地发挥出自己的学习潜能;学会学习是通向认识,生存和发展的途径,就是学习能力的开发和创造力的开发。它有 3 个层次。

(1)注重学习效率。掌握运用学习策略、方法和技巧,养成良好的学习习惯,提高学习效率。采取有效的手段和途径,高效率地获取更多的知识。包含爱学、学会、会学 3 个层次,达到 3 个基本要求。

① 途径。途径就是知道通过什么途径找到自己不知道的东西。

② 效率。效率就是用最短的时间最快的速度找到所需要的东西。这也称为黄金原则。马克思说过"一切的节约归根到底就是时间的节约"。会学习的人,归根到底就是能用最短的时间达到学习目的。

③ 质量。质量就是获取的知识是有用的、准确的、高质量的。

(2)注重学以致用。学习不仅仅是储存知识、形成某种技能的过程,而更重视身心发展与方法、学习策略和方法的探索,更加注重学以致用和创造潜能的开发。

(3)注重发明创造。要冲破种种束缚,围绕着自己的事业积极主动自由地学习,自主选择学习内容,自主支配学习时间,自我评价学习效果,调控学习过程中的情绪、策略、方法和技能,更要站在巨人的肩膀上,学习如何将实践与发明创造并存与通融。

4. 学习要选择

当今信息爆炸时代随着科学技术不断进步,各类学科不断发展,科学与科学之间融合的加剧,产生了许多的交叉学科与边缘学科。人类拥有的信息量以指数函数变化的速度急剧增加,倍增的时间周期越来越短。据《科学技术信息手册》记载,全世界每年发表的科学技术文献达 400 万件以上,而且每年还以 5%～7% 的速度增长。最近 20 年来所出现的科学技术成果已超过了在此之前人类科技成果的总和。

另一方面,人的寿命有限,学习时间与空间越来越有限。一天的信息量,一辈子根本读不完。此时,面对信息爆炸时代,不断膨胀的学科,面对网络传播无穷尽的信息爆炸,古代的

"头悬梁,锥刺股"的刻苦学习方法已经不能用了。学习要有选择,有所为有所不为。任何人选择就意味着放弃,因为有所弃才能有所得。能够勇敢地进行选择,合理地取舍,以便把有限的时间用在刀刃上,就会获得本该属于自己的更多的创造力,就会使有限的生命,发出光华。

作家韩寒早在上初中时就已显露出过人的才华,他勇敢地选择了文学。他上高中后连获两届全国"新概念作文大赛"的一、二等奖,另还出版了20万字的长篇小说《三重门》,曾有6门功课不及格。人的爱好都是有偏重性的,人的才能都是有方向性的,什么都学,则什么都学不好。他现在已经全身心地投注到文学创作之中,在这时如果过分强调他的文化补习问题而硬性让其跟读普通课程,就无异于在抹杀他的热情和泯灭他的个性。其实,等到他的知识自感不足的时候,他是会知道如何去进行积累的。他说"如果现在这个时代能出全才,那便是应试教育的幸运和这个时代的不幸。如果有,他便是人中之王,可惜没有。所以我们只好把'全'字人下的王拿掉。时代需要的是人才"。

5. 学习要深入

爱因斯坦说"教育应当使所提供的东西被学生当作宝贵的礼物来领取,而不是作为艰苦的任务去负担""太多和太杂的学科(学分制)造成了青年人的过重负担,大大地危害了独立思考的发展,负担过重必然导致肤浅。"舞蹈家杨丽萍自幼酷爱舞蹈,1971年进入西双版纳州歌舞团,9年后调入中央民族歌舞团,并以"孔雀舞"闻名,曾在央视春晚舞台表演的舞蹈《雀之恋》,被称为"美得令人窒息""秒杀一切大牌"。但是她却没有上过大学,没有学习太多和太杂的学科。中国游泳运动员孙杨是奥运会"双料"冠军,主攻中长距离自由泳,2011年上海世锦赛男子800米、1500米自由泳冠军,在2012年伦敦奥运会男子400米自由泳夺得中国男子游泳第一枚奥运会金牌,在男子1500米自由泳决赛夺得金牌,打破了由自己保持的原世界纪录,刷新了该项目新的世界纪录。除了天赋之外,这也许正是因为他没有学习太多、太杂的学科,专注于游泳的结果。学习不能面面俱到,要专注一点,才能深入。

6. 学习要有方向

人的创造力不仅有水平的差异,而且还有类型的差别。所谓创造力类型,可以看作是人的大脑神经活动的某种指向性,它在一定程度上决定着一个人智力活动发展的方向和所能达到的水平。例如,那些计算机网络领域里的少年奇才就是这种智力指向性的必然结果。

因此,对不同类型的人员进行智力开发的一个重要原则,就是要使他们能够发挥自己的特长,施展自己的才能。美国作家托马斯·斯坦利在对美国1300位百万富翁进行调研时发现,当被问及他们认为他们擅长干什么时,他们都说,"我在某某方面最擅长。这正是我最喜欢干的事情。"最突出的例子当属比尔·盖茨了。想当年,他在小小的年纪就对软件编程表现出了浓厚的兴趣和特殊的爱好,并在11岁时就登记成立了一家公司,19岁在大二时毅然辍学并创办了微软公司,于是在短短十几年的时间里世界首富的名单就被改写了,而计算机操作系统也取得了革命性的突破。显然,社会上的人们都有着各种不同的才能和专长,而为这些具有一定方向性的智力类型提供一种施展和发挥专长的机会和场所,当是社会的责任。

7. 学习要应用

米歇尔·德·蒙泰涅曾说过"我不愿有一个塞满东西的头脑,而情愿有一个思想开阔的头脑"。很多学生"两耳不闻窗外事,一心只读圣贤书",只知道往头脑中塞东西,不知道加工和输出东西。头脑东西塞多了,不能被检索和应用,这就是垃圾,于是头脑就变成装垃圾的容器。有的人读了很多年的英语,却一次也没有用过。有的人读了很多年的"圣贤书",却一次也没有创造发明。读书是学习,创造也是学习,而且是更重要的学习。死读书不如不读书,害死一代又一代的多少人。

著名作家莫言,在上了小学五年级以后就辍学务农了。21岁入伍,26岁开始发表作品,之后再进入解放军艺术学院学习。他多年的务农、入伍的经历,让其早早接触社会,不断积累起课堂上学不到的文化知识。他的头脑没有背很多英语单词,没有记很多数学公式,整个头脑空灵无阻。虽说莫言的辍学,更多是出于一种无奈,但他的经历,却给人们许多启发。试想,若莫言没有辍学,还能不能成为中国当代著名作家,还能不能获得诺贝尔文学奖呢?

中国的素质教育已经喊了二十几年,但是目前的状况依然是素质教育轰轰烈烈,应试教育扎扎实实。应试教育体制,培养目标单一、课程结构单一、教学渠道单一;重知识而轻能力、重科技而轻人文、重管理而轻经营;只知道考试,不知道应用;高分低能、低分低能、高分低效的现象非常突出,已明显制约了学生创新才能的培养。若有更多年轻的大学生进入研究领域,出人才、出成果的概率就会大得多,所以创新教育势在必行,应试教育一统天下的现象再也不能继续下去了。幸运的是,国家目前已重视这个问题,已经逐步开展创新教育,并取得可喜成效。

8. 学习要研究

不提高意识,不改变应试教育的模式,围着分数转,围着升学和高考指挥棒转,结果是家长期望高、孩子学得苦、老师教得累。在这样的环境里,又怎么加强创新教育呢?当教师的积极性、创造性、主动性受到禁锢时,能培养出什么样的学生?结果可想而知。

研究型学习是一种学习方式,信息技术只是工具。从社会服务与社会实践,劳动与技术教育,以及从社会科技等综合视角进行学科课程的延伸学习可以集成出新的课程。它不是以学科概念为核心,而是以现实生活中的问题为中心,以实践活动中这些问题的探索解决为线索的学生自主学习。包括研究型的课题学习、应用型的设计学习、兴趣爱好型的学习和社会参与型的学习。

(1)研究型的课题学习。从自然现象、社会经济、政治文化、环境、职业等领域确定不同的主题,通过调查研究和问题研讨的方式来进行学习。

(2)应用型的设计学习。自主设计与实践操作。强调学生对生活中的现实问题的解决。

(3)兴趣爱好型的学习。结合自己的兴趣爱好、先天特长深入学习某方面的知识。

(4)社会参与型的学习。多参与社会生活领域,接触社会现实。

当前,社会高速发展促使"三大转移":现代科学技术的高度发展,使人类的生产活动从原来的体力密集型向现在的知识密集型转移,由现在的知识密集型向未来的智力密集型转移,从高度的集中向更高层次的分散转移,这就要求教学的职能要从以继承为主转向创新为主,从传授知识为主转向开发创造力为主;从标准化的训练个性为主转向多样化的培养为主。

2.3.5 行动力开发

1. 行动力的特点

行动力是指愿意不断地学习、实践和思考,养成习惯和动机,进而获得导致成功结果的行为能力。具有行动力的人,行为的主动性高,具备一定的冒险精神,倾向于不断尝试,在"做"的过程中学习和提升;对工作的未知因素没有畏难情绪,不怕困难和挫折,相信自己。具体表现如下。

(1)主动性。主动接受工作任务,积极和上级、同事及下级商讨工作任务中的难点、问题,寻求解决办法与对策。

(2)推动力。在面对工作任务时,立即采取行动,并以自己的行动带动工作的进展。

(3)冒险性。要用"尝试"的方式解决问题,在"做"的过程中发现问题、解决问题。不怕困难和挫折,勇于承担责任和行动后果。

(4)自信与坚持。相信自己能将工作做好,有能力解决工作中遇到的困难,具备较坚韧的意志力。

2. 没有过不了的坎

逢山开路,遇水搭桥,世界上没有过不了的坎。每个人都有遇到挫折的时候,但是千万不要因为一时受挫而对自己的能力产生怀疑,进而形成一种压力。当遇到挫折的时候,应该保持头脑清晰、面对现实、勇敢面对、不要逃避,冷静地分析整个事件的过程,分析是自己本身存在的问题,还是由于外因引起的。假如是自身的原因,就应该好好反省一下为什么会犯这样的错误,以后应该怎样做才能避免同类事件的发生,事情已经发生了,不要急于去追究责任或是责怪自己,而应该想想事情是否还有挽回的余地,要是有的话,应该怎样做才能把损失或伤痛减到最低。当遇到困难的时候,记住没有永远的困难,也没有解决不了的困难,只是解决时间的长短而已。困难与人生相比,只不过是一种颜料,一种为人生增添色彩的颜料而已。当遇到困难的时候,不要逃避或是借酒消愁,只要对自己有信心,什么困难都难不倒。

3. 积极的自我暗示

(1)首先要克服自卑的心理,树立自信心,每天在心中默念"我行,我能行,别的人能行,我也行!大家都是人,都有一个脑袋、两只手,智力都差不多。只要努力,方法得当,什么事都能办到"。相信"自己行,才会我能行;今天若不行,明天一定行"。

(2)每天都能保持甜美的笑容。没有信心的人,经常眼神呆滞,愁眉苦脸,而雄心勃勃的人,则眼睛总是闪闪发亮满面春风。人的面部表情与人的内心体验是一致的。笑是快乐的表现。笑能使人产生信心和力量;笑能使人心情舒畅,精神振奋;笑能使人忘记忧愁,摆脱烦恼。学会笑,学会微笑,学会在受挫折时笑得出来,就会提高自信心。

(3)做人一定要昂首挺胸,同时也要学会主动与他人交往。遇到挫折而气馁的人,常常垂头是失败的表现,是没有力量的表现,是丧失信心的表现。成功的人,得意的人,获得胜利的人总是昂首挺胸,意气风发。昂首挺胸是富有力量的表现,是自信的表现。

4. 行动力的四字方针

(1)"严"——严格要求自己。责任心和进取心是做好一切工作的首要条件。责任心强弱,决定行动力度的大小;进取心的强弱,决定了行动效果的好坏。因此,要提高行动力,就必须严格要求自己,树立强烈的责任意识和进取精神,坚决克服不思进取、得过且过的心态。要把工作标准调整到最高,精神状态调整到最佳,自我要求调整到最严,认认真真、尽心尽力、不折不扣地履行自己的职责。绝不要消极应付、敷衍了事、推卸责任。要养成认真负责、追求卓越的良好习惯。

（2）"实"——脚踏实地的干。天下大事必做于细，古今事业必成于实。虽然每个人的岗位可能平凡，分工各有不同，但是只要埋头苦干、兢兢业业，就能干出一番事业。好高骛远、作风轻浮，结果必将一事无成。因此，要提高行动力，就必须发扬严谨务实、勤勉刻苦的精神，坚决克服夸夸其谈、评头论足的毛病。真正静下心来，从小事做起，从点滴做起，一件一件抓落实，一项一项抓成效，干一件成一件，积小胜为大胜，养成脚踏实地、埋头苦干的良好习惯。

（3）"快"——马上就干。做事要只争朝夕，提高办事效率，"明日复明日，明日何其多。我生待明日，万事成蹉跎"。因此，要提高行动力，就必须强化时间观念和效率意识，弘扬"立即行动、马上就办"的工作理念。坚决克服工作懒散、办事拖拉的恶习。每项工作都要立足一个"早"字，落实一个"快"字，抓紧时机、加快节奏、提高效率。做任何事都要有效地进行时间管理，时刻把握工作进度，做到争分夺秒，赶前不赶后，养成雷厉风行、干净利落的良好习惯。

（4）"新"——开拓创新。只有创新，才有活力；只有创新，才有发展。在竞争日益激烈、变化日趋迅猛的今天，创新和应变能力已成为推进事业发展的核心要素。因此，要提高行动力，就必须具备较强的改革精神和创新能力，坚决克服无所用心、抄来抄去、生搬硬套的问题，充分发挥主观能动性，创造性地开展工作、执行指令。在日常工作中，要敢于突破思维定式和传统经验的束缚，不断寻求新的思路和方法，使行动的力度更大、速度更快、效果更好。

5. 养成行动的习惯

（1）改变睡懒觉的习惯。时刻告诉自己："今天是我生命中的最后一天"。当真正这样想的时候，就会发现自己还有很多想做的事没有做，就会因为这最后的一天而感到时间紧迫。

（2）行动前少想行动中的困难，多想行动中的快乐。告诉自己："今天是我一生中最好的一天"。这样就会发现在这天中不论做什么事都会感觉特别的顺利。

（3）每天睡前给自己的下一天制定出翔实可行的作息时间表。这样第二天早上一睁开眼睛就知道自己要做些什么，什么事该在或要在什么时候做。

（4）给自己定一个可执行的惩罚制度。如果作息计划不是因为突发事件而完成不了，通过惩罚就可以让自己记住这次教训。

（5）给自己定一个可执行的奖励制度。当完成既定目标时，给自己一定的奖赏，让自己享受成功和奖励的双重快乐，使自己有足够好的心情和信心去迎接下一挑战。

（6）将自己长远的人生目标分解成一个个短期目标乃至分解到每个月、每周、每天。在目标分解过程中还要考虑到，如果在计划实施过程中出现突发事件或是受到干扰从而不能按计划完成时，应该在何时采用何种方法来补救。

（7）改变怕失败的习惯。告诉自己"如果我这个步骤失败了，那我还可以在这个步骤学到更多的东西"。这些从失败中所学到的东西可以使自己迈向既定目标的步伐更快更稳。

2.4　创造力测试

2.4.1　大学生的创造力测试

创造力测试在一定程度上能够测量一个人的创新思维能力，预测人的创造成就大小。通过测试以帮助读者了解和提高自己的创新能力。

【小测试】 对照自己的日常行为,读完每句后凭第一感觉将答案填入表2-1中。要求如下:

- 如果完全符合自己的行为时就选A,完全不符合就选C,部分符合或不确定时就选B;
- 每一题都要做,不要花太多时间去想;
- 每一题只能打一个"√";
- 必须准确、诚实,不要猜测;
- 如果需要慎重考虑一下,适当延长测试的时间也不会影响测试效果。

表 2-1 大学生创造力测试题

序号	测 试 题	A	B	C
1	宿舍中大家都在聊天,自己常常插不进嘴,有时候插一句,感觉别人也不搭理,很尴尬			
2	在学校中,未来一周以及一学期要做的事情早已安排好,并且根据计划做每一件事,不会做计划以外的事			
3	在社团中做事情,按照别人所教的、相对合乎逻辑的、循序渐进的方法是解决问题的最好方法			
4	当阅读小说或看电视剧时,常会把自己想象成剧中的某一个人物			
5	在生活中常常有灵机一动的时候			
6	对于未来的就业方向,已心中有数,不会因为社会就业趋势或者周围人的赞同与否而改变			
7	在与同学朋友相处时,对方如果情绪反常自己会在第一时间感受到			
8	上课认真听讲,下课按时完成作业,老师的话不可不听			
9	喜欢刺激和新鲜感,因而常常出去旅游,关注新闻和看课外书			
10	对事情发生兴趣总比别人困难			
11	马上就要参加一场对自己非常重要的演讲比赛,一般情况下很难冷静下来			
12	对于一道很难的题目,愿意花很多时间去解决它			
13	第六感很不错,常靠直觉解决问题			
14	喜欢音乐、色彩、各种图案形状等,并且也会写写画画			
15	常常在夜深人静躺在床上的时候想自己在别人的眼中是怎么样的			
16	刚要出门,突然天下雨了,此时被打乱计划的我会极度不爽			
17	从小到大,都能与自己的同学或室友们很好地相处			
18	在同学当中的打扮相对时髦,有自己的风格			
19	考试后大家校对答案众说纷纭,但是还是坚信自己的答案是对的			
20	社团里面碰到棘手的事情,大家有不同的处理意见,与自己观点不一的人最后变成了我的朋友,这样的事情是最令人开心的			
21	无法忍受一个人吃饭、回寝室、去图书馆等			
22	生活比较规律,能够坚持早睡早起,因此每天的精神面貌都不错			

序号	测 试 题	A	B	C
23	不喜欢所谓的"学霸"整天泡在图书馆,一门心思埋头苦读			
24	原本能考到满分的题目,因为一个小失误而被扣了两分,此时会很懊恼甚至怨恨自己			
25	快要期末考试,室友喜欢在寝室复习,自己喜欢在图书馆,但是自己宁愿选择与室友一起复习也不愿意单独行动			
26	在班级里我还是挺喜欢担任班长等会对班级产生影响的职位的			
27	在开展学生工作时,会经常遇到学生的不配合的情况,但是自己依然保持热情去做好每一个任务			
28	隔壁有个同学,整天想着创业,这肯定是不切实际的,社会又岂是他想得这么简单			
29	在社团中,社长、部长和干事需要各安其位,自己做好自己的事就可以了,这一点很重要			
30	一旦任务在肩,即使受到挫折,我也要坚决完成			
31	对于未知的宇宙、遥远的国度、世界未解之谜等不知道的事情有很强的探知欲望			
32	标准答案并不存在,更好的是相对正确的参考答案			
33	老师上课时讲了一个自己比较感兴趣的事情,虽然没什么回报,自己也会主动花费大量时间去了解			
34	从来没有旷过课			
35	朋友的性格各异,总是能够带来各种不同的信息让自己振奋			
36	许多新的东西出来,只要有机会,我总是要去探究一下			
37	很自信,做事从不害怕时间紧促、困难重重			
38	遇到挫折和不幸,并不会放弃热衷的工作			
39	很喜欢数学难题,一旦做上了,会忘了吃饭和睡觉			
40	新的具有挑战性的计划,一旦责任在肩,会排除一切困难去实施			
41	常会浮想联翩,常在幻想中提出许多新问题,然后对其中的某一个问题进行深究			
42	在食堂选菜、打饭很随便,常常吃不完,倒掉剩饭菜			
43	觉得书本和网站上说的都是有道理的、正确的和可信的			
44	遇到困难和不开心的事情,总是给父母打电话,倾听他们的意见,得到安慰			
45	有需要探索的问题时,总是深深地印在脑海,挥之不去,驱之不散,才下眉头,又上心头			
46	总是喜欢率先尝试新的事情,想做一些别人从没尝试过的事情,目的只是为了想知道会有什么结果			
47	玩猜谜之类的游戏很有趣,对猜不出的谜语总是要想尽办法去知道它的结果			
48	当看到一张陌生人的照片时,喜欢去猜测他是怎么样的一个人,即使猜不对也无所谓			
49	喜欢利用旧报纸、旧日历及旧罐头等废物来做成各种好玩的东西			
50	对各种机器都有兴趣,总是想知道它里面是什么样的结构,以及它的工作原理			

计分方法如下：

	A	B	C
1.	2	1	0
2.	0	1	2
3.	−2	0	3
4.	3	0	−1
5.	2	1	0
6.	3	0	−1
7.	2	1	0
8.	0	1	2
9.	3	0	−1
10.	4	1	0
11.	0	1	3
12.	3	1	0
13.	4	0	−2
14.	2	1	0
15.	−1	0	3
16.	0	1	2
17.	0	1	2
18.	3	0	−1
19.	2	0	−1
20.	−1	0	2
21.	−1	0	2
22.	3	1	0
23.	2	1	0
24.	−1	0	2
25.	0	1	2
26.	1	2	3
27.	3	1	0
28.	−1	0	2
29.	0	1	2
30.	3	1	0
31.	2	1	0
32.	2	1	0
33.	3	2	0
34.	0	1	2
35.	3	2	0
36.	2	0	−1
37.	3	1	0

38.	2	1	0
39.	3	1	0
40.	2	1	0
41.	2	0	−1
42.	−1	0	2
43.	−1	3	0
44.	−1	0	2
45.	2	1	0
46.	2	1	0
47.	3	0	−1
48.	2	1	0
49.	2	1	0
50.	2	0	−2

测试完毕,请按照公布的答案求出总分数。

总分数为86～118,表示创造性很强。

总分数为50～85,表示创造性强。

总分数为14～49,表示创造性一般。

总分数为−22～13,表示创造性弱。

从这50题的答案中,可以引出很多值得思索和研究的问题。

2.4.2 其他的创造力测试方法

1. 不完全图形测试法

该方法于20世纪60年代由心理学家托兰斯(Ellis Paul Torrance)发明。托兰斯创造性思维测试(TTCT)试图在IQ测试之外找到一种创造力测试方法,其中最突出的标志元素就是"不完全图形测试"。接受测试者会拿到一幅不完整的图,然后被告知完成这幅图。

【思考题】 在5分钟内看看能把图2-5中的线条变成什么。不寻常的物体,意味深长的故事,漫画,所有原创性的答案都会拿到高分。

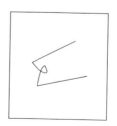

图2-5　不完全图形测试法所用的图形

2. 谜语

【思考题】 《哈比人历险记》(魔戒前传)中的毕尔博·巴金斯问道:"里面藏着金色宝物,但没有合页、钥匙或盖子的盒子是什么?"

谜语中的问题乍看上去没有答案，可是突然间你灵光一现，对了，是鸡蛋！

心理学家利用谜语来测量人们解决创造性问题的潜能，或者称为"收敛性思维"。与"不同用途测试"相反，谜语希望得到唯一正确的答案，而不是想出尽可能多的答案。

3. 邓克尔蜡烛实验

邓克尔蜡烛实验是一个经典测试，是在 1945 年由心理学家邓克尔（Karl Duncker）提出的。

【思考题】 领到一根蜡烛、一盒图钉和一盒火柴，如图 2-6 所示。要解决的问题是，把点着的蜡烛固定到墙上，并且蜡不会滴到下面的桌子上。这项测试用于挑战思维定式和认知偏见，使人无法以非正常的方式使用熟悉的物品。

图 2-6 邓克尔蜡烛实验的场景

读者可以自己思考一下答案。

第3章　创造思维训练

简单的思维模式无法理解复杂事物。生命需要经过严格的淬炼,才能展现它耀眼的光华。我不愿有一个塞满东西的头脑,而情愿有一个思想开阔的头脑。

——米歇尔·德·蒙泰涅

3.1 创 造 思 维

3.1.1 认识思维

思维是人脑对客观现实间接的、概括的反应。思维只对感知的信息进行加工。以内隐或外隐的语言或动作表现出来。思维是认识的高级形式。

思维在人脑中从来就不是孤立进行的,而是联系着整个世界。思维从来就不是在某个时段固定进行的,而是飞翔在整个宇宙。人脑只不过是一个时空中信息处理的交汇点,一个信息翻译转换的输出终端。思维的本质是对语言文字的运用。物为实,思为虚,思命物以虚名,为思所用,人才能思考,或者说有名方能思;无名,则实无所指,思无所用,也就无法转换成言语来表述。思维从来就不仅是平面的或立体的,而是四维的、五维的、六维的乃至更高维的。这样来认识思维,才有必要进行思维训练,才知道思维的奥妙无穷。创新思维训练就是为了突破思维的局限性,突破思维在时间空间中的局限性。

3.1.2 思维过程

思维过程就是人脑对信息处理的过程,包括识别、接收、转换、加工、输出、对接这 6 个步骤。

1. 信息的识别

识别是信息进入人脑的门槛,是人脑对信息是否认识的过程,即本脑现有的记忆能否被解码,本脑现有的信息中有否相同或相近的信息。有道是"头脑中存着什么,才能看到什么",也就是说头脑中没有的或没有类似的信息是感悟不到的,最好的信息也识别不了,进入不了。灵感总是落在有准备的头脑就是这个道理,越爱学习就越能学习,越能学习就更爱学习也是这个道理。这就告诉人们勤学习和多经历的重要性,所以需要让头脑中存有尽量多的信息样本。

2. 信息的接收

信息的接收是指接收我需要的和拒收我不需要的信息的过程。这个"我"包括本我、自我、超我 3 种心理结构。生存本能驱使的是"本我",心理有组织的部分是"自我",为追求真理,而达到"忘我"、"无我"状态的则是"超我"。可见与"本我"相关的信息进入量较小,具有生物的本能性。与"自我"相关的信息进入量较大,具有人的社会性,有必要进行思维训练。与"超我"相关的信息进入量更大,具有前者的特性,光靠训练和修练还是完全不够的。

3. 信息的转换

信息的转换是把接收来的处于"只可意会不可言传"的新信息进行理解和存储的过程。先把信息存入短时记忆,找出新信息各部分的内部联系,再把新信息与原有的相关信息联系起来,找出新旧信息之间的相同点和不同点;然后,新信息被转换成文字、声音和图像等人脑加工系统相融的形式,储存起来,进入长期记忆。

4. 信息的加工

信息的加工是分析、综合、抽象、概括等处理对信息内化的过程。分析是把整体信息的各个属性单独的分离开的过程。综合是把信息里的各个部分、各个属性都结合起来,形成一个整体的过程。抽象是把多个信息的共有的特征抽取出来,舍弃不能反映其本质属性的内容。概括是比较各种信息的同异,并对其进行归纳。

5. 信息的输出

信息的输出是把经加工的增值信息,用言语、文字、图画、音乐、肢体、眼神乃至脑波等可感知的方式表达出来。

6. 信息的对接

信息的对接是主观和客观衔接的过程,是把信息修改或翻译成能被客体接受和理解的内容,它所表达出来的内容具有社会化的特点,可用于进行交流、比较和反馈。具体体现在人的表达交流能力上。通过对思考对象的扩大了解,找出问题,分析矛盾,思考解决办法,使认知水平不断提升。

3.1.3　创新思维

创新(Innovation)这个词起源于拉丁语,原意有更新、创造新的东西以及改变 3 层含义。

创新思维是思维的一种高级形式,它具有跳跃性、发散性、独创性等鲜明特征。创新思维是人类思维活动中最积极、最活跃和最富有成果的一种思维形式,创新思维比模仿思维更能体现人的主观能动性。要想取得成功也就一定要有足够的创新思维。如果一味地模仿前人,只能落后于人,很难取得突破。创新型社会离不开创新型人才,创新型人才更需要创新思维训练。

创造思维训练是培养从头脑中"输出智慧",而不是"输入知识",所谓创新思维能力,就是头脑向外输出新观念、新思想、新方法、新知识、新信息的能力。

创造思维不是"无中生有",不是拼命地用各种手段"创造"出自己想要的东西。而是要学会放手,学会观察,学会思考,学会感悟。留心身边的种种信息,凭自己的直觉,抓住时机,采取积极有效的行动,因势利导,顺流而行,才会创造出符合客观规律的新东西。

3.2　几种创新思维简介

3.2.1　发散思维

1. 概念

发散思维是指大脑在思维时呈现的一种扩散状态的思维模式,它表现为思维视野广阔,呈现出多维发散状,如图 3-1 所示。发散思维具有流畅性、变通性、独特性、多感觉性等特点。

发散思维又称"辐射思维"、"多向思维"、"扩散思维"。

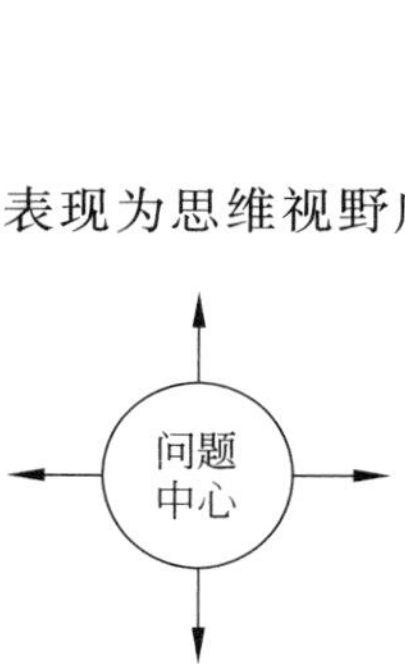

2. 特性

发散思维具有以下特性。

(1)流畅性。发散思维的流畅性就是观念的自由发挥。指在尽可能短的时间内生成并表达出尽可能多的思维观念以及较快地适应、消化新的思想观念。机智与流畅性密切相关。流畅性反映的是发散思维的速度和数量特征。

图 3-1　发散思维的发散源

（2）变通性。发散思维的变通性就是克服人们头脑中某种自己设置的僵化的思维框架，按照某一新的方向来思索问题的过程。变通性需要借助横向类比、跨域转化、触类旁通，使发散思维沿着不同的方面和方向扩散，表现出极其丰富的多样性和多面性。

（3）多感官性。发散性思维不仅运用视觉思维和听觉思维，而且也充分利用其他感官接收信息并进行加工。发散思维还与情感有密切关系。如果思维者能够想办法激发兴趣，产生激情，把信息情绪化，赋予信息以感情色彩，就会提高发散思维的速度与效果。

3. 分类

发散思维的方法分为两大类：一般方法和假设推测法。

（1）一般方法。

① 材料发散法。以某个物品使用尽可能多的"材料"为发散点，设想它的多种用途。

② 功能发散法。从某事物的功能出发，构想出获得该功能的各种可能性。

③ 结构发散法。以某事物的结构为发散点，设想出利用该结构的各种可能性。

④ 形态发散法。以事物的形态为发散点，设想出利用某种形态的各种可能性。

⑤ 组合发散法。以某事物为发散点，尽可能多地把它与别的事物进行组合成新事物。

⑥ 方法发散法。以某种方法为发散点，设想出利用方法的各种可能性。

⑦ 因果发散法。以某个事物发展的结果为发散点，推测出造成该结果的各种原因，或者由原因推测出可能产生的各种结果。

（2）假设推测法。假设的问题不论是任意选取的还是有所限定的，所涉及的都应当是与事实相反的情况，是暂时不可能的或现实不存在的事物对象和状态。

由假设推测法得出的观念可能大多是不切实际的、荒谬的、不可行的，这并不重要，重要的是有些观念在经过转换后，可以成为合理、有用的思想。

当对新产品的开发、销售着手进行思考的时候，可以试试下面的一些主意。

- 新产品的特性和新功能如何写进广告说明书进行宣传。
- 销售制度的制定和人员奖励政策。
- 为促销提供有丰厚奖品的抽奖活动。
- 除了进行门店之外还同时进行网络销售。
- 在哪种媒体（报刊、电视、网络等）上做广告。
- 是否可以与老产品放在一个市场内。
- 是否可在销售目录里增加一个最新货品栏。
- 进行节日大促销，用户回访活动。
- 邀请典型用户现身说法。
- 参加各种展销会。
- 参加各种公益活动。
- 邀请名人或专家到公司造访。
- 搜集国内外同类产品的资料。

……

【应用案例】 *洗衣机的发明。*

洗衣机的发明围绕"洗"这个关键问题，列出各种各样的洗涤方法：洗衣机搓洗、用刷子刷洗、用棒槌敲洗、在河中漂洗、用流水冲洗、用脚踩洗等，下面是不同时代的洗衣机的发展。

1858 年，美国人汉密尔顿·史密斯制成了世界上第一台洗衣机，该洗衣机的主件是一只圆桶，桶内装有一根带有桨状叶子的直轴，轴是通过摇动和它相连的曲柄转动的。

1859 年，在德国出现了一种用捣衣杵作为搅拌器的洗衣机，当捣衣杵上下运动时，装有弹簧的木钉便连续作用于衣服。

1874 年，美国人比尔·布莱克斯发明了木制手摇洗衣机。布莱克斯的洗衣机构造极为简单，是在木筒里装上 6 块叶片，用手柄和齿轮传动，使衣服在筒内翻转。

1880 年，美国又出现了蒸汽洗衣机，蒸汽动力开始取代人力。机械动力发生了改变，继蒸汽洗衣机之后，水力洗衣机、内燃机洗衣机也相继出现。

1910 年，美国人费希尔在芝加哥试制成功了世界上第一台电动洗衣机。电动洗衣机的问世，标志着人类家务劳动自动化的开端。

1922 年，美国玛塔依格公司改造了洗衣机的洗涤结构，把拖动式改为搅拌式，使洗衣机的结构固定下来，这就是第一台搅拌式洗衣机的诞生。这种洗衣机是在筒中心装上一个立轴，在立轴下端装有搅拌翼，电动机带动立轴，进行周期性的正反摆动，使衣物和水流不断翻滚，相互摩擦，以此涤荡污垢。搅拌式洗衣机结构科学合理，受到人们的普遍欢迎。

1932 年，美国的本德克斯航空公司研制成功第一台前装式滚筒洗衣机，洗涤、漂洗、脱水在同一个滚筒内完成。

1937 年，第一台自动洗衣机问世。这是一种前装式自动洗衣机。靠一根水平的轴带动的缸可容纳 4kg 衣服。衣服在注满水的缸内不停地上下翻滚，使之去污除垢。到了 20 世纪 40 年代便出现了现代的上装式自动洗衣机。

1955 年，在引进英国喷流式洗衣机的基础之上，日本研制出独具风格、并流行至今的波轮式洗衣机。至此，波轮式、滚筒式、搅拌式在洗衣机生产领域三分天下的局面初步形成。

20 世纪 60 年代的日本出现了带甩干桶的双桶洗衣机，人们称之为"半自动型洗衣机"。

20 世纪 70 年代，生产出波轮式套桶全自动洗衣机。

20 世纪 70 年代后期，以计算机（实际上微处理器）控制的全自动洗衣机在日本问世，开创了洗衣机发展史的新阶段。

20 世纪 90 年代，由于电动机调速技术的提高，洗衣机实现了宽范围的转速变换与调节，诞生了许多新水流洗衣机。

此后，随着电动机驱动技术的发展与提高，人们生产出了电动机直接驱动式洗衣机，省去了齿轮传动和变速机构，引发了洗衣机驱动方式的巨大革命。之后，随着科技的进一步发展，滚筒洗衣机已经成了人们耳熟能详的产品……

【思考题】

(1) 牙签有哪些用途？

(2) 衣架有哪些用途？

(3) 城市垃圾有哪些新的用途？如何有效地利用这些城市垃圾？

(4) 运用分类后的城市垃圾，怎么样开发新产品，达到节能减排和环保的目的？

(5) 汤勺有何新功能或用途（允许和其他物品组合）？

(6) 以圆珠笔为对象，设计新功能，并为现有圆珠笔的某种结构原理找到新用途。

(7) 自行车能改装成哪些工具？

3.2.2 收敛思维

1. 概念

收敛思维又称"聚合思维"、"求同思维"、"辐集思维"或"集中思维",其特点是使思维始终集中于同一方向,考虑实现该目标的多种可能的途径,使思维条理化、简明化、逻辑化、规律化。收敛思维与发散思维,如同"一枚钱币的两面",是对立的统一,具有互补性,不可偏废。

2. 特点

来自四面八方的知识和信息都指向同一目标(问题),而目的在于通过对各种相关和不同方案的分析、比较、综合、推理,从中找出最佳答案。

(1)聚焦法。聚焦法就是围绕问题进行反复思考,有时甚至停顿下来,使原有的思维浓缩、聚拢,形成思维的纵向深度和强大的穿透力,在解决问题的特定指向上思考,积累一定量的努力,最终达到质的飞跃,顺利解决问题。

(2)连续性。发散思维的过程,是从一个设想到另一个设想时,可以没有任何联系,是一种跳跃式的思维方式,具有间断性。收敛思维的进行方式则相反,是一环扣一环的,具有较强的连续性。

(3)求实性。发散思维所产生的众多设想或方案,一般来说多数都是不成熟的,也是不实际的,所以也不应对发散思维做这样的要求。对发散思维的结果必须进行筛选,收敛思维就可以起这种筛选作用。被选择出来的设想或方案是按照实用的标准来决定的,应当是切实可行的。这样,收敛思维就表现了很强的求实性。

3. 运用要点

发散思维与收敛思维,从思维方向上讲,两者恰好是相反的,发散思维有利于人们思维的广阔性和开放性,它使人的思维极限极尽放宽,而收敛思维则不一样,它有助于从各路思路中选取精华,有利于解决问题取得突破性进展。发散思维与收敛思维是创造过程中相辅相成的统一体,二者缺一不可,如图 3-2 所示。

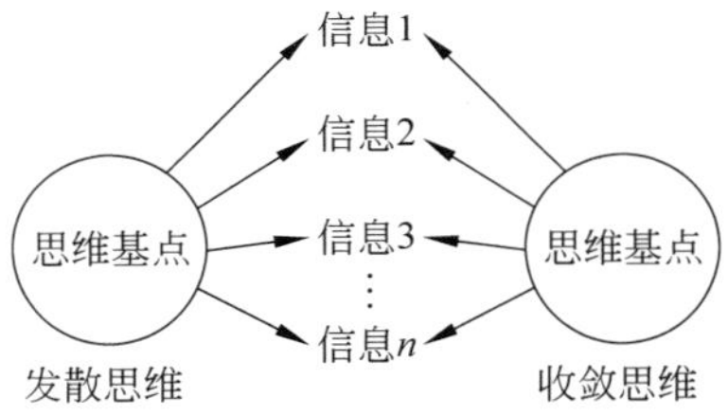

图 3-2　发散思维与收敛思维的关系

运用要求如下:

(1)进行收敛的前提是有一个明确的收敛点(目标),即将要解决的目标问题。

(2)一般是先发散后收敛。

【应用案例】　隐形飞机的制造。

隐形飞机的制造是难度比较大的问题,它是一个多目标聚焦的结果。要制造一种使敌方雷达测不到、红外及热辐射仪追踪不到的飞机,就需要分别做到雷达隐身、红外隐身、可见光隐身、声波隐身等多个目标,每个目标中还有许多小目标,最后分别聚焦,制成隐身飞机。

【思考题】

(1)为了方便撕下,邮票四周都要打上锯齿状的小孔,该方法能否用于其他地方?

(2)围巾的作用有哪些?是否还有别的新用途?并根据其用途设计新的围巾。

(3)如何方便地给苹果去皮?能设计一种自动削苹果皮的专用工具吗?

（4）尽可能多地列举出在茶杯中过滤茶叶的方法。

（5）设计一种用于家庭擦窗的清洁装置，请给出两种以上设计方案。

（6）有哪些方法可以清理被称为城市"牛皮癣"的小广告？

（7）有哪些方法可以避免雾霾对人体的影响？

（8）城市内涝有哪些方法可以治理？

3.2.3 求异思维

1. 概念

异，顾名思义，就是不同，是指人们在思考问题时，能够突破或跳出传统观念或习惯势力的约束，从新的角度、方向去认识问题，以新的思路、新的方式创造人类前所未有的或者比已有物品更美好的东西的一种思维方式。求异思维包括逆向思维。

2. 特征

求异思维具有逆众性、开拓性、多维性、全面性、灵敏性、探索性和新颖性等特征。

3. 运用要点

运用求异思维的关键在于创造者不受任何框架、任何模式的约束，随机应变地变换思维的目标点，不能将思考的着眼点死死地盯住某一处，及时调整思维方向或顺序。

必须注意，求异思维并不等于离奇的幻想，幻想可以超越现实，而求异思维必须遵循客观规律，否则难以成功。求异思维的起点和归宿，都是社会需要。

求异思维方法的内核是积极求异，灵活生异，最后形成异彩纷呈的新思路、新见解。可以说求异思维方法是孕育一切创新的源头。科学技术史上许多发现或发明就是运用这种思维方式的结果。

4. 特点

求异思维的特点如下。

（1）灵活性。灵活性，又称变通性。这里的变通，是指思维随机应变，触类旁通，不局限于某一视角或某一方面，能从思维的某一方向跳到更多的方向、方面，从而形成多向思维。

求异思维的灵活性，主要表现为解题思维方式的灵活变通。求异的基础就是思维的灵活运用。求异思维本身反映的就是一种灵活机动运行的思维方式。没有了高度的灵活性，求异思维就不存在了。

（2）积极性。求异思维的积极性是指思维主体面对问题时能主动、积极地寻求不同的解题答案。一方面，问题是科学研究的出发点，问题的存在促使思维主体不断地想方设法去探索问题之解。另一方面，求异思维的灵活性决定了求异的思维方式没有既定的运行通路，这就需要在求异的各种通路中积极寻找合适的运行之道。

无论从事何种开拓性的工作，只有能主动、积极、灵活地运用求异思维方法，才会有所成就、有所创新。因为这种思维方法可以发挥各种思维形式各自独特的作用，可以促使思维过程与思维方法的转化，从而打破旧的统一体，取得创新成果。

（3）多元性。求异思维的多元性是指思维方式多方发散、多路运行的特征。求异思维不同于一元性思维方式，因为一元性思维方式是一种单向思维，而且会限制求异的展开。求异思维在认识过程中往往倾注于客观事物间的复杂性与多样性，找到与众不同的思维的切入点。这样，就形成了对事物现象认识的多次试探和多路尝试。

（4）试错性。求异思维的试错性表现为思维主体为寻求科学合理的解题答案而不断地探索,反复地尝试、纠错、论证。这种求异思维的试错性体现了思维主体的批判态度。

【小故事】 美国发明家斯坦·梅森发明最佳受热烹饪盘的过程,就体现了求异思维的试错性。要制造这种炊具,首要的难点就是找出微波炉内各处的"热点"。梅森想到把一层层放有玉米粒的隔板放进微波炉,一处一处地试,一次又一次地试,看哪个地方的玉米先爆成玉米花,这个点就是"热点"。他先按传统的做法,试了烹饪盘的入口处,可是那里的玉米粒并没能很快爆成玉米花。后来,将玉米放在烹饪盘的中央,仍然不理想,他做了很多次试验,都没能成功。这时他想,是不是这个热点不是在一个点,而是分散或者是以某个图形的方式存在呢? 最后,通过不断尝试、不断批判修正、不断求新,他发现了微波炉内的热点分布模式:它们既不在入口,也不在中央,而是呈蘑菇云状的分布。

（5）立体思维。思考问题时跳出点、线、面的限制,进行立体式思维。举例如下。

立体绿化:屋顶花园增加绿化面积、减少占地改善环境、净化空气。

立体农业、间作:例如玉米地种绿豆、高粱地里种花生。

立体森林:在高大的乔木下面种植灌木,灌木下种草,草下种食用菌。

立体渔业:网箱养鱼充分利用水面、水体。

立体开发资源:开发煤、石头等产品。

求异思维是在思维中自觉地打破已有的思维定式、思维习惯或以往的思维成果,在事物各种巨大差异之间建立"中介",突破经验思维束缚的思维方法。

【思考题】

（1）长时间坐在计算机前,易引发颈椎、前列腺、肛门等部位发病,有什么解决方案? 请在小组头脑风暴下提出 10 种可行性方案。

（2）根据下列事物及括号内注明的主要原理,运用求异原理,开发新的发明。

① 机器的损坏(因振动、摩擦使部件损坏)。

② 植物的向光性(因生长素产生向光性)。

③ 高压锅(加压提高沸点)。

（3）用"＋"表示除法运算,"－"表示乘法运算,"×"表示减法运算,用"÷"表示加法运算,求下面各式的结果。

$$4+2 \qquad 1\times 2 \qquad 10-4 \qquad 9\div 2 \qquad 17\times 6 \qquad 6\div 4$$

（4）设计一个方法,使奥运会火炬燃烧释放的 CO_2 能够回收。

3.2.4 联想思维

美国加州理工学院的创始人、天文学家黑尔说过:"我们切莫忘记,最伟大的工程师不是那些被培养成仅仅了解机器和会运用公式的人,而是这样的人:在掌握机器和公式的同时,并未停止开阔视野及发挥其最出色的想象力。一个缺乏想象力的人,无论从事工程技术,还是美术、文艺、自然科学,都不会做出创造性的成绩来的。"联想是普遍的创造思维形式,应用极其广泛,难以想象,世界如果没有联想,将会怎样?

1. 联想思维的概念

联想思维是指人们从已知领域出发,在头脑中将某一事物的形象、特征或其他属性与其他相关事物联系起来,探索它们之间共同的或类似的规律,从而解决问题的一种思维形式。

联想思维在创造活动中起着开拓思维、启迪思维的引导作用。

2. 联想的可能性

联想无处不在,世界上各种事物和现象存在的普遍联系是实现联想的基础。

前苏联的心理学家哥洛万斯和斯塔林茨,曾用实验证明,任何两个概念词语都可以经过四五个阶段,建立起联想的关系。例如木头和皮球,是两个风马牛不相及的概念,但可以通过联想作为媒介,使它们发生联系:木头→树林→田野→足球场→皮球。又如天空和茶:天空→土地→水→喝→茶。

因为每个词语可以同将近10个词直接发生联想关系,那么第1步就有10次联想的机会10个词语可供选择,第2步就有100次机会,第3步就有1000次机会,第4步就有10 000次机会,第5步就有100 000次机会。所以联想有广泛的基础,它为思维的运行提供了无限广阔的天地。

联想可以通过下面两种主式产生:

(1)被动地受到某些事物的激发而产生。

(2)主动地去搜索和捕捉信息并将它们联系起来,以产生新的创造设想构思。

3. 联想思维的类型

常见的主要有相似联想、对称联想、接近联想、对比联想、因果联想和定向联想,实际应用中并非只是单一联想类型在起作用,往往是多种联想类型综合作用。

(1)相似联想。相似联想是指由某一事物或现象的刺激而想起在形状、功能或结构等方面相似的其他事物,并由此受到启发,导致新的发明思路的思维方式。

(2)对称联想。对称联想是指联想的事物之间在时间、空间、形状、结构等方面形成对称。例如加湿器与除湿器,吸尘器与电吹风,等等。

(3)对比联想。对比联想是指发明者对某事物的性质、特点、形状、结构等方面进行相反、对立或差异的比较而形成的联想,运用对比联想可以从四方面切入思考。

① 事物属性的对立面(相反面)。

② 事物的优缺点。太阳光的辐射很强,可以使周围温度升高,1861年法国的莫谢教授,运用对比联想法,发明设计了太阳能发动机,并取得了太阳能发动机法国专利权。

③ 事物的结构、功能、顺序等的颠倒。

④ 物态形式的变化等。利用核裂变产生能量制造了原子弹,科学家又利用核聚变制成了氢弹。

(4)接近联想。接近联想是指发明者想到时间、空间、形状、结构或功能等方面比较接近的事物,从而产生发明的联想思维方式。例如看到蓝色和白色,往往联想到海洋、天空。

(5)因果联想。因果联想是指由事物可能存在的因果关系引发的联想,或由原因联想结果、或由结果联想原因。

【小故事】 1982年2月底,墨西哥的爱尔·基琼火山爆发了。美国人预测,火山的爆发将对世界的气候、农业等产生深远影响,并将进一步影响到粮食价格、国际关系。为了争取主动,美国人进行了一番仔细的研究和预测。预测认为,大量的火山灰进入天空,将遮住大量的阳光,到达地面的阳光减少,将导致气候变冷。同时大量的尘埃将在天空中成为水蒸气凝结的"核",以这些小核为中心,水蒸气得以聚集,凝结成雨。因此,尘埃的增加将使全球的降雨量增加。就是说世界的大气候将变得低温多雨。然而,一些地区的多雨将使另一些地区变得干旱。由于有的地方大雨成灾,有的地方旱魃横行,必将导致全球性的粮食欠收。这样粮食出口国将只有美国一家。那时由于美国在1981年粮食大丰收,仓库里积压了大量粮食,造成粮价下跌,农民对此怨声载道。为了上扬粮价,美国决定在1983年减少三分之一的粮食耕种面积。事情果然如美国决策部门所预料的那样。1983年世界气候恶化、农业欠收,灾荒不断。美国人手中有大批的粮食,奇货可居。各国不得不以高价从美国进口粮食。美国人不仅卖光了积压的粮食,粮价还比往年上涨了1.6倍。

(6)定向联想。定向联想是指为了解决某一确定的问题,按照可能解决这个问题的思考方向进行联想,最终将两个事物有机地联系起来。

(7)幻想。幻想是一种特殊的联想方式,也是一种十分重要的思维方式。人们运用它能跨越时空的限制,展望未来事物的新形象,大胆地预测未来世界的千姿百态。虽然运用幻想,很容易脱离现实,可能出现错误的几率也比较大,但同时幻想思维中所蕴涵的创意价值往往是不可估量的。

(8)强制联想。强制联想法是前苏联心理学家和斯塔林茨发明的,是一种把无关的事物强制性地联系起来进行创造性思考,从中产生新观点、新思想和新方案的联想方法。

【小故事】 日本软件银行集团总裁孙正义18岁在校园内贩卖日本电子游戏获利100万日元,19岁又发明袖珍发声翻译器,将其卖给了夏普公司获得100万美元,而他获得创业第一桶金的关键在于每天强制自己每天一项发明。

联想思维能力的高低表现在3个方面:一是联想的速度,二是联想的数量,三是联想的范围和广度。

【思考题】
(1)请将水桶与猪蹄,老虎与空调,衣服与矿石这3组概念,用不超过5个阶段的联想联系起来。
(2)对下列组词进行定向联想训练:
① 茶杯→农产品。
② 眼睛→计算机。
③ 洗衣机→宠物狗。
④ 草坪→飞机。
(3)分别在下面每题的字上加同一个字使其组成不同的词。
① 自、睡、味、触、幻、感。
② 阔、大、博、东、告、意。
③ 具、教、理、士、边、家。

3.2.5 灵感思维

1. 概念
灵感思维活动本质上就是一种潜意识与显意识之间相互作用、相互贯通的理性思维认识的整体性创造过程。灵感思维作为高级复杂的创造性思维理性活动形式,它不是一种简单逻辑或非逻辑的单向思维运动,而是逻辑性与非逻辑性相统一的理性思维整体过程。

2. 特点

灵感思维的特点如下。

(1)模糊性。由于是没有在显意识领域单纯地遵循常规逻辑过程所形成,所以灵感直觉思维产生的程序、规则以及思维的要素与过程等都不是被自我意识能清晰地意识到的,而是模糊不清、"只可意会不可言传"的。

(2)独创性。独创性是定义灵感思维的必要特征。不具有独创性,就不能叫灵感思维。

(3)非自觉性。其他的思维活动,都是一种自觉的思维活动,灵感直觉思维的突出性,必然带来它的非自觉性。

【小故事】 爱因斯坦曾回忆说,一天我突然想到,当一个人自由落下时,绝不会感到自身的重量。这个简单的想法给我打上了一个深深的烙印,这是我创立引力论的灵魂。

【小故事】 靶子和刮胡刀架。闷热的夏天,安全刮胡刀架的发明人金·吉列先生到树下纳凉,他看到一位农夫正在操着钉耙耙地,耙子呈木梳状,非常简陋,可是耙过的地面又平又细。这给了他启发,所发明的刮胡刀架的保护结构便会使刀片离开皮肤,只要设计的刀片倾斜角度恰到好处,就会像耙子耙地一样把胡子刮得干干净净。

【小故事】 苯胺紫的发明。化学家霍夫曼提议用化学方法合成奎宁,柏琴按照老师的意图进行这方面的实验,但都是失败了。一天黏液呈现鲜艳的紫红色,柏琴灵机一动:虽然奎宁没有搞成,可现在纺织工业缺染料,这不是很好的染料吗?他进一步实验、加工制成了苯胺紫。

3. 方法

(1)久思而至。久思而至是指思维主体在长期思考竟日不就的情况下,暂将课题搁置,转而进行与该研究无关的活动。恰好是在这个"不思索"的过程中,无意中找到答案或线索,完成久思未决的研究项目。

(2)急中生智。利用此种方法的例子,在社会活动中数不胜数。即情急之中做出了一些行为,结果证明,这种行为是正确的。

(3)自由遐想。科学上的自由遐想是研究者自觉放弃僵化的、保守的思维习惯,围绕科研主题,依照一定的随机程序对自身内存的大量信息进行自由组合与任意拼接。经过数次,乃至数月、数年的意境驰骋和间或的逻辑推理,完成一项或一系列课题的研究。

(4)另辟新径。思维主体在科学研究过程中,课题内容与兴奋中心都没有发生变化,但寻解定式却由于研究者灵机一动而转移到与原来解题思路相异的方向。

(5)原型启示。在触发因素与研究对象的构造或外形几乎完全一致的情况下,已经有充分准备的研究者一旦接触到这些事物,就能产生联想,直接从客观原型推导出新发明的设计构型。

(6)触类旁通。人们偶然从其他领域的既有事实中受到启发,进行类比、联想、辩证升华而获得成功。他山之石,可以攻玉。触类旁通往往需要思维主体具有更深刻的洞察能力,能把表面上看起来完全不相干的两件事情沟通起来,进行内在功能或机制上的类比分析。

(7)豁然开朗。这种顿悟的诱因来自外界的思想点化。主要是通过语言表达的一些明示或隐喻获得。豁然开朗是超导般的思想点化,一般来说要有这样几个条件:一是"有求",二是"存心",三是"善点",四是"巧破"。

（8）见微知著。从别人不觉得稀奇的平常小事上，敏锐地发现新生事物的苗头，并且深究下去，直到做出一定创建为止。见微知著必须独具慧眼，也就是用眼睛看的同时，配合敏捷的思维。

（9）巧遇新迹。由灵感而得到的创新成果与预想目标不一致，属意外所得。许多研究者把这种意外所得看作是"天赐良机"，也有的称之为"正打歪着"或"歪打正着"。

3.2.6 逆向思维

1．概念

逆向思维是一种比较特殊的思维方式，它的思维取向总是与常人的思维取向相反，例如人弃我取，人进我退，人动我静，人刚我柔，等等。这个世界上不存在绝对的逆向思维模式，当一种公认的逆向思维模式被大多数人掌握并应用时，它也就变成了正向思维模式。

逆向思维并不是主张人们在思考时违逆常规，不受限制地胡思乱想，而是训练一种小概率思维模式，即在思维活动中关注小概率可能性的思维。

逆向思维是发现问题、分析问题和解决问题的重要手段，有助于克服思维定式的局限性，是决策思维的重要方式。

2．特性

逆向思维的特性如下。

（1）反向性。反向性是逆向思维的重要特点，也是逆向思维的出发点，逆向思维离开了它也就不存在。

（2）异常性。逆向思维总是采取特殊的方式来解决问题，这是它的异常性。

3．方法

常用的逆向思维方法有以下 5 种。

（1）怀疑法。有一种敢于怀疑的精神，打破习惯，反过来想一下，这种精神越强烈越好。习惯性做法并不总是对的，对一切事物都报有怀疑之心是逆向思维所需要的。

（2）对立互补法。以把握思维对象的对立统一为目标。要求人们在处理问题时既要看到事物之间的差异，也要看到事物之间因差异的存在而带来的互补性。

（3）悖论法。就是对一个概念、一个假设或一种学说，积极主动从正反两方面进行思考，以求找出其中的悖论之处。

（4）批判法。对言论、行为进行分辩、评断、剖析，以见正理。以批判法来进行逆向思维仍然需要以一般性的思维技能为基础，例如比较、分类、分析、综合、抽象和概括等。

（5）反事实法。在心理上对已经发生了的事件进行否定并表征其原本可能出现而实际未出现的结果的心理活动，是人类意识的一个重要特征。这就是反事实思维。主要有加法式、减法式、替代式 3 种类型。

4．分类

逆向思维分为以下几种。

（1）结构逆向思维。它是指从已与有的事物的逆向结构形式中去设想，以寻求解决问题新途径的思维方法。

（2）功能逆向思维。它是从原有事物功能上进行逆向思维，以寻求解决问题，获得新的创造发明的思维方法。

【小知识】 冷治疗法。该方法采取一种反常规治疗措施,把风湿病患者放到冰天雪地的恶劣条件中,运用人的高度的适应能力,运用以毒攻毒的原理,增强患者机体的抵抗力。

（3）状态逆向。它是根据事物某一状态的反面来认识事物,从中找到解决问题的方法或方案的思维方法。

【小故事】 为了造出高灵敏度的电子管,人们一直在提高锗的纯度,当时锗的纯度已达到 99.999 999 99%,日本新力公司的江崎博士受助手黑田百合子的启发,往锗里掺加其他物质,终于发现了鲜为人知的电晶体现象。

（4）原理逆向思维。它是从事物原理的相反方向进行的思考。
（5）因果逆向思维。它是对已有的有关事物之间因果关系的认识作交换性思考。

3.2.7 其他思维方法

1. 直觉思维
（1）人们可以依靠直觉进行优化选择。
（2）人们可以依靠直觉做出创造性预见。

【小故事】 植物生长素的发现。达尔文在见到向日葵总是朝着太阳的现象后,便直觉地提出"其中可能含有能跑向背光一面的某种物质的设想"。后人通过实验证实这种物质的存在。它就是植物生长素。

（3）人们可以借助于直觉获得新的发明。
（4）人们可以依靠直觉提出新的科学思想。

【小故事】 当达尔文读到马尔萨斯所著的《人口论》中关于人类数量增长受到各种条件遏制,并提出被自然淘汰的是最不适于生存的弱者的思想时,他突然想到在生命竞争的情况下,有利的变异能保存,而不利的则被淘汰,从而提出了进化论。

2. 侧向思维
侧向思维又称"旁通思维",它是沿着正向思维旁侧开拓出新思路的一种创造性思维。

【小故事】 叩诊法。叩诊法是奥地利医生奥斯·布鲁格发明的。奥斯·布鲁格的父亲是奥地利的一个卖酒的商人。那时候,装酒的大酒桶都放在地窖里,每天卖酒都要从大酒桶汲取。怎样才能判断出在大酒桶里还有多少余酒呢? 聪明的酒商每次取酒都要用手指头敲敲大木桶,如果桶里酒不多了,敲击时就会发出比较响脆的声音,而盛满酒的木桶,敲起来则是闷声闷气。酒商就用这个简单的法子来估量木桶里存酒的多少。

有一次,奥斯·布鲁格医生接诊了一位病人,病人自诉胸口不舒服、喘气。由于病因查不出来,因此医生也就无法对症下药,没过几天病人就死亡了。当尸体被解剖后,奥斯·布鲁格发现死者的胸部已发炎、化脓,胸腔里积了不少液体。这使奥斯·布鲁格医生联想起了父亲每次取酒时手敲木桶的情景。触景生情,一个奇妙的想法突现在脑海,人的胸腔不是与酒桶有些相似吗,如果病人的胸腔里有了积液,那么敲起来的声音也许会与正常人有所不同。

此后,奥斯·布鲁格医生在给胸部有病的人进行检查时,就会用手指头敲敲听听,日积月累,他就能从不同部位的叩击声中,分辨出胸部是否有了病。由其发明的查体叩诊法,一直沿用到现在,并成为每个临床医生接诊的基本技能。

3. 转向思维

转向思维就是思维在一个方向停滞或受阻时及时转换到另一个方向,直至最终达到解决问题的思路。大画家达·芬奇在绘画创作过程中观察人物、景物和事物时,就善于从一个角度不停地转向另一个角度,对创作对象、题材的理解随着视角的每一次转换而逐渐加深,从而最终抓住了创作对象的本质,创作出了一幅幅传世之作。还有一些人在探索过程中,"旱路不通走水路",在此专业研究未达到预期效果时,转向相关学科和边缘学科同样做出了重大的贡献。当今的学科发展日益呈现出既高度综合又高度分化的趋势,各种交叉学科、边缘学科和横断性学科层出不穷,跨学科研究已成为一种趋势。

【小故事】 在第二次世界大战后,美国的建筑业大发展,导致泥瓦工一时供不应求,每天工资涨到 15 美元。一个叫麦克的人看到许多"招泥瓦工"的广告,但他却不去应招,而是去报社登了一条"你也能成为泥瓦工"的广告,打算培训泥瓦工。他租了一间门面,请了师傅,教材是 1500 块砖和少量砾石。那些想每天挣 15 美元的工人蜂拥而至,使麦克很快获得了 3000 美元的纯利,相当于泥瓦工 200 天的收入。他独特的思维方式使他迈进了管理者阶层。

当所有的思考都涌向某一方向时,最聪明的头脑是清醒地反思一下,看看还有没有别的思路。因为挣钱更需要的是独特的智慧而不是简单的随大流。

4. 想象思维

(1)概念。想象思维有再造想象思维和创造想象思维之分。再造想象思维是指主体在经验记忆的基础上,在头脑中再现客观事物的表象。创造想象思维则不仅再现现成事物,而且创造出全新的形象。文学创作中的艺术想象属于创造性想象,是形象思维的主要形式,存在于整个过程之中。即作家根据一定的指导思想,调动自己积累的生活经验,进行创造性的加工,进而形成新的完整的艺术形象。

(2)特征。想象思维具有形象性、概括性和超越性的特征。

(3)类型。想象思维分为两种。

① 无意想象。无意想象是指不受意识主体支配的想象。

② 有意想象。有意想象是指受主题意识支配的思维活动。

(4)作用。想象思维的作用如下。

① 想象在创新思维中的主干作用。

② 想象思维在人的精神文化生活中的灵魂作用。

③ 想象思维在发明创造中的主导作用。

3.3　思维训练

思维训练的理念是相信人脑可以像肌肉一样通过训练而强化。在民间,有琴、棋、书、画、成语、数学、谜语、游戏等方法。比较著名的有爱德华·德·波诺的"六项思考帽"、托尼·布赞的"思维导图"、亚历克斯·奥斯本的"头脑风暴法"等。

3.3.1 右脑开发

创新理念的建立是一个长期的过程,需要经过大量的训练。只有在正确认识自己的前提下才能建立起创新理念,并进而导致创新的行为。

【思考题】 围绕下列 10 个问题,从思维的角度写一篇自传:

（1）生活中最有意义的 10 次经历是什么？

（2）哪些早期经历对形成自己的行为产生了影响？是什么影响？

（3）生活中做得最好的 12 件事是什么？

（4）生活中做得最坏的 12 件事是什么？

（5）对观念和行为的形成产生最大影响的 12 个人是谁？

（6）生活中什么时候最幸福？为什么此时比其他时候幸福？

（7）生活中什么时候最悲哀？为什么此时比其他时候悲哀？

（8）从自传中发现自己最有意义的事是什么？

（9）阅读自传后,想在哪些方面改变自己？

（10）怎样计划未来才能使自己掌握自己的命运？对未来有什么要求？

对每个问题都给予最充分的回答。仔细思考问题并回答。认清过去的行为,但不做任何评价或批评自己。从过去的经历中吸取经验,这样便能充分利用现在,拓展自己思维的路径。

准备创新时,可以寻找激发创意的最佳情境。激发创意的具体情境多种多样,例如:

（1）遇到一个难题,彻夜思考,忽然看见东方已经泛白。

（2）精心策划的一次活动,尽管自己很为之得意,却在实施过程中遭到了彻底的失败。

（3）收到了一封信,拆开一看,是初恋情人寄来的。

（4）偶然间闻到莫名的香味,在大脑中不断寻找美食的记忆。

（5）遇到一位外号叫"傻二"的小学同学,现在已成了百万富翁。

（6）右臂骨折,打上绷带,这才发现日常用品几乎都是为双手使用而设计的,单手使用会发生很大的麻烦。

（7）第一次出国,惊奇地发现所有的车辆都在路的左边行驶。

（8）莫名其妙地被老板炒了鱿鱼。

（9）听到一段音乐,闭上眼睛的时候,想要起舞的片刻,等等。

3.3.2 集中精力训练

大千世界无限,人的精力有限,创新思维必须集中精力。集中注意力于某一点,才能有效的创作。人若能集毕生的精力于一点,集团队的精力于一点,则无坚不克,无难不破。集中精力就是善于用脑,就是有限的大脑资源供给尽量少的兴奋点,就是排除杂念,清空场地,"虚位以待",让思维有空灵能动的头脑。怎样集中精力是大脑最基本的训练之一。集中精力可以通过训练达到。

1. 入静法

静坐是常常被人采用的一种妙法。静坐可放松神经,缓解脑疲劳。通过静坐可改变头脑的活动方式,可使人的注意力集中,杂念排除,处于高度的安静状态,给人有一种超越自我的感觉。具体方法是,先使手、腿稍活动放松一会儿,然后坐正,盘腿;两手放在膝上或大腿部,两眼向前凝视数秒钟,微闭,头正颈直而不过分僵硬,胸、肚微收;以自然状态,放松身心,将思想(即意念)集中在丹田(肚脐下的部位);缓慢均匀呼吸,呼气时心中想"放松"两字,吸气时心中想"清静"两字;排除其他杂念,把一切烦恼、压力均抛开,让心灵清净明澈,渐至入静的绝妙状态,感觉到整个头脑就是一泓无风无波的湖面。湖面就像一面镜子,可以照观各种细微的心像。

2. 声音感应法

另一种有效的办法是声音感应法。这是一种把注意力集中于声响方面的训练方法。可以专注地倾听小溪的潺潺流水声或海浪的冲击声;也可以听有固定节奏的音响,如节拍器产生的节奏,可把节拍器的频率调整到每分钟六七十次,然后1、2、3地往下数,数到10以后再重新从1数起。这样坚持10分钟左右,就能逐渐从杂念中解脱出来。

3. 观察法

注意观察事物也是训练集中精力的方法之一。可以观察静态物,如树叶、远山、云朵、星星等,也可以观察动态物,如空中的飞鸟、飘扬的旗帜、袅袅的炊烟等。要强调的是,要用心观察,不是用照相机、录像机的镜头一样去记录,在观察的过程中排除心中的杂念。德国哲学家康德每天早上都要站在窗前眺望远处的树,从而提高观察力,培养集中精力的习惯。

4. 默念法

先把注意力集中于某一问题或某个目标上,把问题或目标简化为某一词语,形成一个心像。然后不停地默念,单调地默念。词语越来越熟悉,心像越来越清晰。此法简单方便自然,也不失为一种良法。例如反复默念"发明创造",慢慢进入有点"傻"的状态,从而把一切其他杂念排除,一切其他欲望都放下。放下,可以让大脑有更多的空间让灵感进入,进而让事情自然发生。

5. 穷思法

俗话说,思之思之,神鬼通之。思维朝着单一方向进行,一直没有穷尽地深入下去。例如在刷牙的时候,心里默默地数刷牙的次数,每天记录刷牙的次数,如果有一天没有坚持,那么隔一天再开始。又如,闭上眼睛集中精力意味着思考公园里的树,到具体的某一个树,它的树干、树根、树叶的形态和结构,树叶的形态,树叶的颜色,树叶的纹理……只要坚持,穷追不舍,必可做到精力集中。

3.3.3 全脑训练的手指练习

俗话说,十指连心。脑科学家认为,手指在大脑皮层的感觉和运动技能中,占得比重最大,经常活动手指来刺激大脑,可以延缓脑细胞的衰老,改善记忆力、思维能力。手指操需要左右手共同完成,因此有意与左右脑协调。高效率的活动手指,比效果差的用功读书和死记硬背更能增加大脑的活力。

1. 凯勒手指旋转法

伸出双手,五指指尖相对,成空心圆球状,然后,对应手指作逆向旋转,从大拇指到小指,各进行10次,速度能快尽量快。尽量保持手的圆球状,手指不能相碰。熟练后还可以闭目练习。

2. 对接手指

两手大拇指轮流对接另一只其他手指,循环往复,逐渐加速,越快越好。

3. 编手指

左手四指并紧,右手拇指始终在左手拇指下,右手各指与左手编织在一起。先使右手的第三和第五指在上,二和四指在下,然后迅速换至二、四指在上,三、五指在下。熟练后可换手。

4. 并手指

双手并拢,先使第三和第四指分开,再并拢,再使二、三和四、五指分开。练习熟练后,再合成练习。

5. 转手臂

伸出两臂,在胸前曲臂同时前后旋转,注意力方向相反,例如右臂向外旋转,内臂向内旋转。练习熟练后反方向增加难度。

6. 五指曲张

五指伸展。拇指的第一和第二关节,其余各指的第二和第三关节弯曲成 90°。熟练后可增加转手臂动作。

7. 出手指

双手握紧,手心面向自己。左手的大拇指和右手的小指一起伸出、收回,然后左手的小指和右手的大拇指一起伸出、收回。伴着 8 拍节拍,使之有节奏感,越快越好。

8. 敲手指

食指与中指放在桌面,然后迅速换成中指和无名指,采用 8 拍节奏,交替练习,可在协调左右脑的同时提高反应速度。

9. 打枪

先将右手的大拇指和食指伸出,其他手指握紧,表示一把手枪,左手只伸出食指表示数字 1;然后换手,左手的大拇指和食指伸出,其他手指紧握表示手枪,右手伸出食指和中指表示数字 2,以此类推到 10。

10. 阿拉伯计数法

伸出一手,拇指代表 1,食指代表 2,中指代表 4,无名指代表 8,小指代表 16.弯曲手指即代表相应的数字。大拇指弯曲表示 1;大拇指和食指一起弯曲表示 3,以此类推,从 1 到 30。熟练后可增加到 100。

3.3.4 左脑训练

对于人来说,思维的翅膀是天生的,但是人与人之间的思维飞翔能力却差距很大,其中一个重要原因就是缺乏必要的思维训练。通过训练能够让我们的翅膀更加硬朗,思维飞得更高更远,更具有创新精神。

1. 单项感觉的意象训练

不同感官的能力对于头脑思维的广度都具有影响作用。请在头脑中再现下列各种不同的感觉,逐项检验,看一看自己哪种感觉的再现能力最强。

(1) 某位朋友的笑声、隆隆的雷声、饭勺刮锅的声音、持续不断的蝉鸣声,等等。

(2) 头发的手感、深水中浮力的感觉、鼻涕流到嘴唇的感觉、注射器针头刺进肌肉的感觉、一只蚂蚁在手背上爬的感觉、乘飞机或者电梯的上升感觉,等等。

（3）橘子的气味、刚被太阳曝晒过的棉被的气味、塑料制品燃烧的气味、肮脏厕所的气味、柴油的气味,等等。

（4）牙膏的味道、烈性酒的味道、黄瓜的味道、麻辣汤的味道、苦药的味道,等等。

（5）伸懒腰的感觉、连续打嗝的感觉、浑身冻得起鸡皮疙瘩的感觉、吃得太饱肚子胀的感觉、小腿抽筋的感觉、快活得发晕的感觉、突然受到惊吓的感觉,等等。

2. 多感官的综合意象训练

闭上眼睛,头脑中出现一幅公园草坪的画面。请体验如下的感觉,体验得越真切越好,以此练习感觉的超越性,扩大对外界事物的观察和感受范围。

……坐在草坪中间的一张木椅上,请用手摸一摸这张木椅,有什么感觉？……周围的树是绿色的柏树和垂柳,仔细看一看,柏树的树枝,垂柳在微风中的摆动……天上挂着眩目的太阳,晒得身上暖烘烘的,甚至后背都渗入了一些汗粒……一群孩子跑过来,唱着,跳着,嚷着。孩子们唱的歌听着有些耳熟,小时候也唱过,请想一想它的旋律……孩子们摘来了丁香花、菊花,请闻一闻那沁人心脾的花香……

3. 鹰眼训练

鹰的眼睛极为敏锐而准确。现在想象自己是一只飞翔在天空的鹰,迅速地扫视一下地面,抓住所需要的东西,例如小动物或者其他食物。

这样连续想象几次之后,再进行实际的训练。迅速地扫视一眼书桌,找出需要的钢笔或者橡皮;迅速扫视一遍面前的书架,从中找出所需的书;迅速扫视周围的人群,找出熟悉的面孔。

此外,还可以训练看清快速移动的物体。例如,驶过身边的汽车,它的标志、牌号和号码;从头上飞过的鸟,它的模样和颜色;坐在火车或汽车上,车窗外飞速后退的行人、树木、田园……

4. 周边视觉训练

人的双眼的视界,是两个叠加在一起的椭圆形。但是人们通常只注意位于视界中心部位的物体,而对于视界边缘的物体则会"视而不见"。例如,双眼盯着计算机屏幕,那么屏幕周边的标牌、开关之类的东西,尽管也在视界范围内,但是依然看不到它们。这种偏差使我们在观察事物时,遗漏了大量的有用信息。

"周边视觉训练"的方法主要有两种,一种是快速阅读,即把普通阅读时的眼球左右移动改变为眼球上下移动,这就要求充分利用双眼的周边视觉。有关快速阅读的书籍目前很容易找到,在此不再详述。另一种是室外视物的方法,首先双眼盯住一个固定的物体,例如公路旁的一棵树。然后利用周边视觉观察某个活动的物体,像公路上行驶的车辆等。要注意的是,在观察移动物体的时候,不要转动眼球,双眼的中心仍然落在那个固定物体上。这个训练有些难度,常常会不由自主把眼球转了过来,经过一段时间的训练之外才能运用自如。

掌握了利用周边视觉的方法,能够大大扩展视觉,增强观察的敏锐度。

5. 思考现象的因果

【思考题】

（1）同一种现象可以由无数种原因造成。请列举出下列现象的各种可能的原因,列举出的越多越奇特越好：

①总经理上班迟到了；

②街对面的霓虹灯不亮了；

③两个国家突然打起仗来；

④盛夏时空调大减价。

（2）请认真读一读以下两段论证，注意其中的因果关系推论，是否存在着什么问题？

①猫为什么要捕鼠？其中的奥秘已经被动物学家们揭开了。有一个动物研究小组发现，一种叫"牛磺酸"的物质，能够提高动物的夜间视觉能力。而猫不能在体内合成牛磺酸，如果长此以往，猫就会失去夜间的视力，无法在黑暗的环境中活动。而老鼠却能够在体内合成牛磺酸，所以猫总是大量地捕食老鼠，用来补充自己体内的牛磺酸，以便维持和提高夜间的视觉能力，正常地生存下去。

②人为什么一天吃三顿饭呢？有的医学家认为，在早上、中午和晚上这3个时间段内，人体内的消化酶特别活跃。因此可以说，人一天吃几顿饭，是由体内的生物钟所控制的。

6. 右脑绘图

请用平常惯用的那只手画图，但是，要将图上下颠倒着画，如图 3-3 所示。在画的时候不能把画翻正了来看，要到画完之后，才可以这么做，否则，便会降低这项练习的意义。也许从来没有用上下颠倒的方式看过该图，但这并不要紧，就直接照眼前所见依样画葫芦。

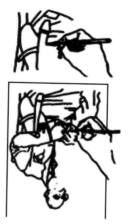

(a) 毕加索绘《伊格•斯特拉文斯基的画像》　　　　(b) 颠倒作画

图 3-3　强制认知从主导的左脑模式转换到次要的右脑模式

要求如下：找一个可以在不受任何干扰的安静地方作画。如果愿意，也可以一边画画，一边播放令人轻松的音乐。必须一口气完成整幅图。在开始画之前，先花一两分钟仔细凝视这幅上下颠倒的图画，用心观察图中线条连接配合的方式，线条的角度、交叉方式以及线条和全图之间的关系。然后从图的上方开始一条线接着一条线往下画。不要去想这个人的五官及特征。在画的时候，他不是一个人，只是一些线条与形状的组合而已。

在由上而下的画图过程中，左脑将不得不停止运作，因为它找不到任何熟悉的图形和概念（例如：鼻子、手臂或手指头）。其实这是一项非常简单的练习，不要把它过分复杂化。让自己尽情享受用右脑工作的乐趣。整幅图已经呈现在面前，要做的只是把形状照样描绘下来而已。

希望在画完之后能够惊喜地发现,自己的绘画水平提高了不少,更重要的是,使右脑得到了训练。

3.4 头脑风暴

3.4.1 什么是头脑风暴

头脑风暴法,也叫智力激励法、自由思考法,我国也叫诸葛亮会议法。头脑风暴法并非直接解决问题,而是启发如何解决问题。头脑风暴是 20 世纪初的心理治疗师西格蒙德·弗洛伊德(Sigmund Freud)的一种心理治疗技巧。作为治疗的一部分,弗洛伊德会让他的病人躺在躺椅上面,把出现在他们头脑当中的想法进行自由的联想。接下来他会跟病人一起分析他们的想法。头脑风暴法由美国创造学家亚历克斯·奥斯本发明,是一种无限制的自由联想和讨论,目的在于产生新观念或激发创造性设想。

人们可以独自一人或是一群人一起进行头脑风暴,这个过程会受到很多个人的职业的驱动和激励。作家、艺术家,以及音乐家都是利用头脑风暴和创造力进行创作的。商业人士用头脑风暴来想出新的方法来解决工作相关的问题。

参加一个头脑风暴会议可以提供一个为了某个特定目的而使用创造力的平台。然而,在头脑风暴会议上不需要限制创造力和创意。创造性思维应该成为不断应用于生活各个方面的一项基本技能。

头脑风暴过程中采用何种方式并不重要,但需要遵循一些基本的策略。

3.4.2 辨识目标与问题

在开始头脑风暴前,需要非常清晰地确定问题、目标与机会,越详细越好。举例来说,一个零售商可能需要进行头脑风暴以产生 10 个市场营销策略来在节假日增加产品的销售量。一位艺术家的目的应该是创作出基于某个主题或者概念的新作品。一个作家需要头脑风暴产生新小说的情节或是诗歌的主题。需要进行头脑风暴的可能是无限的。

在开始头脑风暴之前,需要明确下面的问题。

(1)最重要的目的和目标是什么?

(2)所要解决的问题是什么?(注意,问题并不是一定是需要来解决的。)

(3)想要的预期结果是什么?

(4)为了达到这个目的所采用的头脑风暴的过程是什么?将使用哪些创造性活动和练习?需要用到哪些工具?

(5)要邀请哪些人来参加头脑风暴?每个人具有哪些独特的技巧、经验和知识?为什么邀请他们参加?

3.4.3 头脑风暴的准备

一个人单独进行头脑风暴既有好处也有坏处。其中最大的优点就是在产生创意的时候不需要担心别人如何评价自己。它的另外一个优点就是可以根据自己个人的需要创造出最理想的环境而不需考虑别人的需求。例如,如果房间需要背景音乐,就可以完全凭自己的喜好选择音乐的类型和音量。

　　单独进行头脑风暴的不足之处是只能凭一己之力来产生创意,没有别人的创意可以借鉴,同时还只能自己创造灵感。在团队的情况下,可能会发现别人的想法会让自己从另外一个角度看待问题,从而产生新的创意。

　　(1) 议题的选定:议题应尽可能具体,最好是实际工作中遇到的急待解决的问题,目的是为了进行有效的联想。

　　(2) 会议时间和场所的选定。

　　(3) 人员的选定:选择合适的主持人、参与者和记录员。

　　① 主持人:对主题有深刻的理解、不独断、有激情、能控制场面和进度、有引导能力,应掌握头脑风暴法的一切细节问题。

　　② 参与者:专业能力与所论及的决策问题相一致,最好包括一些学识渊博,对所论及问题有较深理解的用户或专家,一般以 2～10 人为宜。

　　③ 记录员:依照发言顺序进行记录,在发言内容含糊不清时,应向发言者确认;发言内容过长时,仅记录要点即可;记录资料必须放在全体参与者都能看的地方。

　　(4) 物资的准备:一部计算机、一台投影仪、一沓白纸、签字笔若干。

　　(5) 布置场所:把计算机、投影仪调试完好,将参会者的观点投影到全体都能看到的银幕上,座位的安排以"凹"字形为佳。

3.4.4　头脑风暴的运用要点

　　(1) 从问题的要求出发,沿不同方向去寻求多种解决方案,互相启发。

　　(2) 发散思维的关键是寻求和选择"发散源"。

　　(3) 进行发散思维时,需要向四面八方任意地展开想象,且应尽量摆脱逻辑思维的束缚,大胆想象,而不必考虑其结果是否合理,是否有实用价值。

　　(4) 在训练中要尽量追求独特性,思维越别出心裁,越新奇绝妙,越独特越好。

　　(5) 自由思考,注意跳出逻辑思维的圈子。

　　(6) 以量求质,在规定时间内,尽可能地追求新观点设想的数量。

　　(7) 尽可能从不同的类型属性提出新的观点,可以从不同的结构、方法、原理、因果关系、来源等角度或思路进行发散思考。有的时候还需要对某一发散方向进行二阶或三阶发散思维。

3.4.5　团队头脑风暴

　　当召集一个团队进行头脑风暴的时候必须记住团队和一群人是有很大的区别的。如果参与的人过多,团队成员之间的互动和跟进就会变得很困难甚至会形成一片混乱。所以团队的大小要合适,一般以 2～10 人为宜。

　　在团队的情况下,头脑风暴的主要作用就是收集创意。然而因为每个人的创意都是建立在自己的经验,对未来的预见,以及各自的观点的基础上的。因此,如果某一个人提出了一个很好的创意,可能另外两个就可以找到一个方法对这个创意进行改进或是发展。

　　经验证明要让团队里的每个人准备好一起努力,开始一个头脑风暴的最有效方法就是让团队当中的每个人都参与某种类型的创意十足并非常有趣的练习或活动,从而可以打破沉默,让他们的大脑准备好开始产生创造性的点子。

举例来说,可以给每个人3分钟的时间让他们想出最最惊世骇俗的或是最最有趣的点子,当然这些点子是跟手头要解决的情况相关的。然后他们可以把自己的点子告诉第二个人,那个人可以有2分钟或更少的时间来改进,让这个点子变得更加怪异,但还是跟手头的情况在某些方面相关。

要让一个团队头脑风暴顺利进行,团队中的每个人都必须能够自由地发表自己的观点。如果有人觉得害怕或是受到威胁,就会妨碍整个过程。

另外,团队里面应该有个人作为缓和剂或是推动者。主持头脑风暴的那个人并不一定需要是经理或是主管级人物。他可以是大家的同事或者是外面请来的头脑风暴协调员——他的工作就是作为一个咨询者来主持头脑风暴而不真正参与提出创意。这个团队领袖或者是推动者有如下一些责任。

(1)事先创造好头脑风暴环境(准备好房间,给每个人提供纸、笔等合适的工具)。

(2)确定每个人都明白了头脑风暴的目的,并且已经知道必要的关于要解决的问题的背景知识。

(3)让每个人都专注于手头的问题。

(4)记录下每一个创意。

(5)在当中把所有想出的创意通报给每个人以便他们能够在此基础上有所发展和改进。

(6)在头脑风暴阶段,确保没有一个人太快地遭到拒绝或者分析一个创意。

(7)激励每一个参与者。

(8)确保每个人的发言都受到了聆听,让每个人都感觉到被欣赏被感激,并且每个人都有机会在一个非审判的氛围下参与。

(9)给那些想出最好创意的人以口头表扬或其他的激励,要表现出主动或者是最大的激情。

(10)告诉全组的人,任何创意不管它多怪异都是受欢迎的。

(11)保持秩序,确保不是所有人在一起大吼。

3.4.6 头脑风暴的规则

无论是一个人还是在一个团队中进行头脑风暴,下面的12条规则会帮助成功。

(1)确定目标,弄清楚自己的问题。只有当真正理解了为什么要进行头脑风暴还有通过头脑风暴想要达到一个什么样的目的,才有可能产生创意。如果有人并没有全面地了解问题所在,要想出一个解决之道的挑战就更大了。

(2)设立一些规则,并坚持下去。例如,一旦决定在头脑风暴阶段不去评定任何一个创意,就得注意不要掉入惯常思维陷阱开始对新创意做出评价:"嗯,我认为这个主意是不可行的,因为……"或者"这个主意完全不现实,因为……"

(3)设立目标或者限制。对头脑风暴设立的限制可以是关于这个要持续多久或是要想出多少个创意。千万不要在创意过程中出现了最初的一两个瓶颈就放弃了。如果出现场面沉寂的情况,可以用一点刺激或者是头脑风暴技巧从而让头脑风暴重新启动。一旦开始头脑风暴,在达到目的之前绝对不要放弃或者分心。如果想要得到 10 个新创意,不要得到了一两个好的创意后就放弃。

(4) 没有任何一个创意是愚蠢的。勇敢一点! 这是头脑风暴的金科玉律之一。虽然可能会想出一些不现实的怪异点子,但是从积极的方面来看,会发现自己的思路到了一个前所未有的开阔境地。

(5) 不要过于匆忙。产生新创意并不是一场比赛。不能给自己限定必须要在 30 分钟或是 1 小时内想出一个绝妙的创意。一旦头脑风暴过程开始了,就要让自己的创意自由流动,然后在原有创意的基础上不断改进,直到有了足够的创意,直到最终从里面选出最合适的一个,那一个创意能给手头的问题提供一个完美的解决方案,实施它就能达到所期望的目的。

(6) 不要过早地给自己的创意下结论。正如前通所讲,头脑风暴是为了产生新创意而不是分析那些创意的,把分析留到以后吧。

(7) 要有激情。人们只有在积极的思想状态下才能富有创意。团队领袖的作用就是让团队成员对手头的问题主动、乐观、积极和专注。

(8) 在别人创意的基础上加以改进。能有全新的、独创的创意是非常好的,但是有些时候对手头问题的最好解决方法仅仅只是需要对原有创意的改进。在进行头脑风暴的时候不需要担心太过独创性或者缺少独创性,只需要专注于产生创意即可。

(9) 头脑风暴的时候创意的数量也是很重要的。从 10 个、20 个、30 个甚至更多的创意当中挑选出一个好创意来总是比从很少的几个创意当中挑选来得容易。就算想出来的创意中有 99% 被证明是不可行的,至少产生创意的过程能让自己的头脑不停地运转,并且从不同的角度考虑问题。

(10) 不要害怕。如果害怕拒绝和失败,就会有更大的可能遭遇拒绝和失败。在头脑风暴阶段,要明白所有的创意都是重要和有价值的。如果相信自己能为团队做出很大的贡献而且根本不担心别人对创意有什么评价,就有更大的可能想出绝妙而富有创意的点子。

(11) 从不同的视角看待事物。使用所有必要的工具,包括人类的 5 种感觉,从不同的角度看待问题。自己的经历、所学知识也可以利用起来。有时候自己的头脑会自动做一些奇怪的联想,从而想出让人不可思议的创意。

(12) 当遇到困难的时候,可以使用头脑风暴法或是刺激物来帮助进行创造性思维。头脑风暴常常是一件很困难的事情,自己的头脑有时候会很难想出需要的创意。在这些情况下,不要放弃! 要通过练习、活动或是刺激来起动头脑风暴。例如,可以把手头的问题和随机的某个单词建立联系。这常常有助于产生新点子。

头脑风暴会是一个又有趣又有收获的过程,但同时也可能会是一个充满挫折、费时、费力的挑战。这都取决于所需要解决的问题和允许自己使用多少创造力。正如前面了解的,想出一些创意只是成功的第一步。

当想出了一些创意之后,就需要回过头来用分析的眼光来重新对它们进行评估。当然,只有等到头脑风暴过程完全结束了,才可以对自己的创意用"是否可行"或是"有没有价值"之类的标准进行评价。

为了达到期待的成效,在选出解决问题最好的创意后,就需要实施它们。

3.5　思　维　导　图

3.5.1　放射性思维的外在图

当品尝水果、聆听音乐、观看风景、把玩心爱的物品，或者回忆往事的时候，自己的大脑里面会出现什么呢？答案既简单又复杂，令人着迷。

进入大脑的每条信息都可以作为一个中心点体表现出来，从这个中心点可以放射出很多链接。每个链接代表一个联想，每个联想都有其自身无限多的连接及联系。已经使用到的联想的数字，可以被认为是自己的记忆。当阅读这些的时候，思维像一个数据处理中心，它使这个世界上分析能力和存储能力最先进的信息处理系统都相形见绌。

人类大脑的思维模式可被看作是一个庞大的分支联想机器——一台超级生物计算机，无数思维线条连接着数量庞大数据结点。这个结构与构成大脑物理结构的神经元网络类似。放射性思维指的是来自或连接到一个中心点的联想过程。通过思维导图可进入这种令人惊异的新思维方法。它是放射性思维的外在表现。思维导图总是从一个中心点开始的。每个词或者图像自身都成为一个子中心或者联想，整个合起来，以一种无穷无尽的分支链形式从中心向四周放射，或者归于一个共同的中心。尽管思维导图是在二维的平面上画出来的，但是可以代表一个多维的世界，包含了空间、时间和色彩。

在学习如何使用这个有力的工具之前，理解生成思维导图的大脑的工作原理是极为重要的。更为重要的是，要了解放射性思维是一种自然和几乎自动的思维方式，人类所有的思维都是以这种方式发挥作用的。在思维的进化发展过程中，仅用了放射出的某道单独的光束，而不是全部的多维度能量中心。

3.5.2　什么是思维导图

思维导图（Mind Map）又称心智图、脑图、心智地图、脑力激荡图、灵感触发图、概念地图、树状图、树枝图或思维地图，一种利用图像式思考辅助工具来表达思维的工具。

思维导图的创始人东尼·巴赞（Tony Buzan），也因此以大脑先生闻名国际，成了英国头脑基金会的总裁，身兼国际奥运教练与运动员的顾问和英国奥运划船队及西洋棋队的顾问，后来成为国际心理学家委员会的会员，提出了"心智文化"的概念，创办了"世界记忆冠军协会"。

思维导图是使用一个中央关键词引起形象化的构造和分类的想法。它从一个想法向外辐射，并用线条连接所有的字词、想法、任务或其他关联项目的图解方式。思维导图是表达放射性思维的有效的图形思维工具，它简单却又极其有效，是一种革命性的思维工具。

思维导图是一种将放射性思考具体化的方法。放射性思考是人类大脑的自然思考方式，每一种进入大脑的资料，不论是感觉、记忆或是想法（包括文字、数字、符号、代码、食物、味道、线条、颜色、意象、节奏、音符）等，都可以成为一个思考中心，并由此中心向外发散出成千上万的结点，每一个结点代表与中心主题的一个连结，而每一个连结又可以成为另一个中心主题，再向外发散出成千上万的结点，呈现出放射性立体结构。

它与传统笔记法和学习法有跳跃式的差异，主要是因为它源自脑神经生理的学习互动模式,并且开展人生而具有的放射性思考能力和多感官学习特性。思维导图为人类提供一个有效思维图形工具,运用图文并重的技巧,开启人类大脑的无限潜能。思维导图充分运用左右脑的机能,协助人们在科学与艺术、逻辑与想象之间平衡发展,图 3-4 为迈克·杰克逊的艺术灵感、思维导图。

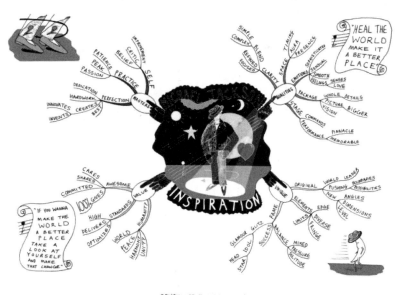

图 3-4　迈克·杰克逊的艺术灵感思维导图

它是一种展现个人智力潜能极致的方法,将可提升思考技巧,大幅增进记忆力、组织力与创造力。近年来思维导图完整的逻辑架构及全脑思考的方法在世界和中国都被广泛应用在学习及工作方面,大大降低所需耗费的时间以及物质资源,对于个人或公司绩效的大幅提升必然产生令人无法忽视的功效。

如今,思维导图的使用者已超过了 2.5 亿人。这些使用者中很多熟悉的名字:如比尔·盖茨、沃伦·巴菲特、迈克尔·戴尔、李嘉诚、孙正义等。

除了对名人的事业与生活产生巨大影响外,思维导图还与一些具有全球影响力的大事密切相关:波音公司利用思维导图技术开发波音 747,从而节省了 1000 万美元的开发费用,并大大缩短了开发周期,如图 3-5 所示。在苹果公司陷入低谷后,时任 CEO 的约翰·斯库利用思维导图对苹果计算机的外观进行设计,并最终引领苹果走出低谷,成为 IT 时尚界的代名词。震惊世界的"9·11"事件发生后,康爱迪生电力公司利用思维导图对灾后重建进行规划,以令人难以置信的惊人速度恢复了曼哈顿区的电力供应。

3.5.3　创造天才的笔记

在日常的生活工作和学习中,常常会产生灵光一闪、心机一动的念头,这种念头很妙,稍纵即释,需要马上在手机、计算机或记事本上做大量的笔记,因此,记事是记录思考的轨迹和用脑的方式。下面,看看人类历史上那些有杰出成就的天才们是如何利用记事本捕捉和记录他们的思想的。

图 3-5　斯坦利博士与 25 英尺(ft)长的波音飞行工程师手册思维导图

注：1ft＝30.48cm

　　图 3-6 为欧洲文艺时期的创造天才列奥纳多·达·芬奇的笔记,仔细观察后会发现在这页笔记里运用了很多学习与思考的技巧。

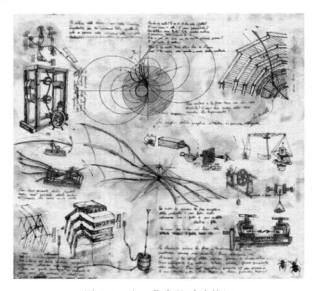

图 3-6　达·芬奇的手稿笔记

　　在达·芬奇的手稿笔记中不但看到了想象、创造、记号、关联性连接、视觉性韵律等属于右脑支配的内容,同时也看到了语言、顺序、列表、线性、分析、数据等属于左脑所负责的内容,而且这些内容都被整理在一张纸上。从这页笔记中可以得出结论,达·芬奇是用全脑进行思维和学习的,他在思考问题时,是通过将事物以图像化、放射状表现的形式,达到扩展其创意范围目的的。

　　除了达·芬奇,当查阅牛顿、爱迪生、达尔文、莫扎特、毕加索等天才们留下的宝贵笔记和文稿资料时,会发现他们都和达·芬奇一样,习惯用关键词及图形夹杂的方式做笔记,而条目式的笔记内容则非常少见。毫无疑问,这些天才都充分发挥了人类大脑左脑和右脑的功能,这是他们在各个领域里取得成就的重要的原因之一。

通过近万例的调查发现,几乎99％的笔记都采用叙述式、列单式和大纲式。

（1）叙述式。以句子的方式简单地把要说的话以讲述的形式写出来。

（2）列单式。以列清单的方式罗列出所要表达的内容,如任务清单。

（3）大纲式。按照层级顺序做笔记,该层级主要由主分类和次分类构成,例如,一本书的大纲目录。

另外还有非常重要的一点,就是自己的读书笔记、计划、方案等几乎都是单一的蓝色或黑色。没有图像,也没有颜色变化,更没有丰富的视觉刺激,这对大脑运作来说就是一种灾难,因为它是单调的、毫无变化的,甚至是枯燥和令人乏味的。

记笔记的目的是为了增强自己的创造力、记忆力、思考力和表达力,理顺思路,更好地与他人沟通和交流,做出分析和计划。但是这种精心设计的固定框架的记笔记的方法却让大脑感到厌烦,处于昏昏欲睡的状态,陷入进退两难的境地。

3.5.4　绘制思维导图的规则

想要高效地使用思维导图,充分发挥人类左、右脑的功能,就要遵守一些重要的规则。

规则1：在纸的正中央用一个彩色图像或符号开始画思维导图。

原因：在正中央开始画是因为它能反映出大脑思考程序的多钩状特性,从核心向四周发散思想可以因此获得更多的空间和自由。使用图像和色彩有利于提高记忆力和创造力,即所谓“一幅画胜过千言万语”。

规则2：把写有主题的连线与中央图像连在一起。

原因：主题被连起来是因为大脑是通过联想来工作的,如果线条附着于主题,就会在大脑内部产生类似于“附着”的思想。靠近中央图像的线条要粗一些,字号要大一些,以此反映出这些主题的重要性。

规则3：线与线相连。

原因：思维导图这种连接的结构反映了大脑中的联想的本性。如果连线断裂,思维、记忆和创造也会断层。

规则4：将字写在连线上。

原因：将字写在连线上,这样便建立起了思维导图基本结构的关系和联想。此时,如果重新组成的思维导图的基本骨架,许多单词会“突然出现”在合适的位置。

规则5：每条线上只写一个关键词。

原因：每个关键词都可以触发无限的遐想。把关键词单独放在线上,让大脑从这个词开始,更加自由地扩展出去。词组会让单个词语受到限制,减少了创造力和清楚地再现记忆的可能性。每个词或者图像自身都成为一个子中心或者联想,整个合起来以一种无穷无尽的分支链的形式从中心向四周放射,或者归于一个共同的中心。尽管思维导图是在二维的纸上面画出来的,但它可以代表一个多维的现实,包含了空间、时间和色彩。

规则6：在整个导图中都要使用彩色。

原因：彩色是各种思想最主要的刺激物,尤其是在增加创造力和记忆力方面。色彩也有美感,这在画思维导图会增加大脑的愉悦感,提高使用、回顾和复习思维导图的兴趣。

规则7：在整个思维导图中都要使用图像、代码和符号。

原因：运用各种形状（如有色彩和箭头的个性化代码）为思维导图添加第四维度。这会加强分析、构造、说明、组织和推理能力。

【小练习】 参考图 3-7，尝试用全新的笔记方法记录最近看的一本书。

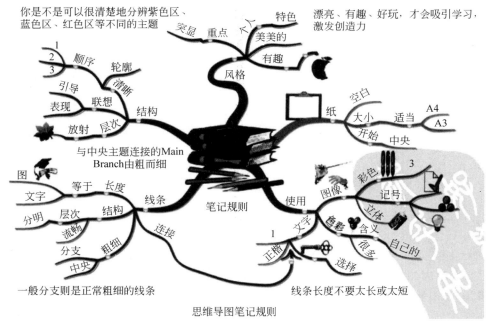

思维导图笔记规则

图 3-7　用思维导图方式记的笔记

3.6　奥斯本检验表法

奥斯本检核表法是以该技法的发明者奥斯本命名，引导主体在创造过程中对照 9 个方面的问题进行思考，以便启迪思路，开拓思维想象的空间，促进人们产生新设想、新方案的方法。

奥斯本的检核表法属于横向思维，以直观、直接的方式激发思维活动，操作十分方便，效果也相当好。

下述 9 组问题对于任何领域创造性地解决问题都是适用的，这 9 个问题不是奥斯本凭空想象的，而是他在研究和总结大量近、现代科学发现、发明、创造事例的基础上归纳出来的。

（1）有无其他用途。现有的东西（如发明、材料、方法等）有无其他用途？保持原状不变能否扩大用途？稍加改变，有无别的用途？

（2）能否借用。能否从别处得到启发？能否借用别处的经验或发明？外界有无相似的想法，能否借鉴？过去有无类似的东西，有什么东西可供模仿？谁的东西可供模仿？现有的发明能否引入其他的创造性设想之中？

（3）能否改变。现有的东西是否可以作某些改变？改变一下会怎么样？可否改变一下形状、颜色、音响、味道？是否可改变一下意义、型号、模具、运动形式？改变之后，效果又将如何？

（4）能否放大、扩大。现有的东西能否扩大使用范围？能不能增加一些东西？能否添加部件,拉长时间,增加长度,提高强度,延长使用寿命,提高价值,加快转速?

（5）能否简化、省略。缩小一些怎么样？现在的东西能否缩小体积,减轻重量,降低高度,压缩、变薄？去掉不必要的？分割结构,哪些能省略,能否进一步细分？

（6）能否代用。可否由别的东西代替,由别人代替？用别的材料、零件代替？用别的方法、工艺、产品配方代替？用别的能源代替？可否选取其他地点？

（7）能否调整。从调换的角度思考问题。能否更换一下先后顺序？可否调换元件、部件？是否可用其他型号？可否改成另一种安排方式？原因与结果能否对换位置？能否变换一下日程？更换一下布置、顺序、变换、操作性、因果关系、速度、频率、工作范围,会怎么样？

（8）能否颠倒。从相反方向思考问题。通过对比也能成为萌发想象的宝贵源泉,可以启发人的思路。倒过来会怎么样？上下是否可以倒过来？左右、前后是否可以对换位置？里外可否倒换？正反是否可以倒换？可否用否定代替肯定？等等。

（9）能否组合。从综合的角度分析问题。组合起来怎么样？能否装配成一个系统？能否把目的进行组合？能否对各系统进行协调？能否将各种想法进行综合？能否把各种部件进行组合？

应用奥斯本检核表是一种强制性思考过程,有利于突破不愿提问的心理障碍。很多时候,善于提问本身就是一种创造。

1．实施步骤

（1）根据创新对象明确需要解决的问题。

（2）根据需要解决的问题,参照表 3-1 中列出的问题,运用丰富想象力,一个个强制进行核对、讨论,写出新设想。

表 3-1　奥斯本检验表

记　号	检　验　项　目	新设想名称	新设想概述
1	有无其他用途		
2	能否借用		
3	能否改变		
4	能否扩大		
5	能否简化		
6	能否代用		
7	能否调整		
8	能否颠倒		
9	能否组合		

（3）对新设想进行筛选,将最有价值和创新性的设想筛选出来。

2．过程注意

（1）要联系实际,一条一条地进行核检,不要有遗漏。

（2）要多核检几遍,往往效果会更好,或许还会更准确地选择出所需创新、发明的设想。

（3）在检核每项内容时,要尽可能地发挥自己的想象力和联想力,产生更多的创造性设想。进行检索思考时,可以将每大类问题作为一种单独的创新方法来运用。

(4)核检方式可根据需要,一个人核检可以,3~8人共同核检也可以。集体核检可以互相激励,产生头脑风暴,更有希望创新。

设问型创新方法如下:

$$提出问题 \rightarrow 发现问题不足 \rightarrow 发明出新事物$$

最典型的方法有奥斯本检验表法,奥斯本检验表法是根据需要解决的问题或者进行创造发明对象列出有关问题,逐个对它们进行分析,从中获得设想。

【思考题】 对以下物品进行改进:枕头、眼镜、自行车、电子表、电话、手机、空调、残疾人专用品、绿色人居建筑、落地灯。

要求:根据整合而成的解决方案写出分析报告。

(1)填写如表3-2所示的表格。

表 3-2 奥斯本检验表

物品名称:_____

记 号	检 验 项 目	新设想名称	新设想概述
1	有无其他用途		
2	能否借用		
3	能否改变		
4	能否扩大		
5	能否简化		
6	能否代用		
7	能否调整		
8	能否颠倒		
9	能否组合		

(2)分析重点问题。

(3)寻找解决方法。

(4)确立方案(不少于800字)。

(5)在 Word 中用 DOC 格式进行保存,如果要选择分析产品,在初选方案栏中附上方案草图。

3.7 批评性思考

3.7.1 擦亮双眼,看清世界

【思考题】 思考以下问题:

(1)如果在家乡投资建一座核电站,自己会支持还是反对?

(2)如果学校出于安全考虑要对每一个学生进行安全检查,会高兴还是愤怒?

（3）如果兄弟姐妹做了父母明令禁止的事，会告诉父母，还是隐瞒不说？

（4）无数专家都说股市要跌、房价要涨，或者激烈地唱着反调，应该相信谁？质疑谁？结论是唯一的吗？

所有这些问题背后，自己的观点是什么？理由是什么？有确凿的证据来证实吗？一个被泛滥信息包围的时代，每时每刻都会遇到各种问题，大到涉及世界经济发展趋势，小到个人生活的决策。面对别人兜售的观点，往往热衷于让人相信这是"事实"，明明觉得有什么不对劲，可一时又很难找到突破口反驳，是不加思索地全盘接收信息，还是提出关键问题让众说纷纭的争论立见分晓；面对立场和自己完全相左的意见，是只愿听价值观取向和自己相似的观点，党同而伐异，还是能够控制感情冲动，做出理性的判断；面对提问和质疑，有能力组织更多确凿的证据支持自己的观点，还是只把声高当有理；遇到别人提出相反的观点，是认为在找茬，有意和自己过不去，还是反思一下对方为什么不肯接受我的观点。

过度的感情投入导致的危险是可能无法识别正误。虽然将难回答的问题直接拒绝比仔细思考后再回答要容易得多，但是在无形中却关闭了通往批判性思维的大门。不草率、不盲从，不为感性和无事实根据的传闻所左右，尽力去理解与自己的观点相反的分析、推理方式，克服偏见对判断的影响，这样才有可能得出更为正确、理性的结论。

3.7.2 社会力量、大众媒体以及人们的经验

强大的社会力量通过大众媒体，在人们如何对世界形成概念的行为上施加着重要影响。它们影响着人们赋予全球事件和身边事情的意义。它们塑造着人们的世界观。它们有影响力地告诉人们，该相信谁，该怀疑谁；谁能提安全感，谁能产生威胁；该羡慕谁以及鄙视谁；生命中什么是重要，什么是次要的。它们创造了朋友和敌人，告诉人们问题所在，以及如何解决问题。它们暗示着什么是犯罪行为，什么不是犯罪行为。它们影响着人们关于死刑、警察、监狱、囚犯、惩罚、社会工作者、贫穷、福利、医疗系统、学校等的观点。它们暗示着在什么情况下暴力是必要的并且是值得称颂的，以及什么时候暴力是不恰当且必须遭到谴责的。大众媒体给人们的影响可能是单方面的、肤浅的以及有误导作用的，如图3-8所示。

中国要真正进入现代文明，必须培养合格的公民

公民

依据理性和程序解决问题

合格的公民：

① 知道在什么时候问问题？
② 知道怎样问问题才能确定相信什么？
③ 知道提出批判性问题是维权必需能力

群众

依赖权威和力量解决问题

不合格的公民：

① 听话时是顺民
② 不听话时是刁民
③ 受到伤害时就易被煽动成暴民

图 3-8　现实中面对的问题

当然,抽象地了解是远远不够的,必须积极地知道如何加以纠正,必须学习如何将印象渗入思想中,防止它们在最薄弱的地方对自己加以利用,以形成对宣传的一些潜在确认。

3.7.3　常见的思维方式

1. 海绵式思维

海绵式思维因其类似于海绵放到水中的反应——充分吸收水分而得名。这种流行的海绵式思维有以下两个显著优点。

第一,吸收外部世界的信息越多,就越能体会到这个世界的千头万绪,而获得的知识将会为以后进一步展开复杂的思考打下坚实的基础。

第二,相对而言,这种思维方式是被动的,它并不需要绞尽脑汁去冥思苦想,因此来得轻松而又快捷,尤其当看到的材料本身已是井井有条又生动有趣时,这种思维方式更加显成效。要想成为一个有思想的人,被动吸收外部世界的信息确实为此提供了一个富有成效的起点,但海绵式思维却有个极严重、极致命的缺点:对各种纷至沓来的信息和观点如何做出取舍,它提供不了任何方法。如果读者始终依赖海绵式思维方式,就会对自己最新读到的一切深信不疑。

2. 淘金式思维

人们一般都愿意自己掌握主动权,选择应该注意和忽略什么。要做出决定和取舍,就得带着一定的态度去读书,即带着问题去读书。这种思维方式需要积极主动地参与,用自己的心灵与书的作者进行交流。这种互动方式称为淘金式思维。淘金的过程为积极主动的读者和听众提供 3 种可效仿的模式,他们得尽快决定自己的所见所闻到底价值几何。在一场互动的对话中,需要不断地提问并思考问题的答案。

海绵式思维强调单纯地获取知识,而淘金式思维则重视在获取知识的过程中展开积极互动。就此而言,两个思维方式其实可以互补。要想在知识的河流里淘出智慧的金子,首先要能够识别自己淘金盘里的金子才行。此外,要评价、争论、分辨是非,自己也得具备相关知识和见解。

不妨更进一步,检视一下这两种不同的思维方式会导致怎样不同的行动。采取海绵式思维的读者通常会逐字逐句地细读,竭尽所能地记住所读材料,在关键词和重点句子底下画上线,或用彩笔做标记;做笔记来概括主题和要点;不时地复习书本上的画线部分或重温笔记,确保自己没有遗忘任何重要的知识点。他的主要任务就是找出作者的观点并充分加以理解。他记住作者说理论证的全部过程,但不对其做任何评价。

采取淘金式思维的读者也像采用海绵式思维的读者一样,希望在阅读的过程中获取新知识,但两者间的相同之处仅此而已。淘金式思维要求读者问自己一系列既定的问题,旨在找出最佳判断或最合理的看法。

采用淘金思维的读者常常质疑作者为何要提出各种各样的主张。他在书本的页边写批注,提醒自己注意作者推理和论述中存在的问题。他无时无刻不在和自己的阅读材料互动,目的是批判性地评价所读的材料,在客观评价的基础上得出自己的结论,如图 3-9 所示。

3.7.4　要想得到答案,先要问对问题

批判性思考最重要的技能之一是评价信息,该技能需要人们要认识到信息与事实、信息与验证不是同一件事;另一个重要的认识是,并不是所有表现的结果均为事实或正确的;第

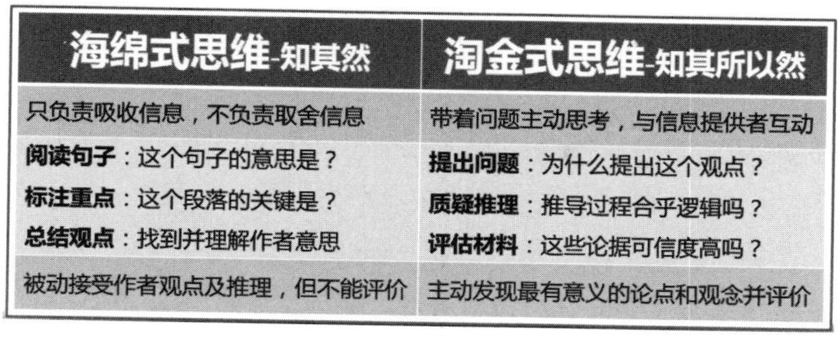

海绵式思维-知其然	淘金式思维-知其所以然
只负责吸收信息，不负责取舍信息	带着问题主动思考，与信息提供者互动
阅读句子：这个句子的意思是？	**提出问题**：为什么提出这个观点？
标注重点：这个段落的关键是？	**质疑推理**：推导过程合乎逻辑吗？
总结观点：找到并理解作者意思	**评估材料**：这些论据可信度高吗？
被动接受作者观点及推理，但不能评价	主动发现最有意义的论点和观念并评价

图 3-9 "知其然"与"知其所以然"

三个重要认识是，特权、机构、个人或小组所坚信的信息并不能作为该信息是否准确或可靠的保证。考虑下面这个例子：人们所接收的信息几乎总是表现为最不完整及经常错误百出的、误导性的、编造的以及虚假的，甚至是彻底错误的。

批判性思考包括以下 3 个方面，如图 3-10 所示。

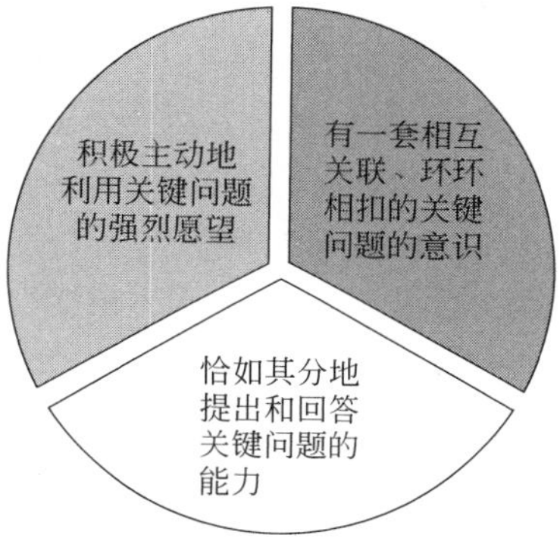

（1）积极主动地利用关键问题的强烈愿望。细心的专业人士会在其工作的学科领域运用大量的安全措施以避免误判，而对这些安全措施的学习会与其相应学科有关联。特别是那些用于支持为个人或集体的既得利益而服务的观点的信息。这种怀疑论通常表现为针对信息而提出一些关键问题：

图 3-10 批判性思考的 3 个方面

① 通过直接的经验，能在多大程度上检验这种主张的真实性？

② 相信此信息，与所知真实的且能充分肯定的信息能达到多大程度的一致性？

③ 提议的人如何支持他的主张？

④ 评估此类主张是否存在明确的体系或规程？

⑤ 接受此信息，是否会支持那些提出主张的个人或集体的既得利益？

⑥ 当信息被质疑的时候，是否会使提出该主张的个人感到不愉快？

（2）有一套相互关联、环环相扣的关键问题知识体系。这些问题，无论是单独的还是组合的，都不是万能药。一切都取决于如何跟进问题。伴随着良好的判断，这些问题有助于在评价信息的时候减少错误。在稍后的部分中，将会就这些问题进行更深层的讨论。

（3）具备恰如其分地提出和回答关键问题的能力。当面临一些自己认为是正确及重要的信息的时候，就应该开始尝试进行以上的提问了。

3.7.5 思考元素之间的关系

学习思考元素的秘诀在于通过不同方式来表达这些概念，直到这些非线性的相互关系成为直觉中的一部分。例如，可以把推理的部分比作是人体的关键部分。无论身体健康与否，这些部位都客观存在。就像人体的各个部位一样，思想的各个部分也是互相关联、互相作用的。用以表达这些相互补充关系的方式如下：

（1）目的影响着提问的方式；

（2）提问方式影响着收集的信息；

（3）收集的信息影响着解释这些信息的方式；

（4）解释信息的方式影响着将其概念化的方式；

（5）将信息概念化的方式影响着做出的假设；

（6）做出的假设影响着随后思考中的暗示或含义；

（7）思考中的暗示或含义影响着看事物的观点。

在本章余下的内容中，将会对概念、假设和推论进行更为详细地说明，以及就推论和假设之间的区别加以重点说明。

3.7.6　用概念思考

概念就如同空气一样无所不在，它的重要性是不言而喻的。只有当对一个事物形成概念的时候，才会考虑到它。自然界并非提供形成各种事物的概念的指示。概念是单独或借助其他概念而形成的。一旦形成概念，就能将事物整合到概念体系中去。

人类实际上是通过经验来理解事物的。人们的思考能力赋予事物意义，并据此得出推论，从而能形成进一步的概念。人们已习惯且并不自主地在进行着这种做法，甚至都没有意识到其中的发生过程。在日常生活中，人们对世界的体验并非始于"无概念"的形态，在将这些经验在经过特意地分门别类之后，加于事物之上以形成意义；与之相反，所有的事物似乎天生就有名字和意义，所以周围才有了树木、草地、道路、人群、儿童、落日，等等。人们直觉地应用着这些概念，就好像它们天生属于这些事物，就好像这些概念并非由人们头脑创造。

想成为一名创造者，就必须了解人类的这项思考能力，通过观察和体验世界来形成概念。正是具备了这种能力，才能控制自己的思想，成为自己概念化行动的主人。必须发展这样的能力，在自己内心将这个那个概念从已被概念化的事物身上"移除"，并同时设想可替代的概念。正如语义学者经常说的："词语不代表事物本身！词语不是事物本身！"如果受困于一系列概念，那思考事物的方法就仅局限为一种。在脑海中，词语和事物是同一回事。

将事物、事件、情形、情绪、抽象概念形成恰当的概念，第一重要的是实现对词语用法的真正把握。例如，假如精通英语的使用，就会发现语言中的一些重要差别，例如需要与要求、具有判断力与进行判断、具备信息和获得知识、谦恭的与奴性的，以及顽固的与具备对自己的判定所持有的无畏精神。对诸如此类的语言方面的差别的掌握，影响着每个人解释自身经历的习惯。不具备这种掌控能力的人，会混淆这些重要的区别，并且那些能帮助人们区分的现实也被扭曲。

在学习母语的时候学习过数以万计的概念。如果使用正确，这些概念有助于人们对经验对象形成合理的推论。遗憾的是，人们平常在学习一种语言所用的方法中，没有一种能使人小心地应用这些概念，或者使人避免在使用这些概念时做出不恰当的推论。

人们总是误用或者混淆一些概念，这是由于他们在社会体系中的经验受到了歪曲。例如，英国、加拿大、澳大利亚和美国人虽然都说英语且他们明确地共享着相同的概念，但是这些国家的人并不具有相同的社会背景。所以在成为创造者的过程中，必须持续不断地将那些社会条件中的概念和观点与所说的自然语言中的概念和观点区分开来。

此外，一个中国人可以在不必考虑以英语为母语的社会条件下，学习讲一口流利的英文。因此，自然语言（如法语、德国、英语等）基本上成了概念仓库，其概念与以某种语言为母语的社会文化团体的社会教条中的含义并不相等。要获得如此洞察是困难的,但却是强有力且至关重要的。

例如,在美国的社会条件下,多数人相信资本主义制度(称为"自由国度")优于任何其他的经济制度。美国人认为,除非建立资本主义经济制度,否则一个国家不可能实现真正的民主。此外,美国人认为,其他社会制度都是错误的、奴役性的或罪恶的。美国人民通过电影、新闻、学校教育、政治演说等其他社会途径来了解世界。出生并成长在美国的人所形成的关于自身及世界的概念、信念和想法与那些在其他社会条件下成长的人是不同的。

然而,在正规的英语语言词典中,词典编纂者不会将社会含义及心理联系与词语本身的意思混淆起来。他们并不会将当今的某种社会制度定义为"奴役人民的一种经济制度",也不会将资本主义定义成"形成民主社会的一种必要且重要的经济制度"。

但是,出生并成长在社会主义国家的人,会相信作为人民,应该是自由、合理、公正并且人道的,于是会认为自己的行为与这些词语的含义相符。在生活中,词语通常作为以它们来命名的社会现实的替代品。于是生活中的基本矛盾或不一致性则不被质疑。

批评性思考者学习如何将表面语言剥除,并考虑用可替代的方法去描述并思考事物。例如,在以社会为中心进行思考时,会很容易陷入同行和社会团体的观点之中,而很少甚至没有考虑应该如何合理地通过可替代的方法来对各种情况、人员和事件形成概念。多数人对社会惯例表示敬畏,尤其是对社会权威、社会阶层和特权的敬畏。他们的社会是浮于表面的结构。批判性思考者学着如何进行社会化的思考。因此,他们开始意识到在什么时候自己的思想受到社会惯例、社会期望及禁忌的控制。

3.7.7　用信息思考

不要将一系列事实、数据或经验作为一个人的思想组成要素而去进行推理,这是不可能的事。寻找值得信赖的信息来源并批判性地提炼自己的经验,这是批判性思考者的重要目标。必须要对所使用的信息来源保持警惕的态度,必须批判性地分析、使用自己的经验。经验应该是最好的老师,但是有偏差的经验会导致偏差,歪曲的经验会导致歪理,自欺的经验会导致自欺,因此在任何情况下都不能经验至上,而是应该像对待思想的其他部分那样,对之进行分析和评价。

在生活中存在着大量的问题,原因是人们不懂得理解信息在生活中的作用。例如,在对一个复杂问题进行推理的时候,人们往往未能意识到他们正在将一些重要信息从思想中排除。在使用信息的时候,人们通常采用自行试点的方式。但当他们清楚地意识到信息的重要性时,会在得出结论的时候变得更为小心,对所掌握的信息进行质疑,包括那些别人在利用的信息。他们认识到,只有通过合理利用信息,思想才能趋于完善,从而做出结论。

3.7.8　推论和假设

推理的元素互相联系,互相影响。下面将关注其中两个元素之间的重要关系:推论和假设。学习区分推论和假设是批判性思考的一项重要技能。很多人将两者混淆起来。首先回顾以下两个基本含义。

(1) 推论。推论是思考的一步,是一种理性的行为。通过推论,可以根据其他真实或者看似真实的事实来推断出某些事是真实的。假如看见有人拿着一把刀朝自己走来,就会推断对方企图伤害自己。推论可以是正确的或不正确的,有逻辑的或没有逻辑的,合理的或不合理的。

（2）假设。假设是人们想当然的或者预先假定了的事情,通常是以前学过的并对其不加质疑的事物。它是人们信念体系中的一部分。人们通常假设自己的信念是正确的,并利用它们来解释周围的世界。如果信念是合理的,那么假设也会是合理的,反之亦然。信念乃至假设,可以是不合理的或合理的,这取决于人们是否具有相应合理的理由。例如,"我听到门口有抓挠声。我起床把猫放进来。"我的推论是基于假设(我预先的信念);只有猫才会发出这样的抓挠声,而且只有当它想进屋时才会这样抓门。

人类会习惯性地使用信念作为假设,并基于这样假设做出推论。只有这么做,才能知道自己在哪里、在忙些什么以及在发生什么事情。假设和推论充斥着人们的生活,与各种行为息息相关。人类做出判断、解释以及得到结论都是基于以往所形成的经验。

在任何场景下,人类都会赋予该场景一些意义。人们为理解及行动而自动地进行着推论,推论行为是如此快速及自动化,以至于不经训练根本无法意识到它的存在。例如,看到乌云就推断会下雨;听到门响就推断有人来了;看见一张眉头紧皱的脸就推断那人在生气;如果朋友迟到了,就会推断其不够细心;遇见身材高大的人,就会推断其擅长打篮球;遇见一个亚洲人,就推断其数学一定很棒;遇见一个衣冠楚楚的人,就推断他一定是成功人士;在考虑自己生意的时候,容易开始推断生意的成功,因为我们自己要求生意兴隆。

一个人在写作的时候,常会推断读者是否能理解自己的写作意图,以确定所写内容哪些需要进一步解释,哪些需要例证和图解,哪些是多余的。人们很多的推论是合理的,但有些不是。

批判性思考的重要部分在于,将思想中无意识的部分提升到有意识的级别。这包括将推论进行识别和重组,从而知道哪些是原始数据、解释和推论。最终人们应认识到,自己所做的推论很大程度上受到个人观点和对人对事物进行假设的影响。这就要求人们要扩大视野,从多个角度去看问题,并让自己的思想变得更加开放。

面对同一件事情,不同的人通常会做出不同的推论,这是因为他们对事物的看法不同,看数据的角度有差别。换句话说,他们对所见到的事物的假设是不同的。例如,两个人看见在阴沟旁躺着一个人,其中一位会推断说:"那是个醉鬼。"另一个人也许会推断说:"那个人需要帮助。"这些推论是基于对相同事件的不同假设之上的,即阴沟旁躺着一个人,而这些假设是与每个人所形成的不同观点有关的。第一个人的假设是"只有醉鬼才会躺在阴沟旁。"第二个人的假设是"躺在阴沟旁的人必定需要帮助。"

第一个人的观点也许是,人们应该对发生在他们身上的事情负责并应该照顾自己。第二个人的观点也许是,人们经常会遇上一些麻烦,而这些麻烦是由自己无法控制的外力和事件所引起的。根据他们各自的推论和假设,可以将两个人的推理行为作以下分析。

第一个人
情况:阴沟旁躺着一个人。
推论:那是个醉鬼。
假设:只有醉鬼才会躺在阴沟旁。

第二个人
情况:阴沟旁躺着一个人。
推论:那个人需要帮助。

假设：任何躺在阴沟旁的人都需要帮助。

要发展思考能力，就需要留意正在进行的推论以及基于这些推论做出的假设和个人对于整个世界的看法，最终通过大量的练习来实现。

3.7.9　区分信息、推论以及假设

作为创造者，重要的是必须能区分信息、推论及假设。人类在任何情况下都会进行推论，并通过自己的解释，对当时情况做出总结或赋予意义。这些推论来自于已经或正在形成的假设。

【思考题】　在下面情况下自己的推断和假设是什么。

情况 1：看到了时间显示为中午 12 点。

推论：这是午饭时间。

假设：只要到了 12 点就该吃午饭了。

情况 2：看到天上有乌云。

推论：可能要下雨。

假设：当天上有乌云的时候，通常会下雨。

情况 3：看到杰克来上班的时候，眼圈是黑的。

推论：他被人打了。

假设：被别人打了，就会出现黑眼圈。

当意识到自己所做出的推论，以及作为思考基础的假设时，就能开始控制自己的思想。由于人类天生就会推论，所以对自己思考的控制取决于对固有的推论以及对推论基础的假设的控制。例如，当准备早餐、吃早餐、准备工作、准时到达、参加会议、完成必要的工作、计划午餐、结账、参与小型讨论的时候，都会进行自我思考。也就是说，人们在不断地解释自己的行为，赋予其意义，并对生活中正在发生的事情进行推论。

人们必须从大量可能的意义中进行选择。例如，我是在"休息"还是"浪费时间"？我的表现是"坚决的"还是"固执的"？我是在"参加"一次会谈还是在"进行一场讨论"？别人是在"与我一起欢笑"还是在"嘲笑我"？我是在"帮助朋友"还是在"利用他们"？我们每次在解释自己的行为的时候，都赋予它们以意义，人们是基于一个或多个假设做出一个或多个推论。

作为人类，人们无时无刻做着假设，涉及自身、工作、伴侣、老师、父母及整个世界。人们将有些事情视作是想当然的，因为不可能事事都被质疑。有时候，会将一些错误的事情视作想当然的。例如下面一些生活中的事情：假设了自己有钱却在商店发现自己把钱忘在家里；假设了汽车油箱里的油是足够的，却在半路发现汽油用完了；假设了一件商品在打折时候购买很划算，却发现在打折时，该商品的标价变高了；假设了将不会下雨或将要下雨；假设了当插入钥匙踩下离合器的时候汽车就会发动；假设了自己与别人相处得非常和谐。

人们做出了成千上万的假设，但却毫不知情，根本想都没有想过。多数假设是合理的，但有些并不是。问题就变成"自己如何才能开始认识这些在做的推论、基于推论形成的假设、观点以及正在形成的观察世界的角度？"

当识别自己的推论和假设的能力变得逐渐娴熟时,就应该去询问任何一个假设的合理程度了。例如,假设人人都在中午 12 点吃午饭,这个假设是合理的吗?假设当天空中有乌云就会下雨,这个则合理的吗?我们都会做出很多假设,必须能够发现并对它们一一进行质疑。当在形成这些重要直觉的时候,就应该逐渐留意自己和别人的推论;留意什么事情是被人视作想当然的;留意自己的观点是如何塑造经验的。

3.7.10 理性思考的标准有哪些?

批判性思考要求能掌握基本的理性标准,这需要应用理性标准于思考的问题。最终目标是使这些问题成为思考中自发的部分,形成自己思想内部的自然呼声,如图 3-11 所示。

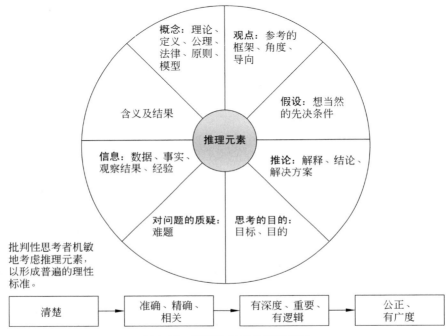

图 3-11 批判性思考的推理元素

1. 清晰性

关于清晰性的问题包括:

(1)能详细地描述那个观点吗?

(2)能否用其他方式表达那个观点?

(3)能否用图表说明?

(4)能否举例说明?

2. 准确性

关于使思考更准确的问题:

(1)这是真的吗?

(2)应该如何通过检查了解它是正确的呢?

(3)如果是真的,又是如何知道?

3．精确性

关于使思考更精确的问题：

（1）能否提供更多的细节？

（2）能否描述得更具体些？

4．相关性

关于相关性的问题包括：

（1）这个观点与问题有什么关联？

（2）这个观点与另一个观点是如何相关的？

（3）所提问题与正在处理的问题有怎样的关联？

5．深度

关于思想深度的问题包括：

（1）回答的问题如何解决问题的复杂性？

（2）如何考虑问题中的难点？

（3）如何处理难题中最重要的因素？

6．广度

关于思考更有广度的问题包括：

（1）是否应该考虑另一个观点？

（2）关于这个问题的看法，是否有另外的角度？

（3）从保守的角度来看，会是怎样的？

（4）从某个特定的角度来看，会是怎样的？

7．逻辑性

关于使思考更有逻辑性的问题包括：

（1）所有这些整合在一起符合逻辑吗？

（2）这确实讲得通吗？

（3）这是来自你所说的吗？

（4）它是如何根据证据而来的？

8．重要性

关于使思考更重要的问题包括：

（1）提出这一观点的最重要的事实依据是什么？

（2）事实在所处情境中是如何体现其重要性的？

（3）这些问题哪个是最重要？

（4）这些观点或概念哪个最重要？

9．公正性

下面是关于确保思考公正性的问题：

（1）根据证据，自己的思考是合理的吗？

（2）关于别人对此场景提出的证据，自己是否已经加以考虑了？

（3）这些假设都合理吗？

（4）根据自己行动的意义，最终目的是公正的吗？

（5）是否在公正地利用概念，或者在不公正地对别人使用概念，以达到控制别人的目的，并自私地获得自己想要的结果？

第4章 超越自我

只要精神保持完整,不在高谈阔论,勾心斗角,著书立说,研究学问,治国治民,发明创造,驰骋疆场等方面进行消耗,它就能吐出非常强烈的潜伏的火焰,好像一块未经琢磨的钻石保存着所有的光彩。一有机会,这一点灵性就会突然爆发,有飞越空间的巨翼,有洞烛一切的慧眼:昨天还是一块煤,明天被一道无名的液体浸润过后,立刻成为毫光万道的钻石了。

——法国作家 巴尔扎克

4.1 改变自己，超越自我

人之所以能，是相信能。敢于超越自我，胆量与成功成正比。开发创造力，首先要改变自己，解放思想，放下包袱，开动脑筋，提高意识。眼光发现机遇，选择决定命运，智慧决定输赢。改变自己，将固执化为聪颖，超越自我，将不能变成可能。观念决定命运，思路决定出路。人因思而变，做一切事情，首要问题是观念问题，有了新观念，就有了新思路；有了新思路，就有了新出路；有了新出路，就有了新财路。

4.1.1　创造发明就是自我超越

1. 什么是自我超越

"自我超越"是由维克多·弗兰克（Viktor Emil Frankl)提出的一个概念，他认为人真正追求的不是自我实现，而是超越自我的生活意义。这种追求包含了对自然界、人类社会和文化，以及人在其中所处位置的探索和理解，目的是为了更好地把握人生，更有意义地去生活。对人生意义的追求不是满足于自我的平衡状态，而在于一种自我的超越，表现为勇于承担责任，敢冒风险，不断地创造。

自我超越是指一个人总是能认清自己真正的愿望，为了实现愿望而集中精力，培养耐心，并能客观地观察现实。它强调自我、强调内因，教人们如何扩展个人的能力，突破成长上限，不断实现心中的梦想。

超越自我是在现实社会里不可逃避的一种坚定的责任，是一种积极的态度，是一种博大情怀，是一种无怨无悔，是一种大德之旅。超越自我是一种随机应变的技巧；是一种勇往直前的自信；是一种运筹帷幄的睿智；是一种坚持不懈的潜能；是一种卧薪尝胆的魄力；是一种大刀阔斧的展现；是一种惊心动魄的博取；是一种一鸣惊人地喝彩！超越自我，不是冲动地捕风捉影，而是镇定地苦心孤诣；不是粗鲁地自吹自擂，而是优雅地人尽其才；不是盲目地横冲直撞，而是准备得有条不紊；不是卖弄的花枝招展，而是斯文的高风亮节。

美国著名经济学家约翰·梅纳德·凯恩斯(John Maynard Keynes)说过"世界上最难的事不是让人们接受新思想，而是使他们忘却旧观念"。开发创造力，首先要改变自己。改变需要勇气和力量，因为旧习惯稳如泰山地耸立在自己的舒适地带上，终止它将令人很不舒服。

2. 为什么要改变和超越自我

（1）不被时代淘汰。时代在前进，世界在变化，人若逆水行舟，总不能一成不变等着被淘汰，所以要不断地改变自己，超越自我，以适应社会的发展。抱着旧观念，守着旧习惯，感觉良好的人心理存在着"舒适地带"，这种人知识陈旧、目光短浅、反应迟钝、技能单一、自以为是、不会学习、不会创新，最终将被时代淘汰。

（2）成功的需要。人们要实现自己的奋斗目标，就要不断超越自我。只有不断超越，才能不断进步。超越自己是一个不断学习的过程，学习各种知识与经验，提高学习的能力。学习是一个艰苦的过程，也是一个积累的过程，卡耐基说过"只要你向前走，不必怕什么，你就能发现自己，成功一定是你的"。

（3）让生命更精彩。超越自我并不是为了一次又一次的争夺冠军，而是挑战自我的信心、胆量、能力、技术、忍耐以及镇静的心灵。挑战了就会给自己一种自强不息的干劲,给自己一种雷厉风行的动力,给自己一种精益求精的升华。超越自我是充满着激情与惊奇的,是充满着神秘与惊险的,是充满着刺激与惊喜的,是充满着沉浮与精细的,是充满着苦难与毅力的。超越自我可以得到生命的精彩,更可以得到人生的辉煌。

其实,人们每天都在超越自我,每个人都要让这种超越更大一点,更快一点,更精彩一点。通过超越自我,不但能够学会默默地耕耘,而且能够学会技能的展现;不但能够学会迂回地攻取,而且能够学会机遇的把持;不但能够学会沉稳地做事,而且能够学会大胆地进取;不但能够学会潜心地修炼,而且能够学会完美地展现!

创造发明就是不断地超越自我,成功就是不断地超越自我。只有不断的超越,人生才能更加辉煌。

3. 改变自己,超越自我

【小故事】 在位于英国伦敦泰晤士河北岸有一座闻名世界的威斯特敏斯特大教堂。在它的地下室中,有一块世界著名的墓碑。每一个到过这里的人都会被这块墓碑深深地震撼,准确地说,他们是被这块墓碑的碑文深深地震撼着。在这块墓碑上,铭刻着这样一段话:

当我年轻的时候,我的想象力从没有受到过限制,我梦想改变这个世界。

当我成熟以后,我发现我不能改变这个世界,我将目光缩短了些,决定只改变我的国家。

当我进入暮年以后,我发现我不能改变我的国家,我最后的愿望仅仅是改变一下我的家庭,但是这也不可能。

当我躺在床上,行将就木时,我突然意识到,如果一开始就去改变自己,然后作为一个榜样,我可能改变我的家庭。在家人的帮助和鼓励下,我就可能为国家做一些事情。然后谁知道呢?我甚至可能改变这个世界。

许多世界政要和名人看到这块碑文时都感慨不已。有人说这是一篇人生的教义,有人说这是一种灵魂的自省。当年轻的曼德拉看到这篇碑文时,有醍醐灌顶之感,他声称自己从中找到了改变南非甚至整个世界的金钥匙。回到南非后,这个志向远大、原本赞同用以暴治暴的方式填平种族歧视鸿沟的黑人青年,一下子改变了自己的思想和处世风格。他从改变自己、改变自己的家庭和亲朋好友着手,经历了几十年,终于改变了他的国家。要想撬起世界,最佳的支点不是地球,不是一个国家、一个民族,而是自己的心灵。

在《礼记·大学》中的一段话有同工异曲之妙:

古之欲明明德于天下者,先治其国;欲治其国者,先齐其家;欲齐其家者,先修其身;欲修其身者,先正其心;欲正其心者,先诚其意;欲诚其意者,先致其知,致知在格物。物格而后知至,知至而后意诚,意诚而后心正,心正而后身修,身修而后家齐,家齐而后国治,国治而后天下平。

这段话告诉人们,通过对万事万物的认识、研究后,才能获得知识;获得知识后,意念才能真诚;意念真诚后,心思才能端正;心思端正后,才能修养品性;品性修养后,才能管理好家庭家族;家庭家族管理好了,才能治理好国家;治理好国家后天下才能太平。

要想改变世界就必须从改变自己开始,要想撬起世界,就必须把支点选择在自己的心灵上。一个能够自我超越的人,一生都在追求卓越的境界,通过修炼可以重新认识自己、认识人生,挖掘出内心向上的欲望和创造潜能,以一种积极的、富有创造性的态度对待生活,从懒散、松懈、不承担变成"从我做起,从现在做起。"

创造发明从改变自己开始,创造发明就是自我超越。改变自己,将固执化为聪颖,超越自我,将不能变成可能。

4.1.2 超越自我的方法

1. 把自己真正想做的事情确定为目标

(1)静下心来,问自己的内心,真正想做什么事,把它确定为目标。目标是生命的灵魂,是理想的翅膀,是努力的方向,是前进的力量,是成长的阶梯。因为内心真正在乎的是自己的使命,自然会给予承诺;又因是在做真正想做的事情,因此神采奕奕,充满热忱。于是,当面对挫折的时候,才会坚韧不拔,因为他们认为那是自己分内该做的事,觉得很值得做,意愿很强大,效率也自然提高。因为有了目标,才有了自信和力量,灵魂和信仰;因为有了目标,才有了希望和梦想,热忱和方向;因为有了目标,才能凝聚团队的力量,建成统一的战线,明确奋斗的方向。

(2)心想事成原理。心想事成作为人们祝贺的语言经常为人们所用,很多故事说明心想事成原理。

【小故事】 汤姆是一名火车站的扳道工。一天,一辆漂亮的凯迪拉克在他身边停下,站长探出头,非常热情地邀请他上车并聊了很长时间。站长走后,别的同事很奇怪地问汤姆和站长为什么这么熟悉。汤姆说:"5年前,我和他一起到站上工作,他说他要当站长,我当时还嘲笑了他,我只想干好本职工作,按时上下班,养家糊口。后来,没想到他竟然真的当上了站长……"。

【小故事】 愚公移山的故事。太行、王屋二山原在冀州之南,河阳之北(现位于河南省济源市)。年近九旬的愚公在山北居住,苦于二山阻碍出行,便想移山,说服家人子孙挖山,邻居也来帮忙。期间有河曲智叟讥笑劝阻,而愚公均不为所动,以子孙无穷反驳。最终感动天帝,竟然真的将山移走了。

1945年,毛泽东发表了《愚公移山》一文,号召全党发扬"下定决心,不怕牺牲,排除万难,去争取胜利"的愚公精神,感动了人民这个上帝,搬掉了帝国主义和封建主义两座大山。这个故事是知难而进,有志竟成的典故。

(3)设定目标的要点。

① 明确清晰的决定。哈佛大学的追踪调查研究发现,人生目标的设定对人生结果的影响如表4-1所示。

表 4-1 哈佛大学 100 年的追踪调查结果

目 标 设 定	所占比例(%)	人 生 结 果
没有目标	27	街边流浪汉、无业人员
模糊目标	60	蓝领工人
清楚目标	10	专业人士
非常清楚目标	3	杰出人士(企业家等)

心想事成的第一步就是清楚地知道自己到底想要什么,对自己想要什么的理由非常清楚,明确清晰的目标才能成为真正的目标。97％无目标的人正在为 3％目标非常清楚的人实现目标而勤奋工作着。

② 目标视觉化,要时刻告诉自己和周边的人。要像愚公那样,发动家人、子孙、邻居都来帮忙。

③ 坚信目标一定能实现。当宣布自己的目标时,必须要非常坚信能够实现,甚至应该要有已经达到了的感觉。对于那些无法观想美梦成真的人来说,就连自己都不相信愿望会实现,别人怎么会帮他呢?

④ 分解目标,制订计划,限定期限。要每天注意自己在那个特定方面的进展和进步,哪怕只有一点点的进展,都会因为自己的关注而变大,能量传递也更强,所以要去关注生活中对目标有帮助的点滴小事,并且以相应的行动来呼应。

2. 树立积极的心态

即使目标是清晰的,人们也会感到对于谈论自己的目标有很大的困难。因为人们会敏锐地意识到目标与现实之间的差距。"我想从事真正喜爱的职业,但是我必须另谋他职以求度日",这种差距使一个目标看起来好像空想或不切实际,使人感到气馁或绝望。但是换一个角度看问题,目标与现况的差距也是一种力量,是创造力的来源,有助于目标推动。

【小故事】 一个父亲有两个儿子,一个儿子叫悲观,一个儿子叫乐观。在一个圣诞节的前夜,父亲分别送给两个儿子不同的礼物。他在悲观的房间里放了一堆玩具,而在乐观的房间里放了一堆马粪。第二天,父亲首先来到悲观的房间,却看见悲观坐在一堆玩具中哭泣,爸爸感到很奇怪,于是关心地问其原因。儿子说:"爸爸,玩具虽然多,但是我怕玩坏了。"爸爸摇摇头,又来到乐观的房间,却看见乐观在马粪中玩得很高兴。爸爸更是惊奇。只听儿子高兴地对爸爸说:"爸爸,我知道这马粪堆里面一定会有小马驹!"

积极的心态是一种定力,超越自我需要这种持续的定力。一个浅薄轻浮的人一辈子都很难超越自我,一个好高骛远的人一辈子很难超越自我,一个叶公好龙的人一辈子很难超越自我,一个三心二意的人一辈子很难超越自我。消极的心态是一种腐蚀剂,在关键时刻散布疑云,会使希望泯灭。"这是行不通的,从前没人这么干过","没有目标不也过得很好吗?","现在条件还不成熟,以后再说吧"……这些话中常常夹杂着焦虑、悲哀、气馁、绝望或担忧等感觉。消极的心态使人忍受着剧痛和心灵的折磨,时刻想放弃,常有自卑的心理出现,总觉得周围的一切与自己作对,想让自己失败,时常觉得活得太累,想到何必如此时就会心灰意冷,放弃追求。

通过训练,使自己拥有良好的应变力及心理承受力,拥有积极心态,远离消极心态,不吹毛求疵,每一分每一秒都做最有创造力的事情,才会有最大的收获。

3. 持续努力,坚持就是胜利

发明创造需要毅力与耐性。成功的关键在于持续,目标的实现在于持续,创造发明的科研成果在于持续,坚持到底就是胜利。

【小故事】 许多年前,有一位名叫山德士的美国青年,他渴望事业有成,但是服完兵役归来,却当了工人,工作一直没有起色。后来,他不断努力寻找其他谋生之道,做过推销员,当过货车司机,在 40 岁的时候开了一家不错的餐馆,但是一条高速路正好通过那里,餐馆被迫关门。这突如其来的改变把他推向了深渊。这时的山德士已经56岁了,所能依靠的仅仅是每月105美元的救济金,仿佛告诉他不要再折腾了,也该歇歇了。然而,他又开始了新的创业,最终在66岁的时候东山再起,创办了新公司。这个美国人就是哈兰·山德士上校,他最后创办的公司叫肯德基。

始终认定一个目标,一直持续干下去,才能成功。

4. 高效创新的工作

【小故事】 杰克和汤姆两个年轻人同时受雇于一家公司。一段时间以后,汤姆很不满意老板的待遇,他觉得自己的收入比杰克少很多。终于有一天,汤姆向老板提了出来,老板微笑地说:"汤姆,你去集市看看今天土豆的行情。"汤姆以最快的速度回来说:"老板,集市上有一个老农在卖土豆。"老板又问:"多少钱一斤?",汤姆又去了一次集市后说:"0.5元一斤。"老板又问:"品质怎么样?"于是汤姆又去了一次集市……

老板把杰克叫过来,布置了同样的任务。杰克很快回来后说:"集市上有一个老农在卖土豆,品质不错,价格0.5元一斤,共40袋,可以进一些,另外还有卖西红柿的,我们店里存货已不多,我带了2个样品回来看看,老农正在门外面等答复……"

面对不断变化的环境条件,应当以高效而富有创造性的工作才能赢得主动。人无我有,人有我专,人专我新,人新我恒,人恒我变。实现目标不仅需要勤奋和勇气,更需要思维的独创和意识的超前性。只有创新,才能不断突破,更上一层楼。

5. 马上行动

成在于行,功在于动,成功在于行动,决定不等于行动,计划不等于行动,目标不等于行动。

4.2 创造品格培养

爱因斯坦曾经说过"我们都以为知识是最重要的,其实还有比知识和结论更重要的东西,那就是人的想象"。推而广之,这种想象,包含着人的想象力、创造力、激情、生命冲动、革命精神、主观能动性和永无止境的好奇心,这些恰恰是人之为人最重要的东西。而今天大部分人所忘记的正是这些,所受教育仅仅停留在学习知识的阶段上,把人与生俱来的可贵东西给断送了,只是被动接受别人既定下来的文明。

4.2.1 创造品格的要素和特性

1. 创造品格

品格指一个人的整体精神面貌,是具有一定倾向性的心理特征的总和。创造品格是指人们在进行创造活动时所表现出的意志、情感、自信心和目标等特征,如兴趣、意志、理想、信念、好奇心、进取心等。创造品格属非智力因素,是创造活动的内在动力系统,反映了创造者的思想面貌和精神状态。它是创造能力发展的精髓和动力,在创造能力的形成中起着主导作用。这种能力是否能发挥出来,与人的创造品格关系极大。

真正的有作为者都具有良好的创造品格。牛顿、爱因斯坦、李四光、爱迪生、华罗庚和袁隆平等科学家都具有广泛的兴趣、坚强的意志、崇高的理想和坚定的信念,乐于奉献科学事业,立志造福人类,且最终都取得了辉煌的成就。

2. 创造品格的要素

（1）创造动机。创造动机是创造者从事创造活动的内部动力。它以探索未知为乐,把发现、创造看作自己的职责和使命。

（2）创造情感。创造情感是创造者的喜、怒、哀、乐等。

（3）创造意志。创造意志是创造者克服困难的心理过程。创造须付出艰辛的劳动,必须有顽强的意志和拼搏精神。

（4）创造品德。创造品德是创造者遵守的行为准则和表现出来的心理特征。真正的创造者应该是一个品德高尚者。爱因斯坦在悼念居里夫人时说:"第一流人物对于时代和历史进程的意义,在道德品质方面也许比单纯的才智成就方面还要大。即使是后者,它们取决于品格的程度,也超过通常所认为的那样。"

3. 创造品格的特性

（1）驱动性。品格在创造活动或创造学习过程中具有内在的推动力量。学习和实践活动是目的性行动,是否有创造性,首先取决于是否有创造动机,即是否"想创造"。杜甫作诗,"语不惊人誓不休",才有选词炼句、字斟句酌的精雕细琢。同样,解决问题时如果有独出新意的动机,就会推动他放弃习惯做法,破除思维定式,寻求与众不同的思路。创造动机的直接诱因是创造需要、求新意识等,间接动因则是自我实现需要与报效国家相结合产生的事业抱负。

（2）方向性。品格具有确定创造目标、选择创造方向的功能。创造主体具有创造冲动,紧接着要解决"创造什么"的问题,这就是创造目标与方向的选择,它涉及创造的价值、效果的权衡。人们取舍的标准则是价值观问题,受个人的世界观、社会责任感、道德品质制约。

（3）维持性。品格具有克服内外困难,抗御内外干扰,保证活动的创造性和达到预期目标的功能。创造是对常规的突破,可能受到别人的反对、传统的阻碍、舆论的非议,由此折射到主体意识会产生顾虑。创造活动还要经受艰苦曲折而又长期探索的考验,需要耐心细致的观察、持久集中的注意、绞尽脑汁的思考、呕心沥血的想象,主体会感到身心疲惫。此外,主体自身的保守、从众、依赖、迷信的思想和观念也会不时作祟干扰。这一切都可能使主体动摇、彷徨、反悔、灰心。有些人之所以激流而退、半途而废,并非知识不足和智能不佳,而是缺乏顽强的意志和强烈的自信以及由此而生的决心、信心和恒心。创造品格正是从这个角度来起维持作用的。

（4）调控性。品格能够调节心智活动水平,控制情绪状态和调整创造活动。创造活动对于人心智活动状态与水平有比较高的要求。

① 创造活动既要有一定程度的紧张与兴奋,又要有间歇的超脱与放松,以使意识与潜意识交替活动;创造活动既要有热烈的情感,又要有冷静的理智,以使情感思维加速活动;创造活动既要有心理安全感,又要积极参与思想交锋;创造活动既要保持超脱与专注,又要参与竞争及挑战;创造活动既要把握好时机,又要控制好程度。

② 创造活动需要良好的情绪作为智力活动的心理背景。轻松、愉悦的心情是心理安全的表现,这有利于心理自由活动,使得思维更活跃、想象更丰富;宁静的心境有利于触发灵感、发生直觉、产生顿悟、萌生新意;稳定的情绪有利于冷静的反思、调整思路、再辟新径;热情奔放有利于意识开放,突发奇想。但是人非圣贤,内忧外患必然引起情绪波动、焦虑不安,

需要及时加以调节控制。

③ 创造活动没有固定模式和程序，是一个尝试和探索的过程，为了减少失误，避免大的曲折，需要及时反馈、准确判断、不断修正，这种高级自我意识水平是较高智力和良好个性协调发展和协同活动的结果。以上 3 个方面的调控，实际上是个人生活态度、远见卓识、情绪控制等品格协同发展的结果。

（5）补偿性。品格具有弥补知识能力不足和直接参与或辅助创造的功能。一方面表现为直接导出创造目标、假想、模型和观点。如对一些司空见惯的观点的怀疑批判引出对立的观点，对偶然现象的好奇、惊奇导致发现某种创造契机，对原型的侧向、反向思维构想出新的模型、异想天开的新发现，迷恋中产生新设想的顿悟直觉，兴趣广泛博采众家之长的新方案，等等。这些方面所表现出的创造品格是单纯知识和思维所不能替代的。另一方面，创造品格参与创造思维过程，构成创造力发挥创造作用。如开放、动态、多向、纵横、系统思维方式对求异、发散思维的参与，超脱、专注、宁静、空灵的态度和情感对直觉、灵感、梦幻、顿悟的作用，审美、好奇、惊讶、怀疑、批判对猜测、幻想、联结、重组思维的参与。

4.2.2 高创造力者的特征

心理学家托兰斯在分析了大量的研究案例的基础上指出，一个高创造力的人应该是利他主义的、精力旺盛的、刻苦勤勉的、百折不挠的、自我肯定的、多才多艺的；他们易于受到神秘事物的吸引，藐视常规，独立判断与思考，有怪癖，好极端等；他们有敏锐的感受力和独立自主性。心理学家罗伯•史登堡博士通过一项研究分析指出，高创造力的人最主要的特征是，去做别人认为做不到的事情，即敢于向一切的不可能性挑战，不顺从别人，有自己的见解，不按常理出牌，质疑社会规范、道理和假设，愿意表明立场。

研究者们从不同的角度提出了高创造力的人应具备的基本特征，其中主要有以下几个方面。

1. 强烈的动机

创造动机是指创造者在创造需要的刺激下，直接推动创造活动的内部动力，它直接决定人们从事创造活动的期待、对结果的评价和体验，进而影响创造者从事创造活动的积极性和创造力的开发。创造动机在创造活动中具有 3 种功能。

（1）激活功能。创造动机能够激发、推动人们的创造活动。

（2）指向功能。总是使被它推动的创造活动指向一定的目标或对象。

（3）维持和调整功能。创造活动产生后，能否坚持下去以及如何调节和改变受创造动机的调节和支配。

2. 坚强的信念

想要创造成功，必须有一种强烈的精神力量，这种力量就是信念。信念是人们在一定的认知基础上，对某种思想理论、学说和理想坚定不移的观念和真诚信服与坚决执行的态度。信念是认识、情感和意志的融合和统一。它是以一定的认知为基础，并在认知基础上产生某种感情，从而接受某种理论主张或思想见解及理想，并为其实现而产生坚持不懈的努力的一种心态。这种努力长期不断地坚持下去，就在人的内心产生一种坚强信念，即非这样做不可的内在要求。坚定的信念是一种很重要的创造品格，主要表现如下：一方面，当一个人遇到巨大且长期的挫折与困难的时候，强烈的信念能鼓舞人克服困难，战胜挫折，向既定的目标继续努力奋进,直至达到最终目标;另一方面,当一个人取得初步成功后,信念使他不满足于现状,从而向着更高的目标前进。

有信念的人,更容易抓住机遇,当机遇刚刚透露出苗头的时候,他就能敏锐地察觉,进而牢牢地把握。机遇需要等,需要碰,信念不强的人在一段时间的努力之后,机遇没来,他很可能就会放弃,与机遇失之交臂。许多人之所以能在某一领域取得很大成就,获得创造的巨大成功,就是因为他们心中有一种矢志不渝的信念,这种信念使他们坚持到最后的胜利。

3. 坚定的目标

目标是一面旗帜,它体现了人们工作的意义。目标一旦确定,人的潜意识就会遵守一条普遍规律进行工作.那时人就会变得敏锐爱思考,并富于创造性。

坚定的、崇高的目标是创造的重要品格。在坚强信念的支撑下,创造者向着既定的目标迈进,不管遇到什么困难和挫折,他们的目标始终不变。

4. 顽强的意志

意志是指人们为了达到预定的目的,自觉调节、控制自己的行为,同困难做斗争的心理过程,是人们在社会实践过程中坚持不懈、长期保持坚强的一种毅力。顽强的意志是创造者获得成功的最重要的品格。瑞典科学家诺贝尔从事炸药研究,试验时他弟弟不幸被炸死,他父亲也受了伤,但他依然忘我地试验,在一次大爆炸时,他被炸得鲜血淋漓,却在浓烟中大喊:"我成功了!"

5. 健康的情感

创造情感是指创造者对创造活动的喜、怒、哀、乐等体验及行为的反应。

情感与创造有十分密切的关系。列宁曾说过:"没有'人的感情',就从来没有也不可能有人对于真理的追求。"一个人对客观事物的认识越全面越深刻,其感情也必然表现得越丰富越浓烈。爱因斯坦曾说过:"真正有价值的东西并非从野心或责任感产生,而是从对客观事物的爱与热诚中产生。"

6. 敢冒风险

创造者敢于冒险,不怕失败,善于从失败中学习并提高,懂得用各种方法分散化解风险。因为任何一种创造都是在前人没有或自己没有做过的基础上的发现,不冒风险,不可能有创造。创造难度越大,风险就越大。敢于冒险是创造成功的重要品格特征。这个世界到处存在着冒险者的乐园。

7. 充足的自信

自信是人们相信自己并认为自己能成功的一种心理状态。自信心不仅是个性心理的重要组成部分,它更是创造力中不可缺少的心理品质之一。首先,自信心是产生创新和进取动机的基础。只有当人们相信自己有力量和水平时,才能产生创新和进取的动机。其次,自信心是产生意志力的基础。人们只有相信自己能最终取得成功,才能坚持下去的动力。总之,自信心是对自我力量的正确估计和评价,包括自己的承受能力和潜在力量。

8. 广泛的兴趣

兴趣是由爱好、喜欢而产生的愉快情绪。这就是说一个人一旦对某事物有了浓厚的兴趣,就会主动去求知、去探索、去实践,并在求知、探索、实践中产生愉快的情绪和体验,兴趣是人们力求认识某一事物或爱好某种活动的一种选择倾向。兴趣是最好的老师,兴趣是创造力的原动力。广泛的兴趣是创造型人才不可缺少的个性品质。

4.2.3 创造品格的培养

1. 克服心理障碍

（1）克服保守心理。人们要提高自己的创造能力，首先就要摆脱错误的有障创造的观念，用正确的观念来激发自己的潜能，成为一个有强大创造能力的人。创造力是作为智慧生物的人类具有的才能。对任何人而言，只有创造的层次、差别不同，绝不存在有无创造力的问题。事实上，人的才能虽有高低之分，但无天壤之别。

（2）克服自卑心理。自卑是束缚创新的一条绳索，自卑是开发创造力的首要障碍。一个人无论自己的实际情况如何都能够接受，就是以充分的自信去面对创造中遇到的一切困难和挫折。要充分相信自己，肯定自我，"天生我材必有用"，只有在充分相信自己有用的基础上，才能做好每一件事。克服自卑培养自信做好三点：心理暗示，寻找力量，自我分析。阿德勒在《战胜自卑》中指出，一个人生活的热情来自于他对生活意义的把握和理解，来自于对生活的态度和对自己的认识。面对现实，接纳自己，就会获得自信，就会创造一个属于自己的奇迹。

（3）克服遵守规则心理。遵守规则是维护、巩固一种既有的秩序，而创造则必须对已有的秩序有所突破。在创造活动中，克服遵守规则心理，敢于向规则挑战，敢于改变规则，敢于探寻和确立新规则就成为创造发明的有效战略之一。

（4）克服遵守逻辑心理。逻辑是思维的规则。创造要敢于对旧的模式和规则进行否定和扬弃。如果在认识和思维中，把是否符合逻辑作为判定其科学性和合理性的唯一标准，以"这不符合逻辑"对一些新的想法断然加以否定，这不仅对创造不利，而且会成为阻碍创造力的一大障碍。创造是对"符合逻辑"的超越。例如：莱特兄弟要制造飞机。当时的权威们断言："要使比空气重的东西在空中飞行是根本不可能的，这种想法是不符合逻辑的。"

（5）克服迷信权威心理。为了培养自己的创造品格，在尊重权威的同时，必须警惕崇拜权威，弱化对权威的迷信，克服迷信权威的心理。既要正确分析看待权威，又要追求真理，实事求是。

（6）克服从众心理。从众是由于群体的引导或施加的压力而使个人的行为朝着与群众大多数人一致的方向变化的现象。从其积极方面来说，可以保持与大家团结一致，学习别人的长处。但是从众是以泯灭一个人的自我意识、牺牲个体创造为代价的。因此，在创造活动中，需要克服从众心理。弱化自己的从众心理，首先要强化自我意识，培养自己的个性；其次是在遇事时，有意识地"延迟"自己的反应（就是不立即表态，而是再换个角度想一下）；最后是要有"反潮流"意识。

2. 不向挫折和失败屈服

应对失败需要顽强的毅力，同时还需要克服怯弱。失败是成功之母，自信是成功之父。只要勇敢地投身于不断升级的创造潮流中，最终会取得成功的。

3. 培育勇敢精神

进行创造活动，就是要去做别人没想过、没做过或没做成功的事，没有勇敢精神是断然不行的。创造时，首先要有对公认的东西表示怀疑的勇气。除旧布新需要勇敢；通过想象，提出貌似不能达到的目标，然后去努力实现它需要勇敢；不怕自己的见解同大多数人的对立甚至冲突也需要勇敢。

4．磨砺顽强的创造意志

顽强的意志力是建立在对信念和目标的执着追求的基础之上的。创造需要忍耐，需要坚持。失败和逆境可以磨砺人的意志，培养坚韧不拔的性格，培养充足的自信心。

5．树立正确目标

只有确定明确的目标，知道自己将要去做的并做好准备，才可能成功。很多人之所以一生碌碌无为，不是他们不想成功，而是缺乏一个明确而坚定的目标并很好地去实现它。"人生的悲剧不在于没有实现目标，而在于没有目标可以实现。"本杰明·以赛亚梅斯的这句话鲜明地指出了有些人没有成功的原因。

目标正确，就是创造成功的开端。目标错误，创造就无从谈起，甚至把人引入误途。所以，走向成功的第一步是制定正确的目标。注意目标的具体性，要善于确定恰当的创造目标。制定目标要从实际出发，要有可行性。

6．保持健康的创造情感

保持健康的创造情感不但要有创造热情和善于驾驭情感的能力，而且要有保持乐观的心态。掌握控制情绪的心理可以通过语言调节、注意力转移法或行动转移法实现。

7．激发积极的创造动机

只有渴望创造才有可能创造，创造动机是创造能力的先决条件。一个人创造动机的萌发，分两种途径，一是由人们内在的需要引发内部的动机，如兴趣爱好等；二是人们在外界的要求和外力的作用下所产生的行为动机，即外部动机。

8．树立正确的创造信念

信念是个人对某种观念的执着，并对其怀有深刻而持久的情感体验，它使人的行为具有明确的目的性，表现出很强的意志力。信念是一个人的立身之本。人们应该树立科学的信念，还应该树立积极的信念，更应该树立坚定不移的成功信念，使其成为创造成功的巨大的精神支柱。

信念极端的内在表现为世界观、人生观、历史观、学术观等方面的信仰，而信念极端的外在表现为如夸父奔日、精卫填海、愚公移山等坚定不移的行为志向上。当修炼出了这些理想品格，也就同时开发了自己的创造力。

4.3　创造潜力发掘

4.3.1　创造潜力人人都有

潜力又称潜能，是指潜在的能力，内在的没有发挥出来的力量或能力。包括心脑潜力、身体潜力、感觉潜力、计算潜力、记忆潜力等。经过创新教育不难看到，每个人都蕴藏着不可估量的创造潜力，一旦被开发，就如火山喷发，熊熊燃烧起来。任何一个平凡的人，都存在巨大的潜力，只要他的潜力得到发挥，就可干出一番事业。据研究表明，爱因斯坦事业的成功，并不在于他的大脑与众不同，而是在于他开发了自己的潜力。那些被世人称为天才者，为人类做出突出贡献者，只不过是开发了他们的潜力而已。

1．人人都有的心脑潜力

人脑与生俱来就有记忆、学习与创造的莫大潜力，人的大脑往往比自己所能想象的还要大很多。这种潜力就像海面上漂浮着一座冰山,浮在海面以上的部分是人显现的能力,其实与浮出水面上的那部分相比,沉浸在海面下的部分是它的很多倍。沉浸在海面以下的部分就好比人的潜在能力。音乐天才、奥地利作曲家莫扎特在 5 岁就开始作曲,12 岁开始创作大型歌剧。前捷克斯洛伐克有位名叫米兰·米凯什的语言奇才,共懂 116 种语言,其中 40 种达到了精通的程度。可见人的潜在能力有多么巨大。

2. 人人都有的体能潜力

【小故事】 一个人能搬动一辆汽车。在一家农场,年仅 14 岁的农夫的儿子,对开车极感兴趣。有一天儿子将车开出了农场大院。突然间,农夫看到车子翻到水沟里去了,大为惊慌,急忙跑到出事地点。他看到沟里有水,而他儿子被压在车子下面,只有头的一部分露出水面。这位农夫毫不犹豫地跳进水沟,双手伸到车下,抬高车子,把儿子从车下救了出来。事后,农夫就觉得奇怪,怎么一个人就把汽车抬起来了呢? 出于好奇,他就再试了一次,结果是根本就抬不动那辆车子。这种事例很多,人在危机情况下,产生一种超常的力量。

天才人物身上显现的潜能也是惊人的。潜能的未显性还表现在绝大部分潜能未被开发。正常情境下并不显现出来,只在一些特殊的情境下被激发,例如,有人在逃命时能跨越 4 米宽的悬崖,这是平时不可能跨越的宽度;运动员在比赛中出现最佳竞技状态,创造出前所未有的好成绩,等等。医学人员解释为,身体机能对紧急状况产生反应时,肾上腺就大量分泌出激素,传到整个身体,产生出额外的能量。由此可见,人确实是存在极大的潜在体能。

3. 人人都有的感知潜力

人的鼻子约有五百万个嗅觉感受器,人眼可以辨别约八百万种色彩。澳大利亚有些土著人有超人的感觉能力,他们能在很远的地方以非物质的方式传递信息。人甚至还有超感知、第六感、脑感应等潜能。盲人感知潜力经过开发后,可进行生活、学习和工作。聋人只要一个眼神,就什么都明白了,这些都说明人确实存在极大的感知潜能。

4. 人人都有的记忆潜力

获得"世界记忆大师"称号的人可 2 分钟内记住一副无规则扑克牌的顺序;1 小时内记住 10 副扑克牌的顺序;1 小时内记住 1000 位以上无规律的数字;5 分钟读一本 120 页的书。一般人能掌握两三种语言,而泰国一个叫纳扎丽的女孩,10 岁时就掌握了包括泰、英、法、德、日、俄、阿拉伯、西班牙、印度、意大利、汉语和中国潮州方言 12 种语言。我国自学成才者李盛春能掌握运用近 20 种文字。记忆奇才有立陶宛的拉比·伊莱贾,只读一遍就能记住的书竟有 2000 多册。印度的一位大学生默哈杰汪,在 3 小时 39 分钟内,记住并能复述出31810 个数,创造了人脑记忆数字的新纪录。广州的一位大学生仅用 30 分钟尝试记忆,就能倒背圆周率的 1000 位数字。快速阅读、快速记忆、过目不忘、倒背如流都体现了人确实是存在极大的记忆潜能。

5. 人人都有的计算潜力

浙江省慈溪市鸣鹤镇两年间出现了 17 个"心算神童"能一口报出几十个两位数连加,15～20 个三位数相加、减的答案。数学天才、出身于印度北方的女速算家夏坤塔拉·获维,在美国得克萨斯州的一次心算比赛中,只用 50 秒就求出一个数的 23 次幂的数值,而美国最好的电子计算机当时演算这道题却花了 60 秒。都体现了人确实是存在极大的计算潜能。

4.3.2 创造潜力的特性

1. 潜隐性

创造潜能是有未显现的潜隐的特性。潜力存在于潜意识中，每个人的潜能都是五花八门的，所发现的仅仅是冰山一角，绝大部分还深藏于深海内部亟待开发。如前所述，有的学者估计人的潜能只开发了 4% 或者更低。主要原因是没有进行潜力开发训练，使人的潜力没有得到淋漓尽致地发挥，而并非人们不存在潜力。潜能未显性的潜隐特征给人类提出了开发潜能、造就更多潜能人才的繁重任务。

2. 诱发性

人的潜能具有可诱发性。可诱发性是指人从来没有显现出的某种潜能会在特定的情况下迸发出来，或因某种诱因而显现出来。人一旦遇到意外情况，特别是在遇到危及性命的紧急情况下，人脑的新皮质部位、脑干部位会一起动员起来，在激素的作用下，人的潜能会一起迸发出来。

3. 普遍性

人人都有的创造潜力，人人都可以开发创造潜力。任何平凡的人，只要经过潜力开发训练，让潜力得到适当的发挥，都可干出一番惊人的事业。无论是事业有成，还是事业无成，无论是年老者，还是年轻人，无论什么职业，只要相信自己，相信自己的潜力，并用科学的方法加以开发，定会有所作为。

4. 宝贵性

脑中的潜能世界是一个未被打开的宝库，那里蕴藏着惊人的能力。成功人士之所以成功，正是因为他们通过各种方法开启了自身更多的潜能智慧。因此，要想获得惊人的丰硕成就，就有必要掌握挖掘潜能宝藏的钥匙，唤醒身体内部沉睡的能量。

5. 神奇性

人在危机时刻，急中生智，智慧会突然千百倍地迸发而出，绝处逢生，力量会突然几倍地涌流而出；一旦灵感来了，思绪万千，有条不紊地涌上心头，一时间下笔如有神，创造自己都不敢想象的奇迹。

6. 可开发性

人在经过训练、教育、培养后能增强创造能力。人的注意力、学习力、创造力、想象力也会得到相应的激发。美国一些心理学家曾对一些人进行创造能力训练，训练后受试者的创造力提高了 3 倍。但是在一般情况下，如果不采取一定的措施，潜能是很难被开发出来的。

7. 有限性

必须承认，人的头脑是有限的，寿命是有限的，人的潜力也是有限的。所以学习也好，开发也好，创造发明也好，科学研究也好，只能有所选择，有所侧重，量力而行，攻其一点，有所为，有所不为，不能全面铺开，不能贪大贪多，否则将一事无成。

4.3.3 创造潜力的开发方法

潜能的开发就是用有效的方式开发、放开自身的内在潜力，潜能的动力深藏在人们的深层意识也就是人们的潜意识当中。一个人要实现自己的职业生涯目标,干出一番惊天动地的事业,就必须在树立自信,明确目标的基础上,进一步调整心态,挖掘自己的潜力。

1. 创造潜力开发的四要素

(1) 高度的自信。自信是一切成功的基础。如果对自己非常自信,就会进入一种特殊的功能态。这时的思维和精神力量都会大大增加,在这种状态下,大脑的精神力量好像增加了数倍,大脑这部无比精密的思维机器会以神奇的速度顺利地运转,使人感觉到灵感四溢、随心所欲的心理状态。

(2) 坚定的意志。意志是为了达到既定目标而自觉努力的心理过程。简单地说,意志就是坚定的决心。不为人言所动摇,不为困难所动摇,不为挫折所动摇。坚定的意志是事业出成效的一个重要因素。

(3) 强烈的愿望。一个人在其梦想、雄心、目标、表现、行为和工作中显现的精力、能量、意志、决心、毅力和持久的努力的程度主要是由"想"和"想要"某件事的程度来决定。当人强烈渴望某个事物,尤其当这种渴望的强烈程度已深入影响到潜意识时,便会求助于潜意识中的意志和智慧的潜在力量,这些力量在愿望的推动和刺激下,会表现出不同寻常的超人力量。

(4) 超我的追求。弗洛伊德认为,心理能量是通过求同机制由本我进入自我、再进入超我的。本我是感性的我,超我是文明的我,自我是理性的我。本我不顾现实,只要求满足欲望,寻求快乐;超我则按照无我忘我的准则对人的欲望和行为多加限制,而自我则活动于本我和超我之间,它以现实条件实行本我的欲望,又要服从超我的强制规则,它不仅必须寻找满足本我需要的事物,而且还必须考虑到所寻找的事物不能违反超我的价值观。创造潜力开发不能只游离于"舒适地带",要有奋斗精神,要有为理想和事业献身的精神,要奋不顾身、无私无畏,才能超越自我勇往直前。

2. 创造潜力的开发方法

创造潜力的开发方法很多,五花八门,各有特点,实施效果因人而异。下列方法仅供参考。

(1) 刺激法。机体的活力来自于刺激,创造潜力来自于刺激。

① 听觉刺激法。声音的力量可以影响信念,带来积极的行动。

② 视觉刺激法。可以在房间建立一个梦想板,把自己的目标画成图片剪下来,贴在梦想板上天天看,可以天天刺激自己的潜意识,达成自己的梦想。

③ 观想刺激法。利用潜意识不分真假的原理,在大脑中引导出所希望的成功场景,从而达到替换潜意识中负面思想的目的,通过反复的观想暗示,改变自我意像,树立成功信念,并使自我产生积极的行动,达到预定的目标。

(2) 催眠法。催眠可以很好地推动人潜在的能力,通过催眠方法,将人诱导进入一种特殊的意识状态,这时可以根据每个人不同的需要,进行积极的自我暗示。潜意识中沉睡的智慧和力量正等着开发和利用。使用意识进行思维,习惯性思维就会渗入到潜意识层。这里有创造一切的原动力。只要敞开心胸并接受,潜意识就会让使人获得新的感受、新的想法、新的发现,从而去创造全新的生活。如果能学会怎样感悟和释放潜意识中的潜能,生活就会变得更加美好、更幸福、更富有。获得这种力量不需要特别努力,它就在每个人身上,它可点燃人们内在的能量,使人充满活力,实现自己的愿望。

（3）禁减食物法。禁减食物法是指个人有意识地停止和减少进食某些或所有食物，发掘潜力，超越自我的方法。有道是"蛇饿了，胆大了；狼饿了，鼻灵了；狮饿了，睛圆了"。孔子说，如果一个人一天到晚吃得饱饱的没有事可干，不去用心思考问题，那就没有造就了。集秦汉前礼仪论著《大戴礼记·易本命》中说："食肉者勇敢而悍，食谷者智慧而巧，食气者神明而寿，不食者不死而神。"有人不进食物，只喝水，在身心放松作用下，调理身心，培育正气，达到养生、开智的目的，这也是开发人体潜意识的一种方法。

（4）自我提醒法。自我提醒法是指人通过认识自己，要求自己，调控自己和评价自己，自己提醒自己的方法使主体能动性和创造性得到极大的发挥的一种方法。不能把自我提醒单纯理解为自我检讨、自我批评、自我反省之类的自我贬损、自我压抑的过程，那种"静坐常思己过，闲谈莫论人非，若能以此去处事，一生安乐任逍遥"，不是真正的自我提醒。应着眼于培养自己的主体精神，发展积极的个性品质，追求自我发展、自我超越、自我实现。以下是人生八大自我提醒：

① 人是为梦想而活，不要为金钱、名利而诱惑。
② 我的终极人生目标是什么，今天的目标是什么？
③ 我是最棒的，我一定要成功。
④ 要让事情变好，先让自己变好。
⑤ 要立即行动，绝不拖延！
⑥ 要坚持到底，绝不放弃，直到成功！
⑦ 要认真，要快，要全力以赴！
⑧ 不断地想象、不断地自我确认、不断地自我暗示。

开发利用潜意识自动思维创造的智能功能，有助于解决问题，获得创造性灵感。

（5）其他方法很多，如野外生存、零元远游、市场推销、赚钱竞赛、紧急逃生、置于死地、危机时刻、急中生智、无欲忘我等方法。

4.4　走向成功的秘诀

4.4.1　成功的含义

每个人心中都有对成功的渴望与追求，但对于成功的理解，则雅俗各异，仁智不同。什么是成功？解释无数。人们常常认为成功是一件说不清道不明的事情。成功的定义其实十分简单，就是确定一个目标并达成这个目标的过程及其最终的结果。成功的定义是简单的，但稍加分析，就可以发现其中至少有5层基本含义。

1. 必定要有一个预期的正义的目标

没有目标，成功当然就无从谈起了。不同的人所预期的目标不同，同一个人不同时期的目标也不同，因此，成功的内容或其现实的含义也会随之改变。因为判别成功的达成与否，标准是人们自己预期的目标，因此好人有成功的，坏人也有"成功"的；正义之师有打胜仗的时候，不义之师也有打胜仗的时候。例如，小偷的目标是偷到东西，一旦得手，他会兴奋地对自己说"我成功啦！"至于小偷成功之后，最终又被警察逮住，关进监狱，那不是因为小偷不"成功"，而是另一条规律在起作用，因为小偷的成功标准不被社会认可。

2．成功是最终的结果

达成预期的目标了，到了最终的结果，才算是成功。例如，一位年轻学者，就成了知名专家，开始是"成功"人士，但总喜欢学术制假，投机取巧，违法违纪，最终名誉扫地接受审查。一个年纪不大就成了省级干部，开始是很"成功"，但是总抵御不了金钱的诱惑，贪污受贿，权钱交易，最终被投进牢房，终身监禁。

3．成功有明显的个性化特征，标准各异

简单地划分，成功应有 3 种标准：

① 自己的标准；

② 他人的标准；

③ 群体的标准。

人们常常为"什么才算成功"争得面红耳赤，原因无他，是各自的标准互不兼容而已。一般情况下，人们常常按照自己的标准或自己的目标衡量别人的成功。无法断定哪一种标准是绝对正确的，原因还是因为各自判别正确与否的标准本身就各不相同。关键之一是，必须得有自己的标准，否则只会盲从于他人，只会在社会大潮中随波逐流。关键之二，还应该知道在这个世界上还有与自己不一样的他人的标准，否则将无法理解他人，理解社会。例如，目标是年底存钱 20 万元，可是到期只存了 19.9 万元。对于自己而言，这仍然是不成功，但是在别人眼里可能已经很成功了，称赞能存这么多钱。此时可别点头称是，因为别人所说的成功是针对他们自己的目标而言的，而不是针对自己制定的目标。如果觉得存了 19.9 万元也比较满意的话，那最好的解释是，你内心真正的目标不是 20 万元，而是 18 万元以上，存20 万元只不过是自己的美好愿景罢了。

4．成功是一种感觉和过程

有的目标是不能够被量化的。许多人常常将目标定成"更上一层楼"、"跃上新台阶"、"挣更多的钱"、"过上更幸福的生活"等。这些目标都是有一个共同特征：没有量化，界限不清，没完没了，无法衡量。成功不是数学概念。成功是人们追求或达到目标所获得的满足感，是社会承认了个人的价值，自己也承认自己的价值，所获得的幸福感。成功是一个过程，是一种感觉。因此人们做事情，不管大事小事，只要是想做的事，并且通过努力做成了，满足了，也就成功了。所以这类所谓的目标，充其量不过是一个想法，或一种愿景，而不是可量化的目标。许多人常说的"成功说不清楚"，也可能就是因为他们只有一个模糊的没有量化的"目标"。因而有效的目标应该是，每个星期中要有 4 天早上 6 点起床，跑 20 分钟的步。

5．成功是干出来的

爱因斯坦有一个公式：

$$A = x + y + z$$

其中 A 代表成功，x 代表艰苦的努力，y 代表正确的方法，z 代表少说空话。由此可见，要想成功，不但要具备知识、自信、梦想，而且一定要努力。成功是实干出来的，需要付出劳动的，是需要艰苦努力的。不要把成功看得太遥远，也不要把成功看得太容易。只要方向对头，废话少说，脚踏实地，一步一个脚印地走向成功。

人人都在以不同的方式追求成功。但绝不是靠投机取巧求名利，不是靠掺杂使假骗钱财，不是靠连跑带送谋官位，而必须靠高尚的品行立身做人。每个人的一生，都应该有一些

比他的成就更伟大，比他的财富更耀眼，比他的才华更高贵，比他的名声更持久的东西。这个东西就是高尚的人格，达此境界便是做人的成功，而且是真正的成功。

4.4.2　向成功人士学习成功的方法

如果找到成功的方法和规律，成功就成了早晚的问题。人们可以花 10 年、20 年，甚至穷尽一生的精力和时间，自己慢慢摸索成功之道，但那毕竟不是最好的快捷方法。成功最快的方法，就是复制已经证明有效的方法。复制他人的成功，远胜过自己摸索。那么，已经证明行之有效的成功方法在哪里？成功学是无数成功研究者以及成功人士所共同创造出的智慧结晶！成功学的起源是为了完善自我和培养他人，促使人们积极进取，推动社会完善进步而自然产生的学问。成功是一门科学，是有很多规律在里面起作用的，不一样的人，有着相同的成功规律。

成功学的核心原理是复制成功。榜样的力量是无穷的，学习成功者身上的闪光点和成功的方法，是迅速提升自我，弥补自身不足的有效手段之一。善于向成功之人学习，可以提高自己的做事效率，达到成功的目的。超级成功学认为，成功是一种客观现象，有规律可循，有方法可依。找到已经获得成功结果的实例，分析成功的过程、机制，总结出这一实例的方法，那么这个方法就有普遍意义，只要重复这个方法，就必然有特定的成功结果出现。这就是复制成功。复制成功，是快速成功的重要方式。

复制成功的步骤是怎样呢？首先确定想要的结果，然后找到已经有了这种结果的人分析他的策略，最后复制他的做法。怎样复制呢？第一，复制他的信念；第二，复制他的策略；第三，复制他的肢体语言。将这些顶尖成功人士的成功方法应用于自身，可以快速实现成功。

所谓成功者成功的方法，一定是他们穷数年之功，历经无数次失败的经历。人们不必完全走他们的老路，而是直接学习、借鉴他们的经验、原则。做成功者所做的事情，了解成功者的思维模式，并运用到自己身上。任何一位成功者，之所以在某一方面高人一等、出类拔萃，必定有其与众不同的方法。只要科学地学习他的做法，你也可以做出和他相似的成就。

4.4.3　成功秘诀：超越自己

1. 任何成功都是自我的超越

纵观历史，横看世界。成功学的研究，在中国可以追溯到 3000 年前的《周易》和 2000 多年前孔子的《论语》。在英国最早来源于培养绅士的观点，代表人物有约翰·洛克等人。有拿破仑·希尔和奥格·曼狄诺特别强调成功最重要的因素就是要有积极的心态；有本杰明·富兰克林提出个人品德修养的基本准则；有彼得·德鲁克的关于自我管理的理论；还有埃米尔·赖希的《成功的真正定义》，戴尔·卡耐基的《人性的弱点》，塞缪尔·斯迈尔斯的《自己拯救自己》，安东尼·罗宾的《潜能成功学》，弗兰克·贝特格的《精神励志理论》，吉米·道南的《经典的实践技能理论》，巴尔塔沙·葛拉西安的《智慧理论》，陈安之的《信心和潜能的激发》等。这些代表人物创建了成功学的很多理论。成功学的理论千头万绪，内容非常丰富，归根到底就是一句话——超越自己。

2. 成功的最大敌人是自己

在人生中，所面对的最大的敌人不是外在的别人，而是自己。自己身处层次的局限性，自己视野的狭隘性,自己见识的短浅性以及自身的缺陷,妨碍着达到更理想的目标。自己这个敌人永远无法逃避和摆脱,其他的敌人是可以选择的;这个敌人是永远旗鼓相当的;这个敌人将终身伴随着成长;这个敌人是最全面的敌人,在各个方面都需要将其战胜以获得成长;这个敌人是最深层次的敌人,与其斗争将直入你灵魂及思想深处;这个敌人是一直相伴相随,随时随地在"斗争"。

3. 战胜自己,超越自我

人生的成功和失败由自己决定,战胜了自己,就会成功。每个人最大的敌人就是自己,但是也只有自己才是自己的救世主,自己的能力需要自己来培养,自己的错误需要自己来纠正,当开始行动时,能够真正支持自己迈向成功之路的人是自己。许多人正是无法战胜自己而遭受了挫折和失败。他们不能相信自己能战胜面前的困难,而是自暴自弃,失去成功的机会,没有从自身找原因,而只是抱怨上天对自己如何的不公平。在现在这个社会,当因为年轻气盛而冲昏头脑;当被别人的恭维而飘飘然迷失自己;当为一时的失利而嗟叹悔恨;当为得不到的感情而耿耿于怀;当为一时的失利而挫伤锐气的时候,确实需要拿出很大的勇气来战胜自己。当有勇气战胜自己的时候,也就是事业看到希望的时候。需要寻找的是自我的突破,自我的提升,自我的征服。

4.4.4 享受人生的绝妙境界——无我

1. 从"有我"开始

我要创造,我要成功,"我"是这个行为的主体。要认识自我、肯定自我,实现自我。这个看得到、摸得着、有感情有思想、还能付诸行动的人就是"我"。有我就会有更多的自我觉察,从而发现自身的盲点及潜在的能力。这种正向的自我接纳与肯定,是我们提升和进步的重要基础,是进入无我的基础。

进一步讲,"无我"必先"有我",创造必先有创造主体。如果连自我都无法认清,那么所谓的"无我"也只是一句空话而已。创造就是从"有我"到"无我"的过程。因此,要先肯定"我"、建设"我",如此才有"我"可舍。先要完善一个健全的自我人格,才可能真正升华成没有执取,自在解脱的"无我"。追求"无我",从"有我"开始!

2. "我"的变异

在改造客观世界的同时,也改造了"我"这个主观世界。在发明创造的过程中,"我"也在不断地变异之中。人性中有善与恶的两面。本我是与生俱来的,超我是社会化的产物,没有人类社会,超我是不会存在的,这也就是人类和动物的根本区别。发明创造和科学研究超越了动物的本能,只有不掺杂半点自私和虚假,才能走向真正的成功。发明创造和追求成功之初,可能是为了"光宗耀祖、封妻荫子"。在不知不觉之中就逐渐改变了。从本我变成超我,从小我变成大我,求同存异,有同有异,与自然相对的就是异然,也就是超自然。与大我相对的是小我,与自己的心术相对的就是异术,自我就是小我,超我就是大我。小我自然,大我异然。

"我"这个行为主体,被"自我观念"所左右。例如有的人缺乏自信,就会变得凡事怯懦,害怕失败,尽管实际上他可以表现得更为出色;反之,有些人可能并不怎么聪明,但他对自己充满信心,思维积极正向,往往就能把事情做好。这就是"自我观念"对"我"的影响,成功的是正确的。发明创造成功了,自我观念正确了,做人也成功了。在走向成功的过程中,由悠然自得、只求快活、节奏总是慢半拍的人,变成思想解放,敢为人先、无私无畏的发明者,变成有豁达的胸怀、端正的操守,高远境界的人。变成超越普遍、抛开平庸、走向崇高和渐臻完美的我。从而为人类社会做出可喜的成绩。

3. 进入"无我"

在外人看来,搞发明创造并进入状态的人是艰难困苦、没日没夜、废寝忘食的。实际上他们自己却是浑然不知、全然不晓的内外两忘,内忘欲求,外忘物诱。不仅如此,甚至以此为乐,以此为福,很享受。这就已经进入"无我"境界了。

实际上无人不怕吃苦,无人不畏艰辛。成功人士之所以成功,秘诀实际上是不知苦,不识艰。为什么会这样?因为他们已经忘我。只有事业,没有自己,成败得失一概不管,荣辱毁誉一律不问。"无我"方可自觉自愿(甚至是无意识)地去创作,"无我"才能一直拼搏下去。如果那个人感觉自己为之奋斗的目标太难,付出的太多,做得太苦太累,就会失去前进的动力,是不会长久的,不会成功的。因为他没有进入"无我"的境地。或者他曾经成功过,但继续成功将离他而去,而不论因为他曾经的成功而现在的名声多么显赫,所处的位置多高,都将如此,因为他不再"无我"。

"无我"并不是要人们摒弃"自我",而是要放下对自我观念的种种执着,接纳"如其所是"的世界,遵循自然规律,而不再执着于"如我所愿"。这样就才能不被烦恼和痛苦所束缚。获得内心的自在与外在的成功。"无我"超越了主观客观,超越了时间空间,超越了相对绝对的自我中心,"无我"是自我发展的最高阶段,是无私无畏的我,快乐充实的我,博爱奉献的我,完善完美的我。

"无我"是心无旁骛、心无杂念、智慧门开,达到至高境界;是舒畅辽阔,自由翱翔的境界。是超脱尘俗,与自然相融的境界;"无我"很美妙,"无我"很轻松,"无我"很快乐。这种心境只可意会,不可言传,是很难用文字说明的,只能如人饮水,冷暖自知。"春江水暖鸭先知",当开始发明创造之时,自然就心领神会了。

第5章　走进发明创造

人的创造活动是人的真正的功能，人在创造中找到他的真正幸福证明了这一点。

——阿诺德

做出重大发明创造的年轻人大多是敢于向千年不变的戒规、定律挑战的人，他们做出了大师们认为不可能的事情来，让世人大吃一惊。

——法国著名数学家　费尔马

5.1 发明创造传奇

在人类历史长河中,世界文明的整体发展大多是由一项项发明来推动的。例如,骨制缝衣针可谓是远古时代的重大发明,如图 5-1 所示。骨制缝衣针的出现,证明了人类告别了赤身裸体的时代。在法国多敦河区的洞穴里,就曾考古发现过公元前 2 万年的骨制缝衣针。

公元 1015 年,毕升发明了活字印刷术,活字印刷术的发明使大规模的书籍文化传播成为可能,随着书籍被更多的人传阅,文化的交流趋于频繁。图 5-2 为活字印刷拣字转盘的复原模型。

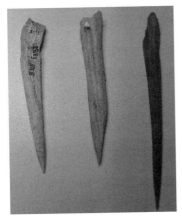

图 5-1　骨制缝衣针

图 5-2　活字印刷拣字转盘

公元 1712 年,英国人纽科门(Newcomen)发明了活塞式蒸汽机,如图 5-3 所示。从此世界进入"蒸汽时代"。公元 1777 年,英国人瓦特发明了适用于大工业普遍应用的独立冷凝器蒸汽机,极大地推动了工业革命,奠定了之后英国工业生产力冠绝世界的局面,也为英国日后称霸世界打下了坚实的基础。

公元 1831 年,电子之父英国的法拉第发明了划时代的发明——直流发电机,如图 5-4 所示。从此世界进入了电气时代,从而引爆了第二次工业革命——人类文明的又一次历史性的飞跃。

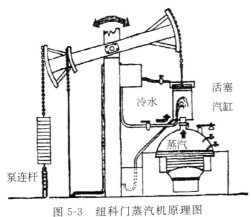

图 5-3　纽科门蒸汽机原理图

图 5-4　早年法拉第的圆盘发电机

公元 1903 年,美国的维尔伯·莱特和奥维尔·赖特这对兄弟最先制成动力飞机,如图 5-5 所示。这完成了人类征服天空的第一步,也彻底改变了日后战争的进行重点。陆军不再是战场上的决定性力量。

图 5-5　莱特兄弟的莱特飞行者飞机

公元 1942 年,原籍意大利的物理学家费米在芝加哥大学一个壁球场里组装了他发明的世界上第一个原子反应堆,引发了持续的原子核反应,如图 5-6 所示。从此,世界进入了原子时代。这个核反应堆参与了人类历史上第一枚核弹的研发工作——曼哈顿计划,将原子弹这一恶魔放出了牢笼。

公元 1945 年,美国科学家埃克特和莫其利在宾夕法尼亚大学进行合作研究,为美国陆军研发了世界上第一台电子计算机,如图 5-7 所示。从此人类进入了信息时代。虽然当时的计算机笨重又昂贵,但是不可否认,这是一个划时代的发明。

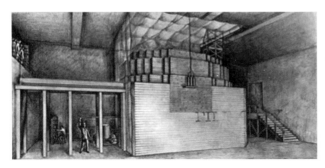

图 5-6　世界上第一个原子反应堆　　　　图 5-7　世界上第一台电子计算机

1957 年 10 月 4 日,前苏联发射成功"伴侣 1 号"世界第一颗人造地球卫星,总质量为 84kg,速度为 17.5km/s,如图 5-8 所示,从此世界进入航天时代。继莱特兄弟的动力飞机迈出了人类征服天空的第一步之后,人类又开始了探索外层空间的壮举。

公元 1961 年,美国达拉斯市的德州仪器公司研制成集成电路,并取得了专利,从此世界进入微电子时代,开辟了利用硅片的新局面。现代的集成电路板如图 5-9 所示。

当然,还有好多足以影响世界变革的重大发明,可以阅读相关书籍,在此不再赘述。

人类文明的发展离不开物质载体。离开了它,那些先哲的发明或许也就无法创造足以影响世界几十年甚至几百年的不朽之作。但是发明源于生活,用于生活。人们可以动手从做一些小发明、小创造开始,挑战自己,丰富生活,进行发明创造。

图 5-8　前苏联"伴侣 1 号"卫星

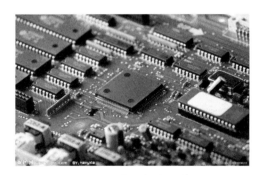
图 5-9　现代的集成电路板

5.2　发明创造剖析

5.2.1　什么是发明创造

《辞海》将"发明"定义为"创制新的事物,首创新的制作方法";创造即"首创前所未有的事物"。简单讲就是"人无我有","无中生有"。我国在《发明奖励条例》中对"发明"的概念是,发明是一种重大的科学技术新成就,它必须同时具备下列 3 个条件:第一,前人所没有的;第二,先进的;第三,经过实践证明可以应用的。

发明创造是指运用现有的科学知识和科学技术,首创出先进、新颖、独特的具有社会意义的事物及方法,来有效地解决某一实际需要。因此科学上的发现,技术上的创新,以及文学和艺术创作,在广义上都属于发明创造活动。发明创造不同于科学发现,但彼此存在密切的联系。历史上每一项重大科学发现都会带来一系列的新的发明创造。例如电的发现,引起了一系列的发明创造,例如电灯、电话、电影、电视、电子计算机等,举不胜举。

历史上,人们利用科学的方法和方式,通过探索、研究、发现、表达、记录、信息传递交流,制作成为口语、书面信息、涂鸦图案、实物产品,揭示科学技术理论、规律,利用自然界存在或者隐含的人类未知原理等制作成可以供生存、生活、生产、交流、信息交换等具备相当程度的科技含量的人类智慧结晶产品。一般地,都称之为创造。所有的创造的开端,都是为了造福人类的科学技术活动。

5.2.2　发明创造的要素

(1) 主体。主体是实践活动的承担者。它是创造活动中占支配地位的因素。具有由需要激发的进行对象性活动的能动性,具有在"为我"目的推动下的创造性,具有对自身活动进行自我控制和自我调节的自主性。主体应满足以下几方面特征:

① 具有对创新活动自主的决策权;

② 具有进行创新活动所要求的能力;

③ 承担创新活动的责任与风险;

④ 获取创新活动的收益。

(2) 创造客体。创造客体是创造行为所涉及的目标,通常也称为创造现象。创造客体的内容非常广泛,主要涉及自然、社会、人类三大领域,表现为发现、发明、创作 3 种形式。

（3）创造环境。创造环境是对创造行为产生影响的各种外部因素和条件。人是环境的产物,环境对创造主体既有促进作用,也有抑制作用,如文艺复兴时期,整个社会充满了要求个性解放的风气,出现了大量自由奔放的创造成果。又如中国封建社会小农经济的封闭,封建社会的禁锢和因循守旧的理念传统,根本不为创造主体提供生存空间,致使创造力面临窒息的困境。可见营造一种积极探索和勇于创造的氛围和一个自由、宽松、充满机会的环境相当重要。

（4）创造机制。创造机制是创造过程中创造主体为了能出成果而必须遵循一定的创造原理、原则和技法。

5.3　发明创造的规律

发明创造的心理、方法和规律是创造学研究的范畴。

1. 发明创造,人人可为

发明创造是科学,但是并不神秘和高不可攀,日本的一位家庭主妇发明了伸缩螺旋式多用锅盖;富兰克林发明花镜时,年龄已是 78 岁;美国 5 岁的小孩发明喝冰淇淋装置获了专利。浙江科技学院的学生每年申请专利 1000 多项;每年有大批的中学和小学生发明创造获奖……无数事实表明,任何发明创造都是人为的结果。不分年龄、职业、文化程度,也不分国籍、民族和身份,每个人都有可能发明创造,获得专利,了解这一规律,会更大地激发自身的创造力。这是因为还有很多人对发明创造怀有神秘感,从而动摇了自己的信心,极大地浪费了自己的巨大潜能和创造力。其实,发明创造就是纸老虎,远看很厉害,走近了,没什么了不起,一捅就破。所以发明创造,不论老人、小孩、男人、女人,人人可为。

2. 发明创造课题具有广泛性

这个规律有两层含义:一是指发明主体的广泛性,发明课题在每个人身边,机遇人人平等;二是指发明课题的范围广、类别多、涉及大千世界的方方面面,不但专业发明人可以搞,业余发明人也可以搞,甚至外行人也能搞发明。发明创造无处不在,无时不有。好多发明创造出于外行人之手。

3. 发明创造源于需要

无论是社会的整体需求,还是每个人的个体需求,或者经济的、物质的、精神的、方法的不同领域、不同层次的各种需要,基本上离不开人们如下希望和追求:速度更快、效率更高、方法更简便、价格更便宜、产品更精密、技术更先进、成本更低廉、使用更耐久、工艺更合理、材料更新奇、外形更美观、体积更小巧、容量更大、功能更齐全、适应更广泛、思路更奇妙、操作更灵活……

为了解决这样种种需要和愿望,人们才不断搞发明创造。或者说,成功的、有价值的发明创造都很好地适应了某种需要。小到针线,例如有人发明了"双尖绣花针",大到机器设备;或者简单到一种小工具、一个文字符号,复杂到电子计算机,人工智能产品,都可以验证这条规律的普遍性。

发明创造产生于需要这条规律,合乎人类活动的一般规律性,就是说,人的各项活动总有一定的具体目的,都是为了适应某种需要。另一方面,这一规律告诉我们,在具体的发明创造过程中,力争目标明确,选题准确,尽量有效地适应于需要,也是发明创造性选题技巧的主要依据。

4. 发明创造可传授,易学会

人类可通过教育和培训使自己的创造力更充分地得到发挥,进而诞生出成功的发明创造。系统而有计划地对人们进行创造思维、创造意识、创造规律、创造技法、技术合同法、专利法、生产实际的问题解决等创造学的理论教育以及具体的实践训练,将有利于补充和完善传统教育缺少创造教育和训练这一不足。

许多事实表明了发明创造的可教育性和规律的可信性。如果能普遍开展系统的创造教育,让更多的人早早地接受创造力开发,在各级各类教育中把自觉的创造思维自我开发作为核心必修课,大力开展创新教育,人类将赢得美好的明天。

5. 发明创造的效益性

任何发明创造,就根本目的来说,都是为了满足经济、时间、技术、文化、精神等具体的需要。正是发明创造的效益性,才使其价值越来越得到公认。而成功的发明创造,则势必会直接或间接产生具体的经济效益、社会效益或生态效益。

6. 发明创造的实践性

大大小小的发明家,首先都是成功的实践者,乐于思考,善于观察和勤于动手,即想、看、做的直接实践。任何具体发明都必须在这些基础性实践能力方面有所准备。很多发明要经过反复实验。有些发明从方案的构思、咨询、搜集资料、设计草图、试制样品及具体应用开发,每一步都是具体的实践。有些发明要申请专利,就要学会检索专利文献,要了解专利知识和有关法律,这也是实践。只有某一方面或几方面的实践能力是不够的,成功的发明者应该具备全面的、综合的实践能力。

7. 发明创造的偶然性

所谓偶然性,是指在发明创造活动中的题目选择,动因刺激,关键问题的解决,试验中重点、难点的突破,某种技术方法的恰当运用等由于特殊的场合、意料之外的启发或影响作为条件,使发明创造发生飞跃性的变化而导致成功。偶然性因素主要有发明者意识的,观念性和灵性的,外部环境和他人举动、语言的,现有事物的变化,某种方法、技术的缺点,等等。"有意栽花花不放,无意插柳柳成荫",歪打正着,正打歪着都是有的。

8. 发明创造具有系列性

发明创造的系列性规律,就是"一个发明能再引出新发明"的意思,或者说,成功的第一次发明,往往可以引出新的发明:第二次,第三次……相关的发明的成功,大家熟知的,发明大王爱迪生一生中共有1280项专利发明,加上非专利发明多达2000多项。这是发明创造系列性规律的最典型而有说服力的实例。

人们身边,这样的事实也不少:浙江科技学院有个学生,大一学生有5个专利,大二学生有50多个专利,大三学生有超过100个专利,大四学生有超过400个专利,被称为"专利达人"。山西师范大学的发明人申请专利的篮球投篮训练器,也是一个系列发明成果。在普通篮板的上下左右用大网挡住,投篮后,球落大网,从网底漏出,顺滚道再回到投篮者手中,训练中,可以节省大量人力,并提高训练效率;经改进再加上计数器,可随时记下投中数,投出篮球总数;将大网下的滚道架,改成机动弹球装置,当球从大网漏出后,弹球装置接住,跟打炮一样,将球弹射给投篮者。这3种装置发明,都获得了专利。发明者目前已进入到该系列发明的第 4 步：改进弹球仪，使该装置可以自动跟踪投篮者并准确传球给被跟踪人。

9. 发明创造的有序性

发明创造的有序性是指每项发创造中的各种要素、条件，实际上是互相间存在着内在的必然联系。二是指由于全部发明创造是有类别层次的。具体如下。

（1）最简单的。例如三角形日历，只是简单地变一下形。新式油漆刷子，仅仅加了一样附加物。

（2）较简单的。例如，玻璃安瓶开启器是将韧性很强的保护罩组装上活动小砂轮，同时用罩罩住安瓶，用砂轮划瓶颈，再直接掰断，既不扎手，碎玻璃片又好往卫生箱中放。增加了功能，也并不复杂。

（3）一般程度的。例如，一名中学生发明了厕所水箱节水装置，只是在原基础上用一根小绳控制浮子，使在一定数量内出水。这样的发明既要仔细观察，又要懂相关的道理，还得反复实验。

（4）有一定简单条件的。例如，病房呼叫装置改传统的每个开关一个回路为多个开关为一个回路。该选题有一定难度，需要懂专业技术性常识，否则就只能想出选题，不能顺利解决。

（5）有一定难度，又较为复杂的。例如汉字全息码。

（6）复杂的，难度较大的。例如，粉末内燃机已具备世界先进水平，是一般人不能办得到的。

（7）最复杂的，难度最大的。例如，人造地球卫星、航天飞机、人工智能、超导材料等都是多领域、大规模配合，又在各种基础理论、原理以至于思维、观念、方法、管理组织等都必须具备相当高水平时才能解决。三是指作为科学技术的发明创造，其偶然性是相对的。首先不是守株待兔。所说的发明创造不难，是一张纸，一捅就破，主要是指对(1)～(4)项而言的。所以，有序性在不同层次的基础上强调的是科学规律性，或者说小发明的机遇性多，而大发明的机遇性少。

10. 发明创造是继承和发展的过程

人类总是要进步发展的。因而，发明创造总是无止境的。整体上和具体的发明创造，都是如此。继承前人的成果，在现有技术的基础上进行发明创造。

例如，在解决高楼擦玻璃问题方面，人们想出了如下方案。

（1）在擦拭器具上，发明了各种擦拭器：橡皮泡沫器、活动把手泡沫器、汽车雨刷式擦玻璃器、高压喷射器、吸尘器改装封闭式刷头擦玻璃器等。

（2）改造窗框：内外双向窗、整体转动窗框、双轴任意角窗框。

（3）在玻璃上打主意：如变色玻璃、不黏灰尘、不污染的玻璃等。水平的不断提高，产品越来越好。

另外，像炊具、交通工具、家具、生产工具等总是会存在不足，需要改进。每改一次就出现新的"第一次"、"第一个"之后，还会有新的发明。总之，发明创造是不断继承和发展的过程。前赴后继，一代接着一代地不断产生新课题，获得新成果。

了解和利用发明创造的基本规律，是搞好具体的创造发明的基本理性保证之一。实际上，每个人都可以根据自己的实践和资料进行发明创造基本规律的总结，对于创造思维开发，特别是创造思维自我开发，大有裨益。

5.4 发明的灵光一闪

遭遇问题、发现问题、解决问题就是发明创造。大致分以下几类。

5.4.1 自主发现

这类发明较为贴近人们的生活,可以发现发明创造就在身边,无时不在,人人可为,并不太难。

【案例应用】 轻便式汽车防晒防冻罩。

近年来,汽车保有量大幅度上升,地下和室内的停车条件一时间无法跟上。大量的汽车不得不露天停放。炎炎夏日,用什么给你的爱车纳凉?漫漫冬日,用什么给你的爱车保暖?随着生活水平日益提高,轿车也进入千家万户,轿车虽好但是在夏天,汽车在外面停放了一段时间后,刚坐进去时就像进了烤炉一样,让人汗如雨下、胸闷、头痛。其实,这不仅仅是高温引起的,车内有害物质增多也可能是原因。最新研究显示,高温日晒后,质量较差的密闭车厢内挥发性有机化合物浓度会从标准值增加了很多倍,对人体产生不良影响。

目前,汽车停泊的防晒装置,大多采用在汽车内部悬挂窗帘或直接在汽车内部玻璃上贴膜来达到防晒的目的。但是这类防晒装置不能有效保护外部日光照射。尤其是在夏天,强烈的阳光直射汽车外壳,使整个汽车特别是顶部被晒得很烫,而车内更是闷热的让人难耐。另外,由于现在机动车特别是汽车的设计都注重外观设计,在汽车外部找固定的地方又很难,使得防护外部日光照射的防晒装置由于找不到固定处而很难实现。

冬天,气温一低,会对汽车有很多不利影响,如不易起动、水温偏低等,除了影响用车,还可能加剧车辆磨损。停在车库外的汽车,经过一个寒夜后,都会在玻璃上结成一层冰。车外的低温与车内空调造成的温差,导致车窗结霜,阻挡车主视线,影响紧急出发,也降低了车体寿命。在−15℃的情况下将对车体产生重大的损害。于是轻便式汽车防晒防冻罩就诞生了,如图 5-10 所示。

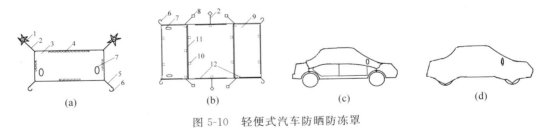

图 5-10 轻便式汽车防晒防冻罩

【案例应用】 可拆拼的床垫。

床垫又称为床褥,是睡眠文化和睡眠科技发展的象征,也反映了经济与社会的演变。古代人们最初是睡硬板床、竹床、硬炕,或硬地板,后来为求体感舒适柔软,减轻身体一些部位受压,在床上加上柔软的垫层。随着物质文明和技术工艺的进步,以及人们生活水平的提高,床垫的用料、设计、结构、制作和生产也变得多式多样。过去一般只注重舒适,后来偏重美观,近年来则更兼顾保健,甚至以健康为第一考虑。随着人民生活水平的提高,各种床垫从 20 世纪 80 年代起已逐渐普及使用,进入千家万户。

　　人生百岁,在床上的时间起码占五分之二,可见床垫在人们生活中的重要地位。现代人生活节奏快,精神压力大,高质量的睡眠就显得十分重要,因此,一张让人睡得舒服的床垫必不可少。目前市场上床垫比比皆是,有环保型、保健型、软硬多功能型、豪门极品型、加强型,衬垫的材质则分为海绵、泡沫、马鬃、椰棕、纯棉及乳胶等类。还有水床垫、气床垫、乳胶床垫、磁性床垫及弹簧床垫等。虽然性能上各有特点。但是有一个共同的缺点:不能拆拼。床垫的拆拼功能可满足很多用户的需求,如大小便或血渍污染了床垫,得整个床垫拿去洗晒,几天不能用,具有可拆拼功能的床垫只要拿去被污染的小块即可。如医院的病人不能下床大小便,只要拆掉床垫某一拼块,放一个便盆就可以了。又如水床垫、气床垫存在"漏水""漏气"的隐忧,日久某点损坏,整个床垫就报废了,具有可拆拼功能的床垫只要拿掉某点损坏的床垫就可以了。乳胶床垫、磁性床垫及弹簧床垫,因长期反复固定于一个部位受力,也需要互换部位,重新组合,以长期达到美观、舒适、保健的功效。

　　据了解,目前市场还未出现一种床垫能解决上述问题。可拆拼的床垫,是在大量的调查研究的基础上,根据用户的需要提出的一种新型床垫,如图 5-11 所示。

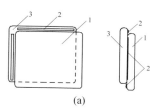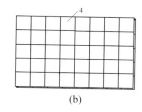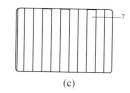

(a)　　　　　　　　　(b)　　　　　　　　　(c)

图 5-11　可拆拼的床垫

【案例应用】　全球定位安全帽。

　　以前的安全帽虽然种类繁多,但其基本功能是当坠落物敲击头部时,减轻头部的受伤程度。随着社会的发展人们对自己的保护提出更高的要求。人的因素、安全因素越来越被社会重视。现有的安全帽已不能满足劳动保护的新要求。

　　随着经济的发展,生活水平的提高,人们开始寻找更新、更刺激的娱乐活动。例如,探险、登山、航海、跳伞之类的有着一定生命危险的运动。一旦当他们走入深山、丛林深处迷失方向时他们就很有可能再也回不来了,因为外界的人根本不知道他们的具体位置,更何况去找他们呢。可见,全球定位安全帽是十分必要的。

　　随着全球定位系统(Global Positioning System,GPS)的发展,美国、欧洲、俄罗斯、中国各自都有 GPS 系统,并广泛使用于人们的日常生活之中。接收器件的价格越来越低,体积越来越小,使得 GPS 全球定位安全帽成为可能。

　　本实用新型目的在于针对上述问题,提供了一种能准确定位携带者所在位置和运动方向的全新的安全帽。

　　本实用新型解决其技术问题所采用的方案是,把整个 GPS 接收机做成安全帽,帽身为GPS 的天线,帽舌设有显示器、帽衬内装有主机板,两侧帽檐上设有两个耳机,披肩角上的护肩甲内设有电池,如图 5-12 所示。

【案例应用】　按摩式被套。

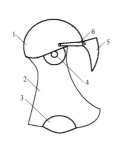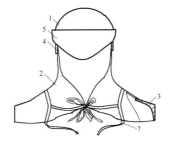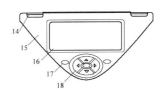

图 5-12　全球定位安全帽

随着社会的发展,人们对生活的品质要求也随之升高,一天中,人们在床上度过的时间最低也应该有七八个小时,这是一天时间的三分之一,这段时间对人们来说也是十分重要的,它的质量关系着一天中其他十三四个小时的精神状态,生活品质和学习,工作的效率,更严重还可以影响小孩的生长状况,智力发育,中年人的精神状态,老年人的健康状况,等等。因此有一些好的床上用品是十分重要的事情。现在生活节奏日渐加快,人们每天忙着工作或一些日常的生活琐事,人们能真正的静下来好好休息或放松的时间越来越少,当我们工作的很累的时候,回到家里如果能有个人帮助按摩一下,会感觉很舒服。但是,因为每个人都有自己的事要做。当人们用一天中三分之一的时间躺在床上休息时,要是有一床舒服的被子帮助入眠、放松全身、缓解疲劳,提供按摩,这样的被子不是很令人欣慰和心动吗?而能达到这种目的被套,不是很令人期待吗?所以这种发明应运而生。

【案例应用】 隔离式卫生套鞋。

鞋是人穿在脚上的经常与地面接触的主要介体。随着社会的发展和生活水平的提高,人们对鞋从各种角度提出了更高的要求。由于现有鞋的某些不足使人们在生活中常常处于尴尬的境地,诸如下雨天出门,无论是撑雨伞还是披雨衣,雨水总是沿着雨衣或雨伞的边沿灌进鞋子,裤脚和鞋子总是湿漉漉的,脚被泡涨、冻伤,很不舒服。又如,走亲访友、参观考查、进入卫生要求较高的房间,不脱鞋就会弄脏地面,鞋底也会划伤地板,而脱掉鞋子,在冬天会冷,夏天又会有味道,若共用拖鞋,容易造成病菌的交叉感染,而且脱掉的鞋子摆在门口,既不雅观,又会搞混、被窃。为了解决雨雪天骑车和走路问题,通常的方法是穿长筒雨靴,他的高度达到人的膝盖部位,裤脚可以塞进长筒中。虽然较好地解决了雨雪天气脚部的防护问题,但是现有的长筒雨鞋采用橡胶和塑胶制造,存在着体积大、分量重、高度有限、透气性差,携带不便等问题。而越来越不受人们的欢迎。为了解决进入清洁要求较高的房间的卫生问题,现有的方法是采用一次性拖鞋。这种方法虽然避免了病菌的交叉感染,但仍然有要脱鞋等问题。而且每天产生大量的垃圾,既是资源的浪费,又造成白色污染。一个新型的设计出现了,其目的是设计一种卫生、轻便、廉价、多用的套鞋。它直接套在鞋子的外面,既不要脱鞋,又能有效地把脚与环境隔离开来,避免了上述缺点。

5.4.2　他人反映

他人反映是指有人发现了却没放在心上或者实验过后放弃了,而他们却启发了另外的人,使别人成功。自主发现是完全独立的一个过程,也有人认为是自主发现之后再反映给他人的过程。这里仅从发明者的角度出发,视发明者发现的途径为自主发现或他人反映。下面是几个应用案例。

【案例应用】 绿色安全农药。

随着农业现代化水平的提高,人们对农药安全性的要求越来越高。现代农药发展面临着生态和环境问题的巨大压力。首先,全球性的环境污染令人触目惊心,而化学农药是环境污染的重要组成部分。其次,由于长期使用高毒农药,害虫天敌数量锐减,导致某些有害生物因缺少自然控制(食物链控制)而再度猖獗。第三,由于连续使用同种或同类有毒农药,引起有害生物抗药性增强,而用户不得不采取增加用药量的方法来加以防治,长此以往,造成恶性循环。所以研制"高效、安全、经济"的新农药制剂,既能提高农药药效,延长残效期,且低毒、无污染的药剂是势在必行的。绿色安全农药产生了。

【案例应用】 茶叶蔬菜专用绿色农药。

据不完全统计,我国已记载的茶树、蔬菜害虫已有 300 多种,病害 100 余种。这些病、虫害给作物的种植生产带来很大的损失,农药对防止病虫害,保证茶叶的高产起着重要的作用。但是 20 世纪 60 年代后由于有毒农药残留影响了茶叶的品质。这些农药如果使用不当即会造成作物药害,人畜中毒,也会造成环境污染。茶叶历来是我国的重要出口商品,近年来我国的茶叶出口量不及斯里兰卡的 1/6,印度的 1/8。近年来,国家采取措施,禁用有机氯、有机磷、氰戊菊酯等高残留、高中毒性农药。生物农药目前存在着成本高、推广困难的问题,另外也有品种和数量的限制。所以需要研制用于茶叶、蔬菜的防虫治病和优化茶叶蔬菜品质,多种功效合而为一的专用化学品,具有广谱性、多功能、无公害的特性。于是茶叶蔬菜专用绿色农药专利出现了。

【案例应用】 新型洗碗机。

现在的年轻人基本不怎么会做家务了,小两口结婚后洗个碗都成问题。从这一现象中得到灵感从而创造发明新型洗碗机。现阶段市面上流通的洗碗机存在清洁度不够的缺点,在洗碗后碗上有时仍会黏有固体杂质.用户需再次清洁碗,加大了自身的工作量。发明增加了洗碗机对碗的清洁效果,通过检索国内外专利文献及相关数据库,从寻找到的资料中未曾发现有相同的研究。发明内容:本发明就是针对上述问题,旨在研究设计一种更方便、清洁的洗碗机。现阶段市面上流通的洗碗机是采用高压水冲洗的方法对碗进行清洁,本发明不仅采用高压水对碗进行冲洗,而且采用碗与清洁小球、清洁杯的内壁摩擦去除上面的污质的方法进一步清洁碗。本发明可适用于家庭厨房以及餐饮业的洗涤。

【案例应用】 一种新型 CPU 散热器。

在炎热的夏季,若没有空调,计算机无法在高温状态下持续工作。当 CPU 的散热不充分,超过稳定工作的温度后,就会自行关闭。电子技术近年来迅速发展,电子器件的高频、高速以及集成电路的密集和小型化,使单位容积的电子器件的发热量快速增大。电子器件正常的工作温度为 -5℃～65℃,超过这个范围,元件性能将显著下降,不能稳定工作影响运行的稳定性。然而现有的散热器件却因为材料的限制散热性能已经无法再提高。

现有散热器以金属制成的散热翅片为主。然而 CPU 可接触面积小,发热量高,因而自 CPU 向散热片的传热以及散热片内从高温端向四周的传导速度成为 CPU 散热的瓶颈,现有的增加散热面积的手段已不能解决问题。以铜作为内芯以铝为外围翅片制成混合型散热系统,由于铜铝间无法紧密配合将导致散热效率大大下降。也有采用水循环的散热装置,但存在体积大能耗大等问题。实用新型针对上述问题,设计一种计算机 CPU 散热器,旨在使之体积小、重量轻、散热效率高、价格低、环保的散热器。

5.4.3 普遍存在的社会问题

【案例应用】 防盗抢挎包。

随着人们生活和消费水准的不断提升,各式各样挎包成为人们身边不可或缺的实用饰品。挎包包括商务包、旅行包、背袋、笔袋、钱包、小香包等。挎包市场存在巨大的需求空间,促进了中国包类产品的增长,使得箱包产业取得稳定增长良好势态。中国是挎包生产的大国,国内已经形成广东花都、福建泉州、浙江省平湖和河北白沟包袋生产制造基地。2007 年全年中国包类出口金额 108.1 亿美元,出口数量 77.79 亿。消费者品位的改变,挎包材质、花样的变化,都影响着时尚潮流。同时,在越来越标榜个性的时期,各类风格也从不同侧面迎合着时尚人士张扬个性的需求。人们挎着漂亮的包是一道风景线,但是骑着摩托车抢包的现象在各地屡屡发生。这种飞车抢包成为当前抢包的主流现象。根据世界银行的报告,我国基尼系数(全部居民收入中用于不平均分配的百分比)从 2000 年开始,已越过 0.4 的"警戒线",并逐年上升,2006 年已升至 0.496,近年已超过 0.5 以上。随着贫富差距的加大,挎包的防盗抢设计也越来越成为包袋市场的新需求。

针对目前常见的偷抢现象,国内外已有各种防盗防抢包,如专利号为 200420011058.8 的防盗防抢包、03260942.6 防抢包和 200520054164.9 电子防盗防抢包,包体内具有电源、报警装置和遥控接收器,另外还可以产生高压电弧,使手抓包体的抢包者受到电击,起到防盗抢的功能。又如专利号 200720010768.2 防割防抢包,与包体连接的包带内置金属丝绳或金属丝,并从包体上引出用于挎在肩部或套在手上的防割防抢的金属丝绳套。可以达到防刀割、防剪切、防抢、防盗等功能。

据了解,飞车抢包案件中,由于事发突然、快速、猛烈,有的拉伤手臂头颈,有的摔倒在地,被抢者都有不同程度的外伤和惊吓。相比之下人受伤的损失往往大于被抢包的损失。现有的包袋技术还未出现这种防盗抢挎包。为了解决上述问题,根据用户的需要提出的一种新型防盗抢背挎包。本实用新型采用的技术方案是,背带的两端和包体的两边设有金属触点与虚联接扣;背带两金属触点间采用埋在背带内的细导线连接;在包体的内壁隐埋着走着 S 形的线路的很细的导线和报警器,如图 5-13 所示。

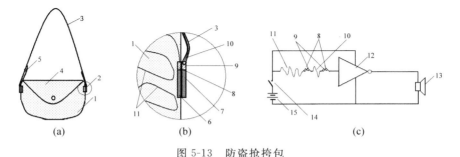

(a)   (b)   (c)

图 5-13   防盗抢挎包

【案例应用】 表面膜减阻方法与黏塑性物料管道输送技术。

在水库、湖泊、河道中,日积月累,渐渐地沉积起越来越厚的淤泥层,使河床提高。这不但减少库容,污染环境,影响交通,而且在汛期可能会导致洪水泛滥,危及堤防,造成水灾。另外,工业废渣清运,城市垃圾处理,码头航道清淤等,黏塑性物料的输送一直是工程中迫切需要解决的问题,具有广阔的市场需求和广泛的应用前景。但是,软黏泥土既非固体,又非液体,属于宾哈姆(Bingham)体范畴,这种软黏泥土的非牛顿流体特性及其在扰动下的再固结特性,具有很大的黏滞阻力。现有技术认为,气体、液体和粉粒状固体可用管道输送,理论也比较成熟完善。而黏塑性物料输送理论鲜见研究和报道,认为无法用管道输送。所以现有的理论和方法均无法进行黏塑性物料的管道输送的模拟与计算。就输送泥土的现有技术和设备来说,泥浆浓度大于30%,就无法输送;粉粒状干土稍有潮湿就无法输送。而在工程中大量泥土的自然状态都处于难以用管道输送的范围。因此软黏物料的远距离管道输送是迫切需要解决的具有理论研究意义的国际性难题。表面膜减阻方法与黏塑性物料管道输送技术原理如图5-14所示。

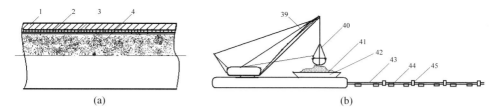

图 5-14　表面膜减阻方法与黏塑性物料管道输送技术原理

【案例应用】　地震避难柜。

　　地震是地球上经常发生的一种自然现象。近年来地震活动极其频繁,全球每年发生地震约500万次,对整个社会有着很大的影响。我国地处全球两大最活跃的地震带(环太平洋地震带和欧亚地震带)之间,是遭受地震灾害最为严重的国家之一。2008年北京时间5月12日14时28分,在四川汶川县(北纬31度,东经103.4度)发生震级为8.0级的地震。全国震惊,惨不忍睹。据统计20世纪以来我国发生6级以上地震700多次,其中7.0~7.9级地震近100次,8级以上地震11次。1900年以来,中国死于地震的人数60多万,占全球地震死亡人数的55%。全球两次死亡20万人以上的大地震全都发生在我国,一次是1920年宁夏海原发生的8.5级地震,死亡23.4万人;另一次是1976年唐山发生的7.8级地震,死亡24.2万人。国内外许多起地震实例表明,在地震发生的短暂瞬间,人们不知所措,在一片慌乱中被砸死砸伤的概率最大。如果能在地震到来前及时发出警报,及时通知人们,以清醒的头脑进入避难状态,以避免措手不及,就能使许多国人免遭罹难,如图5-15所示。

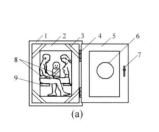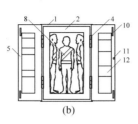

图 5-15　地震避难柜

【案例应用】 家用地震警报器。

针对地震来临的突然性和不确定性,设计研制地震警报器装置于千家万户,未雨绸缪,防患于未然,是十分必要的。现在大家都知道世界上地质灾害频发。地震发生时,首先是从震源 P 波(纵波)跟 S 波(横波)两个地震波发生。P 波在地壳的浅层以 6km/s 的速度,S 波 3.5km/s 的速度传播。因为 P 波跟 S 波传播的速度不同,首先会感觉到(P 波)的小小的晃动、然后是大的晃动(S 波)开始。离震源越远这个间隔就越长。另外震源比较浅的地震、在地表传播的叫表面波。大的摇晃会跟在 S 波后面出现。所以很多科技工作者,致力于地震预报这一当代世界性的科学难题。各国都有庞大的地震研究机构和预警报系统,其准确性将会随着科学技术的发展而逐步达到。暂且不说预警的准确与否,由于地震发生来得突然,难以预料,强地震来临,前兆异常的时间短暂,通知人们都来不及。如 1976 年唐山发生的地震,很多人还在睡梦之中。这中间可能有数分钟的宝贵的逃生时间。在这种时候保持冷静头脑快速逃生是很重要的。针对上述问题,为了及时通知人们进入避难状态,满足建筑物内的人们防震避险的需求,以免措手不及,保障人身安全,设计一种家用地震预警报器,如图 5-16 所示。

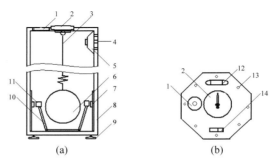

图 5-16　家用地震警报器

【案例应用】 自然能路灯。

众所周知,路灯是人们生活中常见的照明电器,它给夜晚生活带来光明。美观的路灯把城市的夜晚装点得多姿多彩。但是,常规路灯必须用架空电线或埋地电缆供电,随着道路的延伸,低压输电线路过长,还需要设升压系统。路灯不仅是一个耗电大户,而且其供电线路的建设成本很高,特别是远离电网的城郊公路和高速公路更是如此。所以我国很多市郊公路和高速公路还都没有安装路灯,这样会带来很多安全问题。为了解决这问题,全世界的能源和电气工作者,都在研究节能、环保、低耗的路灯,现有技术中出现了蓄电池供电,尤其是太阳能电池和风力发电机供电,都是个好方法,也有一定的缺陷。蓄电池供电需要按时充电和更换,太阳能电池遇到连续几天的阴雨风雾天,就会造成照明灯的暗淡和熄灭,而阴雨风雾天是特别需要照明灯的。风力是不断变化的动力,有间隙性和多天的无风日和微风日,会影响均衡供电。设计产生的一种节能、环保、绿色的风光蓄互补的自然能照明灯,其方案是把蓄电池、太阳能电池和风力供电结合在一起,在路灯杆的一侧装太阳能电板、在路灯杆的顶端安装一个风力发电机、一个蓄电池、一套发光体和包括光控开关、变流器、恒压恒流器和控制调节器的控制电路组成的路灯,如图 5-17 所示。

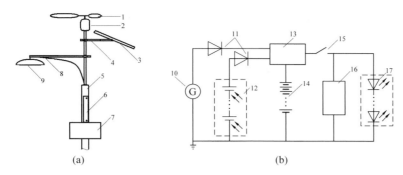

图 5-17　自然能路灯

5.5　发明创造的源动力

阿尔伯特·爱因斯坦说过："我没有特别的天赋,我只是有强烈的好奇心。"他认为："当我们头脑里已有的概念同现实世界中遇到的事物和现象发生冲突的时候,我们就感到惊奇。而我们认识的发展就是对这种惊奇的不断摆脱。"

推动发明者一直努力下去的动力,分为 3 种:以解决具体问题为目标;利益驱使;兴趣为之。

5.5.1　以解决具体问题为目标

以解决具体问题为目标是以社会责任为动力。这一类常见于工业或者高新科技类的发明。例如以下的几样发明。

【案例应用】　汽车节油净化器。

汽车在下坡行驶及进行减速操作时,不需要发动机的动力,此时驾驶员松脱油门踏板,但是由于车辆的质量和坡道的作用,使发动机由主动驱动变为被驱动状态,发动机处于强制怠速工况。但由于节气门关闭,此时在进气歧管内和汽化器节气门下游的通道处长时间产生强吸气负压,仍有较多的不做功的燃油被从怠速油道吸出,从而造成燃油浪费和污染空气,这部分不燃烧的燃油还会冲稀润滑油膜,加剧运动机件的机械磨损。另外,当汽车处于匀速行驶、缓慢速行或下较长缓坡行驶时,不需要很大的动力,此时驾驶员轻踩油门,节气门开度较小,发动机处于低、中速工况。在这种情况下,由于空燃比相对于该工况显得过浓,再加上热机状态下的发动机温度使汽油雾化充分,从而导致混合气偏浓,称为"自然加浓",这种情况下偏浓的混合气也造成燃油浪费。

本实用新型旨在提供一种能针对上述两种情况下造成的燃油浪费进行节油的怠速节油器。它克服了上述两种情况下所发生的燃油浪费。怠速节油器是采用导入辅助空气至怠速油道的方法来实现节油的。当发动机处于强制怠速工况时,电磁阀使辅助空气管路保持畅通,从而使节气门下游空间的真空度被破坏,从怠速油道被吸出的造成浪费的油流就被截断。当发动机处于"自然加浓"状态时,清洁空气从辅助空气通道被吸入节气门下游,使偏浓的混合气获得适当调稀。汽车怠速节油器和汽车综合节油器诞生了。

【案例应用】 下吸式免拆洗脱排油烟机。

现在市面上的抽油烟机有多种多样，一种是超薄型，只是简单地在炉灶正上方安装两个排气扇，当油烟自然上升到排气扇附近时，被吸排出去。有深罩型，它采用离心式排气扇，以大排量尽量延伸排气扇对炉灶上方空气的控制范围，排量都在 $16m^3/min$ 左右，同时利用集烟罩，对自然上升的油烟进行收集，在油烟一时大量产生、风机不能及时抽走时，油烟能短暂收集在集烟罩内，集烟罩在风机和油烟之间充当缓冲器的作用。还有欧式抽油烟机，它的基本结构和深罩型相似，主要是风机的吸入口改成了平面状的网状结构，使吸入口由点状变成了面状，这样就可以代替集烟罩的部分功能，同时有些欧式机型也同样保留了集烟罩。以上几种机型的一个共同的缺点就是违反了流体动力学基本原理，都同时存在一个盲区，在风机吸入口和墙壁之间的空气，由于受墙壁的限制作用，风机对它根本不起多大作用，所以上升到此空间的油烟就会毫无影响地沿着墙壁一直上升，逃过抽油烟机。妄图通过加大风机排量达到控制炉灶产生的油烟，这样做的作用是非常小的，因为风机吸入口处被抽走的空气，补充进来的绝大部分是吸入口附近的空气，真正直接吸走炉灶正上方下半部分的空气甚少，所以对炉灶上方的油烟控制作用也就很弱。同时，3 种机型都不能对刚产生的油烟进行有效控制，在油烟刚产生时，油烟处于一种自由状态，油烟会四周扩散，这样就会有很大一部分逃过抽油烟机，从而留在室内，只有油烟经过一段自由上升过程之后，抽油烟机才对其产生控制作用。致使油烟吸净率低，飞飘黏附于各物体的表面。

现有油烟机存在的问题：

（1）由于设计上的局限性，油烟吸不干净，有部分油烟充斥厨房及其他房间。

（2）由于电动机位于脱排油烟机的上部，正好在厨师的头部位置，噪声和电磁辐射影响着人体的健康。

（3）由于油烟附着于油烟机的各个面上经常需要拆洗，很不方便。

（4）由于往上吸油烟，在吸油烟口挂满油珠，不仅是不雅观，而且不卫生，更有无法控制的油珠水滴不时掉入锅内。

为了满足消费者的需求，克服市场上所销售的脱排油烟机的不足，本实用新型设计一个健康环保的高效卫生的脱排油烟机。其特征是下吸式免拆洗。技术方案是：采用高效率、转速低、振动小、噪声低的电动风机设置于灶台的下部，吸油烟口设置于灶台的内侧，带急弯的不等截面的吸油烟道把两者相连接，导流片设置于灶台的上方和内侧，并设置憎油表面膜于易油污部位，如图 5-18 所示。

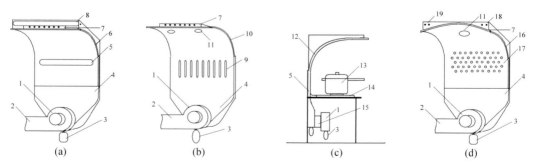

图 5-18 下吸式免拆洗脱排油烟机

5.5.2 利益驱使

因为能保留单纯的兴趣而不被金钱左右的人不多了,追求利益最大化的发明最多见。

【案例应用】 捕鱼器。

本实用新型是电子捕鱼器、超声波捕鱼器等传统捕鱼器的改进。以往的捕鱼器造价高、体积大、携带不便,只适合大型捕鱼业使用,而不适合人们日常休闲钓鱼使用,本实用新型的出现解决了这一难题。

为了解决没有经验的钓鱼人钓不到鱼的难题,本实用新型提供了一种造价低廉且携带方便的简易捕鱼器。它使用透明度好并且不易碎的合成树脂为材料制造而成,主体造型像一个大杯子,圆柱状杯体上有一个固定环,用来栓尼龙绳,杯口的外沿有螺纹,另外还有一个盖子,盖子中心呈漏斗形状,盖子内沿也有螺纹,负责与圆柱形杯体相连接,尼龙绳上有一个用固定带固定的鱼漂。使用时,将鱼饵料放在杯体内部,将杯体的外螺纹与杯盖的内螺纹相连接并拧紧,再用鱼漂固定带将鱼漂固定在尼龙绳上,再将尼龙绳固定在固定环上,准备就绪后,将捕鱼器放入水中,将尼龙绳另一端固定在岸边物体上,鱼会寻找到鱼饵料,并通过杯盖中心的漏斗状通道游入捕鱼器,当鱼吃食物或者游动想离开捕鱼器时,会引起捕鱼器晃动,这时便会拉动鱼漂并使其上下浮动,这时将捕鱼器拉上水面就达到了捕鱼的目的。因为捕鱼器杯盖的漏斗状设计形成了一个入口大、出口小的通道,再加上整体透明材质的使用,使鱼很难在短时间内游出捕鱼器。

【案例应用】 可燃粉末内燃机。

内燃机是燃料在发动机汽缸内燃烧,并将产生的热能转化为机械能的动力机械。通常内燃机的燃料来自于石油,以柴油为燃料的称为柴油机,以汽油为燃料的称为汽油机。海湾战争以来,石油价格不断攀升。内燃机能源问题是摆在人们面前的棘手的课题。由于地球上的石油资源是有限的,以整个世界经济发展和对能源不断增长的需求看,形势逼人。世界各国目前在太阳能、地热能、风能、潮汐能、原子能、核能的利用,正受到越来越严重的关切。在石油资源尚未枯竭之前,人们寻找代替能源的步伐必须加快。各国的科学家们正在寻找内燃机燃油的代用品的新能源中,有 5 种选择:

(1)天然气。早在 19 世纪 60 年代,法国人就用过以煤气作燃料的发动机。天然气的辛烷值高,对空气的污染程度小,而且在冬季发动机启动好。1980 年,世界上已有 40 万辆汽车改用天然气作动力燃料。但是天然气不能再生,还是会用完,而且天然气加气站的设备比普通的加油站的设备要大和贵。

(2)氢气。液态氢是一种很好的燃料。现在已经出现了用氢作燃料的汽车。液态氢的缺点是密度太小,沸点太低。

(3)酒精。酒精中的甲醇和乙醇是汽油最现实的竞争者。困难在于提炼酒精的原料不十分丰富。日本研究用海藻做原料,挪威研究用针叶树的木材提炼酒精,墨西哥已成功地从仙人掌中提炼出酒精,新西兰采用橘子皮提炼汽车燃料,并初见成效。据测算,$1m^2$ 植物能提炼出 $1kg$ 的燃料,是目前汽油成本的 3 倍。

(4)水。人们发现,在燃油中掺水效果良好。实验证明,一般加水 10% 最理想。但是水只能是在燃油中少量掺入,不能完全取代。

（5）萘苯混合燃料。人们早已知道用萘作燃料。20世纪20年代，有人做过用15％的萘和85％的苯混合作燃料的试验，使用中发动机运转良好。萘的辛烷值可与质量最好的苯相比。只要加入一定量的萘，其效果就很显著。但萘的价格比汽油贵得多。上述燃油的代用品各有利弊，在推广应用中还有一定的问题。

本发明的方案是以可燃固体粉末为燃料，例如用金属铁粉微粒为燃料在气缸内燃烧，将产生的热能转化为机械能，推动发动机转动的方法。燃烧后生成氧化铁，用氢还原后生成铁粉微粒，仍可以作为粉末燃料。

5.5.3　偶然兴趣为之

在巧合中发明但是发明者全然不知，而后申请并获得专利的发明。这种发明也越来越少了。

【案例应用】　皮头铅笔。

海曼是一位美国画家。他绘画很投入，是一个非常用功的人。但是，由于海曼的画法不甚得当，又加上没有名师的指点，所以他从事绘画多年，却一直没有成名。要说海曼在美国有一点儿小名声，那倒不是别的什么名气，就是他很穷，是出了名的穷画家。可是，没经过多久，海曼又出了名。海曼这次出名，仍旧不是因为绘画而成名，则是因为他一下子由一个穷画家变成了百万富翁。原来，海曼经常用小铅笔和小橡皮画素描。他画了擦，擦了又画。在画画的过程中，一不小心就把橡皮给弄丢了。贫苦的海曼为了减少橡皮条的丢失，就把橡皮条切得很小，用铁丝把它固定在铅笔的顶端。海曼把铅笔和橡皮头组合在一起，尽管方法非常简单，但却是一种"出新"，即"组合出新"。海曼当时把这两种东西组合起来，从而产生了一种新的、具有一定附加值的新产品的思考方法。海曼的这种方法，被人们所重视和采纳。制造商仅对海曼的这种方法稍加改进，便成了以后在任何一个文具店都可以买到的"皮头铅笔"。而后这个专利被他人收购，海曼得以摆脱贫穷。

【案例应用】　一种节省存放空间的方便面冲泡包装碗。

目前，市场上的方便面冲泡包装碗普遍采用传统的立体桶装形式，碗体体积很大，而面饼却只占盒子的1/3，特别在运输时一个方便面碗占用的空间很大，而实际面饼的体积却很少，这样就浪费了有用的运输空间，随着油价的增加，运输成本也不断增加。在货物堆积上也是同样的浪费空间，不符合现在提倡的低碳生活。而且传统的碗体在使用调料包时，需要一包一包的拆开包装，使用起来费时费力，有诸多不便。为了克服现有方便面冲泡碗浪费空间且使用调料包不方便的问题，发明了一种节省存放空间的方便面冲泡包装碗。

其效果在于，存放时多个包装碗可摞在一起，解决了现有的碗装方便面存放及运输浪费空间的问题，并且封膜的特殊形式及调料包的放置位置使得使用更加方便，如图5-19所示。

【案例应用】　一种剥线钳。

剥线钳为电工常用的工具之一，适于塑料、橡胶绝缘电线、电缆芯线的剥皮。现在市场上的剥线钳，大多结构复杂，功能单一，仅有最普通的功能，电工操作时有很多的不方便之处。现有剥线钳一般仅能剥除线径3mm以下的电线，若要剥除6mm以上导线的绝缘体常常是十分困难，往往还是采用原始的电工刀削除导体上的绝缘体。不但效率低下、易伤导体，而且劳动强度大、又不安全，尤其是在导线的中段做绝缘体剥除工作，更为不便。本实用

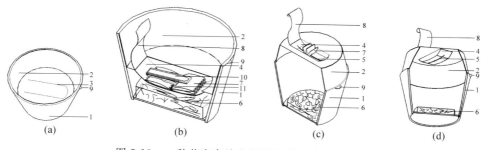

图 5-19　一种节省存放空间的方便面冲泡包装碗

新型旨在提供一种方便实用、得心应手的剥线钳。方案是包括左右钳板组、铰轴组和绝缘套,其特征是右钳板组的钳端装有 V 形滚轮,左钳板组的钳端装有滚刀轮,且左右两侧分别设有平剪刀口与弧形剪刀口,如图 5-20 所示。

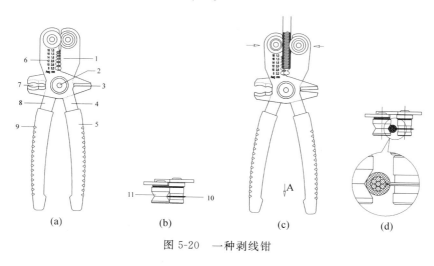

图 5-20　一种剥线钳

5.6　发明的实践

　　发明都是从实践中来,再到实践中去。这里的发明实践分为 3 类:第一种是由问题出发,根据某种理论,发明前所未有的新事物。第二种就是以原有事物为基础进行再加工如合成、强化、移植、分离等,得出新的产品。第三种是在改造世界的实践中总结提炼出新的方法。

　　真正的实践不是别人教的,而是自己去摸索的,兴趣才是最好的老师,干就是最好的学习,应用是最好的成果。

5.6.1　创造外界的新事物

　　这种比较困难,属于无中生有的那类。没有可以借鉴的原型而进行发明,有那种摸黑前进的意思。

　　【案例应用】　生物质固体粉末内燃机。

目前人类赖以生存和进行经济建设的一次能源主要是矿物能源。矿物能源有两大缺点：其一，地球上的矿物资源的储量是有限的，总会有用尽的一天，必然会爆发短缺的危机。其二，燃烧矿物而排放温室气体，严重地破坏了地球的碳平衡，造成气候变化等严重后果。

矿物资源，就根本而言，就是千万年前太阳能量的固化。太阳每秒投递到地面上的能量高达80万亿千瓦，相当于550万吨煤的能量。绿色植物的光合作用，是将太阳能转化为化学能是固定利用太阳能的最清洁和最高效的手段。根据估计，地球上的植物，每年通过捕获和储存太阳能，制造出1000多亿吨的纤维素和难以计数的糖分子和木质素。植物能是最洁净最廉价的能源。在石油资源将要枯竭之际，提出采用取之不尽、洁净环保、价格低廉的生物质粉末作为内燃机燃料的思想，给出直接喷射式粉末内燃机和汽化式粉末内燃发动机两种方案，并设有排放处理器和弧形洞腔活塞等构造，较好地解决了生物质燃料热值低和可吸入尘埃排放的问题，如图5-21所示。

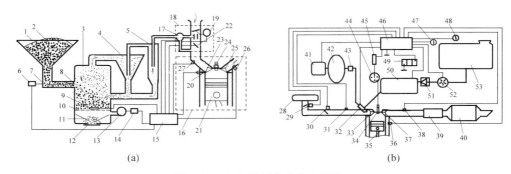

图 5-21　生物质固体粉末内燃机

5.6.2　改变旧事物的固有结构

下面3个案例都是通过改变旧事物的固有结构所进行的发明。

【案例应用】　氦气床。

床是供人躺在上面睡觉的家具，是睡眠文化和睡眠科技发展的象征，也反映了经济与社会的演变。古代人们最初是睡硬板床、竹床、硬炕床或地板，后来为求体感舒适柔软，减轻身体一些部位受压，在床上加上柔软的垫层。随着物质文明和技术工艺的进步，以及人们生活水平的提高，床的用料、设计、结构、制作和生产也变得多式多样。过去一般只注重舒适，后来偏重美观，近年来则更兼顾保健，甚至以健康为第一考虑。随着人民生活水平的提高，19世纪20年代出现了弹簧床。19世纪后期金属床开始出现。从20世纪80年代起各种充气床已逐渐普及使用，进入千家万户。

目前市场上各色各样的床比比皆是，有环保型、保健型、软硬多功能型、豪门极品型，还有水床、气床、乳胶床、磁性床及弹簧床等。虽然性能上各有特点，但是有一个共同的缺点——占地方大，搬动拿走困难。如果空间许可，床应略大一些才舒服。理想的双人床尺寸是$180 \times 200 cm^2$。但是城市家居寸地寸金，房价居高不下，房内使用面积的充分利用是首先要研究考虑的事情。床的设计尺寸因此受到居住空间的限制无法做到宽敞舒适，目前一般双人床的尺寸是$135 \times 195 cm^2$。

据调查，目前城市中有一些商住两用房，同一个房间白天要办公，晚上要睡觉；有一些单身公寓,同一个房间兼有睡觉、工作、会客的功能;市场还未出现一种床能解决上述问题。充有氦气的床是在大量的调查研究的基础上,根据目前市场的需求提出的一种新型的床,如图 5-22 所示。

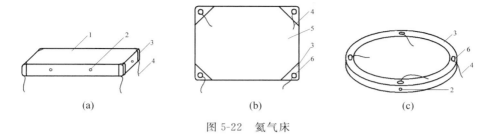

(a)　　　　　　　　(b)　　　　　　　　(c)

图 5-22　氦气床

本实用新型旨在解决床的尺寸和居住空间限制的矛盾,设计开发了一种睡觉时宽大舒适,不睡觉时能腾出地面空间的床。

本实用新型方案是在现有的充气床的基础上,减少多余分量,充以氦气。它包括气腔、充气嘴、补强片、磁铁、拉手、饰面罩,其特征在于至少有一个密封气腔,腔内充以氦气,四角和边沿的突出部位设有补强片,底表面设有与地面相对应的磁铁。相对应氦气床的放置地装有固定铁。

【案例应用】　一种地下室变形缝渗漏防治方法。

由于外界条件的影响和施工的需要,在地下工程中存在着伸缩缝、沉降缝和施工缝,这些缝是防渗水的薄弱环节。由于气温的升降,地基的沉移,高层楼宇顶部的摇晃、地震等,都有可能引起建筑物的伸缩变形。江南一带,降雨丰润,地下水位常常高于地下室的底平面。地下工程变形缝的渗漏,是多种渗漏现象尤为突出的一种,治理起来也比较棘手。房屋地下室漏水的问题不仅对建(构)筑物结构安全稳定形成危害,也影响其使用功能。随着全球建筑行业的高速发展,建筑学家们相比以往更加关注建筑结构中的伸缩变形问题,近年来,业内人士对地下工程变形缝渗漏治理的文章、方案较多,应用材料品种也多,众说纷纭,但治理效果却不尽人意。治好的少,治不好的多,一次根治的少,屡治屡漏的多,已经成了渗漏治理的一大难题。

经研究表明地下室变形缝随着地基的变形、建筑物的沉降和温度的变化而不断变化着。从而出现止水带接头搭接处黏结不好,呈脱落或半脱落状态,不能形成封闭的防水圈;致使止水带埋设位置不准确,往往被混凝土挤偏,止水带在混凝土中扭曲、卷边,甚至被挤出墙外。因此,止水带起不到止水和适应变形的作用。经调查统计,地下建筑结构渗漏较多集中于采用钢框橡胶止水带防水的沉降缝处。

众所周知,变形缝的渗漏主要原因有 3 种,一是水沿着止水带的周边渗出;二是水沿着止水带周边的混凝土的孔隙渗出;三是止水带被硬物击穿,或止水带接头位置选择得不妥。因地基沉降不均,建筑物产生变形,使止水带超过极限被拉裂,造成渗漏水。二者突出反映的问题是止水带周边混凝土的振捣不密实,收缩系数大,甚至还留有空隙,导致止水带翼的混凝土包裹不严,特别是底板部位和转角处的止水带下面,成为渗漏水的通道,压力水会沿止水带的两翼与混凝土之间的空隙处渗漏。如何能将止水带周边混凝土振捣密实,这既不是一件易事,也不是本发明所要探讨的话题,仅针对就此现象所带来渗漏问题的治理。

有的施工单位在处理渗漏水时,采用水玻璃和水泥填实,有的用堵漏灵填平压实,还有用聚合物水泥砂浆,等等。这些简易处理方法均属刚性,抗拉强度低,不适应结构变形的需要,没过多久,仍然出现渗水。地下工程变形缝治理方法常用的有化学注浆、密封膏封堵、黏贴几层高延伸率的防水材料、涂刷几遍高延伸率涂膜的防水涂料、聚合物类防水砂浆抹面等几种处理方法,其理念是多道设防,但是注了浆就好,来年又漏。

本发明针对上述问题,为了解决渗漏难题,提出一种地下室变形缝渗漏治理方法,即软塑肠法。

本发明的技术方案是,由软塑和接近流塑状态的软黏物料,灌入密封袋制成软塑肠填充条;在变形缝和止水带埋设位置的壁面上涂复防水胶粘剂;把填充条塞满变形缝,覆盖弹性压条,压上垫片,然后螺帽固定,如图5-23所示。

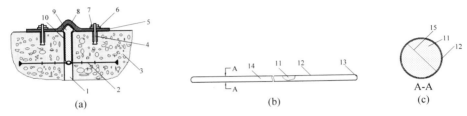

图 5-23　一种地下室变形缝渗漏防治方法

【案例应用】　单手取水保温瓶。

现有的保温瓶,不管是倾倒式、气压式还是电动式,都用两只手取水。即一手拿杯,一手拿保温瓶,不能单手取水。摔倒时,热水流出常会烫伤人体,老少病弱更是取水困难。气压式保温瓶由于上部有个气囊与保温瓶胆相连,热上冷下形成对流,使保温瓶的保温性能下降。传统的保温瓶瓶口朝上,灰尘污染较多,而且多人用手打开瓶盖,极不卫生。本发明旨在针对上述保温瓶存在的诸多不足,设计一种方便、卫生、安全、廉价的老少病弱者都能。本发明的方案是把保温瓶胆倒置安装,与一个由取水杯能碰触到的杠杆控制的进出水阀,及一个开有空气孔的进出水道相连接。可设置一个稳定底盘或设有携带挂别机构的外壳,并配置加热器等。

5.6.3　治理和改造环境自然环境

发明也可用于治理自然、改造环境。

【案例应用】　一种治理江河入海口方法。

本发明涉及江河入海口治理方法,尤其是一种入海口岸消能、促淤、护堤和人工冲积岛形成方法。属于环境保护和海岸工程技术。

自然状态的江河,由于长期受上游山水的自然冲刷,形成迂回曲折的河道。由于江河深浅宽窄不一,流速不同,河道两岸不断被冲蚀,洪水来时在江河下游的入海口附近形成大片的泄洪区。江河的入海口附近是人们喜欢居住的地方,于是人们总是筑堤围垦,压缩原来的泄洪区面积,形成繁华的三角洲。在江流河道中,由于水土流失,日积月累,渐渐地沉积起越来越厚的泥层,由于河床的提高,两岸的堤坝又要加固提高,造成恶性循环。不但使河床提高,库容减少,污染环境,影响交通,而且在汛期会洪水泛滥,危及堤防,造成水灾。中国有

1亿多的人口住在本应留给洪水的泄洪区里,海啸台风,山洪暴发,水一涨起来,自然成了灾。所以随着人口的增加,土地资源的减少,居住环境的改善,沿海经济的发达,江河入海口岸的繁华,人们对江河的治理就提出了更高需求。

在江河入海口附近由于长期受海潮的吐纳和上游洪水的冲刷,形成大喇叭口的平面外形。导致潮能聚集和潮波变形产生破坏力极大的涌潮,危及两岸的堤坝,使得入海口附近形成纵向隆起的沙坎;由于江宽水浅,主槽游荡不定,两岸边滩淤、涨、坍塌无常。潮流大进大出,咸潮长驱直入,使得冲积平原上的广阔的滩地资源和上游淡水资源不能充分利用;由于水浅潮猛,水下地貌,随时改变,使得航道难定,交通不便,船舶无法通行,而且事故频发;由于泥沙流动,地基板块多变,使得建筑物造价昂贵,难以立足生根。

所以,如何解决潮能聚集,防洪御潮,稳定主槽,改善航运,稳定地基,充分利用淡水和土地资源,科学合理地开发入海口岸的黄金地带,是人们一直在着力研究的课题。

本发明采用硬壳堤坝法和分流鼻子法的江河治理方法,利用自然能量因势利导,顺水推舟的方法,解决入海口问题。实现入海口岸综合治理,满足江河的泄洪、压潮、灌溉、蓄水、交通航船的功能,增加土地资源,建成湿地公园。服务社会,造福人类。

5.7　发明的挑战

5.7.1　动手挑战

发明面前,人人平等,只有依据自己的定位,发挥自己的潜能,不断进取,挑战未来,才能超越别人取得成功。

既然每个人都可以成功,那为什么成功的人很少,失败的人却很多呢? 这时因为他们缺少自我挑战意识,很容易满足。做事不可能都是一帆风顺的,所以要学会坚持。有些人虽然有很大的志向,也敢勇于去挑战,但是失败一次,就不敢再去试第二次了,因为他们怕再次失败,怕承受不了失败的打击,所以他们最终也和那些不敢自我挑战的人一样成功不了。

发明所面临的挑战因人而异,但是所有挑战都是由自己发出。面对问题是迎刃而上还是知难而退,这是自己给自己的考验。总而言之,生活之中处处有难题等待解决,且人人都能发明,但是最终却由有心人去解决,这是因为有人偏向于玩乐多一点,有人却多动手实践。时间就像海绵里的水挤一挤总是会有的,所以应从一点一滴做起,所有的成就都不是白来的,人们需要为美好的未来去奋斗。

瞄准一个问题,做一个项目,挑战一下自己,实现零的突破,然后去参加"挑战杯"竞赛。不能再等等看看了,马上开始动手,发明创造将不再是梦!!!

5.7.2　大学生"挑战杯"简介

"挑战杯"全国大学生课外学术科技作品竞赛,是由中国共青团中央、中国科协、教育部、全国学联和省级地方政府共同主办,国内著名大学承办、新闻媒体联合发起的一项具有导向性、示范性和群众性的全国竞赛活动,"挑战杯"系列竞赛被誉为中国大学生学生科技创新创业的"奥林匹克"盛会,是目前国内大学生最关注最热门的全国性竞赛,也是全国最具代表性、权威性、示范性、导向性的大学生竞赛。

1. 宗旨

崇尚科学、追求真知、勤奋学习、锐意创新、迎接挑战。

2. 目的

主办"挑战杯"的目的是引导和激励高校学生实事求是、刻苦钻研、勇于创新、多出成果、提高素质,培养学生创新精神和实践能力,并在此基础上促进高校学生课外学术科技活动的蓬勃开展,发现和培养一批在学术科技上有作为、有潜力的优秀人才。

3. 大挑与小挑

"挑战杯"竞赛在中国共有两个并列项目:一个是"挑战杯"中国大学生创业计划竞赛,简称"小挑"。另一个则是"挑战杯"全国大学生课外学术科技作品竞赛,简称"大挑"。

大学生创业计划竞赛起源于美国,又称商业计划竞赛,是风靡全球高校的重要赛事。它借用风险投资的运作模式,要求参赛者组成优势互补的竞赛小组,提出一项具有市场前景的技术、产品或者服务,并围绕这一技术、产品或服务,以获得风险投资为目的,完成一份完整、具体、深入的创业计划。

参加"挑战杯"大学生课外学术科技作品竞赛的作品一般分为三大类:自然科学类学术论文、社会科学类社会调查报告和学术论文、科技发明制作,凡在举办竞赛终审决赛的当年7月1日起前正式注册的全日制非成人教育的各类高等院校的在校中国籍本专科生和硕士研究生、博士研究生都可申报参赛。

5.7.3 其他挑战杯

1. 全民挑战杯

全民挑战杯是一项与社会媒体紧密合作,整合电视、广播、报纸、周刊、网络、微博等媒体的立体传媒平台。挖掘"挑战杯"内涵,推广"挑战杯"文化,以新锐的创意触动公众心灵,以广泛的传播扩大赛事影响,以社会的美誉彰显青年人的责任,让"挑战杯"走出校园、走向社会,成为全民关注、全民参与的国家盛事。

2. 全球挑战杯

全球挑战杯的宗旨是向全世界的青年大学生发出邀请,吸引来自全球各地的著名高校参加竞赛,举办国际大学生创业夏令营、创业大讲堂等活动,让中国成为全球创业青年的向往之地,让"挑战杯"引领世界的目光。

3. 全体验挑战杯

全体验挑战杯的宗旨是推动大学校区、城市社区、创业园区的三区联动,调动各类社会资源,为参赛选手提供包括意识培育、技能训练、项目咨询、苗圃孵化、投资融资等在内的全体验式赛事服务,让"挑战杯"参赛经历成为青年学子的真实创业体验。

4. 绿色挑战杯

绿色挑战杯的宗旨是秉持节约办赛的原则,在赛事组织的全过程倡导环保、低碳、生态的"绿色"理念,通过节能减排、低碳交通、省电节水、循环利用、低耗高效等方式,贯彻落实科学发展观,将创业与绿色完美结合,让大学生成为"绿色"生活方式和发展模式的倡导者与践行者。

5. 实战挑战杯

实战挑战杯的宗旨是坚持实战导向,通过调整赛制(首次将作品分为已创业与未创业两类)、完善规则(对已创业作品给予加分)、多元评审(提高来自企业界、投资界的评委比例)等方式,推动"挑战杯"由学术导向型向实战导向型转变,并通过专属的优惠政策,扶持优秀创业项目与团队落地运营。

6. 可持续挑战杯

可持续挑战杯总结了"挑战杯"办赛经验,规范"挑战杯"工作体系,努力形成竞赛网络(永久官网)、园区基地(创业园区)、风投基金(专属投资基金)等长效机制,实现"挑战杯"的可持续发展,让"挑战杯"真正成为推动创业教育、支持创业实践的"加速器"。

第6章 发明创造方法

最有价值的知识是关于方法的知识。

——达尔文

古人云"事必有法，然后可成"，"法者，妙事之迹也。"这句话的意思是方法就是行事的条理，是人们巧妙办事或有效办事时应遵循的条理或轨迹、途径、线路。

方法是在黑暗中照亮道路的明灯，是条条蹊径中的路标，能给理智提供暗示或警告，可以诱发人类潜在的创造能力，不但在专利发明的选题阶段要用到，而且在设计构思、实施制作和检验评价阶段也要用到，贯穿了发明的整个过程。

【小知识】 "方法"一词的由来。2400 多年前，《墨子·天志》中有这样一段话："今夫轮人(做车的工匠)操其规，将以量度天下之圆与不圆也，曰中吾规者谓之圆，不中吾规者谓之不圆，是故圆与不圆皆可得而知也。此其故何？则圆法明也。匠人亦操其矩，将以量度天下之方与不方也。曰中吾矩者谓之方，不中吾矩者谓之不方，是故方与不方皆可得而知也。此其故何？则方法明也"。可见，最初叫方法或圆法并没有一定之规，但它们都是从木工的劳动中产生出来的，由于人们所办之事比较简单，只要按着规与矩的量具去操作，便可达到办事的效果。

6.1 TRIZ 理论

6.1.1 TRIZ 简介

TRIZ[①] 的俄文是 теории решения изобретательских задач(ТРИЗ，发明家式的解决任务理论)，英文译作 Theory of Inventive Problem Solving(TIPS)发明式的问题解决理论，中文翻译为"萃思"，取其"萃取思考"之义。

TRIZ 理论是由前苏联发明家阿利赫舒列尔(G. S. Altshuller)在 1946 年创立的，阿利赫舒列尔也被尊称为 TRIZ 之父。1946 年，阿利赫舒列尔开始了发明问题解决理论的研究工作。当时阿利赫舒列尔在前苏联里海海军的专利局工作，在处理世界各国著名的发明专利过程中，他总是考虑这样一个问题：当人们进行发明创造、解决技术难题时，是否有可遵循的科学方法和法则，从而能迅速地实现新的发明创造或解决技术难题呢？答案是肯定的！阿利赫舒列尔发现任何领域的产品改进、技术的变革、创新和生物系统一样，都存在产生、生长、成熟、衰老、灭亡，是有规律可循的。人们如果掌握了这些规律，就能主动地进行产品设计并能预测产品的未来趋势。以后数十年中，阿利赫舒列尔穷其毕生的精力致力于 TRIZ 理论的研究和完善。在他的领导下，前苏联的研究机构、大学、企业组成了 TRIZ 的研究团体，分析了世界近 250 万份高水平的发明专利，总结出各种技术发展进化遵循的规律模式，以及解决各种技术矛盾和物理矛盾的创新原理和法则，建立一个由解决技术，实现创新开发的各种方法、算法组成的综合理论体系，并综合多学科领域的原理和法则，建立起 TRIZ 理论体系。

创新从最通俗的意义上讲就是创造性地发现问题和解决问题的过程，TRIZ 理论的强大作用正在于它为人们创造性地发现问题和解决问题提供了系统的理论和方法工具。

---

① TRIZ 是英文音译 Teoriya Resheniya Izobreatateiskikh Zadatch 的缩写。

6.1.2　TRIZ 理论的主要内容

现代 TRIZ 理论体系主要包括以下几个方面的内容。

1. 创新思维方法与问题分析方法

TRIZ 理论中提供了如何系统分析问题的科学方法,如多屏幕法等;而对于复杂问题的分析,则包含了科学的问题分析建模方法——物—场分析法,它可以帮助快速确认核心问题,发现根本矛盾所在。

2. 技术系统进化法则

针对技术系统进化演变规律,在大量专利分析的基础上 TRIZ 理论总结提炼出 8 个基本进化法则。利用这些进化法则,可以分析确认当前产品的技术状态,并预测未来发展趋势,开发富有竞争力的新产品。

3. 技术矛盾解决原理

不同的发明创造往往遵循着共同的规律。TRIZ 理论将这些共同的规律归纳成 40 个创新原理,针对具体的技术矛盾,可以基于这些创新原理并结合工程实际情况寻求具体的解决方案。

4. 创新问题标准解法

针对具体问题的物—场模型的不同特征,分别对应有标准的模型处理方法,包括模型的修整、转换、物质与场的添加等。

5. 发明问题解决算法

主要针对问题情境复杂,矛盾及其相关部件不明确的技术系统。它是一个对初始问题进行一系列变形及再定义等非计算性的逻辑过程,实现对问题的逐步深入分析,问题转化,直至问题的解决。

6. 基于物理、化学、几何学等工程学原理而构建的知识库

基于物理、化学、几何学等领域的数百万项发明专利的分析结果而构建的知识库可以为技术创新提供丰富的方案来源。

6.1.3　TRIZ 理论的基本哲理

TRIZ 理论的基本哲理包括以下 6 条。

(1) 所有的工程系统服从相同的发展规则。这一规则可以用来研究创造发明问题的有效解,也可用来评价与预测如何求解一个工程系统(包括新产品与新服务系统)的解决方案。

(2) 像社会系统一样,工程系统可以通过解决冲突(Conflicts)而得到发展。

(3) 任何一个发明或创新的问题都可以表示为需求和不能(或不再能)满足这些需求的原型系统之间的冲突。所以,"求解发明问题"与"寻找发明问题的解决方案"就意味着在利用折中与调和不能被采纳时对冲突的求解。

(4) 为探索冲突问题的解决方案,有必要利用专业工程师尚不知道或不熟悉的知识。技术功能及相应的物理学、化学、生物学等分类知识库可以成为探索冲突问题的指南。

(5) 存在评价每项发明创造的可靠判据。这些判据如下。

① 该项发明创造是否是建立在大量专利信息基础上? 基于偶然发现的少数事例的发明项目不是严肃的研究成果。事实证明,一项重大或重要的发明项目通常是建立在 10000～

20000 项或更多专利(包括知识产权、版权)研究的基础上。

② 发明人或研究者是否考虑过发明问题的级别? 大量低水平的发明不如一项或少量高水平的发明,这是因为低水平的发明只能在简单的情况下运用。

③ 该项发明是否是从大量高水平的试验中提炼出来的结论或建议?

(6) 在大多数情况下,理论的寿命与机器的发展规律是一致的。因而,"试凑"法很难产生两种或两种以上的系统解。

6.1.4 核心思想

现代 TRIZ 理论的核心思想主要体现在 3 个方面。

首先,无论是一个简单产品还是复杂的技术系统,其核心技术的发展都是遵循着客观的规律发展演变的,即具有客观的进化规律和模式;其次,各种技术难题、冲突和矛盾的不断解决是推动这种进化过程的动力;再就是技术系统发展的理想状态是用尽量少的资源实现尽量多的功能。

相对于传统的创新方法,例如试错法,头脑风暴法等,TRIZ 理论具有鲜明的特点和优势。它成功地揭示了创造发明的内在规律和原理,着力于澄清和强调系统中存在的矛盾,而不是逃避矛盾,其目标是完全解决矛盾,获得最终的理想解,而不是采取折中或者妥协的做法。它是基于技术的发展演化规律研究整个设计与开发过程,而不再是随机的行为。实践证明,运用 TRIZ 理论,可大大加快人们创造发明的进程,得到高质量的创新产品。它能够帮助人们系统地分析问题情境,快速发现问题本质或者矛盾。它能够准确地确定问题的探索方向,突破思维障碍,打破思维定式,以新的视觉分析问题,进行系统思维,根据技术进化规律预测未来发展趋势,帮助人们开发富有竞争力的新产品。

6.1.5 使用中的 40 个原则

1. 分割原则

(1) 将物体分成独立的部分。

(2) 使物体成为可拆卸的。

(3) 增加物体的分割程度。

例如,货船可分成相同的几个部分,必要时,可将船加长些或变短些。

2. 拆出原则

从物体中拆出"干扰"部分("干扰"特性),或者相反,分出唯一需要的部分或需要的特性。与把物体分成几个相同部分的技法相反,这里是要把物体分成几个不同的部分。

例如,一般小游艇的照明和其他用电设备是由艇上的发动机带动发电机供给的。为了停泊时能继续供电,要安装一个由内燃机传动的辅助发电机。发动机必然造成噪声和振动,可将发动机和发电机分置于距游艇不远的两个容器里,用电缆连接。

3. 局部性质原则

(1) 从物体或外部介质(外部作用)的一致结构过渡到不一致结构。

(2) 物体的不同部分应当具有不同的功能。

(3) 物体的每个部分均应具备最适于工作的条件。

例如,为了防治矿山坑道里的粉尘,向工具(钻机和料车的工作机构)呈锥体状喷洒小小水珠。水珠越小,除尘效果越好。但小水珠容易形成雾,这使工作困难。解决办法是环绕小水珠锥体外层再造成一层大水珠。

4. 不对称原则

(1) 将物体的对称形式转为不对称形式。

(2) 如果物体不是对称的,则加强它的不对称程度。

例如,防撞汽车轮胎具有一个高强度的侧缘,以抵抗人行道路缘石的碰撞。

5. 组合原则

(1) 把相同的物体或完成类似操作的物体组合起来。

(2) 把时间上相同或类似的操作联合起来。

例如,双联显微镜组,由一个人操作,另一个人观察和记录。

6. 多功能原则

一个物体具有多种不同的功能,因而不需要其他物体。

例如,提包的提手可同时作为拉力器。

7. 玛特廖什卡原则

(1) 一个物体位于另一个物体之内,而后者又位于第三个物体之内,等等。

(2) 一个物体通过另一个物体的空腔。

例如,弹性振动超声精选机是由两个互相夹紧的半波片构成,这是为了减小精选机的长度,增大它的稳定性,两个半波片制成相互套在一起的空锥体。

8. 重量补偿原则

(1) 将物体与具有上升力的另一个物体结合以抵消其重量。

例如,用氢气球吊起广告牌。

(2) 将物体与介质(最好是气动力和液动力)相互作用以抵消其重量。

例如,调节转子风力机转数的制动式离心调节器安在转子垂直轴上,这是为了在风力增大时把转子转速控制在小的转数范围内,调节器离心片做成叶片状,以保证气动制动。

有趣的是,在发明公式中明显地反映了发明所克服的矛盾。在给定的风力和离心片质量的条件下,获得了一定的转数。为了减少转数(当风力增大时),必须增大离心片质量;但离心片在旋转,很难靠近它。为了消除矛盾,可使离心片具有形成特殊的形状,即把离心片制成具有负迎角的翼状。

总的设想显而易见,如果需要改变转动物体的质量,而其质量又不能按照一定的要求改变,那么应使该物体成为翼状的,改变翼片运动方向的倾斜角度,就可获得需要方向的附加力。

9. 预先反作用原则

如果按课题要求的条件必须完成某种作用,则应提前完成反作用。

例如,用杯状车刀车削工件,其方法是在车削过程中车刀绕自己的几何中心轴转动。其特征是为了防止产生振动,应预先向杯形车刀施加负荷力,此力应与切削过程中产生的力大小相近,方向相反(详见前苏联发明证书—536866)。

10. 预先作用原则

(1) 预先完成要求的功能(整个的或部分的)。

(2) 预先将物体安放妥当,使它们能在现场和最方便的地点立即完成所需的功能。

11．"预先放枕头"原则

用事先准备好的应急手段补偿物体的可靠性。

例如，为了提高机械强度，可用等离子束加工无机材料，预先往无机材料上涂敷碱金属或碱土金属的溶液或熔融体，也可事先涂敷可使小裂缝愈合的物质；树枝在锯掉之前套上一个紧箍环，树木感到该处有"病"，于是向那里输送营养物质和治疗物质，于是在树枝被锯之前这些物质便积聚起来，锯后锯口会迅速愈合。

12．等势原则

改变工作条件，使物体上升或下降。

例如，有一种装置不必使沉重的压模升降，这种装置是在压床上安装了带有输送轨道的附件。

13．"相反"原则

（1）不实现课题条件规定的作用而实现相反的作用。

（2）使物体或外部介质的活动部分成为不动的，而使不动的成为可动的。

（3）将物体颠倒。

14．球状原则

（1）从直线部分过渡到曲线部分，从平面过渡到球面，从正六面体或平行六面体过渡到球体结构。

（2）利用棍子、球体、螺旋。

（3）从直线运动过渡到旋转运动，利用离心力。

例如，把管子焊入管栅的装置具有滚动球体状的电极。

15．动态原则

（1）物体或外部介质特性的变化应当在每个工作阶段都是最佳的。

（2）将物体分成彼此相对移动的几个部分。

（3）使不动的物体成为能动的。

例如，用带状电焊条进行自动电弧焊的方法是为了能大范围地调节焊池的形状和尺寸，把电焊条沿着母线弯曲，使其在焊接过程中成曲线形状。

16．局部作用或过量作用原则

如果难于取得百分之百所要求的功效，则应当取得略小或略大的功效。此时可能把课题大大简化。

17．向另一维度过渡的原则

（1）如果物体做线性运动（或分布）有困难，则使物体在二维平面上移动。相应地，在一个平面上的运动（或分布）可以过渡到三维空间。

（2）利用多层结构替代单层结构。

（3）将物体倾斜或侧置。

（4）利用指定面的反面。

（5）利用投向相邻面或反面的光流。

18．机械振动原则

（1）使物体振动。

（2）如果存在振动，则提高它的振动频率（达到超声波频率）。

（3）利用共振频率。

（4）用压电振动器替代机械振动器。

（5）利用超声波振动同电磁场配合。

例如，无锯末断开木材的方法是为了减少工具进入木材的力，使用脉冲频率与被断开木材的固有振动频率相近的工具。

19. 周期作用原则

（1）从连续作用过渡到周期作用（脉冲）。

（2）如果作用已经是周期的，则改变周期性。

（3）利用脉冲的间歇完成其他作用。

例如，用热循环自动控制薄零件的触点焊接方法是基于测量温差电动势的原理，目的是为了提高控制的准确度，用高频率脉冲焊接时，在焊接电流脉冲的间隔测量温差电动势。

20. 连续有益作用原则

（1）连续工作（物体的所有部分均应一直满负荷工作）。

（2）消除空转和间歇运转。

例如，加工两个相交的圆孔，如轴承分离环的槽时，为了提高加工效率，可使用在工具的正反行程均可切削的钻头（扩孔器）。

21. 跃过原则

高速跃过某过程或其个别（如有害的或危险的）阶段。

例如，生产胶合板时用烘烤法加工木材是为了保持木材的特性，在生产胶合板的过程中直接用 300℃～600℃ 的燃气火焰短时作用于烘烤木材。

22. 变害为利原则

（1）利用有害因素（特别是介质的有害作用）获得有益的效果。

（2）通过有害因素与另外几个有害因素的组合来消除有害因素。

（3）将有害因素加强到不再有害的程度。

例如，使用恢复冻结材料颗粒状的方法是为了加速恢复材料的颗粒和降低劳动强度，使冻结的材料经受超低温作用。

23. 反向联系原则

（1）进行反向联系。

（2）如果已有反向联系，则改变它。

例如，使用自动调节硫化物沸腾层焙烧温度的方法是为了随温度变化自动改变所加材料的流量，是为了提高控制指定温度值的动态精度，随废气中硫含量的变化而改变材料的供给量。

24. "中介"原则

（1）利用可以迁移或有传送作用的中间物体。

（2）把一个（易分开的）物体暂时附加给另一物体。

例如，使用在稠密介质中测量动态张力仪器的校准方法是为了在静态条件下装入介质样品及置入样品中的仪器并提高校准精度。它是利用一个柔软的中介元件把样品及其中的仪器装入。

25．自我服务原则

（1）物体应当为自我服务，完成辅助和修理工作。

（2）利用废料（包括能量、物质）。

例如，电焊枪中的电焊条一般都是利用专门的装置供给的，可利用电焊电流工作的螺旋管供给电焊条。

26．复制原则

（1）用简单而便宜的复制品代替难以得到的、复杂的、昂贵的、不方便的或易损坏的物体。

（2）用光学复制（图像）代替物体或物体系统。此时要改变比例（放大或缩小复制品）。

（3）如果利用可见光的复制品，则转为红外线的或紫外线的复制。

例如，大地测量的直观教具是一个平面艺术全景，用于进行地形图像全景测量摄影。教具按视距摄影数据制成，并在地形有代表性的各点上配备缩微视距尺。

27．用廉价的不持久物品代替昂贵的持久物品原则

用一组廉价物体代替一个昂贵物体，放弃某些品质（如持久性）。

例如，一次性的捕鼠器是在一个廉价的塑料管中放入诱饵。老鼠通过圆锥形孔进入捕鼠器，孔壁是可伸直的，老鼠只能进，不能出。

28．代替力学原理原则

（1）用光学、声学、电学等设计原理代替力学设计原理。

（2）用电场。磁场和电磁场同物体相互作用。

（3）由恒定场转向不定场，由时间固定的场转向时间变化的场，由无结构的场转向有一定结构的场。

（4）利用铁磁颗粒组成的场。

例如，在热塑材料上涂金属层的方法是将热塑材料同加热到超过它的熔点的金属粉末接触，目的是为了提高涂层与基底的结合强度及密实性。

29．利用气动和液压结构的原则

用气体结构和液体结构代替物体的固体的部分。

例如，充气和充液的结构，气枕、静液和液体反冲结构。

30．利用软壳和薄膜原则

（1）利用软壳和薄膜代替一般的结构。

（2）用软壳和薄膜使物体同外部介质隔离。

例如，充气混凝土制品的成型方法是在模型里浇注原料，然后在模中静置成形。其特征是为提高膨胀程度，生产过程中可在浇注模型与原料之间用不透气的薄膜分隔开。

31．利用多孔材料原则

（1）把物体做成多孔的或利用附加多孔元件（镶嵌、覆盖等）。

（2）如果物体是多孔的，事先用某种物质填充空孔。

32．改变颜色原则

（1）改变物体或外部介质的颜色。

（2）改变物体或外部介质的透明度。

（3）为了观察难以看到的物体或过程，利用染色添加剂。

（4）如果已采用了这种添加剂，则采用荧光粉。

例如，透明绷带在使用时不必取掉便可观察伤情。

33．一致原则

同指定物体相互作用的物体应当用同一或性质相近的材料制成。

例如，使用固定铸模的方法是用铸造法按芯模标准件形成铸模的工作腔，以补偿在此铸模中成型的制品的收缩，芯模和铸模用与制品相向的材料制造。

34．部分剔除和再生原则

（1）已完成自己的使命或已无用的物体或部分应当剔除（溶解、蒸发等）或在工作过程中直接变化。

（2）消除的部分应当在工作过程中直接再生。

例如，使用检查焊接过程的高压区的方法是向高温区加入光导探头以改善在电弧焊和电火花焊接过程中检查高温区的可能性，利用可熔化的探头，以不低于自己熔化速度的速度被不断地送入检查的高温区。

35．改变物体聚合态原则

这里包括的不仅是简单的过渡，例如从固态过渡到液态，还有向"假态"（假液态）和中间状态的过渡，例如采用弹性固体。

例如，降落跑道的减速地段可设计成"浴盆"形状，里面充满黏性液体，上面再铺上厚厚一层弹性物质。

36．相变原则

利用相变时发生的现象，例如体积改变，放热或吸热。

例如，为了密封横截面形状各异的管道口的塞头，统一规格、简化结构，可把塞头制成杯状，里面装有底熔点合金。合金凝固时膨胀，从而保证了结合处的密封性。

37．利用热膨胀原则

（1）利用材料的热膨胀（或热收缩）。

（2）利用一些热膨胀系数不同的材料。

例如，温室的盖可用铰链连接的空心管制造，管中装有易膨胀液体。温度变化时，管子重心改变，管子会自动升起和降落。当然，还可以利用双金属薄板固定在温室盖上。

38．利用强氧化剂原则

（1）用富氧空气代替普通空气。

（2）用氧气替换富氧空气。

（3）用电离辐射作用于空气或氧气。

（4）用臭氧化了的氧气。

（5）用臭氧替换臭氧化的（或电离的）氧气。

例如，在氧化剂媒介中用化学输气反应法制取铁箔的方法可增强氧化和增大镜箔的均一性，该过程需要在臭氧介质中进行。

39．采用惰性介质原则

（1）用惰性介质代替普通介质。

（2）在真空中进行某过程。

该技法与上述技法正好相反。

例如,为了提高棉花储存的可靠性,避免棉花在仓库中燃烧,可在向其中填充惰性气体。

40. 利用混合材料原则

由同种材料转为混合材料。

例如,在热处理时,为了保证规定的冷却速度,常采用流体介质作为金属的冷却剂,其特征是,冷却剂由气体在液体中的悬浮体构成。

TRIZ的内容远不止这么多,但是本节篇幅有限只能点到为止。其余的部分有兴趣者可以自行学习。

6.2 列 举 法

列举法是对具体事物的特定对象从逻辑上进行分析并将其本质内容全面罗列出来的手段,再针对列出的项目逐个提出改进的方法。它是运用发散性思维把问题展开,一一列举,以寻求创造发明的思路。它是一种常用的、比较简便的发明技法,可以应用于原有物品或产品的改革,也可以用于新产品的开发,是最基本的选题方法和设计构思方法。列举法有以下几种方式。

1. 缺点列举法

(1) 缺点列举法是偏向于"改善现状"的思考,围绕现有的用具物品列出它的缺点,再针对缺点,提出改善设想,是一种有效而简便的创造方法。

(2) 缺点列举法的实施步骤如下,先决定主题,然后列举主题的缺点,再根据选出的缺点来考虑改善方法。列举缺点就是发现问题,要发现问题,就要克服习以为常,墨守成规,常见不疑等感知障碍。在市场商品、家庭日常用品、学习用品之中选取发明课题后,可针对这个物品采用发散性思维尽量列举出它的缺点,然后将缺点一一列出归类整理,筛选出主要缺点,针对缺点加以分析,提出可行性的改革方案。如选取"伞"作为发明课题,可列举出常用的弯柄伞的缺点:伞柄太长携带不方便,遇上大风会"吹顶",伞布颜色单调,在室内撑开晾干不方便;针对上述缺点研制出各种各样的伞,有折叠伞、自动伞、不透水的伞、便携带衣伞等。

2. 优点列举法

(1) 优点列举法是一种逐一列出事物优点的方法,进而探求解决问题和改善对策。

(2) 优点列举法的实施步骤如下:决定主题;列举主题的优点;选出所列举的优点;根据选出的优点来考虑如何让优点扩大。

3. 属性列举法

(1) 属性列举法是创造过程中观察和分析事物的属性,然后针对每项属性提出可能改进的方法,或改变(大小、形状、颜色等)特质,使产品产生新的用途。

(2) 属性列举法的实施一般可分两步进行。

第1步,将发明对象的所有属性,采取"划大类,列小点"的方法,把发明对象的形状、结构、材料和功能等特性,先划分大类,然后列小点。如选取"手电筒"为发明对象,就可列出以下各种特性。

① 外形:圆筒形(或矩形、不规则形)。

② 结构:电源(干电池或镍铬电池),光源(电珠、反光镜),开关(移动式或嵌入式)。

③ 外壳材料：金属（铝合金、皮、铜皮）和塑料。

④ 功能：照明、信号等。

第2步，提出改革方案。根据列举的每一小点逐个进行分析评价，对发明对象的外形、结构、材料、功能等，提出更新换代的改革方案。如对手电筒提出携带方便、形状美观、亮度好、价格便宜等实用新型的改革方案。

4. 希望点列举法

希望点列举法是偏向理想型设定的思考，是透过不断地提出种种愿望，使原本的问题能聚合成焦点，经过归纳和概括，寻找发明课题和设计构思的方法。它不同于被动型的缺点列举法和特性列举法，不受现有物品的束缚，应用范围较广，是一种主动型的发明技法。列出希望点，需要大胆设想，充分发挥创造性思维，把科学幻想转化为现实。希望点列举法的具体做法，跟缺点列举法一样，可围绕一个发明课题列出各种需要与希望，然后收集起来进行综合分析，制订出可行性的发明方案。如希望有一种不用钮扣的雨衣，使穿脱方便，就研制成一种尼龙搭扣的雨衣；希望外出旅行携带方便，一物多用，就提出旅行剪刀、多用餐具等发明的课题。

【应用案例】 下底可抽出的垃圾桶。

市场上所用的垃圾桶多为垃圾从上口倒出的筒型垃圾桶，但是，现有的垃圾桶倒垃圾不方便，不省力，不卫生。平时有浓重异味溢出，倾倒垃圾时，垃圾容易散落一地。为了克服市场上所用的垃圾桶的不足，本实用新型提供了一种倒垃圾方便，省力，卫生的全新的垃圾桶。

【应用案例】 可拆拼的床垫。

市场上有各种形式、各种衬垫材质的床垫，虽然性能上各有特点。但是有一个共同的缺点：不能拆拼。旨在解决上述问题，设计开发了一种全新的可拆拼的床垫。床垫的拆拼功能可满足很多用户的需求，如大小便或血渍污染了床垫，得整个床垫拿去洗晒，几天不能用，具有可拆拼功能的床垫只要拿去被污染的小块即可。如果医院的病人不能下床大小便，只要拆掉床垫某一拼块，放一个便盆就可以了。又如水床垫、气床垫存在"漏水"、"漏气"的隐忧，天长日久，某点损坏，整个床垫就报废了，具有可拆拼功能的床垫只要拿掉某点损坏的床垫就可以了。乳胶床垫、磁性床垫及弹簧床垫，因长期反复固定于一个部位受力，也需要互换部位，重新组合，以长期达到美观、舒适、保健的功效。

其有益效果如下。

（1）透气性较强。因床垫由单元拼块组成，具有透气孔道，方便防潮散热，不易发生霉变。

（2）比较耐用。再好的床垫时间久了，其局部总会出现断、裂、变形和塌陷。本实用新型由单元拼块组成，可以经常通过互换部位，以长期达到美观、舒适、保健的功效。

（3）方便卫生。床垫关键是要卫生，床垫使用中难免被污染，本实用新型专利有可拆拼功能，只要拿去被污染的单元拼块即可，十分方便，符合对人体有益卫生健康的需要。

（4）自由舒适。相爱的人相拥而睡是甜美的，但胳膊就难免被对方压得麻木了，本实用新型由单元拼块组成，它通过分割式的横条设计让你可以直接将横条分开，把胳膊从分开的缝隙中穿过去。这样就可以有效避免手臂被压的麻木了。也可以将脚插入缝隙中，获得更为舒适的睡姿。

（5）可调整承托性能。健康睡眠就是人体和床垫充分接触，各部位均衡受力，平躺时腰部能得到撑托，侧卧时，脊椎呈自然状态，应是一条直线；床垫硬，因为肩膀下沉不了多少，脊椎不能呈一条直线，腰部悬空，腰部的脊椎和肌肉神经长时间处于紧张状态，容易造成腰肌劳损，脊椎增生，床垫软，人体的重心集中于臀部，人体呈锅底坑状容易造成椎间盘突出。如果人躺在弹性相同的床垫上，因为臀部和肩部较重，所以它们相对其他部位对床垫的压力就大；反之，床垫相对臀部和肩部的支持力就大，这样臀部和肩部的血管和神经就相对其他部位所受的压力大，造成血流不通畅，从而影响人体的血液循环，增加人体的翻身次数，影响睡眠质量。本实用新型由不同硬度和弹性的单元拼块组成，能根据人体曲线予以较好的承托和支撑，均匀地分散体重。人体侧卧时，肩部下沉，因此需要床垫根据人体的各个部位不同，做成不同的弹性区，符合人体健康舒适的要求，营造美好睡眠。

（6）节省成本。可以用小块材料进行制造，模具体积大大缩小，不但节省专利成本，包装运输也省很多事。

（7）一物多用。大小均可调整，可拆下来当坐垫、当靠背，也可以做围栏。

【应用案例】　一种基于电子商务的广告发布方法。

涉及网络广告技术领域。源于希望在网上购物不付运费。

随着社会的发展，在电子商务平台进行网络购物成为越来越多人的选择，而网络购物比在实体店购买相同商品所多出的运费成了很多人在意的东西，随着能源的紧张，物流费用也在不断地上涨，因此物流费成了电子商务发展的瓶颈。

现在越来越多的商家需要通过发布广告来提高自己的产品知名度，而传统的广告模式费用高、不环保，所投放的广告的目标性差，这样就可能无法达到预期的广告效果。而现在大量的广告是通过网络投放的，目前网络广告主要有以下几种收费方式。

CPC(Cost Per Click 或 Cost Per Thousand Click-Through，每点击一次或一千次的成本)，按每点击次数计费。

CPM(Cost Per Mille 或者 Cost Per Thousand；Cost Per Impressions，每人或千人成本)，以在广告投放过程中，听到或者看到某广告的人数来收费。

CPA(Cost Per Action，每行动成本)，按广告投放实际效果，即按回应的有效问卷或定单来计费，而不限广告投放量。

CPR(Cost Per Response，每回应成本)，以浏览者的每一个回应计费。

CPP(Cost Per Purchase，每购买成本)，广告主为规避广告费用风险，只有在网络用户点击旗帜广告并进行在线交易后才按销售笔数付给广告站点费用。

包月方式，按照"一个月多少钱"的固定收费模式来收费。

以上各种方式各有利弊以及适用范围，主要存在的缺陷是不能直接面对目标对象，故广告效果不是很明显。

本发明提供了一种基于电子商务的广告发布方法。技术方案如下。

一种基于电子商务的广告发布方法，通过电子商务广告平台对于信息的集中管理和发布，使得消费者通过网络购物时可以通过观看发布者所上传的信息并回答相应的问题来赚取邮费。发布者在电子商务广告平台发布广告等信息的同时为自己所发布的信息设置用来匹配目标对象的关键词及目标对象在看完信息后所需回答的与所发布信息相关的问题及答案。电子商务平台审核发布者提交的信息并根据相关计价方法为其确定单价后反馈给发布者,待发布者同意所定单价后将所发布信息存入广告平台信息库。同意相关隐私条例并具有完善的个人信息的电子商务平台客户在购买商品并选择赚邮费后为所购买商品付费完成之后转入电子商务广告平台。电子商务平台客户转入广告平台后广告平台根据客户个人信息从广告平台信息库中为客户匹配发布者所发布的信息。客户在看完广告平台所提供信息且输入发布者所提问题的规定答案后系统为该客户累加收入,等到收入达到所需邮费后确认该交易。待客户确认收货并确定付款后电子商务平台再将客户所付的商品费用加上邮费一同转入商品卖家账户。

由于客户都是为获得个人利益,而自愿观看发布者所发布的与自己个人信息所匹配的广告等信息,且在观看后需要回答发布者所提的问题并给出对应答案,这样就能加深广告等信息在客户心中的印象,从而使得发布者所发布的广告等信息能够面对目标对象并且获得良好的效果,客户节省了运费,电子商务平台也由于客户的网络购物积极性的增长而获得更多的利益,实现三赢。

6.3 组 合 法

将两种或两种以上的不同种类的事物,通过巧妙地结合或重组,以获得具有统一的整体功能的新技术、新产品的创造发明方法。这种技法是将研究对象的各个部分、各个方面和各种要素联系起来加以考虑,从而在整体上把握事物的本质和规律,体现了综合就是创造的原理。许多创造发明就是既有 A 和既有 B 的一种新的组合。说到底就是把各种已有的信息分解开来,然后按新的思路和技巧加以重新组合。组合法有 3 种。

(1) 成对组合:具体包括材料组合、用具组合和功能组合。

(2) 辐射组合。

(3) 插入式组合。

爱因斯坦曾说:"组合作用似乎是创造性思维的本质特征。"组合创新的机会是无穷的。有人统计了 20 世纪以来的 480 项重大创造发明成果中,经分析发现,20 世纪三四十年代是突破型成果为主而组合型成果为辅,20 世纪五六十年代两者大致相当,从 20 世纪 80 年代起,则组合型成果占据主导地位。这说明组合已成为创新的主要方式之一。

【应用案例】 轻便式汽车防晒防冻罩。

本实用新型所采用的技术方案是由挂钩、松紧带、橡皮筋、拉链、纽扣、磁铁、卡挂件等组成。用隔温隔水防辐射布做一个包裹或遮盖汽车的防冻、防晒罩。

隔温隔水防辐射布是本实用新型的独特设计,它由双面构成,一面使用的是防水尼龙布,另一面则使用防辐射无纺布。所述的防水尼龙布,是经过超泼水处理后的面料。冬天,停在车库外的汽车,经过一个寒夜后,都会在玻璃上结成一层厚冰,究其原因,主要是玻璃上附着了水。冬天使用防水尼龙布这面就可以有效地防止水与玻璃的接触,从而可以有效地解决玻璃面结冰的现象。所述防辐射无纺布通常选用喷铝无纺布或铝膜无纺布,也可以采用纳米布。这种布紫外线反辐射率为 94%、红外线反辐射率为 95%、热辐射反射率为 1.0%,具有超强的抗紫外线能力,对烈日暴晒起到了良好的隔热遮阳作用,降低车内因暴晒引起的闷热,起到了极佳的效果,有效地节约了能源。

本实用新型的独特优点是价格低,可拆分,个性化强,可根据外部气温的不同自行选择使用的模式;防冻、隔热效果显著;携带收展方便,轻巧灵活,收藏折叠只需一分钟,极适合随车携带;设计新颖时尚,线条流畅等特点。

本实用新型具有抗紫外线、隔温、减少磨损、节省能源等作用,经济实惠,使用方便、操作简单,使用寿命长。适合各种型汽车,小型乘坐车使用效果更佳。

其中的组合也不难,将原来分开隔温布、隔水布、隔辐射布组合起来,成了新型汽车隔离布。由挂钩、松紧带、橡皮筋、拉链、纽扣、磁铁、卡挂件等组合起来,就成了成轻便式汽车防晒防冻罩。

【应用案例】 下水道易燃气体含量控制系统的结构和方法。

城市下水道设施中的窨井、管道和化粪池等是相对封闭且不通风的环境。在这样的环境中,常存在硫化氢、甲烷(是沼气的主要成分,占 80%~90%)和一氧化碳等有害气体,空气中的氧含量不足 18%。与此同时,城市的很多废油、废气也被排放到下水道中,这些废油在下水道中挥发,使下水道中易燃气体的含量猛增,含量往往会超出安全线几倍甚至几十倍。在这样的环境下一旦遇见明火或有人员进入,容易造成爆炸或工作人员窒息死亡。

本发明是通过抑制下水道内甲烷等易燃气体的产生,并将已产生的甲烷等易燃气体排出,从而降低下水道内由于易燃气体蓄积而造成人生财产损失的可能性。

本发明一方面根据产生甲烷所必须具备的条件,通过改变下水道内的环境状况,破坏发酵条件,从而达到抑制甲烷生成的目的。另一方面,将下水道内已存在的易燃气体排出,从而进一步降低下水道内的易燃气体含量,同时设置易燃气体检测系统,通过柔性自动化控制,使下水道内的易燃气体含量保持在安全线以内,并对其易燃气体含量进行实时检测,当易燃气体含量长期超标时,通过无线电发出警戒信号,通知地面人员前来检修。

采取的技术方案如下。

(1) 改变下水道的构造,在下水道的内壁呈螺旋状排列大量突起物。当水流流经下水道时,由于突起物的作用,在下水道壁周围产生激流,从而使下水道内水中的固体有机物不能在下水道底部迅速沉淀下来,减少有机物在下水道内的存留时间;同时,由于水流上下交互流动,下水道内水中的溶解氧含量也会有所增加,从而抑制了发酵产生甲烷等易燃气体。

(2) 通过鼓风系统向下水道内输送空气,增加下水道内的氧气含量,抑制甲烷等易燃气体生成,同时将已生成的甲烷等易燃气体排出。鼓风系统设置于下水道内和下水道与窨井连接处,由鼓风装置、检测控制装置组成。

在该项发明中,组合使用了多种原本不属于下水道的部件,例如鼓风装置和排风装置。由多部件组合运作,以达到防止在下水道一旦遇见明火或有人员进入,容易造成爆炸或工作人员窒息死亡的设计要求。

6.4 联 想 法

联想法以由一件事物想到另一件事物的心理过程为特征。具体分为如下几种。

(1) 接近联想。它是在时间或空间上相互接近的事物所形成的联想。例如,从潮水的涨落,联想到潮汐发电;从钢丝锯切割木板,联想到用来切割"松花蛋"的切割器。

(2) 相似联想。世界上许多事物存在着相似之处,对有相似特点的事物形成联想称为相似联想。如"转动书架"是从转椅的相似联想发明的;适度而有节奏的声响能催人入眠,从列车行驶的单调声、小雨点的淅沥声联想到在蜂鸣器中增设延时开关发出相似的模拟声,发明"电子催眠器"。

(3) 对比联想。由对立或完全相反的事物形成的联想,称为对比联想。在常规面前,从对立的、相反的角度去思考问题,常呈现出一种奇特的、怀疑的、逆反的心理活动,能把人们的思路引向隐蔽的方面,使之打破常规,克服心理定式,悟出发明思路。例如,从废品、废物中反过来联想到"变废为宝";金刚石转化为石墨,反过来联想到把石墨转化为金刚石。

(4) 因果联想。有因果关系的事物形成的联想,称为因果联想。例如,美国工程师斯波塞在做雷达起振实验时,发现口袋里的巧克力熔化了,探究其原因,是雷达发射时的微波造成的,找到因果关系就联想到用微波加热食品,发明了"微波烤炉"。

6.5 类 比 法

类比法就是将两个或两个以上的事物进行比较,通过比较找出它们之间相同或相似之处的一种发明技法。类比法有以下几种方式。

(1) 仿生类比。它是指发明对象模仿有关的生物结构功能进行类比的一种发明技法。如模仿鸟的飞行结构发明了飞机;模仿鱼发明了船;模拟手工操作设计了机械手;模拟狗鼻子的嗅觉发明了"电子警犬"。例如,在表面膜减阻方法与黏塑性物料管道输送技术中,采用了仿生动物肠道膜、无鳞鱼的表面膜方法、智能脉冲气垫以及自动成栓技术,解决了软黏物料无法用管道远距离输送的难题。研制的软黏土管道输送方法及其设备输泥船大量在工程中加以应用并取得十分满意的效果。

(2) 直接类比。它是从自然界或者从已有的发明成果中,寻找与发明对象相类似的东西,通过直接类比,创造新的事物。发明"转动书架"也是类比转椅与书架的相似之处后设计出来的。

(3) 因果类比。两个事物的各个性质、结构、功能等属性之间,可能存在着类似的某种因果关系,从一个事物的因果关系,推断出另一个事物的因果关系,而产生出新的发明构思,叫因果类比。例如,面粉添加发泡剂(小苏打)能制成松软的面包;塑料添加发泡剂成为重量轻、隔热、隔音的泡沫塑料;应用因果类比在水泥中加入某种发泡剂,成为发泡轻质水泥。

6.6 移 植 法

移植法是把一个研究对象的概念、原理和方法运用于另一个研究对象,并取得创新成果的创新原理。"他山之石,可以攻玉"就是该原理能动性的真实写照。移植原理的实质是借用已有的创新成果进行创新目标的再创造。

对所见事物多想想还有什么用途?想起来就记下,以后想起来仍可写在相同的地方,积累多了就能创新。创新活动中的移植由于重点不同,可以是沿着不同物质层次的"纵向移植",也可以是在同一物质层次内不同形态间的"横向移植",还可以是把多种物质层次的概念、原理和方法综合引入同一创新领域中的"综合移植"。新的科学创造和新的技术发明层出不穷。其中有许多创新是运用移植原理取得的。

【应用案例】 汽车怠速节油器。

　　汽车在下坡行驶及进行减速操作时,不需要发动机的动力。此时,虽然驾驶员的脚松脱了油门踏板,但是由于车辆此时仍具有一定的动能,所以不会驱动发动机处于强制怠速工况。此时的发动机由主动驱动变为被驱动状态,但是由于节气门是关闭的。此时在进气歧管内和汽化器节气门下游的通道处长时间产生负压,使较多不做功的燃油从怠速油道被吸出,从而造成燃油浪费和污染空气,这部分不燃烧的燃油还会稀释润滑油膜,加剧运动机件的机械磨损。

　　另外,当汽车处于匀速行驶、慢速缓行或下较长的缓坡时,不需要很大的牵引力,此时驾驶员轻踩油门,节气门开度较小,发动机处于中、低速工况。在这种情况下,由于空燃比相对于该工况显得过浓,再加上热机状态下的发动机温度使汽油雾化充分,从而导致混合气偏浓,称为"自然加浓",这种情况下偏浓的混合气也造成燃油浪费。

　　怠速节油器是采用导入辅助空气至怠速油道的方法来实现节油的。当发动机处于强制怠速工况时,电磁阀使辅助空气管路保持畅通,从而使节气门下游空间的真空度被破坏,从怠速油道被吸出的汽油流就被截断。当发动机处于"自然加浓"状态时,清洁空气从辅助空气通道被吸入节气门下游,使偏浓的混合气获得适当调稀。

　　具体包括以下 4 个部分。

　　(1) 被横向钻孔的传统的汽化器:钻孔位置在怠速过渡喷口近旁,被钻出的小孔与怠速油道、怠速喷口、怠速过渡喷口相通。

　　(2) 一条连接空气滤清器和上述钻孔的辅助空气通道。

　　(3) 一只介于该辅助空气通导中间,用于启闭该通道的电磁阀。

　　(4) 包含有转速响应开关、节气门联动开关、温度继电器、带有上下两个联动的触点开关的继电器、电磁阀线圈、电磁阀工作指示灯、转换开关和电动汽油泵的控制电路,其连接方案如图 6-1 所示。控制电路使节油器在以下两种情况下动作。

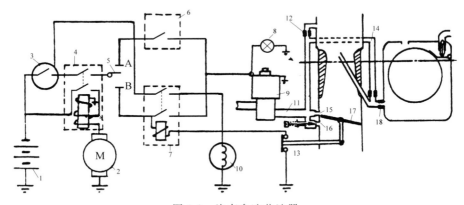

图 6-1　汽车怠速节油器

　　状态 1:发动机转速和发动机温度同时高于设定值。

　　状态 2:发动机转速高于设定值而油门踏板同时处于松脱状态。

　　状态 1 为转换开关 A 位置的工况,适于平路行驶;状态 2 为转换开关 B 位置的工况,适于坡道行驶。

本实用新型的怠速节油器的优点是，汽车处于减速、下坡，不需要发动机发出动力时，能做到使汽化器滴油不进；在不需要发动机很大动力时，能适当调稀混合气浓度；不影响发动机原工况和车辆的行驶性能；减少空气污染和机件磨损；不增加操纵动作，促进行车安全。

这里的移植很简单，因为要避免真空而引入空气的话。就如同在打针时输液管上插着连接外界的导气阀以平衡输液管中的气压使液体能持续下流。这里为了间断性地防止真空而将传统的汽化器钻孔后连接辅助空气通道。就是移植了输液管上的类似结构。

6.7 换 元 法

人们在解方程式时都会使用换元法，即将一个复杂的方程式用简单的字母替代，再代入求解的过程。新发明中的换元法是指创造者在创新过程中采用替换或代换的思想，使创新活动内容不断展开、研究不断深入，通常是指设计者可以有目的、有意义地去寻找替代物。寻找到性能更好、价格更省的替代品的过程，就是创新的过程。

【应用案例】 自带信号交流接触器。

接触器是利用电磁吸力使电路接通和断开的一种电器。现有的交流接触器一般是 3 个部分组成：

（1）电磁系统，它包括线圈、动铁心和静铁心。

（2）触头系统，它包括主触头和辅助触头。

（3）其他部分，它包括灭弧室、传动机构、短路环、反作用弹簧和缓冲弹簧等。传统的交流接触器，在需要接触器工作信息反馈或者需要以接触器动作为条件的不同电压信号输出时都是由另设的信号源（如变压器）产生所需的信号电压，再通过接触器中的辅助常开触头取得的。这种另设的信号源、触头及连接线，不但使控制线路复杂，占据空间位置多，而且还是材料和电能的浪费。

本实用新型旨在针对上述交流接触器的缺陷和造成的浪费，提供一种本身带有不同电压的信号源，并能在接触器动作时，自动输出所需信号的交流接触器，如图 6-2 所示。

本实用新型的方案是，在传统的交流接触器内增设一个附加线圈来达到目的的。当该接触器原线圈（5）通电时，一方面使铁心产生电磁吸力，将动铁心（10）吸合，动铁心带动触头系统工作；另一方面使附加线圈（6）产生感应电动势，这就取得了所需的信号。该信号的电压和电流可根据接触器本身的大小和电路的需要设定。设定值可改变附加线圈（6）的线径和圈数来满足。

本实用新型同样适用于电磁抱闸，继电器等一些电磁工作装置和控制装置上。

【应用案例】 用于铺设管道的水上浮体。

在石油、化工、采矿、环保和建筑等诸多方面，都涉及水上输送管道铺设方法及水上浮体装置。在海洋工程江河湖泊工程中，常要求在水面上铺设输送管道和水上浮体制造。通常的方法是，采用密闭的金属箱体作浮体，浮于水面，把管道固定其上，然后管道之间头尾相联进行铺设。存在着浮体自身重量大，水面作业难度大，铺设工程强度大，工程效率低下，工作

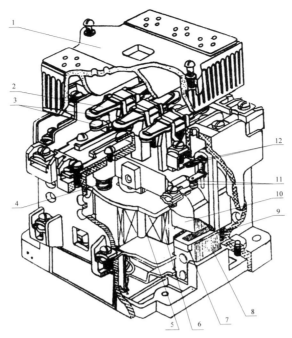

图 6-2　自动输出所需信号的交流接触器

寿命短等问题。另外,由于外力的撞击,海水的腐蚀,浮体容易漏气进水,导致浮体下沉。常因浮体的损坏造成管道断裂,影响着管道的正常工作。

针对上述问题,设计一种重量轻、浮力大、寿命长、铺设方便的新型水上浮体。

本实用新型的技术方案是,采用外设薄壁高强度材料保护层和其内充满轻质材料的浮体;用抱攀或防水胶把浮体固定在输送管道上。

本发明适用于石油、化工、采矿、环保和建筑等各个领域的水上输送管道铺设。

对于浮子内部的轻质材料区域或空心结构是无法改变的(最多换换填充的轻质材料)。能大幅度改动的就是为了抗腐蚀而是用的大规模的金属箱体,故将外形笨重的金属箱体换成薄壁的高强度材料保护层。

【应用案例】　桥式海涂土方筑堤机。

本实用新型属于土方机械,涉及海涂、沼泽、浅水中软黏土的机械化施工问题。

随着世界人口的增长和大工业的发展,土地资源日趋紧张。地球表面的陆地面积只占 29%,而且还大量的被沙漠、冰雪、山地占据。沿海的土地更是贵若黄金,滩涂土地资源的开发利用越来越必要。全世界拥有大量的可开发滩涂,仅我国就有 $1.8\times104km^2$ 海岸线,五千多个岛屿,具有丰富的滩涂资源待开发。但是,现有的铲运机、装载机、运输机等陆上土方机械都只能在陆地上施工,挖泥船、泥驳水上土方机械只能在水上施工,而大量的围垦工程都需要在陆上机械下不去,水上机械上不来的滩涂地带进行施工。再则,滩涂中的软黏土具有颗粒细小、胶结力强、含水量大的特点。现有的土方机械均无法克服软黏土施工中的种种困难。为此,大量的滩涂工程都采用"人海战役",工作辛苦,工效极低,进度缓慢。

本实用新型就是为了解决在海涂、沼泽、浅水中软黏土的机械化挖掘,运送和填筑等问题而设计的。

本发明新型的方案如下：在两个船体上架有桥式运输机，在此运输线的一端设有挖泥机进行挖掘，挖起的土方经运输线至另一端进行填筑。整机可沿堤移动，卸料口也可纵横高低移位。从而成为集挖、运、卸为一体的筑堤机，安置在主副两个船体上；大梁的挖掘端设有集料斗和挖泥机，并与副船体用绞接盘连接；大梁的另一端开有卸料口和卸料装置；在集料斗与卸料口之间，设一条全自动运输线，包括轨道、小车、卷扬机、牵引钢索、滑轮组、自动装置等。使小车在集料斗与卸料口之间自动进行往复运动。

所述的大梁采用斜拉桥式结构，一端搁置在副船体上，中间搁置在主船体中的大梁提升装置上，另一端形成一个大悬臂，以利于布料。大梁中间设有撑架，撑架与大梁的两端用张拉钢索连接。大梁提升装置采用电动液压式或螺杆式，使卸料端可以任意升降。

大梁的两端分别装有行程开关、限位块、缓冲器及自动装卸装置，用以吸收小车惯性撞击动能，控制小车的移动范围和完成自动装卸。

所述的全自动运输线包括自动装料装置、自动卸料装置和磁电式自动往复电路。

集料斗自动装料装置的集料斗底门是一个滑动移门，底门上装有开门档板和羊角活块，在移门的旁边设有脱钩斜块，并能在移门关闭时与羊角碰到。当小车驶向集料斗时，小车推手先越过羊角活块，顶住开门档板使集料斗底门沿着底门滑槽移开，集料斗中的泥土就自然落入小车中。小车回转时，小车推手顶住羊角活块，把底门拉回原位，当底门接近全闭时，羊角活块碰到脱钩斜块，小车就脱离集料斗，向卸料口方向驶去。

小车自动卸料装置：小车底门是滑动移门，底门上装有底门挡板，底门的近旁设置脱钩斜块。在卸料口附近装有固定挡板和鹤嘴活块。当小车行至卸料口时，固定挡板顶住底门挡板，底门沿着底门滑槽拉开。回转时，鹤嘴活块顶住底门挡板，使小车底门关闭，在接近全闭时，鹤嘴活块的尖端碰到脱钩斜块，使小车脱钩驶向集料斗。

所述的运输线除上述轨道小车式以外，还可根据运输距离长短及挖泥机的不同，采用电车式、刮板式、螺旋式等运输机。

所述的船体两端设有绞锚机，控制着筑堤机沿堤移动，大梁集料端与船体采用绞接盘连接，使卸料口可以任意平面移动。大梁的两端与船体间用人行桥沟通。

本发明新型的优点如下。

（1）适用范围广，能在浅水、海涂、沼泽地等各种环境中施工，可以对软黏土、淤泥等进行施工。

（2）运距大、劳力省，工效高。

（3）挖土与填筑并进，一边河挖通，一边堤也筑成。

（4）移动灵活，布料面积大，能平面布料，也能垂直布料。

（5）全自动控制，动作迅速准确。

（6）结构简单，安全可靠，故障少，磨损少。

（7）自重轻，拆装运输方便。

原本这种调运重物的设备一般均为塔式结构，而这里为了方便修筑堤坝而将原来的塔式结构替换为桥式结构使得筑堤器可以来回移动方便工程进行。

6.8 迂 回 法

迂回源于战术用语迂回包抄,即绕向敌人后方的机动型行动,其目的是攻击敌人的薄弱部位,断敌退路,阻敌增援,协同正面部队和包围部队围歼敌军某一集团的辅助性进攻或者借由正面的佯攻而绕至敌军后方由精锐部小规模队进行奇袭,按性质和范围可分为战略迂回、战役迂回和战术迂回。在很多情况下,创新会遇到许多暂时无法解决的问题。迂回法鼓励人们开动脑筋、另辟蹊径。不妨暂停在某个难点上的僵持状态,转而进入一下步行动或开始另外的行动,带着创新活动中的这个未知数,继续探索创新,而不是钻牛角尖,走死胡同。因为有时通过解决侧面问题或外围问题以及后继问题,可能会使原来的未知问题迎刃而解。总之迂回就是换个角度解决问题。

【应用案例】 新型电容器。

电容器是由两个互相绝缘且具有一定电容的导体系统组成的器件。两导体间的电容量随导体尺寸及彼此间的距离而变化,导体尺寸越大,彼此距离越少,则导体间的电容量也越大,同时还与其间所填介质的性质有关,该介质的介电常数越大,则电容就越大。

电子装备都是交直流混合的电路,电容器在电子装备中,主要是对交流电部分发挥其功能。电子装备的交流部分,因为频率关系,使电容器制造的关键是选用合适的绝缘介质。电容器制造所选用的绝缘介质力求其体积少、容量高、内阻大、频率损失少、组织均匀紧密。

而现有的电容器,如空气电容器、纸质电容器、云母电容器、钛瓷电容器、真空电容器都存在着体积大、容量小、制造中次品率高、电容量不能随需要变化等缺陷。

本发明就是根据上述原理,针对存在的缺陷,采用新的方法产生新型的电容器。涂膜介质电容器又称涂膜电容,旨在使平行板与绝缘介质合为一体。

在导体上涂上绝缘薄膜,或在绝缘体上涂上金属薄膜产生的电容器。

对于已有的电容器,如空气电容器、纸质电容器、云母电容器、钛瓷电容器、真空电容器存在体积大、容量小、制造中的次品率高、电容量不能随需要变化等缺陷不采用正面解决的方法也就是从这些电容器上改进而是另起炉灶。从最原始的电容器着手改进。以退为进,迂回而前。

【应用案例】 一种气力输泥方法及系统。

本发明涉及一种土方挖掘中的运土方法及其系统,具体来说,是一种土方的气力搬运输送方法和系统。

在现有的拖泥搬运工程中,对于黏度较大的水饱和土(如海边的泥性滩涂)是很难用挖掘机与卡车配套操作施工的,因为卡车在滑溜的泥滩上难以行驶,这样,被挖掘机挖起的泥就无法作较长距离的搬移。还有,如单纯采用螺旋式输送机,只能做到短距离移送,无法完成较长距离的泥土土方搬运工作。采用泥浆泵排放的搬土方法,因为在吸水处需要大量的水源,在排放口排出的不是块泥,而是含水量很高的泥浆水,因此会殃及大片的地面,如果在修筑海堤时将排放口放在靠近堤坝处,反而会殃及堤坝(造成毁坏)。上述3种常用运土方案对诸如在海塘筑堤中搬运黏度大的水饱和湿润泥土均不能胜任。

本发明的目的是提供一种可以在海边滩涂上进行长距离土方搬运,以完成筑堤任务的施工方法。这种方法是用管道代替卡车,将从海滩上挖起的滑泥作远距离的移送,从管道出口掉出的泥块可直接被用来堆筑堤坝,或对堤坝进行维修或大面积围填。本方法也可用于其他场合实现对土方的搬运。

本发明的方案是采用种种形式的可以承接土方,并将土方压入输泥管道内的喂泥装置。该喂泥装置将从土方挖掘处挖起的泥输入管道,然后再用压缩空气将进入管道的泥向前推移至输出口卸出。

本发明方案中所采用的压缩空气作用于输泥管道时最好是以脉冲气流的方式通入到输泥管道内去。脉冲气流可以将管道内的泥切成间隔开的泥段从而减少推泥的阻力,在作较长距离输送时特别需要如此。对于较短距离的输泥,也可不采用脉冲气流而改用连续的气流来推动泥土。

本发明具有下述优点。

(1)能输送软黏潮湿物料,解决了历来认为软黏物料无法气力输送的难题。

(2)能耗小,输送量大。由于采取了气垫水环方法,因此物料在管道内运动阻力很小。

(3)输送距离远,且输送量与输送距离可根据需要调整。

(4)移动灵活、布置方便。

(5)结构简单、可靠实用。

就如同打仗时正面进攻不行,就采用侧面进攻战术,当单纯用水输送泥土的效果不好时,就换为用气体压力推动泥浆前进,而泥浆中的水则作为密封剂来使用。

【应用案例】 茶叶蔬菜专用绿色农药。

本发明涉及茶叶、蔬菜专用杀虫剂和助长剂,属于一种农药新品种。

随着农业现代化水平的提高,人们对农药安全性的要求越来越高。现代农药发展面临着生态和环境问题的巨大压力。首先,全球性的环境污染令人触目惊心,而化学农药是环境污染的重要组成部分;其次,由于长期使用高毒农药,害虫天敌数量锐减,导致某些有害生物因缺少自然控制(食物链控制)而再度猖獗;第三,由于连续使用同种或同类有毒农药,引起有害生物抗药性增强,而用户不得不采取增加用药量来加以防治,长此以往,造成恶性循环,所以研制"高效、安全、经济"的新农药制剂,既能提高农药药效,延长残效期,且无毒、无污染的药剂是势在必行的。

据不完全统计,我国已记载的茶树、蔬菜害虫已有300多种,病害100余种。这些病、虫害给作物的种植生产带来很大的损失。农药对防止病虫害,保证茶叶的高产起着重要的作用。但是在20世纪60年代后,由于有毒农药残留影响了茶叶的品质。这些农药如果使用不当,即造成了作物药害、人畜中毒,也造成环境污染。茶叶历来是我国的重要出口商品,近年来我国的茶叶出口量不及斯里兰卡的1/6,印度的1/8。近年来,国家采取措施,禁用有机氯、有机磷、氰戊菊酯等高残留、高中毒性农药。生物农药目前存在着成本高、推广困难的问题,另外也有品种和数量的限制。

本发明目标定为以无毒化学品为原料,研制用于茶叶、蔬菜的防虫治病和优化茶叶蔬菜品质,多种功效合而为一的专用化学品,具有广谱性、多功能、无公害的特性。

本发明的思想是把植物表面的寄生物(菌、虫、病毒、)悬浮、剥离、脱落并当作污垢清洗掉;把害虫的气孔覆盖、堵塞,其使其窒息而死;把农药充分乳化、分散、黏着于虫、菌和植物体上,并从其表皮和呼吸气孔渗透进其体内,以达到特效的作用;在作物表面施以营养物质,使作物增强免疫能力。

发明方案：根据茶叶蔬菜上常见的病虫害的特点，由矿物油、多种表面活性剂及无毒化学品配置成的制剂，并与无异味、易降解、并对专利出口不影响的专用农药配置成的制剂。

本发明的优点如下。

（1）由于本品采用无毒或低毒化学品，对人畜无毒，对绒茧蜂、瓢虫、捕食性蜘蛛等害虫的天敌受伤害较少。

（2）由于充分考虑了化学稳定性、pH值、黏度、芳香烃含量、碳链长度、磺化物含量等指标，所以对植物无药害。

（3）由于避免采用苯、二甲苯等有机溶剂，且在生产中无三废排放，不污染环境。

（4）由于采用与植物亲和的活性剂和叶面肥，有一定的植物生长调节作用，提高抗逆性，由于减少了叶片的蒸腾，增强抗寒抗病能力，使作物叶片增大、增亮、增厚，增加产量。

（5）由于采用多次乳化法，造成W/O/W型的，可与油、水、粉剂等多种现有农药配伍使用。

（6）由于采用清洗污垢的方法和堵塞害虫气孔使其窒息的方法；地衣、苔藓、蚧壳、煤烟等都能清除，使植物恢复原有的光泽。

本发明适用于柑橘、棉花、水稻、花卉、瓜果等作物。

本发明将多种本来不用于杀虫的物质加入杀虫剂，不走杀虫剂原有的以有毒物质杀死目标，而是改为将目标悬浮后洗去、直接将目标覆盖使其窒息而死，通过渗透进入目标内部以达到特效杀灭的效果。

这种避开原有的杀虫方式，以免留下有毒物质毒害人类的方法是迂回法的典型应用。

6.9　逆　反　法

逆反法有点像人们所说的逆向思维，就是把事情反过来想。其实这个应该算是一种思考方式，之后的解决方案中可能会结合别的方法。逆反首先要求人们敢于并善于打破头脑中常规思维模式的束缚，对已有的理论方法、科学技术、产品实物持怀疑态度，从相反的思维方向去分析、思索，探求新的发明创造。实际上，任何事物都有着正反两个方面，这两个方面同时相互依存于一个共同体中。人们在认识事物的过程中，习惯于从显而易见的正面去考虑问题，因而阻塞了自己的思路。如果能有意识、有目的地与传统思维方法"背道而驰"，往往能得到极好的创新成果。

【应用案例】　单手取水保温瓶。

现有的保温瓶，不管是倾倒式、气压式还是电动式，都用两只手取水。即一手拿杯，一手拿保温瓶，不能单手取水。摔倒时，热水流出常会烫伤人体，老少病弱者更是取水困难。气压式保温瓶由于上部有个气囊与保温瓶胆相连，热上冷下形成对流，使保温瓶的保温性能下降。传统的保温瓶瓶口朝上，灰尘污染较多，而且多人用手打开瓶盖，极不卫生。近年出现的自动保温瓶的设想，由于各有致命弱点，而难以推广使用。例如，虹吸式保温瓶，保温性能差，出水缓慢；感应式保温瓶，平时通电耗能，易误动作；电动式保温瓶，造价较高，寿命较短；等等。

本发明旨在针对上述保温瓶存在的诸多不足，设计一种方便、卫生、安全、廉价的老少病弱者都能单手取水的新型保温瓶。

本发明的方案是,把保温瓶胆倒置安装,与一个由取水杯能碰触到的杠杆控制的进出水阀,及一个开有空气孔的进出水道相连接。可设置一个稳定底盘或设有便携机构的外壳。也可配置加热器等,如图 6-3 所示。

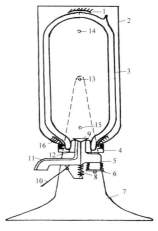

图 6-3　单手取水保温瓶

本发明的优点如下。

(1) 方便性。可以单手取水,具有杯到水出,杯离水止的理想效果。

(2) 卫生性。不再使尘埃积聚在瓶口上或因不清洁手触摸保温瓶盖,造成细菌的交叉传染,瓶内的水垢和沉淀物也消失。

(3) 安全性。不会因保温瓶倾倒及摔坏而烫伤。

(4) 保温性。由于瓶胆的倒置及瓶口的密封,取水时又不打开瓶口,所以保温性能较好。

(5) 经济性。结构简单、造价低,与感应式或电动式自动出水装置比较,成本大大降低,可靠性大大提高。

(6) 适用性。不仅可广泛应用于家庭、旅馆、企事业单位的固定地点和汽车、火车、轮船、飞机等交通工具上,而且还适用于一些不宜用手碰触的其他液体供给系统中。

此发明从解决传统的保温瓶瓶口朝上,灰尘污染较多,而且多人用手打开瓶盖,极不卫生。摔倒时,热水流出常会烫伤人体等问题出发设计。不被灰尘污染,那么出水口在下而直接将瓶胆倒置安装。为使其不会轻易摔倒而修改底盘使之变成橡胶吸盘等改动都是从逆反的角度出发而实现的。

【应用案例】 隔离式卫生套鞋。

本发明是一种卫生套鞋,又称隔离鞋套,属于日常生活用品。

本发明的目的是设计一种卫生、轻便、廉价、多用的套鞋。它直接套在鞋子的外面,既不要脱鞋,又能有效地把脚与环境隔离开来。

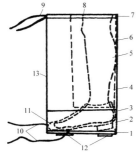

图 6-4　隔离式卫生套鞋

本发明的目的是这样实现的。它用薄膜(13)做成袋状结构,袋顶部(8)的开口部分的周边方向设有箍紧装置(7)。由鞋底(1)、鞋帮(3)、鞋箍(7)等组成,如图 6-4 所示。

本发明由于采用薄膜和薄片结构材料,所以具有体积小、分量轻、穿着轻松、携带方便的优点。由于设计成袋状结构,所以隔离性能好,防尘防雨性能佳,卫生清洁,避免病菌的传染;由于设有多个箍紧装置以及采用透气性较好的材料制成,所以穿着舒适、轻松,没有拖泥带水的感觉。另外,还有成本低,用料少、适用批量生产等优点。

本发明的最佳实施方法是采用轻质高强度,透气但不透水的材料制造,适用于日常居家和旅游。

本发明就是针对上述的发明背景中的问题而提出的。在进入对卫生要求较高的房间时，若不脱鞋就会弄脏地面，鞋底也会划伤地板；若脱掉鞋子换上拖鞋，在南方的寒冷季节实在寒冷难忍，而夏天又会气味难耐；而在类似医院这样的公共场所共用拖鞋，容易造成病菌交叉感染；另外，放置一大堆鞋子在门口，不但不雅观，而且还会有搞错、被窃等问题产生。本发明以现有的各种拖鞋为原型，为解决问题而进行逆反考虑和进行有针对性的改动。

【应用案例】 无纺真丝织物和方法。

本发明是一种无纺真丝织物和方法，涉及一种让蚕自己吐丝织物的方法和装置，属于面料和服装制作技术领域。

中国是世界上最早发明栽桑、养蚕、缫丝、织绸的国家，至今已有五千多年的历史。中国丝绸以其卓越的品质、高雅瑰丽的花色和丰富的文化内涵远销世界各地，受到各国人民的赞扬和青睐。丝绸也是国际交往的使者，驰名全球的"丝绸之路"的开通，促进了国际贸易的发展，增进了各国人民的友谊，推动了中西文化的交流、融合和提高。当前，中国的丝绸产量占世界总产量的80%左右，蚕丝绸是中华五千年文明史的组成部分，自公元前数百年开始，中国蚕丝绸及生产技术就通过陆路、水路逐渐传至中亚、波斯及周边国家，所到之处，产品之精美、工艺之绝伦，使这些国家的消费者为之惊叹倾倒。在以后的较长历史时期，中国蚕丝绸一直引领着世界蚕丝绸的生产与消费。现今，我国蚕丝绸业在世界所处的大国地位，要求我们在生产技术产品设计方面，也要自主创新才能处于相应的地位，走出一条中国特色的丝绸产品设计之路。

中国特色丝绸设计之路是一个开放系统。不仅不排斥其他国家、其他民族文化艺术及其先进的设计理念、理论和方法。还要挖掘、研究、学习、吸收，古今结合、中西合璧、兼收并蓄、融为一体、标新立异、自成一派，用于启迪自己的设计创意和理念，丰富和创新自己的设计理论和方法。有关丝绸方面创新的织物与产品内容丰富，种类繁多。

但是长期以来，蚕丝服饰和工艺品生产技术复杂，工艺工序繁多，浪费大量的资源和人力。通常都需要通过栽桑、养蚕，吐丝，结茧，缫丝，织绸，裁剪，缝纫等一系列烦琐的工序，最后才能在商场上看到的服装及工艺品，等等。

这些丝织物都是经过蚕茧加工而成的。丝的主要来源就是蚕茧，在熟蚕上蔟后，先吐丝做成松乱的茧衣；然后头胸部开始有规则地摆动，吐出呈～形或∞形的丝圈，积15～25个丝圈成丝片；许多丝片由丝胶黏着构成茧层。茧层上的丝缕成为茧丝。由外及里完成茧层后，在茧层内腔形成蛹衬，即完成吐丝结茧过程。这个过程导致蚕丝的利用率较低。蚕茧有椭圆形、椭圆束腰形、球形或纺锤形等不同形状。茧有白、黄、淡绿、肉红等颜色，生产上大多用白茧。然后再对蚕茧进行质量检验，这个过程也会淘汰大量的蚕茧，导致蚕丝的浪费。再将通过检验的蚕茧利用热能杀死鲜茧内蚕蛹并烘成干茧，同时保持茧质、防止霉变的工艺和管理过程，俗称烘茧。在烘的过程中有些蛾没死破茧而出，因此在这个过程中也会浪费很多的蚕丝。最后将蚕茧放入热水中煮，在蚕茧中间的位置找到线头就能将蚕丝抽出来。蚕丝抽出来之后，再经过人工的各道工序做成丝绸服装或是工艺品。这种从提取丝到做成服装及工艺品等丝织物的过程需要花费大量的人力和时间。再者从这几年的中国蚕业来看，广大蚕农在养蚕生产中，蚕不结茧的现象时有发生，给养蚕生产带来一定损失，也间接地影响了我国的丝绸业。

本发明的目的就是让蚕自己吐丝直接织成服装、工艺品等丝织物，减少从吐丝到织绸的等烦琐的工序，也减少了对蚕茧的处理过程，也可以避免因茧衣、蛹衬、不结茧、破茧而造成的浪费。

为达到上述目的,本发明的技术方案是,首先对蚕进行培养,在蚕成熟后看上去几乎透明时,再对其进行一道净身的程序。与此同时将所需模板制作好,然后将净身后的蚕放在模板上,蚕就会按照模板的形状螺旋式来织,织物完成后再对丝织物进行脱脂、穿刺、整理、熨烫、定型等工序,然后经刺绣、印染、扎染等工艺手段,形成厚薄均匀、纹路特别、高贵亮丽的服装及工艺品。

可以将蚕织的丝织物当高档宣纸使用,让墨水在丝织物上渗透均匀,装裱后可以成高档工艺品。可以将丝织物做成壁画;也可以在丝织物上写书法和画画,当作宣纸使用;可以做成美丽的礼服,穿着若隐若现、纹样特别的丝礼服参加晚会,一定会成为晚会的焦点。再加上有色茧越来越多的产生,可以混合各种有色蚕进行吐丝,花样自然,纹路特别,穿在身上会产生一种浑然天成,天衣无缝的效果。

这里的逆反也不难。反向思考减少蚕丝的损耗,在原本的工艺步骤中只有减少不合格蚕蛹。而最大化地减少不合格蚕蛹就是让它不再结茧而是用模具使其直接让蚕自己织成服装、工艺品等丝织物。减少在蚕茧到抽丝上蚕丝的损耗。

6.10 强 化 法

强化法就是对创新对象进行精炼、压缩或聚焦,以获得创新成果的方法。强化原理是指在创新活动中,通过各种强化手段,使创新对象提高质量、改善性能、延长寿命、增加用途,使产品体积缩小、重量减轻、功能增强。

【应用案例】 室内空气净化过滤装置技术。

本发明涉及一种空气净化过滤技术,尤其是可以交换过滤室内外空气的空气净化过滤装置。

国内城市空气,尤其是大城市,每年雾霾的天气超过100天,雾霾中的PM 2.5微粒对人体伤害极大,人体若长时间吸入此类粒子,可引起肺癌,血管受阻等疾病。中国的空气污染越来越严重,不良空气质量带来的健康问题也是日益严重。

既然室外空气难以在短时间内改变,那么室内空气的改变就变得尤为重要,所以空气净化器在空气质量日益下降的国内变得尤受欢迎,尤其是能过滤PM 2.5微米的空气净化器。而如今的空气净化器多为室内使用的净化器,这种净化器通常只能过滤和交换室内已经污浊的空气,并没有实现室外和室内空气交换的问题。而现有的室外空气净化器体积大、质量差、功能单一、难以安装、价格昂贵,并不适合普通家庭使用。如果能设计一种过滤效果好,能交换室内外空气,而且体积轻巧、价格便宜、功能多、安装方便的空气净化器,将具有很好的市场效应。

为了针对难以用小成本解决交换和过滤室外污浊空气这个难题,本发明提出了一种室内外空气循环过滤系统。

为了解决上述技术问题,本发明采用的解决方法如图6-5所示,其中包括防护罩外壳、鼓风机、二氧化钛光触媒涂片、紫外线灯管、活性炭、滤膜。其特征是,室外模块和室内模块由进气通道相连接,鼓风机的出风口与该进气通道相通;室外模块离鼓风机进气口由近至远依次为紫外线灯管、二氧化钛光触媒涂片、紫外线灯管、活性炭、HEPA高效过滤膜、防护罩壳和初滤网；室内模块安装在室内墙壁上与进气通道的室内端相连接，进气通道室内端与臭氧发生器相连，臭氧发生器另一端安装着小型增氧机，小型增氧机另一端与香氛发生器相连接，香氛发生器的上端预留有香氛液体注入口，香氛发生器另一端与加湿器相连接，加湿器的上端预留有加湿器注水口，加湿器的另一端与出风口风机相连，出风口则安装在出风口风机的外端，控制模块液晶则安装在室内模块的外壳表面位置。

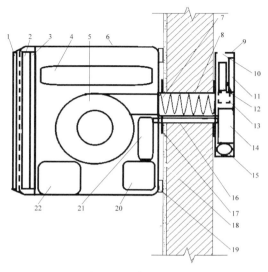

图 6-5　空气净化器

　　其室外模块的特征是，防护罩外壳安装在室外的墙壁上，墙壁预先凿有一直径为 5cm 的进气通道与室内相通，鼓风机的出风口与该进气通道相通，鼓风机的进气口上安装有一圆柱管道，管道内离鼓风机进气孔由近至远依次为紫外线灯管、二氧化钛光触媒涂片、紫外线灯管、活性炭、HEPA 高效过滤膜，防护罩外壳的下部为初滤纱布网。

　　其室内模块的内部特征是，室内模块安装在室内墙壁上与进气通道的室内端相连接，进气通道室内端与臭氧发生器相连，臭氧发生器另一端安装着小型增氧机，小型增氧机另一端与香氛发生器相连接，香氛发生器的上端预留有香氛液体注入口，香氛发生器另一端与加湿器相连接，加湿器的上端预留有加湿器注水口，加湿器的另一端与出风口的风机相连，出风口则安装在出风口风机的外端，控制模块液晶则安装在室内模块的外壳表面位置。

　　其室内模块的安装位置为室内门口的正对面的墙壁上。

　　本发明的优点是，室内外空气循环过滤系统，通过初滤膜、HEPA 高效过滤膜来过滤 PM 2.5 微粒，通过紫外线灯、二氧化钛光触媒、臭氧发生器来杀菌消毒，通过活性炭吸附异味、香氛发生器排放香气来掩盖异味，通过增氧机进行增氧，通过加湿器进行加湿。功能繁多效果明显。其安装位置为在室内门口的正对面位置的墙壁上。其成本低，体积较小，具有多重净化杀菌模块，净化效果好，安装方便，因为室外空气经净化排到室内，此时室内压强会比室外大，此时室内大压强的空气会以较小的流速通过门缝窗缝流到室外，省去室内外压强差太大的问题。室外污浊的空气的流向为，室外空气进入初滤纱布网后(初滤纱布网可以阻挡大部分较大异物，如昆虫、小动物等)，流向 HEPA 高效过滤膜(经过 HEPA 高效过滤膜的过滤，PM 2.5 粒子全部被阻挡过滤)，过滤完的空气再通过活性炭层吸附掉空气中的异味,吸附完的空气再通过在紫外线和光触媒杀菌的作用,杀死了绝大多数的细菌,此时净化后较为干净的空气通过鼓风机的进口排到室内模块。

室外空气进入室内模块后,首先经过臭氧发生器(此时臭氧发生器会释放出臭氧,可以杀死室内的细菌)。从臭氧发生器出来的空气会进入小型增氧机,此时增氧机工作,可大幅度提高室内空气氧气浓度,经过增氧机增氧的空气经过香氛发生器,香氛发生器可以使流入室内的空气具有香气,给人空气新鲜的感觉。经过加香的空气再经过加湿器调节室内空气湿度,经过出风口风机,从出风口进入室内。此时室外的空气经过层层过滤,净化,消毒等工序进入室内,达到空气净化的效果。本系统成本低廉,安装方便,效果明显,在空气质量日益变坏的国内,将具有很好的市场效益。

【应用案例】 鞋子防水防污保护膜套及制备方法。

目前,市场上的绝大部分鞋子,尤其是运动鞋,旅游鞋,板鞋等,无论是在出售还是在使用过程中,都没有得到很好的保护。尤其在防尘、防污、防水防油等方面,使得鞋子极易弄脏,弄湿,需要经常清洗和保养,这不仅带来了很大的不便,同时还消耗了很大的水资源、洗涤剂,影响环境并且需花费大量宝贵时间,去做这些无奈又无聊的事情;而鞋子的美观程度由此逐渐下降,加快变旧和破损,其使用寿命大大缩短。即使是皮鞋,也需要经常擦拭涂油,并且高档皮鞋的维护费用支出也相当可观。虽然已有多种鞋用防尘贴纸的专利,总觉得不够贴近实际生活需要,在实用方面还有待进一步的改进才能应用。

本发明所解决的问题是克服上述鞋子清洁,保养费时费力而且雨天容易进水弄湿等问题,提供一种使用方便,廉价又环保的鞋用防水、防污、透气透明保护膜套,用于鞋子外表面,还可以起到一定的附加美化装饰作用,充分满足不同消费者需求。

本发明所采用的技术方案是,以具有憎水憎油性的离子型树脂薄膜和可降解的塑料为原料,应用吹塑或注塑等工艺技术,制成厚度为 0.1～0.5mm 的透明柔软薄膜。并以此为基材,选用合适的压敏胶黏剂,经底层处理和背面处理和压力胶黏等工序制成黏度适中保护膜套的方法。还可以在加工过程中添加适量的香料或颜料等辅料,使成品成为具有不同的香味和色泽的透明膜,对鞋子起到额外的装饰作用。

本发明的优点在于所用的压敏胶黏剂透明性、内聚强度性能好,黏合力强且持续久。尤其是对极性被黏物表面和多孔表面有良好的黏合性能,低温性和快黏性能好,膜套剥离鞋面后,鞋子表面没残留黏性,对环境友好。本发明适用于各种鞋子。

鞋子有了它就如同坦克为了强化本身的防护能力,加装了外接装甲板一样。这里为了加强鞋子的防水防污能力而加上的外接保护膜套。

6.11 仿 生 法

仿生法的意思可以参考仿生学即在工程上实现并有效地应用生物功能的方法。例如关于信息接收、信息传递、自动控制系统等,这种生物体的结构与功能在机械设计方面给了很大启发。将海豚的体形或皮肤结构应用到潜艇设计原理上就是仿生学经典案例。仿生学也被认为是与控制论有密切关系的一门学科,控制论主要是将生命现象和机械原理加以比较,进行研究和解释的一门学科。这里的仿生应用主要体现在发明上。

【应用案例】 表面膜减阻方法与黏塑性物料管道输送技术。

在石油、化工、采矿、环保和建筑等诸多方面,都涉及黏塑性物料的输送。

在海岸工程和海岛工程施工中,常要求在离堤坝几百米甚至几千米以外取土,在堤坝的内坡侧填筑闭气土方防渗。由于围海事业的发展,高滩涂地区所剩无几,海岸已逐步伸向低中滩涂,中低滩涂沉积着很厚的软黏土层,这类土层黏性大,强度低、含水量大,陆上机械下不去,水上机械上不来,现有的设备难以发挥作用,人工又无法施工。

另外,工业废渣清运,城市垃圾处理,码头航道清淤等,黏塑性物料的输送一直是工程中迫切需要解决的课题。可见,黏塑性物料远距离管道输送方法与设备,具有广阔的市场需求和广泛的应用前景。

本发明目的在于提出表面膜减阻方法与黏塑性物料管道输送技术,有效解决黏塑性物料远距离管道输送的诸多难题。

本发明的技术方案是,采用理论研究、科学实验与工程实践相结合的方法,采用在物料与管道间设置表面膜的被膜方法,仿生鱼体表面膜、动物肠道膜的表面膜减阻方法,一种输料管道的内壁降低壁摩擦力的表面处理方法。使物料的内摩擦力大大高于管壁摩擦力,把降低管壁摩擦力的问题突显成为管道输送系统中的主要矛盾,在管道输送中其他很多复杂的问题,都降为可以忽略的次要矛盾。只是着重研究降低壁摩擦力问题,克服软黏物料与管道内壁的黏滞性,一个很复杂的问题简单化了,黏塑性物料远距离管道输送的难题就得以解决。使黏塑性物料在低能耗的前提下进行输送,实现各种黏塑性物料的远距离管道输送。

所述的仿生鱼体表面膜方法,又称为物料表面成形被膜方法,是采用种种装置在被输送的物料表面设置一层类似于鱼体表面膜的方法。其方法是把物料压制成或包装成与管道相吻合的形状,在已成形状的物料表面包上一层防渗薄膜,或在物料与管壁之间喷上一层润滑剂,以减少物料与管壁之间的阻力,避免物料损伤和管道的磨损。防渗薄膜和润滑剂材料,是根据不同的输送物料及工作要求选择和确定的。

【应用案例】 鲎式轻质堤坝的结构和方法。

本发明涉及堤坝(围堰、路基、挡土墙)的建筑技术,是一种新型的软弱地基筑堤的仿生结构和方法,是一种工厂化生产堤坝构件及进行快速筑堤的方法。

"兵来将挡,水来土掩"这是几千年来天经地义的理论。这看似简单的堤坝结构并不是没有什么可以研究,自大禹治水以来,可考的历史资料来看,堤坝技术一直是威胁人民生活安宁,困扰着社会经济发展的重大研究课题。随着环境科学、地质科学、计算机技术、两相流和非牛流技术的发展,人们对堤坝技术的研究,有着突飞猛进的发展。对堤坝应力稳定的研究、破坏机理的研究、结构材料的研究、软土地基的研究及相关课题,国内外都有大量的报道和专利。但是现有技术均没有涉及筑堤的仿生结构和方法,轻质材料垫层的研究,也没有解决因坝体的重量不均衡而产生的不均匀沉陷滑移问题,更没有涉及工厂化预制堤坝构件的快速高效的筑堤方法。本发明的鲎式轻质堤坝结构和方法,不但有坚韧的外壳结构,均衡适量的重量,使堤坝有整体性,刚中有柔,刚柔相济,能适应地基的沉移变化。而且造价低、工期短、适用广。通过检索国内外专利文献及相关的 25 个数据库,从寻找到的资料中未曾发现有相同的研究。

鲎,也称东方鲎(TachypleusTridentatus),节肢动物,头胸部的甲壳半月形,腹部的甲壳呈六角型,有 6 对附肢,6 对片状游泳肢。分布于太平洋,在浅海滩涂中常见,雌雄两个总在一起。其坚硬的外壳，拱形的结构，完整的体形，若伏在滩涂上，即使再大的风浪海潮也动弹不了它，再凶猛的鲨鱼都奈何不了它。而堤坝正需要有如此结构和特性。

堤坝（围堰、路基、挡土墙）的建筑技术，包括地基处理、坝体填筑、稳性分析、防浪消能、防渗闭气、沉移观察等。本发明针对堤防存在的问题，在以往传统的堤坝理论上，提出一个新的筑堤结构和方法——鲎式轻质堤坝的结构和方法。其基本特征是，把堤坝看作为一个鲎式生物系统，仿鲎的结构特性设计构筑堤坝。即以高强度材料制成坝坝的外壳，或堤坝某部分的外壳，以骨筋材料支撑堤坝易变形的部位，然后填入其他填充材料，使之产生减重、加筋、防渗、隔离、堆高的作用，提高堤坝强度。在软弱地基中，采用轻质垫层设于易沉陷滑移的部位，从而减轻堤坝易沉陷部位的重量，调整堤坝平衡，以均衡堤坝荷重，增强整体稳定性。在沙砾地基上插设连续防渗板，以克服渗漏。整个堤坝联成一体，互为支撑，互为依靠，互相牵制，互相支持。并以多个坝脚深插地基，使堤坝刚中有柔，刚柔相济，并与地基融为一体，以消除不均匀沉降，确保堤坝的安全。

其基本技术方法包括轻质坝体、硬质结构坝壳、隔离防渗、深插坝脚、连成整体。

本发明的优点如下。

（1）提高了堤坝的稳定性。由于采用了轻质垫层方法，一方面，减轻了堤坝易沉陷处的重量，提高了坝体的强度与整体性，调整了堤坝的受力平衡，避免了不均匀沉降与滑坡；另一方面，轻质材料相当于一个有一定强度的垫层铺于软弱地基上，扩大了荷载力扩散范围，使压力均匀分布，同时对下卧土体有约束作用，限制了地基的侧向变形。

（2）加快了施工建设速度。传统的施工方法，在软弱地基填筑土石料时必须严格控制加荷速率，待地基固结强度提高后才能再加荷，并且软土堆不上去，固结度的提高很缓慢，工期长。本发明采用了硬质结构坝壳从根本上解决了地基强度和土方堆高的问题，有利于机械化、大规模施工，所以大大缩短了工期，提高了建筑速度。

（3）减少了坝体的无功方量。由于采用了硬质结构坝壳和轻质材料或中空单元构件，使土方易堆高，可以增大坡比，如从 1∶16 提高到 1∶1.5～1∶4，可以减少大量土石方。坝体重量减轻，还可减少闭气层土方量。在缺少石材的地区，以土代石，还可省去大量石方。

（4）治理白色污染。轻质堤坝采用废弃塑料和粉煤灰作为轻质材料，集中埋入堤坝底下，日久天长沉入堤坝的低层，既是堤坝坚实的基础，又是治理白色污染的好方法。

（5）提高抗渗性能。由于在沙砾地基上插设连续防渗板，外壳和防渗板材料选用强度大、防渗性好、耐风化腐蚀的材料，改变了渗透路径，减少了堤坝的渗透量，提高了抗渗性能。

（6）提高堤坝的安全寿命。由于整个堤坝构件联成一体，多个坝脚深插地基，使堤坝刚中有柔，刚柔相济，并与地基融为一体，以消除不均匀沉降，确保堤坝的安全。而且轻质堤坝采用材料具有化学稳定性好、耐腐耐老化能力高、抗菌抗生物能力强等特点，只要土石覆盖良好就有很好的耐久性。

（7）鲎式轻质堤坝还具有较好的抗地震性能。

本发明适用于堤坝围堰人工岛建筑，尤其是软基筑堤、临时筑堤及快速筑堤，对提高堤防的质量、加快建筑速度、促进堤坝安全稳定、治理环境以及抢险救灾都有着积极的意义。在海岸港口工程，公路桥梁建设，油田开发钻探，滩涂水产养殖，沙漠园林整治，湖泊清淤疏浚都有广阔的市场前景。

第7章　创造发明的选题与研究

天底下什么样的乐趣最高尚？天底下什么事最令人感到得意？新发现！晓得自己走的路是旁人从未走过的，晓得自己看到的东西是凡人从未见过的，晓得自己呼吸到的空气是人家从未吸过的。

——马克·吐温

独立思考能力，对于从事科学研究或其他任何工作都是十分必要的。在历史上，任何科学上的重大发明创造，都是由于发明者充分发挥了这种独创精神。

——华罗庚

7.1　选题的意义和原则

7.1.1　选题很重要

由期望定律可知，当对某一目标怀着非常强烈期望的时候，所期望的事物就会出现，这就是心想事成原理。选题就是确定一个研究目标。它被置于课题研究的首位。有道是，目标的设定是成功的开始，也有说良好开端是成功的一半，由此可见，课题的选择是开始创新的重要步骤。有了目标，才能发展。有了目标，就有自信和力量。所以目标是创造的灵魂，是理想的翅膀，是努力的方向，是前进的力量，是成功的阶梯。

7.1.2　选题要遵循的原则

一切伟大的行动和思想都有一个微不足道的开始。良好的开头是成功的一半，倘若不做下去，还是等于零。非经自己努力所得的创新，就不是真正的创新。一旦走上这条道路，就要勇敢地走到底，绝不回头，唯有去做，去做，再去做。

1. 新颖性原则

创造发明就是选取别人没有发明过的新课题，所以新颖性是创造发明的本质特征，确定选题前，要进行社会调查，查看全国以及省、市、县历届科学创造发明比赛得奖作品集，查找有关的书、报、刊，查找专利文献索引，了解该项发明课题是否已经存在，否则虽然历经千辛万苦，却存在徒劳无功的风险。当然，他人已经研究过的、社会上已有的发明课题，也不是绝对不可以选择的。严格说来，别人没有研究过的课题是没有的，可以从别人已有发明成果的基础上继承发展，进一步深入，或另辟蹊径，运用创造性思维和方法，从另一个角度去思考发明创造的路子。

2. 先进性原则

先进性是指选取的课题不仅具有新颖且前所未有的特点，而且要在同类产品或物品中具有优势，有突出的、实质性的进步，具体如下：一是技术上先进，就是在制作工艺、方法上能克服某些难点，有所创新，能省时、省力或省材料，或引进先进的工具或方法；二是结构、部件和材料上经过调整、组合、添换、省略、更新等改革后，产生比较稳定、牢固、安全、灵巧、有效等优势；三是在功能上，用途增多。使用方便，易于调控等优势。

当然，先进性是相对的，对初学者来说，要求也不能太高，只要在技术上、结构上和功能上有一点优势，就应看作具有先进性。

3. 实用性原则

实用性是指选取课题应是实际需要的。应具有使用价值，能够解决日常生活、学习、工作和劳动生产中某些实际问题，产生经济效益和社会效益。

所谓使用价值，就是发明的作品能够满足人们某种需要，为商业提供利润。经济效益，是指发明作品转入生产后能得到经济利益。

4. 科学性原则

科学性，是指发明的选题必须有事实根据或理论依据，要重视实践，符合科学原理，不能凭空想象，无根无据，更不能犯有科学性的错误。

5．可行性原则

可行性，是指选取的发明课题，要符合主客观条件。主观条件是发明人本身的科学知识、兴趣爱好、实际能力、时间和精力；客观条件是指完成发明课题所需的材料、工具、设备和经费等。因此，选题眼要高，手要低，从大处着眼，从小处着手。既要胸怀世界，又要脚踏实地。要从实际出发，量力而行。切忌好高骛远。

6．单一性原则

单一性是指一次选题应当仅限于一个项目，一种产品，一个目标，不能一心两用，不能同时什么都想干，不能贪多喜大。

总之，选题要符合以上6个原则，才能选准课题，为顺利完成和取得高品位的发明成果跨出成功的第一步。

7.2 选题的范围和步骤

7.2.1 选题的范围

选题无范围，事事有学问，处处可研究。可以在自己所学的专业，熟悉的领域，日常生活中遇到的问题，有社会需求的产品，工程技术难题，行业公认难题，国际尖端科技等方面进行研究。重要的是视野要宽广，不能把自己限制限制。世界上遍地是黄金，有心人只需躬身伸手就能捡到。

7.2.2 选题的来源

1．从自己掌握的信息中寻找选题

在平常的生活与学习过程中，要注意积累各种各样的经验，这有助于人们产生自己独特的想法。如果能够将这些想法充分利用，就极有可能有所突破，这是因为在学习专业知识，从事日常工作，接触熟悉的事物，阅读资料时，信息早已储存在潜意识中。

例如，随着人们生活水平提高，拥有汽车、摩托车、电动车的家庭越来越多。这类机动车被偷盗的情况在增多。对于学习过电子类专业，且对传感器较熟悉的人，可以研究发明一种防盗装置。为了有效地防止盗车，可发明一种新型防盗感应器。生产厂家在车辆的发动机上嵌入能发出电磁波的数字传感器，并配有接收器，显示机动车与该感应器的距离和方位。万一车辆被盗，便可利用感应器定位，不断缩小被盗车的搜索范围，直至找到车辆，抓住窃贼。

2．从人民群众日常生活的问题中寻找选题

要着力解决的人民群众最关心、最直接、最现实的问题，一切发明都是为了改善人们的生活而产生的，日常生活中有无尽无穷的课题，只要睁开眼睛，仔细观察，做出假说，进行实验，就可以轻松化解生活中遇到的许多难题，所以回归生活往往能够找到最需要的答题。用科学的方法解决日常生活大大小小的难题，把科学方法应用到衣、食、住、行、育、乐等各个层面，有效解决在人们在健康、理财、购物、旅游、烹调、家务上遇到的种种问题。

3．从实际工作中遇到的难题中寻找选题

实践是检验真理的标准。的确，闭门造车往往是不切实际的空想，创造发明也不是光靠理论就可以实现的,在工作实践中往往会遇到一些难题,此时机会将随之而来,千万不要避而远之,或者直接另辟蹊径,当为自己的"聪明"举动感到沾沾自喜时,殊不知发明创新机会已在你身边悄悄溜走。所以要抓住这些问题,直视并勇敢地面对,并且运用自己创意的灵光,想办法解决它,这样才能抓住机遇创造价值。

4. 从社会上人们亟须解决的事情中寻找选题

只要仔细观察,勤于思考,就能发现社会亟须解决的问题,把它提炼成研究的课题,再运用创新思维着手解决。

近年来,随着环保要求的提高,对汽车刹车系统的要求也越来越高。现有的汽车刹车系统有轮毂式和盘式,且存在噪声大,磨损多,浪费能源等缺点。尤其是公交车,在城市中频繁起动和刹车的过程中造成大量能量流失,能耗相当大,而刹车时又产生很大噪声。为了使汽车更趋于环保,弥补传统刹车的不足,可以设计一套电磁刹车系统。

5. 从自己的学科专业发展中寻找选题

古语有云:"闻道有先后,术业有专攻。"在这个世界上没有哪个人是完美的全才,什么都是精通的。有个笑话就体现了这方面的意思,有个小孩对他爸爸说自己赢了象棋冠军和羽毛球冠军,他爸爸很不解,"你有那么厉害?"问罢,原来是和象棋冠军打羽毛球,和羽毛球冠军下象棋。发明创造也是一样,对自己的学科或者自己比较感兴趣的专业往往会有一个比较深的了解,积累的知识也相对多一些,厚积薄发的机会就明显比那些接触尚浅的方面多多了。

如长期以来,传统的蚕丝纺织品都是经过栽桑、养蚕、吐丝、结茧、选茧、烘茧、缫丝、织绸、染色及整理、裁剪和制衣等一系列的工序加工而成的。在此过程中,蚕丝纺织加工所涉及的生产技术复杂,工艺工序繁多,浪费大量的资源和人力。另外,在实际生产过程中,由于涉及工艺工序较多,对蚕茧或蚕丝提出了较为苛刻的要求,如茧形大小和茧层厚薄均匀、色泽一致;蚕丝粗细均匀、良好的机械强度等。因此,在选茧、烘茧、缫丝等过程中,会淘汰大量的蚕茧或蚕丝,从而导致大量蚕丝的浪费。再者,从这几年的中国蚕业来看,广大蚕农在养蚕生产中,蚕不结茧的现象时有发生,给养蚕生产带来一定损失,等等问题间接地影响着丝绸业的发展。是否可以发明一种让蚕在模板上直接织衣服的方法,然后经脱脂、针刺、修边、整理、成衣?这样一来,每件变都成了独一无二的高级时装。

6. 从社会热点中寻找选题

很多问题都是通过互联网、微信、微博等新闻媒体而引起人们强烈关注的。凡是人们关心、关注的问题,就有市场,就值得进行选题研究,再从发明者的视角分析社会热点问题,着眼于这些问题的合理解决。例如,马来西亚航空公司一架波音 777-200 飞机,在吉隆坡飞往北京的航班途中失去联系事件。在科技如此发达的今天,在信息快速传播的今天,一架载有 227 人的客机突然消失很多天时间仍未找到,是否可以由此产生新的想法避免空难的发生呢?

7. 从市场需求热点中寻找选题

在商品经济环境下,发明创造必须瞄准市场需求。市场需求是开展科研选题工作的根本。在相当一部分消费者对某事物有强烈的需求,而现有产品或服务又无法满足的这种需求,此事物最好的选题对象。开发有效的物品和服务来满足这些需求,不断满足人民日益增长的需求,是发明人义不容辞的使命。

例如,近来由 PM 2.5 微粒引起的雾霾笼罩我国很多地区,空气质量对人体健康的影响成了社会热门话题。能有效地阻挡 PM 2.5 悬浮颗粒的口罩、室内空气净化器、空气净化空调,能实时显示空气质量指数的测试仪,能隔离细菌、尘螨、病毒和挥发性化学物的窗纱,能防尘、抗菌、防霾、防尾气、防污染的鼻喉喷剂、润肺抗霾冲剂等都是很好的选题。

8. 从招标的技术难题中寻找选题

技术难题招标是指技术商品的需方为获得某项技术,提出对技术的具体要求和条件,以吸引拥有这类技术的供方进行竞争,最后由需方选择其中提出最有利方案的供方进行合作的交易方式。通过技术招标与投标,供需双方有了直接见面的机会和当场成交的条件,很容易实现产学研的结合,也受到企业和技术持有方的普遍欢迎。出现了难题,发明人就有发挥才能的机会,便可通过多种途径积极寻求解决问题的方法和手段。例如全国技术成果交易会,以难题招标的形式为一千多项技术难题找到了解决办法,促进了技术与生产的结合,促进了技术进步和技术推广。供需双方皆大欢喜。

9. 从科技社会行业发展趋势中寻找选题

科技发展,社会发展,以及每个的行业的发展中都有公认的瓶颈问题,阻碍着行业的发展,于是沿着科技行业发展趋势选择课题,是个好方法。如年年都有的自然科学基金项目指南、科学研究基金项目指南、公益基金项目指南等,都是在当前科技、社会、行业发展中亟须研究的课题。

例如,能源行业如何经济有效地利用太阳能。太阳能对人类能源需求的贡献是巨大的——全球的太阳能发电,是一个数十亿美元的产业,且仍在增长之中。即便如此,目前太阳能产业在总能源市场中占的比例仍然很小,不足全球消耗总能量的 1%,而矿物燃料(如煤、石油、天然气等)则占到了约 85%。这些矿物燃料不是一种永久性的主要能量来源,它们终将被开采殆尽。除此之外,现有的油、气供应也不能满足快速增长的能源需求态势。在矿物燃料中,煤炭资源丰富,但其直接燃烧会带来大气污染等问题。与其他矿物燃料相比,煤炭的使用更易增加大气中二氧化碳的含量。

太阳能资源丰富,即可免费使用,又对环境无任何污染,是新型可再生能源之中的首选,它是解决未来能源短缺问题的有效出路。但太阳能的开发利用尚存在诸多挑战。目前太阳能利用中存在太阳能的收集、转化、蓄能等技术上的薄弱环节。

如何提高太阳能光电池的效率?如何使太阳能更加经济?如何存储太阳能?如何降低太阳能电池的发电成本?都是国际上能源行业公认的瓶颈问题。

10. 从人性的愿望中寻找选题

巴尔扎克说过,没有伟大的愿望,就没有伟大的天才。愿望是发明创造的根本动力。沿着人的愿望有很多选题。

正如生存是一切生物的本能,为了生存,为了生存得更好。长生不老,返老还童,起死回生是千百年来的愿望。如何拥有不死之身是人类一直在研究的课题。人们将探寻生命的奥秘,怎样延长人的寿命的方法?人体各部位培育制造设备?怎样进行克隆、冷冻死者?怎样制造会在人体内生存,杀死疾病的微型机器人……

11. 从国际上的尖端科技中寻找选题

不要认为国际上的尖端科技高不可攀,项目都是人做的。世上无难事,只要肯登攀。在这里去找一个选题,并努力突破,人生才更有意义。

美国国家工程院公布由专家评选出的人类在 21 世纪面临的 14 大科技挑战,内容涉及四大主题:环境的可持续性、健康、减少易被攻击性和生活乐趣。包括太阳能的普遍应用、捕捉与储存温室效应气体、控制氮循环、有效利用废弃物、使全球民众喝上洁净水等。专家认为,如果这些难题被攻克,人类生活质量将有所提高。

例如,面对如使全球民众喝上洁净水为选题时,首先应知道,人类面对的水危机很严重,现在世界上大约每 6 个人中就有 1 个人喝不上水,而缺少基本用水卫生的人数要比这个数字多出两倍。在一些国家,有超过半数的人喝不上安全的饮用水,因此饱受疾病困扰。有人估计,世界上每天约有 5000 名儿童死于腹泻有关的疾病,由于缺少清洁用水所引起的死亡人数比由于战争导致的死亡人数还要多。如果用水卫生可以保障的话,这一死亡人数将大大降低。世界上有足够的水。全球来看,有丰富的水资源,只是水的分布并不是按需分配的。地球上 3% 的水是清洁的,但绝大部分以冰或雪的方式存在。当前,地球上绝大部分的水都在海洋里,没有淡化的海水满足不了大部分的使用需求。最近一份联合国报告警告"解决水和清洁水的危机是 21 世纪早期人类发展中的最大挑战之一"。

在这样的严峻形势下,可以思考一下一些问题。如何开发清洁水的先进方法?如何采取一个方法将水从过剩区域调配到缺水地区?如何廉价海水淡化?如何用"纳米渗透"的方法使用碳管将盐过滤掉?如何建立便宜的蒸馏设施将污染物从水源里除掉?如何循环利用污水?如何发明提供清洁水的简单设施就能为 100 个人提供每日的清洁水?

12. 从幻想和梦想中寻找选题

科学幻想,科幻电影科幻小说实在是太好了。它启迪着人们的思考。人类自古至今总是在幻想着科学以外的事情,结果都实现了。

例如,人都期盼获取各种本领又不愿付出辛劳利用。学习要"十年寒窗","苦其心志,劳其筋骨,饿其体肤,空乏其身……"。能否利用神经科学和医学方面的研究进展,挑战一下大脑学习的选题。研究发明一种提供瞬间获取记忆、瞬间掌握知识的方法。把数据库整个复制到头脑中来。就像在电影《黑客帝国》中一个叫 Trinity 的人通过瞬时下载到她大脑中的知识学习驾驶直升机。这种瞬间获取记忆、瞬间掌握知识的幻想,在不久的将来一定会实现。

当然,还有很多选题,尽情地去发挥想象,怎么想都不过分。任何一个难题的攻克都会极大提高全球每一个人的生活质量。这些挑战性的选题最终都可以被人类攻克,只要运用创造力并做出不懈努力。大多数难题可在本世纪早期攻克,其中一些也应该尽早攻克。

7.2.3 选题的步骤

(1)确立课题目标。检索查新,分析问题,确立课题。做一个明确的决定。有具体的题目、明确的内涵、清晰的目标。不能将没有量化、没有时限的"想法"当成目标。

(2)目标视觉化。光想想不行,光说也不行,必须要写下来,画下来,做出来。目标要视觉化形象化,既要建立在现实可能性上,又要建立在对将来的憧憬上。

(3)目标公开化。把目标告诉团队的核心人员,告诉团队的所有人,告诉上上下下的所有人。让他们去讨论,去思考,去执行,去监督。

(4)制订目标计划。把目标分解,各个击破,具体实施,责任落实。制订好分工计划,分步计划,检索计划,采购计划,加工计划,制作计划,补救计划……

（5）限定目标期限。按照计划，分头落实，分工协作，必须要有时间限制。

（6）马上行动。立刻就干，有条不紊地干起来，不能找任何理由，一刻也不能拖延。

7.3　必须克服的常见问题

1. 无从着手

很多人不知道从哪里着手做选题，不知道从什么地方做起。其实发明创造无处不在，无时不有，无人不会。实际上每个人都置身在科学与创造的天地之中，各行各业有许许多多的问题等待着勇敢者去寻求答案。敢于质疑，善于发现，具有创新意识是科学创造的必备素质。一切有志者，都可以从小发明做起，从我做起，从今天做起，扎扎实实、一步一个脚印，走上科学与创造的旅程。

例如，人们到商店去买啤酒或饮料，每次总是要买好几瓶。如果用手拿，两只手只能拿两瓶；要是放在塑料袋里，瓶子相撞容易碰碎，而且还可能戳破袋子。可以发明方便而安全地提着几瓶酒走路的"酒瓶助提器"。它可以用坚固的塑料或木板制作。还有用手提塑料袋装的重物，手被勒得很疼，可以发明简单而舒适的"护手助提器"。结构很简单，而且很实用。

又如，在一些宾馆的服务台后面墙上总挂着一排石英钟，分别指示世界各大城市的时间，有的多达七八只。人们对此熟视无睹，很少提出异议。但是杭州有个学生却觉得不合理，一是占用空间大，造成浪费；二是看起来不方便。经过数次实验后，他发明了"新式世界钟"。这项发明是在一只钟上安装一个转动的圆盘，圆盘上刻有许多对指针，分别指示世界各大城中的时间。由于各地的时差是固定的，只要将一处的时间与相应的指针校正好，其他指针也就能准确无误地指出当地时间。

2. 长大再说

一些老师和家长也有这样的思想，总认为孩子还小。这种传统先生和长久的学制不知道活埋了多少天才。不知扼杀了多少宝贵的创造萌芽。陶行知说："刻印板的传统先生是活埋爱迪生的凶手。""人人都说小孩小，谁知人小心不小。您若小看小孩子，便比小孩还要小"。几百年来有一个爱迪生幸免于夭折，这已是人类的万幸了。陶行知认为："小时是阿尔，大时便自然而然地成了爱迪生。只要先生们少骂几句坏蛋，社会、家庭、政府多给一些自由空气，少用一些挤压手段，阿尔就是爱迪生，便如雨后春笋一发而不可遏了。"老师或家长切莫轻于断定孩子前景，千万不要扼杀他们的兴趣。发明创造必须从娃娃开始抓起，从小选题，从小立志，给孩子一个无限发展的空间。

3. 不敢选，不自信

一提起科学与创造，许多人都觉得十分神秘，高不可攀，与自己无关。其实，这是对科学与创造的误解。"什么叫科学？钻进去就是科学，科学在哪里？就在你鼻子底下。"美国人寒春说得是何等好呵！心理学家认为，创造能力是人脑的机能，除了白痴或脑病患者外，每个人天赋的创造力差异不大，人人都有创造力。只要破除迷信，坚持培养自己的创造性思维，那么，科学与创造就在"你鼻子底下"。

【小故事】　瑞典著名化学家舍勒，原是一个药房里的学徒，他在制药劳动利用业余时间进行自学。他把那个药房里所有的化学名著都研读了一遍，并做了许多实验。他始终立足本职，从事业余研究，后来终于打开了科学的大门，发现了十多种化合物和化学元素，成为瑞典科学院最年轻而又最有才华的化学家。

【小故事】 创造工程的奠基人奥斯本的成功之路也生动地说明了这一点。奥斯本21岁时还只是一个受过中等教育的失业青年,每天为寻找工作而奔波。一次,他到一家报社去应聘,主考人问他:"你从事写作有多少年的经历了?"奥斯本回答:"只有3个月,但还是请先看一下可以的文章吧!"主考人阅后说:"从文章来看,你既无写作经验,又缺乏写作技巧,句子也欠通顺,但是选材富有创造性。可以留下来试一试。"奥斯本由此领悟到了"创造性"的可贵。上班后,他坚持"每日一创",随时记下自己的创造性灵感,连火柴盒也用上了。多年的实践锻炼不仅使他成为一位显赫的大企业家,总结了多种创造技法,而且还成为举世公认的当代创造工程的创始人。

像这样以本职工作为基础,在业余时间结合本行业攻克科学堡垒取得创造成果的人,古往今来,不胜枚举。

4. 半途而废

提出问题等于解决了一半,不做下去还是等于零。要选择能做下去的能出成果的课题,以防虎头蛇尾,只想不做,半途而废,只有坚持干下去,才能成功。

【小故事】 瓦特是英国工程师,发明家,1785年成为英国皇家学会会员,最大的功劳是改进了蒸汽机,使它能用来做蒸汽抽水机。这最大的功劳要归功于瓦特之最有决定意义的改进。而瓦特在学校时被老师认为是个平庸的人。他在做学徒时,得到一所大学的特许,在校内开设了一个小工厂,以制造仪器为生。一天,他替一位教授修理"撒费里—纽柯门"蒸汽机,从这里开始,他对蒸汽机的改进发生了兴趣,经过几年反复试验,终于在1769年,一台真正的蒸汽机诞生了。蒸汽机后来屡有改进,竟造成19世纪初的产业革命美国人费计(Fitch)于1790年改进了瓦特的蒸汽机,造成汽船,行驶于美国的费城与柏林顿之间。1801年美国人埃文斯(Oliver Evans)造出的蒸汽机可以锯石头、磨面粉。后来在1804年英国人特雷维西克(Trevihich)运用蒸汽机在铁轨上开出第一辆火车。载重20吨。这就是由"庸人"瓦特推动的英国产业革命的故事。

【小故事】 法拉第发现磁能转化为电,从而发明了发电机,开创了新的产业革命,标志着一个电气世纪的开始。1820年,法拉第的老师戴维(Davy)在一块软铁周围通上了电流,竟把软铁变成了一块磁铁,这是由电转为磁。1822年法拉第在笔记中立下誓言:"可以化磁为电。""戴维既然能使电化为磁,可以为什么不能化磁为电呢?"抱着这个决心,经过近10年的反复试验和苦心思考,终于在1831年找到了磁化电的基本规律,这就是法拉第电磁感应定律。从此法拉第根据这个原理创造他的发电机。不久他便造出了一个小发电机,这便是现代电化文明的开端。这就是一个学徒工开创了一个电化时代的故事。

5. 怕题目小

科学小发明是在日常学习、生活、劳动中,对那些感觉到用起来不称心、不方便的物品或方法,运用自己学过的科学知识,加以改进、改革和创新。设计、制造出目前还没有的更称心、更方便的新物品或新方法。小发明不同于大发明,选择的范围比较窄,解决的问题比较单一,使用的材料比较好找,所花的经费也不多。初学者要求也不能太高,只要在技术上、结构上和功能上有一点优势就可以。要从小处着手,从大处着眼。从小事做起,小发明练习,一直做下去。选题没有大家想的那么复杂,在选题的时候,勿以课题之小而不为,勿以完成可能之小而放弃。大发明是从小发明开始的。如小学生发明的新闻纸环保铅笔,全国发明展一等奖,又开发出纸卷环保特种颜色铅笔和牛皮纸铅笔。小发明能干出大事业。又如家养了几条可爱的小金鱼,给大家增添了不少乐趣。可这帮小家伙的排泄能力特强,刚换过的清水,不一会儿便被它们的粪便污染得很不雅观。于是发明鱼缸清洁器,把污物被过滤网过滤掉。不要怕题目小,小发明产生了大效益。

6. 怕别人已做过

一见别人已做过该选题,就放弃。可以从别人已有发明成果的基础上另辟蹊径,运用创造性思维和方法,从另一个角度去思考发明创造的路子。人类的科学研究和专利发明从来就是接力跑。在已做过的前人手中接过接力棒。例如电灯泡的发明:

【小故事】 在 1845 年的一份专利档案中,美国辛辛那提的斯塔尔提出可以在真空泡内使用通电碳丝。1879 年 1 月,英国的斯旺按照这种思路,发明的白炽灯当众试验成功。1881 年设厂投产。1879 年,爱迪生也开始投入对电灯的研究,1879 年 10 月 21 日,他采用碳化棉线作为灯丝,发出的光明亮而稳定,足足亮了十多个小时。1880 年,爱迪生又研制出碳化竹丝灯,使灯丝寿命提高,同年 10 月,开始进行批量生产。到 1908 年才由美国发明家库利奇试制成功钨丝白炽灯。特点是其熔点很高,即在高温下仍能保持固态。一只点亮的白炽灯的灯丝温度高达 3000℃。寿命大大提高,现代的照明已进入了无丝阶段,寿命更长了。可见,从某种角度来看,没有一个项目是别人没做过的,大发明家也做别人已做过的项目。

7. 不是自己的专业

不要认为自己知识不够,不是自己的专业,"这个老师没教过"受自我否定思想的局限。

发明电报的莫尔是个画家,语言学教师贝尔发明了电话,焦耳是个酿酒专家,对地质学一窍不通的魏格纳创造了地质学的新理论"大陆漂移学说",职业编辑开普勒发现了天体运动的规律,近代遗传学奠基人孟德尔是职业牧师,最早的玉米收割机出自于演员之手,荷兰生物学家列文虎克出身贫贱,成了微生物学的创始人。陶行知先生说过:"文明是人类用头脑和双手造成的。只会劳心而不会劳力和只会劳力而不会劳心的人,都是没有希望。何况爱用空嘴说白话的人,那是更不可救药了。如果肯用手去做,用心去想,那么留学生、大学生也有希望。"在科学发明史上的大量事例说明,许多大胆、新颖,甚至具有突破性的创造,往往出于外行之手。

8. 读书学习,学会再干

"今后学会了再去做"的思想绝对要不得。世界之大,信息之多,不管学什么,永远是学不完的。读书是学习发明创造也是学习,而且是更重要的学习。任何事业都不是学会以后再去干的,干就是学习。立刻就干,边干边学,在干中学,才是成功之道。爱迪生、瓦特和法拉第都是自学成才,边干边学的大发明家,产业革命和电化文明的领导者都不是死读书的产物。莫言小学五年级辍学,在边干边学中成为了大学教授,成为中国第一位获得诺贝尔文学奖的作家。比尔·盖茨在大学二年级时退学,边干边学,成为了著名的企业家、投资者、软件工程师、慈善家,连续 13 年蝉联世界首富。美国人史蒂夫·乔布斯厌倦了大学的主修课程,认为大学花费了大量金钱却没有学到什么,于是决定退学,结束了 18 个月的大学校园生涯,在边干边学中成为企业家、营销家和发明家,苹果公司的联合创始人。

7.4　课　题　研　究

做事不但要有预想,而且还有清晰的解决方案。做事前就应当先理性分析,必须想象所有可能存在的风险,慎重、小心、严密地推敲。一般分 3 个阶段:准备阶段、实施阶段、总结阶段。每个阶段的起始时间、结束时间及研究内容要做到心中有数。课题研究程序包括制订课题研究方案、开题论证、课题实施研究、课题总结等。

7.4.1　制订研究方案

进行课题研究不但是复杂的、探索性的工作,而且是有序的系统工程,需要很强的计划性,要做到有序、有控,以确保课题研究的质量。因此,课题研究必须重视研究方案的设计。当研究者确定了研究课题后,就应为完成研究课题的任务制订必需的研究方案。

课题研究的方案有多种形式。它是合理组织课题研究活动的必要条件,是为完成课题研究任务而详细编制成的“施工蓝图”。在制订课题研究的方案时,不仅需要认真考虑课题研究的理论基础、具体题目、研究方法,以及研究条件、程序步骤,还应充分预计到可能遇到的问题与困难,留有备用的时间,增加调整、回旋的余地。在课题研究方案的制订过程中,还应广泛征询专家的意见,听取建议,多交流研究构思,多讨论切磋课题研究的具体方法,从而使整个课题研究方案趋向完善。

1. 对选定的课题进行研究方案设计

对选定的课题进行研究方案设计一般分为 8 个步骤。

(1) 检索和查新。了解现有技术现状。

(2) 沉淀和思考。学习已有的相关知识。确定研究的可行性。

(3) 定向。明确攻关方向,理清思路,制定技术路线与研究、试验思路。

(4) 确定计划与方案。确定研究方案,根据每步研究的难易,合理分配时间,制订明确的进度计划、计划资金使用与方案。

(5) 实施研究方案。按照计划,开展科学试验,修正研究目标与研究方案。

(6) 总结。整理数据,提炼研究结果。撰写研究报告,申请专利。检索确定研究水平、发表论文。

(7) 投入应用。推广应用,产生社会效益和经济效益。

(8) 成果报奖。

2. 课题研究可行性报告的基本内容

(1) 问题的提出。

① 课题名称界定。

② 研究背景。

• 历史与现状分析。

• 文献综述:分析该课题的理论基础和其他人的相关研究进行到什么程度。

• 研究基础:说明前期已经有哪些经验和成果。

(2) 研究目标:明确课题最终要达到怎样的实际效果,解决怎样的实际问题。

（3）研究内容：对研究目标的详细阐述，通常从现状、归因、对策三个角度来确定研究内容。

（4）研究方法：阐述具体采用何种方法，以及方法的具体使用。

（5）实施步骤：包括时间、任务、负责人。

（6）研究组成员及分工。

（7）课题方案实施的保障措施：包括财力、人力、物力、设备、工程的保障。

（8）研究成果形式：包括研究报告、论文、专利、样品、模型、产品等。

7.4.2　开题论证

对重大课题和重点课题召开开题论证会，其他课题一般不开。

（1）撰写开题报告，与课题研究可行性报告基本相同。

（2）论证的内容。论证时要就以下问题给出答案。

① 研究什么样的问题？即确定课题名称。

② 为什么要研究此课题？思考课题的时代背景、意义、理论依据、实践依据等。

③ 课题的内涵是什么？对课题进行界定。

④ 研究的目标是什么？确定课题研究的目的。

⑤ 研究的内容是什么？看看课题包含哪些子课题。

⑥ 研究方法是什么？思考具体采取什么方法，技术路线，怎样使用这些方法。

⑦ 研究步骤过程。确定课题的时间、内容以及如何分配。

⑧ 成果的呈现形式。

（3）开题论证会的程序。

① 课题立项部门领导或专家宣读立项通知书。

② 课题主持人宣读开题报告。

③ 介绍课题组情况，布置分工，构建课题网络。

④ 专家就课题可行性方案中主要问题进行质询、答辩、论证，对方案中不完善的地方进行修改补充，提出建设性意见。

⑤ 根据专家意见调整方案。

⑥ 通过开题论证。

7.4.3　实施研究

1. 搜集相关文献资料

对研究课题的内容与目标熟记于心，充分利用图书馆、档案馆、情报所、资料室、网络的图书目录、学术专著、专利文献、报纸、期刊、学术会议论文、报告等数据，搜集相关有价值的资料并及时保存。为尊重他人的劳动，资料要注明出处。

2. 制订好课题研究计划

制订课题研究计划，即确定每个阶段都要做什么，包括时间、地点、研究内容、主要负责人员、参加人数、预期效果及备注。最好用表格的形式设计记录。

3. 定期举办课题研讨活动

围绕课题，每次研讨活动确定一个主题。确定时间地点、参加人员，并对活动过程、收获及结论及时记录,形成纪要。

4. 阶段性成果总结

在此阶段,实验人员要围绕课题进展情况,及时撰写有关论文,最好能在刊物上发表。

5. 做好资料的积累

往往出现这样的问题,一个课题到结题了,才发现无资料或资料不充分,原因是在制订研究计划时对资料的积累没有明确的目标。

(1) 制订的研究计划应该包括希望取得的成果及需要收集的资料。

(2) 研究过程中要持续地及时地对采取的行动进行反思,并且不断调整自己的行动计划,对反思和新的行动计划应作简要记录。

(3) 对研究过程中出现的新问题和突发事件也要及时处理并记录。

(4) 要对积累的研究资料进行筛选、分析和评价,最终确定哪些资料与所研究的问题相关,选择研究者认为最有价值、最典型和有效的资料作为论据,并作为最终研究报告的组成部分。

(5) 对要研究的问题建立单独的档案或建立专门用于课题研究的个人博客,相关资料可以先放入档案袋内或博客中,在需要撰写研究报告时再进行筛选。

7.4.4 课题研究总结

课题研究过程中要经常总结,有单元总结,分项总结,研究中期总结,全面结题总结。写好研究总报告。撰写装订结题鉴定资料,结题归档。

结题报告应当按以下要求撰写。

(1) 课题的提出。要从背景、现状、基础等方面进行叙述,同时还必须考虑到研究以后获得的更新、更深的认识,以及科学技术的发展和观念、方法、理念、手段的更新。主课题的名称一般不做更改。

(2) 概念的界定。要对课题提到的相关概念进行明确的界定。

(3) 理论依据。在课题研究过程中所应用到的理论和思想要写明,不能只做观点、理论的摘录,而必须依据这些理论的支撑,说明自己的认识和理解,提炼出自己的主要研究思想。

(4) 主要的研究目标和内容。

(5) 主要的研究方法和对象。

(6) 研究的主要步骤。

(7) 研究的主要成果和结论。课题的研究成果一般都可以分为隐性成果和显性成果两大部分。显性成果包括论文、专利、获奖、荣誉称号、应用效果、经济效益和社会效益等。隐形成果包括所研究论证的思想、观点、理念方面的收获。那些隐性成果是说明为什么能取得诸多显性成果的道理和原因,这也正是课题研究所要获得的最宝贵的财富。须认真归纳和提炼。

(8) 研究后的思考。研究后的体会、感觉、展望、打算。任何研究课题都是万里长河中的一段,往往不会取得完美无缺的成果。在研究过程中总会遇到种种艰难曲折、产生种种困惑,在总结成绩、回顾研究成果的同时,也会看到客观存在的种种不足。因此,必须认真反思,以理性的思维去认识这些曲折、困惑、不足乃至问题,以便清新地看到进一步探索的方向和空间,激发起进一步研究、创新的动力。这才标志着一个学者型研究者的成熟。

（9）附录。主要参考文献目录；专著名称、作者或编译者姓名、出版发行单位、出版时间或版本。

7.4.5 中期研究总结

较大的或时间较长的科研课题应以期研究报告的形式做中期研究总结。中期研究报告格式上和结题报告相似。

1. 中期报告的功能和结构

（1）功能。中期报告是科研课题的执行人在科研过程中向科研主管部门汇报课题研究工作进度的情况及阶段性成果的书面材料。中期报告的主要功能如下。

① 总结交流前一段研究工作的成绩和经验。

② 检查、提醒、督促课题组成员对课题的执行情况，以便调整研究进度，安排进一步的研究工作。

③ 阶段性成果总结申报。

④ 向主管部和协作单位通报课题进展情况。

（2）结构。科研进度报告由课题名称；课题概述（课题来源，起止时间，支持的经费等）；本阶段研究工作的内容、情况和存在问题；对本阶段研究进度的评价；下阶段研究工作的计划；参加这段工作的人员名单和报告时间等部分构成。

2. 中期报告的内容

（1）课题概述，一般在第一次中期报告中写，后续的进度报告可以不写。主要写明课题来源，起止时间，支持经费以课题要求等。

（2）本阶段研究工作的内容，情况和存在问题。应对照工作计划上的规定，本阶段任务条款或按上一次进度报"下一阶段工作的计划"的内容，逐条检查落实，说明完成情况或未完成情况及原因，同时说明存在问题，分析存在问题，如果由于不具备研究条件而无法完成任务的应做出说明。

（3）下阶段研究工作计划，这部分既要参照课题工作计划说出下一阶段将进行的研究，又要针对上阶段工作的经验和存在的问题，将未完成的任务移至下一阶段去完成。如果研究工作计划有变动，应写明变动原因并作出新的安排。

（4）中期报告的编写方法对单一课题，可采用时序式编写，按任务完成时间的先后写。但重点放在本阶段研究工作的进展和结果上，避免写流水账。对项目比较多的课题，如分有多个子课题，可采用任务分项式编写，一项一项地写。也可把时序或任务分项式结合起来编写。

（5）内容真实，把握分寸。中期报告写作的重点应放在"研究计划完成情况"和"未能按计划完成的工作"两部分上。写作中应如实反映研究的客观实际，正确估价取得的成果；写成绩不要过分夸大，同时要写明存在困难和问题。

（6）选择恰当的研究方法。选择适当的符合课题研究工作需要的科研方法，是课题研究成败的关键。科学研究方法有许多种，用哪种研究方法好，应该看哪种方式方法有利于解决实际问题。

（7）总结评价。对研究过程进行考查。考查内容如下：一是研究背景因素以及影响研究的因素；二是研究过程，包括什么人以什么方式参与了计划实施，使用了什么材料，安排了什么活动,有无意外的变化、如何排除干扰;三是研究的结果,包括预期的与非预期的,积极和消极的。

7.5 小发明课题实施与评价

7.5.1 小发明

1．科学小发明

科学小发明是指在日常学习、生活、劳动中,对感到使用起来不称心、不方便的东西或方法,运用自己学过的科学知识,加以改进、改革和创新,设计、制造出目前还没有的,更称心、更方便的新物品或新方法。

小发明不同于大发明,它同"大发明"比较起来,选择的范围比较窄,解决的问题比较单一,使用的材料比较好找,所花的经费也不多,所以称为"小发明"。小发明是实用新型的"身边科学",是孩子们的发明,是初学者的发明,是大发明的前奏。

2．小发明的特点

（1）新。无论是发明,改进或发现,都是前所未有的或前所未知的,不是仿制或重述已有的东西,所以小发明不同于一般的科技小制作。

（2）小。小发明是身边的科学,是改进日常生活中经常接触到的东西,而不是去搞高深的、尖端的、难以办到的科技发明项目。

（3）实用。小发明的目的是为了应用方便,其作品要有实用价值及经济效益和社会效益。

（4）科学。小发明的构思、设计、制作和成果一定要符合科学道理,也不能有损于健康和道德。

3．小发明并不小

小发明很简单,很好玩,很有趣。促进每个人爱上发明创造,是培养人才的重要环节。

小发明很伟大,大发明是从小发明开始的,大发明是由小发明组成的,小发明能产生大效益,小发明能干出大事业。

小发明我能行,你能行,人人能行,大家都行。

7.5.2 小发明实施的步骤

对选定的课题进行研究方案设计与上述相同。一旦到从方案计划转入落实阶段,则须要坚定不移地行动。这在成就某些事情、变愿望为现实上是非常必要的。以小发明为例,分4个步骤。

1．确定课题的目标及主要构想

在发明的选题与构思设想阶段,往往只是提出大体的设想,就是在课题选定之后,其构思设计的方案,也常常是多变的,不确定的,或者提出几个方案进行最佳选择。在实施阶段,首先要把课题目标和主要构想确定下来,才能动手实践。

如以"下雨能自动关窗"的课题为例,课题目标是解决天下雨时能自动关闭窗户的问题,其构思设计的预定方案,要解决窗户的弹性机构和自动控制机构两个装置。

2. 课题目标的分解与落实

就是要把课题的目标分解成几个具体目标,然后逐个提出解决的办法。如上述要解决下雨时能自动关窗的两个装置:弹性机构和自动控制机制,也是两个具体目标。解决问题的设想如下:第一,窗户弹性机构,采取弹簧或橡筋的拉力装置;第二,自动控制机构,采用有一定拉力的纸绳或纸条作为窗户开着时的平衡装置。天下雨时纸绳或纸条断裂,失去拉力,窗户被弹簧或橡皮筋拉回,关闭。

如果发明课题目标有几个解决方案,可以一一列出,有待下一步制作、试验时进行最佳选择。比较复杂的发明课题,可把总体目标逐级分解为第二级,第三级的子目标和分目标,再逐一提出解决的办法。

3. 绘制图纸

绘图是以直观的形式把头脑中已形成的小发明课题的构思设计描绘出来,它比语言表达更形象、生动、准确、可靠。绘制图纸的过程不仅是把无形的构想转化为有形的图式,作为制作样品的依据,同时也是一个重视构思结果的过程,使创造发明的设想进一步具体落实,更趋完善。

绘图纸主要是指日常用品器具,学具、教具仪器,各种机械电器装置等刚性结构物品的小发明作品,绘制出结构设计和原理的示意图。

4. 制作样品

制作样品是把发明的设想和图纸通过动手操作的过程,从纸上谈兵物化为创造发明的作品,使发明课题目标成为现实。

制作过程是一个理论到实践的飞跃,也是一个再创造的过程,在制作过程的每一个环节都会遇到一定的困难和失败,不但需要一定的意志、毅力和信心,而且还需要使用创造力和应用发明技法克服困难,解决问题。制作的一般步骤如下。

(1) 选取材料和准备工具。小发明作品的取材不是固定不变的,在保证一定性能和结构强度的前提下,尽量寻找便于加工、省工省料的代用品;使用的工具设备,也以因陋就简为原则,以手工操作工具为主。

(2) 制作零部件。零部件的图纸应用手工工具制作成形。

(3) 组装与调试。发明作品在组装和调试过程中要抓住这些关键性结构的试验,是否灵活可靠,是否达到原来的设计的功能。

(4) 改进。改进就是要采取精益求精、删繁就简的原则,达到合理实用、工艺精巧、造型美观的效果。

(5) 实验试用。在实验、测试、使用的过程中,发现问题,反馈回来,再进一步优化设计,修改图纸,直至完善。

(6) 总结。总结研究成果,总结发明过程中的经验、体会、感想,申请专利,写小论文,申报科研成果。

7.5.3 检验与评价

可以从新颖性、先进性、实用性、科学性、外形、美观等方面来评价一个小发明。这几点很明确,在此不再赘述。

7.6　课题研究实例

为了达到启发的目的,本节选了 3 个发明专利课题的研究实例,以便引申出一些新的课题进行研究。

【案例应用】　一种以花椒和酱油为主要原料的调味品制作方法。

酱油是由"酱"演变而来,起源于中国古代皇帝御用的调味料,因为风味绝佳渐渐流传到民间。早在三千多年前,周朝就有制酱的记载。先是由鲜肉腌制而成,后由肉剁成肉泥再发酵生成的油,称为"醢",即肉酱油;另有在造酱时加入动物血液的版本的酱称为"醯"。后来人们发现大豆制成的酱油风味相似且便宜,才广为流传食用。我国是酿造酱油技术的发源地,迄今已有 2500 多年的历史。传说中的酱料行鼻祖是夏泰先师。千百年来,酱油生产的传统工艺都是精选黄豆洗浸,煮熟后加入面粉,放在大瓦缸里,放培养酱油的菌种,加盐水,经发酵曝晒,3～4 个月酿出酱油。这些制作方法早期随着佛教僧侣传播至日本、韩国、东南亚一带,然后遍及世界各地。

酿造酱油俗称豉油,采用植物性蛋白质和淀粉质为原料经微生物发酵酿制而成的液体,是中国的传统调味品。酱油以咸味为主,亦有鲜味、香味等。烹调食品时加入一定量的酱油,有独特酱香,滋味鲜美,可增加食物的香味,改善菜肴的口味,还能增添或改变菜肴的色泽。

近年来,人民生活水平不断提高,食品工业的迅速发展,调味品的生产和市场出现了空前的繁荣和兴旺,其主要标志是工艺改进,品种增加,质量提高,并逐步向营养、卫生、方便和适口的方向发展。在技术上将大量采用生物技术,如细胞融和、产业化酶的应用,将使产品在目前的基础上进一步完善和提高。各种利用萃取、蒸馏、浓缩和超临界萃取等技术从植物和动物中提取天然调味料的技术也将得到广泛应用。

市场上出现了各种各样的酱油。有鱼酱油又称鱼露,是用低值鱼或鱼的下脚料经发酵制得的上层棕色澄清液状调味料。有虾酱油又称虾油,是用虾为原料发酵而成的调味酱汁,经腌渍、发酵、熬炼后得到的一种味道极为鲜美的汁液,色泽呈琥珀色,味道带有咸味和鲜味,含有 17 种氨基酸,蛋白质含量也很丰富,是闽菜和东南亚料理中常见的调味料。还有灵芝酱油、头发酱油、保健酱油等。

随着生活水平的提高和人们食物范围的扩大,现有的各种酱油还不能满足人们日益增长的需求。本发明目的在于造成有利于健康和增进食欲的美味酱油。

本发明的技术方案是采用植物性蛋白质和淀粉为原料的酿造酱油,与花椒、生姜、辣椒、茴香中提取的有效成分配制而成,其制作方法:第 1 步,酿造酱油:脱脂豆粉、谷物粉按照 2:1～1:1 的质量比置于发酵罐内,再加入其质量 10～20 倍的水,加热至 120℃,在 0.16～0.20MPa 的压力下蒸煮 3～7min,冷却到 35℃～42℃,加入米曲霉菌,搅拌均匀,通风,温度控制在 30℃～33℃维持 6～7 天,再把发酵温度控制 42℃～45℃维持 20～23 天,然后按照传统工艺经日照暴晒、加水浸泡、压榨过滤、消毒灭菌,得到酿造酱油;第 2 步,花椒液备制:花椒 8%～12%、生姜 2%～5%、辣椒 0.2%～0.5%、茴香 0.3%～0.6%,加水至 100%,置于 0.16～0.2MPa 压力下煮 6～10min,把汁滤出;再加水煮 5～8min,把汁滤出;如此 3 次把汁混和;第 3 步,酱色盐水备制:将盐和糖按质量比为 20:1～20:2 的比例进行混合，置于加热至 110℃ 红锅中炒拌 8～12min，呈深褐色，加入水至饱和盐水；第 4 步，配制勾兑：将上述酿造酱油、花椒液、酱色盐水按照 1：6：3 的容积比混合，搅拌澄清，灭菌包装，质量检验，得到成品。

所述的酿造酱油基本为传统工艺生产，用的原料是植物性蛋白质和淀粉。传统生产中以大豆为主，现在植物性蛋白质遍取自大豆榨油后的豆饼粕，也有以花生饼、蚕豆代用；淀粉原料传统生产中以面粉为主，现普遍采用小麦及麸皮，也可用碎米、高粱和玉米代用。原料经蒸熟冷却，接入经特别培养的米曲霉菌种制成酱曲，酱曲移入发酵池，加盐水发酵，待成熟后，以浸出法提取酱油。制曲的目的是使米曲霉在曲料上充分生长发育，并大量产生和积蓄所需要的酶，如蛋白酶、肽酶、淀粉酶、谷氨酰胺酶、果胶酶、纤维素酶、半纤维素酶等。在发酵过程中，味的形成是利用这些酶的作用。如蛋白酶及肽酶将蛋白质水解为氨基酸，产生鲜味；谷氨酰胺酶把成分中无味的谷氨酰胺变成具有鲜味的俗谷氨酸；淀粉酶将淀粉水解成糖，产生甜味；果胶酶、纤维素酶和半纤维素酶等能将细胞壁完全破裂，使蛋白酶和淀粉酶水解等更彻底。同时，在制曲及发酵过程中，从空气中落入的酵母和细菌也进行繁殖并分泌多种酶。也可添加纯粹培养的乳酸菌和酵母菌。由乳酸菌产生适量乳酸，由酵母菌发酵生产乙醇，以及由原料成分、曲霉的代谢产物等所生产的醇、酸、醛、酯、酚、缩醛和呋喃酮等多种成分，虽多属微量，但却能构成酱油复杂的香气。此外，由原料蛋白质中的酪氨酸经氧化生成黑色素及淀粉经典淀粉酶水解为葡萄糖与氨基酸反应生成类黑素，使酱油产生鲜艳而有光泽的红褐色。

所述的加水浸泡时，可加入备制的酱色饱和盐水或前次生产留下的酱油。

所述的花椒是中国传统的中草药和调味品，主要成分含有柠檬烯、枯醇、牛儿醇、香叶醇等、甾醇，不饱和有机酸。有芳香健胃、温中散寒、除湿止痛、杀虫解毒、止痒、解腥、气味芳香。能促进唾液分泌，增加食欲；使血管扩张，起到降低血压的作用；不仅能够温阳驱寒，还能杀菌防病，增强免疫力，对白喉杆菌、肺炎双球菌、金黄色葡萄球菌和某些皮肤真菌有抑制作用。

生姜含有姜醇、姜烯、水芹烯、柠檬醛和芳香挥发油；还有姜辣素、树脂、淀粉和纤维等。为芳香性辛辣健胃药，有温暖兴奋、发汗解表，温中止呕，温肺止咳，解鱼蟹腥味的作用。能降温提神，增进食欲，抗菌防病，开胃健脾。

所述的茴香为伞形科草本植物小茴香的果实，是集医药、调味、食用、化妆于一身的多用植物，主要成分是蛋白质、脂肪、膳食纤维、茴香脑、小茴香酮、甲基胡椒酚、茴香醛等，常用于肉类、海鲜及烧饼等面食的烹调，有温肝肾，暖胃气、散结，散寒止痛，理气和胃的功能，能刺激胃肠神经血管，促进唾液和胃液分泌，起到增进食欲，帮助消化的作用。此外，还有抗溃疡、镇痛、等作用。

所述的辣椒是茄科辣椒属植物。辣椒的果实因果皮含有辣椒素而有辣味。能促进消化液分泌，开胃消食，暖胃驱寒，增进食欲。能除风发汗，行痰除湿，促进血液循环。能促进体内激素分泌，改善皮肤状况。有一定的降脂减肥和美容肌肤作用。

所述的酱色盐水是糖焦饱和盐水，有调味的作用，也有调颜色的作用。

本发明的积极效果：

由于采用脱脂大豆粉、谷物粉为原料酿造酱油，改进了传统酿造酱油的生产工艺方法，既提高了生产效率，又保持了产品的传统风味。

由于加入了花椒、生姜、辣椒、茴香的有效成分,可除各种肉类鱼类的腥膻臭气,增进食欲。南方的雨水较多,脾胃虚弱的人受到湿邪的困扰,导致消化不良,而花椒、生姜、辣椒、茴香具有温中除湿的作用,尤其是脾胃虚寒、食欲不振者吃点花椒酱油,有利于健康。另外,在烹调绿豆芽、白萝卜、冬瓜、莴苣、菠菜等凉性或寒性的蔬菜或鱼肉时,加些温性的花椒酱油,能除风发汗,行痰除湿,促进体内激素分泌,加速脂肪分解作用。

将盐和糖置于锅中炒拌,掌握好火候,呈深棕色或红褐色,使产品色泽鲜艳,香味独特,无须添加味精、香精和色精。

本发明保持了的传统酿造酱油的风味,可去除肉类鱼类的腥膻臭气,能促进体内激素分泌,开胃健脾,抗菌防病,增进食欲,有益于人们身体健康,具有营养丰富、色泽悦目、香气醇和、口味鲜美和质地厚实的优点。

实施:采用大豆榨油后的饼粕和麸皮为原料的酿造酱油,与花椒、生姜、辣椒、茴香中提取的有效成分配制勾兑而成,其制作方法分如下步骤。

(1) 酿造原料处理:大豆饼粕与麸皮按 1.5∶1 的质量比(下同),加 1∶18 的水,润水后充分混和均匀,加热至 120℃,在 0.18MPa 压力下蒸煮 4min,使饼粕适度变性,麸皮蒸熟糊化,并杀灭附着在原料上的微生物。

(2) 制曲:熟料快速冷却至 42℃,接入米曲霉菌种,经纯粹扩大培养后的种曲 0.3%～0.4%,充分拌匀;接种后的曲料送入曲室曲池内,先间歇通风,后连续通风,这期间进行翻铲,温度控制在 30℃～33℃之间维持 6 天。

(3) 发酵:成曲加盐水拌和入发酵池,温度控制在 42℃～45℃维持 20 天,并经日照暴晒使酱醅基本成熟。

(4) 酱色盐水:水、盐和糖按 50∶18∶1 的配比,先将盐加热至 110℃,加糖炒拌 10min,呈深褐色,加入水。

(5) 浸出淋油:将前次生产留下的三油加热至 85℃,送入成熟的酱醅内浸泡,使酱油成分溶于其中,然后过滤把酱油与酱渣分离出来;再将酱色盐水送入酱醅内浸泡,采用三次浸泡,分别依序淋出头油、二油及三油,循环套用把酱油成分基本上全部提取出来。

(6) 萃取有效成分:川花椒 10%、干生姜 3%、辣椒 0.3%、茴香 0.4%,加水至 100%,置于蒸锅加压 0.2MPa 煮 6～10min,把汁滤出;再加水煮把汁滤出;如此三次混和,凉至室温备用。

(7) 配制勾兑:将上述加酱色盐水的酿造酱油、花椒液按照 7∶9 的容积比混合搅拌,灭菌,包装,检验,得到成品。

【案例应用】 一种治疗肛瘘的肛门药丸,属于医疗保健药品。

肛瘘,又称肛漏,是肛门直肠瘘的简称。肛瘘其主要临床症状是从肛门周围皮肤上的疮口反复地淋漓不断地向外流脓或脓血,甚至流出粪便,肛瘘患者都有自己切身的体会与痛苦。一旦肛瘘形成,自愈的机会极少,瘘管复杂化后,带来许多麻烦与一定的危害性。影响工作和学习,久而久之可使身体虚弱消瘦,精神不振,抗病能力下降,出现贫血,发作会越加频繁,形成互为因果的恶性循环关系。

中国医药对肛瘘有很多研究与实践,《医门补要·医法补要·痔疮》中有云:"湿热下注大肠,从肛门先发小疙瘩,渐大溃脓,内通大肠,日久难敛或愈月余又溃,每见由此成痨者,乘初起,服清热内消散,数贴可愈。若先咳嗽而成漏者,不治"。认为:肛瘘的发生为肛门直肠周围痈疽溃后久不收口,湿热余毒未尽,蕴结不散,血行不畅所致,或因脾、肺、肾三阴亏损,或因肛裂损伤感染而成。中医学对肛瘘的分类较多,有不少形象描述。如《外科大成·下部后》中说:"漏有八:肾俞漏,生肾俞穴。瓜穰漏,形如出水西瓜穰之类。肾囊漏,漏管通于囊也。缠肠漏,为其管盘绕于肛门也。屈曲漏,为其管屈曲不直,难以下药至底也。窜臀漏、蜂窝漏,二症若皮硬色黑,必内有重管,虽以挂线,依次穿治,未免为多事。通肠瘘,惟以此漏用挂线易于除根。"

在治疗肛门直肠痈疽中,根据其发病过程中的初起、成脓、溃后三个阶段,分别以消、托、补三法治疗:

1. 消法

这是用消散的药物,使初起的肛周痈疽和炎性外痔等得到消散,免受溃脓和切开之苦。此法适用于没有成脓的肛周痈疽、炎性外痔、血栓外痔和肛裂等病。治疗方法有表邪者宜解表,里实者宜通里,热毒蕴结者应清热解毒,寒邪凝结者应温通,气滞者要行气,血瘀者要活血化瘀等。凡未成脓者,可以内消,即使不能内消,也可移深出浅,转重为轻。

2. 托法

托法是用补益气血的药物,扶助正气,托毒外泄,以免毒邪内陷。此法适用于肛周脓肿中期,正气虚弱,毒邪偏盛,不能托毒外透,肛周痈疽外形平塌,根脚散漫,难溃难腐的虚证。如毒气盛而正气未衰者,可用透脓的药物,促其早日泄出脓毒,肿消痛减,以免脓毒旁窜,造成后患。

3. 补法

补法是用补益的药物,恢复正气,助养患处新生,使疮口、瘘口早日愈合。凡气血虚弱者,宜补养气血,凡脾胃虚弱者,宜理脾和胃,凡肝肾不足者,宜补养肝肾等。

中医内治肛瘘总结起来大致有十大办法:

(1)清热凉血:选方用凉血地黄汤、槐角丸加减治疗;

(2)清热利湿:常用萆薢渗湿汤、龙胆泻肝汤加减治疗;

(3)清热解毒:常用黄连解毒汤、仙方活命饮加减治疗;

(4)泻热通腑:常用大承气汤、脾约麻仁丸加减治疗;

(5)养阴润燥:常用润肠汤、五仁汤或增液汤治疗;

(6)补益气血:常用十全大补汤、八珍汤治疗;

(7)温阳健脾:常用黄土汤加减治疗;

(8)活血祛瘀:常用桃红四物汤加减治疗;

(9)补中益气:常用补中益气汤加减治疗;

(10)滋阴清热:常用青蒿鳖甲汤加减治疗。

现代医学认为:肛瘘的病因主要是细菌感染。细菌以大肠杆菌、结核杆菌、变形杆菌为主。细菌侵犯的部位是肛隐窝、肛门腺导管和肛门腺体。肛门腺感染、化脓,形成肛周脓肿,自然破溃。或经手术切开排脓后,脓肿壁由结缔组织和肉芽组织增生、缩窄成管状,外口缩小,内口继续感染,不能自愈,即成肛瘘。脓肿破溃或切开引流后,常不能治愈。

目前,肛瘘的治疗方法一般有刀法、烙法、注射法、挂线法、结扎法等。由于肛门的括约功能是由肛门外括约肌、肛门内括约肌和肛提肌共同完成的。而肛门外括约肌分为三层,即肛门外括约肌皮下层、肛门外括约肌浅层和肛门外括约肌深层。所以切断外括约肌皮下层和浅层，一般不会影响人的排便。但如果切断肛门外括约肌深层，以及肛提肌的耻骨直肠肌及内括约肌，就会使肛门松弛，失去对肛门的控制，造成大便失禁、直肠脱出等不良后果。而高位肛瘘，特别是肛提肌以上的高位肛瘘，不切断肛提肌则很难清除病灶，使肛瘘彻底治愈。因此，对于高位肛瘘和复杂性肛瘘的手术治疗是非常棘手而且困难的。

鉴于目前对肛瘘的中医口服药物治疗，不但效果不显著，而且副作用大；大量使用抗菌素，只能缓解不能根治；手术治疗不仅程序复杂，病人痛苦，术后坐浴、换药，直至愈合费时费工，还会造成切断外括约肌影响人的排便等问题。

本发明针对上述问题公开一种不用手术治疗肛瘘的肛门塞剂。

本发明的方案是，塞剂的质量百分比的配方为鸡内金 10%～18%、银杏 10%～18%、艾叶 6%～12%、菊米 8%～16%、茶叶 8%～16%、牛黄 0.5%～5%、麝香 0%～3%、珍珠粉 2%～8%、冰片 3%～5%、盐 2%～8%、阿莫西林 3%～12%、菜油 4%～10%、黏合剂 3%～8%、水 0%～20%；生产方法是，首先将鸡内金、银杏、艾叶、菊米、茶叶、牛黄、麝香、珍珠粉、冰片粉碎成细粉，加菜油混合均匀，其次将盐、阿莫西林、黏合剂、水混合均匀，再把上述两组搅拌均匀，揉压击捣成团，然后压入药模形成长 28～36mm，直径 10～15mm，质量 2～4g 的子弹头形状的颗粒；密封包装；使用时在药丸头部涂上一层润滑剂推进肛门深处，每天早晚一枚，15 天为一个疗程，在减少发作和没有症状后，一天或两三天一枚，继续使用直至完全康复。

所述的鸡内金是指雉科动物家鸡(Gallus Gallus Domesticus Brisson)的砂囊内壁，系消化器官，用于研磨食物。杀鸡后，取出鸡肚，立即取下内壁，晒干炒焙研粉 300 目备用。该品为传统中药之一，各中药店有售。鸡内金含胃激素(胃激素 Ventriculin)、角蛋白(Keratin)、微量胃蛋白酶(Pepsin)、淀粉酶(Diastase)和多种维生素，对肛瘘的内口有填补弥合的作用。

所述的银杏(Ginkgo Seed)又称白果、公孙树子。其味甘、苦、涩，其主要成分为山奈黄素、槲皮素、芦丁、白果素、银杏素、穗花双黄酮等。尚含奎宁酸等有机酸、银杏酸(Ginkgolic Acid)、银杏酚(Bilobol)等酚类，含少量氰式、赤霉素和动力精样物质。内胚乳中还有两种核糖核酸酶。其毒性成分白果酚能抑制结核杆菌的生长，对多种革兰氏阴性及阳性菌和皮肤真菌有不同程度的抑制作用，银杏甲素还有抗过敏作用。

所述的艾叶(Argy Wormwood Leaf)又称艾蒿、灸草、艾蓬、狼尾蒿子、萎蒿。为菊科植物艾 Artemisia argyi Levl. et Vant. 的干燥叶。宜在夏季花未开时采摘，除去杂质，晒干，置烘箱内 180℃、10min，粉碎备用。艾叶在体外对炭疽杆菌、α-溶血链球菌、B-溶血链球菌、白喉杆菌、假白喉杆菌、肺类双球菌、金黄色葡萄球菌、柠檬色葡萄球菌、白色葡萄球菌、枯草杆菌 10 种革兰氏阳性嗜气菌皆有抗菌作用。对便血、崩漏、湿疹、疥癣、痔疮、痈疡有治疗作用。

所述的菊米为菊科植物野菊(Chrysanthemum Indicum L.)北野菊(C. boreale Mak.)或岩香菊(C. lavandulaefolium (Fisch.)Mak.)的花蕊，野生于山坡草地、田边路旁。因形状如米粒，故称野菊米，山区珍品，呈黄绿色。以色黄无梗、完整、气香、花未开者为佳。宜在深秋季节花初开时采摘，晒干粉碎备用。据《增广本草纲目》中记载："处州出一种山中野菊，土人采其蕊而干之，如半粒绿豆大，甚香而轻圆黄亮。对败毒、散疗、祛风、清火、明目为第一"。菊米富含蛋白质、氨基酸、微量元素等营养成分，以及菊米内脂、野菊花素、黄酮等抗病要素，能增强体质，提高抗病、防病能力，有清热解毒，消肿的功能。可广泛用于治疗疔疮痈肿、咽喉肿痛、风火赤眼、头痛眩晕等病证。对金黄色葡萄球菌、白喉杆菌、链球菌、绿脓杆菌、蒺疾杆菌、流感病毒,均有抑制作用。

所述的茶叶(Tea Leaf)味微苦、甘,性凉。能清头目,醒精神,解烦渴,利小便,消食积,解毒。其中的有机化学成分和无机矿物元素含有许多药效成分。有机化学成分主要有茶多酚类、植物碱、蛋白质、氨基酸、维生素、果胶素、有机酸、脂多糖、糖类、酶类、色素等。无机矿物元素主要有:钾、钙、镁、钴、铁、锰、铝、钠、锌、铜、氮、磷、氟、碘、硒等。具抗氧化、抗突然异变、抗肿瘤、降低血液中胆固醇及低密度脂蛋白含量、抑制血压上升、抑制血小板凝集、抗菌、抗产物过敏等功效。其中儿茶素,俗称茶单宁,是茶叶特有成分,具有苦、涩味及收敛性。

所述的牛黄(Calculus Bovis),别名丑宝。是指牛科动物牛(Bos Taurus Domesticus Gmelin)干燥的胆囊结石。性味甘,凉,气清香,味微苦而后甜。具有解热、解毒、定惊作用。含胆汁酸(Bile Acids),其中主要为胆酸(Cholic Acid)、去氧胆酸(Deoxycholic Acid)及微量鹅去氧胆酸(Chenodeoxycholic acid)。另外含有胆甾醇(Cholesterol)、胆红素(Bilirubin),丙氨酸(Alanine)、甘氨酸(Glycine)、牛磺酸(Taurine)、天冬氨酸(Asparagic Acid)、精氨酸(Arginine)、亮氨酸(Leucine)、蛋氨酸(Methionine)等氨基酸,钠、钙、铁、锰、铜、锌、镁、磷等微量元素,麦角甾醇(Ergosterol)、维生素 D(Vitamin D)、类胡萝卜素(Carotenoid)以及两种酸性肽类成分称为平滑肌收缩物质 SMC-S2 及 SMC-F,已查明有二肽、四肽、五肽和七肽。可用于治咽喉肿痛、口疮痈肿、痈肿疔疮、疔毒症。

所述的麝香(Musk)又名:当门子、脐香、麝脐香、四味臭、臭子、腊子、香脐子,为鹿科动物麝的雄性香腺囊中的分泌物干燥而成,性辛、温、无毒、味苦,含麝香酮(Muscone)、降麝香酮(Normuscone)、麝香醇(Muscol)、麝香吡喃(Mus copyran)、麝香吡啶(Muscopyridine)、羟基麝香吡啶-A(Hydroxymuscopyridine A)、羟基麝香吡啶-B (Hydroxymuscopyridine B)、3-甲基环十三酮(3-Me-thylcyclotridecan-1-one)、环十四烷酮(Cyclotetrade can-1-one)等 。亦含胆甾-4-烯-3-酮(Cholest-4-ene-3-one)、胆甾醇和它的酯类、睾丸酮(Testosterone)、雌乙醇(Estradiol)、5α-雄烷-3、17-二酮(5α-Androstan-3、17-dione)等 11 种雄烷衍生物,尚含蛋白质与氨基酸,麝香中含蛋白质约 25%。麝香中发现一种分子量为 1000 左右的肽类活性物质,并分离出一种分子量约 5000~6000 的多肽,此外,麝香中还含钾、钠、钙、镁、铝、铅、氯、硫酸盐、磷酸盐和碳酸铵以及尿囊素(Allantoin)、尿素、纤维素等。有开窍、辟秽、通络、散淤之功能。用于疮疡肿毒,咽喉肿痛,本品辛香行散,有良好的活血散结,消肿止痛作用。

所述的珍珠粉(Pearl Powder)是用三角帆蚌 Hyriopsis Cumingii(Lea)、褶纹冠蚌 Cristaria Plicata(Leach)、马氏珠母贝 Pteria Martensii(Dunker)等贝类动物所产珍珠磨制而成的细粉。有安神定惊、平肝明目、收敛生肌的作用。

所述的冰片(Dryobalanopsaromatica Gwaertn. f.)又名片脑、橘片、龙脑香、梅花冰片、羯布罗香、梅花脑、冰片脑、梅冰等,是龙脑香科植物龙脑香的树脂和挥发油加工品提取获得的结晶,含有多种萜类成分。除龙脑外,尚含有葎草烯(Humulene)、β-榄香烯(β-Elemene)、石竹烯(Caryophyllene)等倍半萜类成分和齐墩果酸(Oleanolic Acid)、麦珠子酸(Alphitolic Acid)、积雪草酸(Asiatic Acid)、龙脑香醇酮(Dipterocarpol,Hydroxydammarenone Ⅱ)、龙脑香二醇酮(Dryobalanone)、古柯二醇(Erythrodiol)等三萜类成分。亦有用化学方法合成。

主要含龙脑(Borneol)、异龙脑(Isoborneol)、樟脑(Camphor)。气清香,味辛、凉;可用于目赤肿痛,喉痹口疮、疮疡肿痛,溃后不敛等。

所述的阿莫西林(Amoxicillin),又名安莫西林或安默西林,化学名 (2S,5R,6R)-3,3-二甲基-6-[(R)-(-)-2-氨基-2-(4-羟基苯基)乙酰氨基]-7-氧代-4-硫杂-1-氮杂双环[3.2.0]庚烷-2-甲酸三水合物,分子式 $C_{16}H_{19}N_3O_5S\cdot3H_2O$,分子量 419.46。是一种最常用的青霉素类广谱 β-内酰胺类抗生素,为一种白色粉末,半衰期约为 61.3min。阿莫西林杀菌作用强,穿透细胞壁的能力也强。对消除肛瘘管内及肛门周边的炎症有一定的作用。

所述的黏合剂采用对皮肤和直肠无刺激,进入肛门易溶化的黏合剂。如脂肪酸甘油酯、聚氧乙烯单硬脂酸酯、羟苯乙酯等,也可采用面粉、糯米粉之类。

所述的水为去离子水。

本发明采用上述成分的结合制成肛门塞剂,用多种药物的共同作用,免除吃药、打针和手术之苦,把药物送到病灶的原发部位,最大限度减少药物的副作用。肛瘘治疗效果显著。

本发明具有活血散淤,清热解毒,收敛生肌,消肿止痛,抑制细菌的效果。

图 7-1 是本发明实施例肛瘘药丸的剖面图,图 7-2 是实施例的药理示意图。

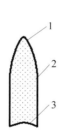

图 7-1　肛瘘药丸的剖面图

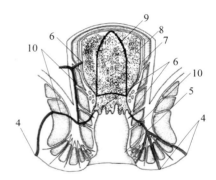

图 7-2　肛瘘药丸的剖面图

实施例一种肛瘘药丸如图 7-1 所示,质量 3g,长 32mm,药丸中部(2)直径 12mm 的药丸,内含有质量百分比的鸡内金 18%、艾叶 12%、菊米 15%、银杏 10%、茶叶 10%、菜油 6%、牛黄 1%、珍珠粉 3%、冰片 3%、盐 5%、阿莫西林 3%、面粉 5%、水 9%。使用时如图 7-2 所示,首先排尽大便,清洁肛门,其次取药丸(9)一枚,去除外包装,在药丸头部(1)涂上一层凡士林,然后用手指顶住药丸尾部(3),把药丸(9)推进肛门(5)深处。

肛瘘内口(6)是原发病灶部位和感染源,药丸(9)在肛门(5)深处逐渐溶化,药粉(8)附着于直肠(7)内壁,使肛瘘的内口(6)干结闭合,肠内容物不再进入瘘管(10),粪便里面的细菌和粪水无法进入周围的组织,由此阻断感染源头及痛感。另外药物的有效成分通过周边肛门腺分泌的黏液和毛细血管吸收传输,起到消炎杀菌作用,脓肿逐渐缩小,洗净了瘘管(10)里面残液,瘘管(10)的外口(4)再无浓血液体流出。

这样每天早晚大便后各一次,每次一枚,15 天为一个疗程,一个疗程后减轻症状。在减少发作和没有症状后,药量适当减少,后几个疗程一天或两三天一枚,仍要继续使用,一般 5~7 个疗程就能痊愈。无论是单纯性肛瘘,还是复杂性肛瘘,无论是低位肛瘘,还是高位肛瘘,均有显著疗效。统计 51 例,治愈率高达 86.27%。

【案例应用】 软基快速筑堤技术的研究和应用的成果。

1. 立项背景

在软弱地基及超软弱地基上建造堤坝,存在稳定性差、工期长、无法机械化施工、堤身土石方堆不上去、堵口合拢困难等问题,该难题一直困扰着海岸工程建设,同时也是国际工程界研究的热点。本成果采用现代科学研究与海岸工程实践相结合,经调查研究、现场实测、模型实验、计算机模拟分析和理论研究等方法,形成了一套全新的堤坝快速施工技术,并提出了软基上快速筑堤的系统理论。该成果解决了在软基上快速上筑堤这一难题,它可以有效地减少洪涝灾害,这对于保障沿海地区人民财产、生命安全和国民经济可持续性发展具重要意义。

2. 研究内容及结果

本成果根据软基和堤坝的变化规律,打破传统软基堤坝中被动控制的施工方法,统筹兼顾软基承载力与快速筑堤过程中的时间、空间的关系,处理好安全、经济、高效的关系。采用塑料排水板、土工织物、板桩和爆炸方法快速处理水下地基;采用爆填、爆夯、轻质硬壳堤坝和高效立体施工方法快速构筑坝体;采用原状土管道输送方法快速形成闭气土方;采用自制的专用设备和计算机实时监控技术,进行大强度快速建造堤坝,从而达到软基上快速高效建造堤坝的目的。与国内外传统软基筑堤方法相比较,工效提高 3～5 倍,工期缩短 40% 以上,造价降低 35% 左右,可靠性和安全性有大幅度的提高。适用于围海、港口、公路、铁路、运河、码头、人工岛等建筑物,具有显著的社会经济效益。申请了发明专利 30 多项,主编完成国家标准《海岸工程软基堤坝建筑技术规范》。经省级鉴定:"该成果是软基上建造构筑物方面的一个重大创新,并取得多项专利,形成了自己的知识产权;取得了明显的社会效益和巨大的经济效益,市场前景广阔;是多学科、多种技术交叉结合的成果,其总体技术处于国际先进水平,在软黏土的远距离管道输送技术、塑料排水板和土工布深水作业技术等方面处于国际领先水平"。证书如图 7-3 所示。

图 7-3　软基快速筑堤技术部分奖励证书

3. 应用推广及取得的经济效益

已在浙江、上海、江苏、福建、广州等省投入应用,完成国家级、省级重点工程 30 多项。据不完全统计,应用该技术产生直接经济效益:新增产值 523 146 万元、利润 47 251 万元、税收 18 010 万元。有审计报告的 3 个单位近三年通过本项目的实施新增产值 224 391 万元、利润 12 378 万元、税收 3211 万元。其中东海大桥洋山一期工程,评为 2005 年全国十大建设科技成就,获 2006 年度中国建筑工程鲁班奖,温州半岛浅滩灵霓海堤一期工程 I 标段获 2007 年度浙江省建设工程钱江杯奖。2009 年获全国发明展金奖和日内瓦国际发明创新特等奖。

下篇

专利申请

一项发明创造必须由申请人向政府部门提出专利申请,经国家知识产权局依照法定程序审查批准后,才能取得专利权。

第8章　专利与专利法

专利制度就是给天才之火浇上利益之油。

——（美国）亚伯拉罕·林肯

凡是太阳底下的新东西都可以申请专利。

——美国专利局名言

8.1 专 利 权

以专利法为基石的知识产权制度是科技创新体系的重要组成部分。要积极推动专利法的贯彻实施,用法律维护创新环境,保护广大科技工作者的智力成果,努力开创科学研究和创造发明的新局面。

8.1.1 从知识产权说起

1. 概念

知识产权(Intellectual Property)是一切来自知识活动领域的所有权,是基于创造性智力成果和工商业标记依法产生的权利的统称。知识产权通常是国家赋予创造者对其智力成果在一定时期内享有的专有权或独占权,是一种无形财产,是精神财富,是创造性的智力劳动的成果。它与有形财产一样,都受到国家法律的保护,都具有价值和使用价值。

2. 分类

知识产权主要分为工业产权与版权两类。

(1)工业产权也称为产业产权,是指工业、商业、农业、林业和其他产业中具有实用经济意义的一种无形财产权,包括专利权、商标权、工业品外观设计和地理标志。

(2)版权又称著作权、文学产权,是指自然人、法人或者其他组织对文学、艺术和科学作品依法享有的财产权利和精神权利的总称,包括文学和艺术作品。例如小说、诗歌、戏剧、电影、音乐作品、绘图、绘画、摄影和雕塑以及建筑设计。

3. 特点

(1)专有性。专有性是指除权利人同意或法律规定外,其他的任何人不得享有或使用该项权利。这表明除非通过"强制许可"、"合理使用"或者"征用"等法律程序,否则权利人独占或垄断的专有权利受到严格保护,他人不得侵犯。

(2)地域性。地域性是如果国家间没有签署国际公约或双边互惠协定,在一国法律保护的某项权利只在该国范围内发生法律效力。

(3)时间性。时间性即法律对各项权利的保护都规定有一定的有效期,各国法律对保护期限的长短可能不完全相同,只有参加国际协定或进行国际申请时,才对某项权利有统一的保护期限。例如著作权一般持续到作者死后 50 年,专利的保护期限为 20 年,工业设计的保护期一般为 10 年。

8.1.2 专利权

1. 专利的含义

日常生活中,经常可以听到"专利"二字,但到底什么叫专利,可能很多人都不能很好地表述清楚。其实人们所说的专利,在社会上对它的认识一般有 3 种。

一是指专利权的简称,是一种知识产权,是指向国家专利局提出专利申请一项创造发明,经依法审查合格后,向专利申请人授予的在规定时间内对该项创造发明享有的专有权,即国家依法在一定时期内授予创造发明者或者其权利继受者独占使用其创造发明的权利,这里强调的是权利。专利权是一种专有权,这种权利具有独占的排他性。非专利权人要想使用他人的专利技术,必须依法征得专利权人的授权或许可。例如,"我有 3 项专利"就是指有 3 项专利权。

二是指专利技术,指受到专利法保护的创造发明,是受国家认可并在公开的基础上进行法律保护的专有技术。"专利"在这里具体指的是技术方法——受国家法律保护的技术或者方案。(所谓专有技术,是享有专有权的技术,这是更大的概念,包括专利技术和技术秘密。某些不属于专利和技术秘密的专业技术,只有在某些技术服务合同中才有意义。)专利是受法律规范保护的创造发明,它是指向国家审批机关提出专利申请的一项创造发明,经过依法审查合格后向专利申请人授予的在该国内规定的时间内对该项发明创造享有的专有权,并需要定时缴纳年费来维持这种国家的保护状态。例如,"这项产品包括 3 项专利"就是指这项产品使用了 3 项受到专利权保护的创造发明(专利技术或外观设计)。

三是指专利文献,指专利局颁发的确认申请人对其创造发明享有的专利权的专利证书或指记载发明创造内容的专利文献,指的是具体的物质文件。例如,"我要去查专利"就是指去查阅专利文献。

2. 专利法

专利法是确认发明人(或其权利继受人)对其发明享有专有权,规定专利权的取得与终止、专利权的实施与保护,以及其他专利权人的权利和义务的法律规范的总称。国外的专利法已有 300 年历史,我国于 1984 年公布了《中华人民共和国专利法》,1985 年公布《专利法的实施细则》,对有关事项做了具体规定。申请专利的发明人都应该了解它们。

我国的《专利法》为了保护专利权人的合法权益,鼓励创造发明,推动创造发明的应用,提高创新能力,促进科学技术进步和经济社会发展而制定,共八章七十六条,包括总则、授予专利权的条件、专利的申请、专利申请的审查和批准、专利权的期限、终止和无效、专利实施的强制许可、专利权的保护。

《专利法实施细则》共 11 章 123 条,包括总则、专利的申请、专利申请的审查和批准、专利申请的复审与专利权的无效宣告、专利实施的强制许可、对职务创造发明的发明人或者设计人的奖励和报酬 、专利权的保护、专利登记和专利公报、费用 、关于国际申请的特别规定。

3. 专利权内容

专利权是指政府有关部门向发明人授予的在一定期限内生产、销售或以其他方式使用发明的排他权利,是知识产权的一种。专利权内容包括如下。

(1)独占实施权。独占实施权包括两方面。

① 专利权人自己实施其专利的权利,即专利权人对其专利产品依法享有的进行制造、使用、销售、允许销售的专有权利,或者专利权人对其专利方法依法享有的专有使用权以及对依照该专利方法直接获得的产品的专有使用权和销售权。

② 专利权人禁止他人实施其专利的特权。除《专利法》另有规定以外,专利权被授予后,专利权人对该项创造发明拥有独占权,任何单位和个人未经专利权人许可,都不得实施其专利,即不得为生产经营目的制造、使用、许诺销售、销售和进口其专利产品。

(2)转让权。转让权是指专利权人将其获得的专利所有权转让给他人的权利。转让专利权的当事人应当订立书面合同,并到国务院专利行政部门进行登记,由国务院专利行政部门予以公告。专利权的转让自登记之日起生效。中国的单位或者个人向外国人转让专利权的,必须经国务院有关主管部门批准。

（3）许可实施权。许可实施权是指专利权人以实施许可合同的方式,许可他人实施其专利并收取专利使用费的权利。

（4）标记权。标记权即专利权人有权自行决定是否在其专利产品或者该产品的包装上标明专利标记和专利号。

（5）请求保护权。请求保护权是专利权人认为其专利权受到侵犯时,有权向人民法院起诉或请求专利管理部门处理以保护其专利权的权利。保护专利权是专利制度的核心,他人未经专利权人许可而实施其专利,侵犯专利权并引起纠纷的,专利权人可以直接向人民法院起诉,也可以请求管理专利工作的部门处理。

（6）放弃权。专利权人可以在专利权保护期限届满前的任何时候,以书面形式声明或以不缴纳年费的方式自动放弃其专利权。专利法规定:专利权人以书面声明放弃其专利权的,专利权在期限届满前终止。专利权人提出放弃专利权声明后,一经国务院专利行政部门登记和公告,其专利权即可终止。放弃专利权时需要注意以下两点。

① 在专利权由两个或两个以上的单位或个人共有时,必须经全体专利权人同意才能放弃。

② 专利权人在已经与他人签订了专利实施许可合同许可他人实施其专利的情况下,放弃专利权时应当事先得到被许可人的同意,并且还要根据合同的约定,赔偿被许可人由此造成的损失,否则专利权人不得随意放弃专利权。

（7）质押权。根据《担保法》的相关规定,专利权人还享有将其专利权中的财产权进行处置的权利。

4. 专利的种类

专利权分为 3 种类型:发明、实用新型和外观设计,相应证书如图 8-1 所示。

图 8-1 3 种专利证书

（1）发明专利。针对产品、方法或者改进的新技术方案,可申请发明专利。

发明专利与现有的技术相比具有突出的实质性特点和显著进步,这种新技术方案必须是能解决具体问题并能实现的方案。发明专利可分为两大类。

① 物品发明专利。物品发明专利是指自然界原来不存在的人造物质的专利。除了有固定形状的物质产品(如机械、设备、用具等)外,还有一些无固定形状的物质产品(如液态、气态、粉末状物质等),它们都是物质,例如化学物质、混合物质、化学反应的中间物质等。

② 方法发明专利。生产制造方法、测量方法、通信方法、化工配方、工艺流程等都属于方法发明专利。这些方法均是指利用自然法则的方法。对于一些纯智力、精神活动的优化方法，新的管理方法或仅基于人的心理活动规则（例如各种广告宣传方法）是不能申请专利保护的。

（2）实用新型专利。针对产品的形状、构造或者结合所提出的适于实用的新的技术方案，可以申请实用新型专利，相应证书如图 8-2 所示。

图 8-2　实用新型专利证书

实用新型专利只限于具有一定形状的产品，不能是一种方法，也不能是没有固定形状的产品。它的技术水平比发明专利要低，只要求与已有技术相比有实质性特点与进步，往往是指那些"小发明"。实用新型专利只保护具有一定形态构造的产品发明。方法发明及没有一定形状的物品发明不属于实用新型发明专利的保护范围。

实用新型专利的申请人中最多的是学生。

实用新型专利的授权率较高。

实用新型专利也较容易申请。

（3）外观设计专利。外观设计专利是指对产品的外形特征申请的专利，它可以是产品的立体造型，也可以是产品的表面图案或者是两者的结合。针对产品的形状、图案或者两者的结合以及色彩与形状、图案的结合所做出的，富有美感并适于工业应用的新设计，可以申请外观设计专利。

外观设计专利的保护对象是产品的装饰性或艺术性外观。外观设计可以是平面图案，也可以是立体构造，或者是两者的结合。

外观设计专利应符合以下几条：

① 形状、图案、色彩或者其结合的设计；

② 必须是对产品的外表所做的设计；

③ 必须富有美感；

④ 必须是适于工业上的应用。

一件外观设计专利只适用于一类产品，若有人将其用于另一类产品上，不视为侵犯外观设计专利权。例如有人申请了一种窗帘图案的设计，专利权只适用于窗帘类的外观设计，如果有人将此图案用于家用电器上，不视为侵犯专利权。因此在申请外观设计专利时，最好指出用于何类产品。

外观设计专利保护对象中所述的产品,既可以是电冰箱、电视柜、手提箱、保温瓶、收音机等整体或整机,也可以是电冰箱的拉手、手提箱盖、保温瓶塞等某种整体或整机的可以拆装的、具有独立存在功能的零部件。

8.2 授予专利权的条件

8.2.1 实质条件和形式条件

发明创造要取得专利权,必须满足实质条件和形式条件。

形式条件是指要求授予专利权的发明创造,应当以《专利法》及其实施细则规定的格式,书面记载在专利申请文件上,并依照法定程序履行各种必要的手续。文件或者手续如果不符合要求,应当在法律规定或者专利局指定的期限内补正,经过补正仍然不符合要求的,专利局将予以驳回。

实质条件也称专利性条件,它是对发明创造授权的本质依据,是指申请专利的发明创造自身必须具备的属性要求。授予专利权的发明和实用新型应当具备新颖性、创造性和实用性。一般所讲的授予专利权的条件,仅指授予专利权的实质条件,又可分为积极条件和消极条件。

8.2.2 发明或实用新型的积极条件

我国《专利法》第二十二条规定,授予专利权的发明和实用新型,应当具备新颖性、创造性和实用性。

1. 新颖性

新颖性是指申请日以前没有同样的发明或者实用新型在国内外出版物上公开发表过、在国内公开使用过或者以其他方式为公众所知,也没有同样的发明或者实用新型由他人向专利局提出过申请并且记载在申请日以后(含申请日)公布的专利申请文件中。

虽然各国专利法对新颖性的规定或解释不尽相同,但是它们的含义基本一致,并且各国专利法都把新颖性作为获得专利权的首要条件。

(1)时间界限。中国、前苏联、日本等绝大多数国家均是以专利申请日或优先权日作为确定新颖性的时间界限。一项发明或实用新型,在申请日或优先权日之前没有与其相同的发明创造被公开发表或被公知公用,就认为该发明或实用新型具备新颖性。但是,有极少数国家,如美国是以发明日作为确定新颖性的时间界限的,可是,在美国以发明日作为新颖性的时间界限也仅仅适用于美国人,其他外国人在美国申请专利,仍以申请日或优先权日作为确定新颖性的时间界限。

① 申请日是指向专利局递交专利申请文件之日。若是邮寄的,则以寄出专利申请文件的邮戳日为申请日。

② 优先权日是指任何一个缔约国的申请人,向某一缔约国提出专利申请后,在一定期限内(发明或实用新型专利申请为 12 个月,外观设计专利申请为 6 个月)就同一发明创造向其他缔约国提出专利申请,便可享受优惠权利,即将第一次申请日视为后来向其他缔约国提

出专利申请的申请日。

（2）新颖性的地域界。如何限定新颖性的地域界限,世界各国专利法的规定不完全相同,大致有如下3种类型:绝对新颖性、相对新颖性和混合新颖性。

中国采用的是混合新颖性。它是介于绝对新颖性与相对新颖性之间的新颖性地域界限,是绝对新颖性与相对新颖性的结合。它是指一项发明创造在申请日或优先权日前在世界各国未被公开发表过,在该申请国内未被公知公用,就被认为具备新颖性。

值得一提的是,公开使用的相对新颖性要求在申请日前没有在国内的公共场合公开使用的发明创造具有新颖性。如某个发明创造满足了文献上的绝对新颖性,但同样的产品在美国公开使用而在中国没有公开使用,该发明创造具有新颖性。

（3）新颖性的判断方法。在申请提交到专利局以前,没有同样的发明创造在国内外出版物上公开发表过。这里的出版物,不但包括书籍、报刊、杂志等纸件,也包括录音带、录像带及唱片等音、影件。在国内没有公开使用过,或者以其他方式为公众所知。所谓公开使用过,是指以商品形式销售或用技术交流等方式进行传播、应用,乃至通过电视和广播为公众所知。在该申请提交日以前,没有同样的发明或实用新型由他人向专利局提出过申请,并且记载在以后公布的专利申请文件中。

2. 创造性

我国《专利法》第二十二条规定:"创造性,是指与现有技术相比,该发明具有突出的实质性特点和显著的进步,该实用新型具有实质性特点和进步。"

（1）突出的实质性特点。突出的实质性特点是指该发明的技术特征与现有技术相比具有明显的本质的差异,即有新的本质性突破,而这种"差异"和"突破"又不是所属技术领域的普通技术人员能够料想到的,即"具有非显而易见"性。所谓"显而易见"就是不需要花费创造性劳动,只通过一般性逻辑推理、判断、分析、运用经验,即可从现有技术中很容易推出的技术方案。因此,凡是所谓技术领域的普通技术人员的专业业务能力所能料想得到的,就应被认为是"显而易见",因而不具有突出的实质性特点。

其具体判断方法是,确定是否最接近的现有技术;确定发明的区别特征和发明实际解决的技术问题;判断要求保护的发明对本领域的技术人员来说是否显而易见。

（2）显著进步。显著进步是指该发明与现有技术相比不是一般的进步,而是有足够明显的进步。即该发明与现有技术相比能产生更好的技术效果,克服了现有技术的缺点和不足,有明显的优点和经济、社会效益。

其具体判断方法是,发明与现有技术相比具有更好的技术效果,例如质量改善、产量提高、节约能源、防治环境污染等;发明提供了一种技术构思不同的技术方案,其技术效果能够基本上达到现有技术的水平;发明代表某种新技术发展趋势;尽管发明在某些方面有负面效果,但在其他方面具有明显积极的技术效果。

3. 实用性

我国《专利法》第二十二条规定:"实用性,是指该发明或者实用新型能够制造或者使用,并且能够产生积极效果。"在此,"能够制造或者使用"的若是一种产品发明,该产品必须能够进行工业制造或使用;若是一种方法发明,则该方法应能够在生产实践中能够以工业方式予以实施和应用。但是,"能够制造或使用"并不是要立即制造或使用,则是要求通过分析预料能够制造或使用就可以。"能够产生积极效果"是对实用性的进一步要求。积极效果应包括技术、社会、经济效果。积极效果是指发明在技术上能推动科技进步，在应用中能有良好的社会效果，在经济上能有相当高的经济效益。

（1）可实施性、再现性和有益性。

① 可实施性。一项专利申请，必须是已经完成了的发明创造，并且应是所属技术领域的普通技术人员能够按照说明书加以实现的发明创造。无论是产品还是方法发明的专利申请，均不能与自然规律相违背。因为违背自然规律法则的发明创造是无法在工业上制造或者使用的，是不可能实现的。

② 再现性。发明应当具有多次再现的可能性。不具备再现性的发明创造无法利用工业手段制造，也不可能在工业上得到广泛应用因而不具备实用性。例如，桥梁设计因地质条件、自然条件等不同，所以不能完全照搬，因而，桥梁设计不具备再现性，即被认为不具备实用性。

③ 有益性。有益性即指能产生积极效果。只有对社会有益，能够满足社会需要，即对发展生产和提高人民生活水平能产生积极效果的专利申请才被认为具备有益性。有益性与进步性既相互联系而又不等同，前者重于社会、经济效果，后者侧重于技术效果。有时，一种专利申请的内容不一定是针对现有技术的改进，并不具有进步性，但是它可能具有有益性。

（2）没有实用性的标准。

① 无再现性。再现性是指根据专利公开的技术内容，能够重复实施其技术方案，不依赖任何随机的因素，并且实施结果是相同的。如手工制作工艺，其实施效果取决于操作者的经验，不具备再现性。

② 违背自然规律，如某种永动机虽然有新颖性和创造性，但无法在产业上重复再现，不具备实用性。

③ 利用独一无二的自然条件的产品。

④ 人体或动物的非治疗目的的外科手术方法，无法在产业上使用。

⑤ 无积极效果。明显无益、脱离社会需要、严重污染环境、严重浪费能源或资源、损害人体健康的技术方案。

4. 其他条件

例如说明书需要对申请专利的技术公开充分等。具体需参阅最新的《专利法》和《专利法实施细则》。

8.2.3 外观设计的积极条件

1. 新颖性

授予专利权的外观设计，应当同申请日以前在国内外出版物上公开发表过或者国内公开使用过的外观设计不相同和不相近似。外观设计必须依附于特定的产品，因而"不相同"不仅指形状、图案、色彩或其组合外观设计本身不相同，而且指采用设计方案的产品也不相同。"不相近似"要求申请专利的外观设计不能是对现有外观设计的形状、图案、色彩或其组合的简单模仿或微小改变。相近似的外观设计包括以下几种情况：形状、图案、色彩近似，产品相同；形状、图案、色彩相同，产品近似；形状、图案、色彩近似，产品也近似。

2. 实用性

授予专利权的外观设计必须适于工业应用。这要求外观设计本身以及作为载体的产品能够以工业的方法重复再现,即能够在工业上批量生产。

3. 富有美感

授予专利权的外观设计必须富有美感。美感是指该外观设计从视觉感知上的愉悦感受,与产品功能是否先进没有必然联系。富有美感的外观设计在扩大产品销路方面具有重要作用。

4. 不得与他人在先取得的合法权利相冲突

这里的在先权利包括了商标权、著作权、企业名称权、肖像权、知名商品特有包装装潢使用权等。"在先取得"是指在外观设计的申请日或者优先权日之前取得。

5. 其他条件

具体请参阅最新的《专利法》和《专利法实施细则》。

8.2.4　消极条件

消极条件是不授予专利权的,如以下情况。

(1) 危害社会的发明创造。违反法律、社会公德或妨害公共利益的发明创造。发明创造本身的目的与国家法律相违背的,不能被授予专利权,例如用于赌博的设备、机器或工具;吸毒的器具。发明创造本身的目的并没有违反国家法律,但是由于被滥用而违反国家法律的,则不属此列。

(2) 科学发现。它是指对自然界中客观存在的现象、变化过程及其特性和规律的揭示。科学理论是对自然界认识的总结,是更为广义的发现。它们都属于人们认识的延伸。这些被认识的物质、现象、过程、特性和规律不同于改造客观世界的技术方案,不是专利法意义上的发明创造,因此不能被授予专利权。如科学原理、定理、数学发现。

(3) 智力活动的规则和方法。智力活动,是指人的思维运动,它源于人的思维,经过推理、分析和判断产生出抽象的结果,或者必须经过人的思维运动作为媒介才能间接地作用于自然产生结果,它仅是指导人们对信息进行思维、识别、判断和记忆的规则和方法,由于其没有采用技术手段或者利用自然法则,也未解决技术问题和产生技术效果,因而不构成技术方案。例如,交通行车规则、各种语言的语法、速算法或口诀、心理测验方法、各种游戏、娱乐的规则和方法、乐谱、食谱、棋谱、计算机程序本身等。

(4) 疾病的诊断和治疗方法。它是以有生命的人或者动物为直接实施对象,进行识别、确定或消除病因、病灶的过程。将疾病的诊断和治疗方法排除在专利保护范围之列,是出于人道主义的考虑和社会伦理的原因,医生在诊断和治疗过程中应当有选择各种方法和条件的自由。另外,这类方法直接以有生命的人体或动物体为实施对象,理论上认为不属于产业,无法在产业上利用,不属于专利法意义上的发明创造。例如诊脉法、心理疗法、按摩、为预防疾病而实施的各种免疫方法、以治疗为目的的整容或减肥等。但是药品或医疗器械可以申请专利。

(5) 动物和植物品种。但是对于动物和植物品种的生产方法,可以依照授予专利权。

(6) 用原子核变换方法获得的物质。如辐射育种等。

(7) 对平面印刷品的图案、色彩或者二者的结合做出的主要起标识作用的设计。

8.3　选择申请专利的种类及原则

8.3.1　如何选择专利申请的种类

我国专利法保护的发明创造有发明、实用新型和外观设计 3 种类型。申请人如何选择专利申请的种类要根据具体情况而定,下面就逐一进行介绍。

1. 发明专利

能取得专利权的发明可以是产品发明,也可以是方法发明,因此发明创造不管是具体的产品还是方法或用途均可以申请发明专利,但是要获得专利权,必须符合条件。具体来说,可参考以下几点:属于技术水平较高的发明创造,可申请方法类专利;气体、液体等无确定形状的产品等,可申请发明专利;投资大、开发试验周期长或市场寿命较长的发明创造,例如药品等,可申请发明专利。

2. 实用新型专利

目前,我国实用新型专利只保护产品,而且划定了具体的保护范围。除此以外,还可考虑以下因素:技术水平稍低一些,对发明专利把握较小的发明;市场寿命较短或产品更新换代周期不长的发明;希望审批周期短,尽快授权,保护期限短于 10 年就足够;希望申请专利花费少的发明。两者的区别如表 8-1 所示。

表 8-1　发明专利与实用新型专利的区别

专利种类	保护对象	授权条件	流程	费用	权利期间	权利稳定性
发明	产品、方法、用途	突出的实质性特点和显著的进步	较长	较高	20 年	较高
实用新型	产品	实质特点和进步	较短	低于发明	10 年	低于发明

3. 外观设计

外观设计专利仅保护产品的外部形状、图案、色彩或者三者结合所做出的富有美感并适用于工业应用的新设计。

涉及产品外观形状、装饰性、富有美感以及与色彩的组合属于外观设计专利的范畴。

一个申请人就同一个发明创造不能既申请发明专利又申请实用新型专利,但是同一个发明创造在申请发明专利或申请实用新型专利的同时,可以另外申请外观设计专利。

8.3.2　专利申请的一般原则

专利的申请一般应符合以下 5 项原则。

1. 请求原则

申请人必须按照规定向专利局提出专利申请并按照一定程序进行审批,才能获得专利权。

2. 书面原则

书面原则是指专利申请必须以书面形式提交国务院专利行政部门。不仅是申请,以后整个审批程序中的所有手续都必须以书面形式办理,不能以口头说明或提交实物来代替书面申请。提交的各种手续应以书面的形式办理并由申请人签字或盖章,申请文件必须参照专利局规定的统一格式的表格。随着计算机的普及,网上电子申请将会成为未来的趋势。

3. 优先权原则

专利优先权是指专利申请人就其发明创造第一次在某国提出专利申请后,在法定期限内,又就相同主题的发明创造提出专利申请的,根据有关法律规定,其在后申请以第一次专利申请的日期作为其申请日,专利申请人依法享有的这种权利,就是优先权。专利优先权的目的在于,排除在其他国家抄袭此专利者,有抢先提出申请,取得注册之可能。

优先权的实际意义是,以其第一次提出专利申请日为判断新颖性的时间标准,第一次提出申请的日期,称为优先权日,上述特定的期限,称为优先权期限。申请人要求优先权的,应当在申请的时候提出书面声明,并且在 3 个月内提交第一次提出的专利申请文件的副本;未提出书面声明或者逾期未提交专利申请文件副本的,视为未要求优先权。第一次申请被放弃或驳回时,其优先权仍然存在。优先权可以转让,即可以随专利申请权一起转让。

4. 先申请原则

《专利法实施细则》第四十一条规定:"两个以上的申请人同日(指申请日;有优先权的,指优先权日)分别就同样的发明创造申请专利的,应当在收到国务院专利行政部门的通知后自行协商确定申请人。"

同样内容的发明创造,只能授予一项专利权。所以,两个以上的申请人分别就同样发明创造申请专利的,专利权授予最先申请的人。如果是在同一天申请的,申请人应当在收到国务院专利行政部门通知后自行协商确定申请人,协商不成的,该发明即成为社会公有技术。申请日以专利申请文件递交到国务院专利行政部门之日算起,如果是邮寄的,以寄出的邮戳日为申请日。专利申请一旦被受理,国务院专利行政部门立即对该申请给一个编号,称为申请号。此号在专利授权后即作为专利号。

5. 单一性原则

单一性原则又叫一发明一申请原则,这是指一件发明或实用新型专利的申请应当限于一项发明或实用新型,一件外观设计专利的申请应当限于一种产品所使用的一项外观设计。

这样做一方面有利于专利局对专利申请进行分类和审查;另一方面也方便公众对专利文献进行检索和查阅;第三方面也给专利权人的转让或签订许可合同带来便利;当然也是为了让申请人公平合理地承担申请费用。

由于专利分类极为详细,为保证审查质量,审查员分工也很细,不同的发明创造如果放在一件申请中提出,势必给审查工作带来极大的麻烦。而且办理申请、审批手续都需交费,把不同的发明创造作为一件申请提出,只缴纳一件的费用显然是不合理的。对于属于同一构造的两项以上的发明和实用新型或者用于同一类别并且成套出售或使用的产品的两项以上的外观设计,可以作为一件申请提出,称为合案申请。但下列情况可以放在一件专利申请中提出:

(1) 一种产品及制造该产品的方法;

(2) 一种产品及制造该产品的模具;

(3) 两种必须相互配套才能使用的产品;

(4) 属于总的技术构思下的几项技术上关联的产品或一种产品有不同的几个实施

方案。

判断专利申请的单一性,有时是比较复杂的问题,所以允许申请人在提出申请以后,当审查员提出或本人发现申请不具备单一性时,可以修改申请,使其符合单一性,就是通过修改使申请中只留下一项发明或者一项实用新型,或者一种产品的一项外观设计。而原申请中包含的其他发明、实用新型或者外观设计,允许申请人分出来重新申请,这种从原申请中分出来的发明、实用新型或者外观设计为内容的申请,一般称作原申请的分案申请。分案申请保留原申请日,但不得超出原说明书记载的范围。

8.4 专利申请前的准备

申请专利是为了对发明创造进行法律保护。由于在申请专利的每一个步骤,申请人都需要支付一定的费用,同时要花费很多的时间和精力,因此在一项发明创造提出专利申请前,申请人要权衡利弊,综合分析,决定是否申请。申请人一般需要对以下几个问题进行分析和思考。

1. 经济利益的分析

专利申请人申请专利的目的是为了获得经济上的利益,因此,在申请专利前必须对与经济利益相关的几个因素进行分析:一是市场需求量的大小,对市场需求量大的产品或技术应申请专利保护,因为企业对市场需求量大的产品有很大的兴趣,可以获得较大的经济利益;二是仿制程度的难易,对于市场需求量大又容易被他人仿制的产品或技术,应申请专利保护,而对难于仿制的产品则不必申请专利,如美国"可口可乐"配方虽没有申请专利,其秘密配方至今没有被他人窃取;三是申请专利费用所占的比例,若一项申请发明专利的费用仅占取得专利权后所获得利益的很小一部分,则应申请专利。

2. 是否具备专利性的分析

当专利申请人确信他的发明申请专利会带来经济利益时,需要进一步对其申请能否获得专利权进行分析。不可能获得专利的申请,会造成申请人及国务院专利行政部门双方时间、精力和财力的极大浪费。为了减少申请专利的盲目性,专利申请人在提出申请以前,对准备申请专利的项目是否具备专利性,进行检索。由于申请专利的发明创造必须具有新颖性,因此,申请人必须对国内外专利和已发表的非专利科技文献进行系统的查核,以确定所申请专利的发明创造是否具有新颖性。对于缺乏新颖性的"发明创造"不应申请专利,即使具有了新颖性,而在技术水平上并不优于同类产品技术时,也不应申请专利,这是因为它们在竞争中并不具有优势。判断其授权前景,从而决定是否有必要申请专利。

3. 专利类别的分析与选择

申请人对申请专利的类别也应进行必要的分析和恰当的选择。例如,发明专利既保护产品又保护方法,保护期较长,创造性要求较高,审批周期较长;实用新型只保护产品,不保护方法,保护期较短,审批周期短。申请人应根据自己发明创造的特点和价值,选择适当的3种不同类别的专利保护。

4. 申请日和申请国的选择

因为申请日是判别发明新颖性和已有技术的标准日期,我国实行先申请制,因此,正确地选择申请日是十分重要的。我国专利法规定,在提出专利申请后,申请人对其专利申请文件的修改不得超出原说明书记载的范围。因此,申请人提出申请,应该选择在发明基本完成,发明的基本构思和请求保护的范围十分明确之后。这样,申请人既可以抓住时机,提前申请,也可申请国外专利。若某项发明专利经济效益大,使用面广,在国外也有较大的市场,那么除在国内申请外,还应在国外申请专利。至于在哪个国家申请专利,要看在哪一国具有较广阔的市场来决定。

什么叫做申请日,申请日有什么重要性?根据《专利法》第二十八条的规定,国家专利行政部门收到专利申请文件之日为申请日。如果申请文件是邮寄的,以寄出的邮戳日为申请日。申请日在法律上具有十分重要的意义:它确定了提交申请时间的先后,按照先申请原则,在有相同内容的多个申请时,申请的先后决定了专利权授予谁;它确定了对现有技术的检索时间界限,这在审查中对决定申请是否具有专利性关系重大;申请日是审查程序中一系列重要期限的起算日。

所谓磨刀不误砍柴工,做好准备工作之后就会事半功倍。

第 9 章　信息利用与专利检索

创新时代实际上是信息时代的天然的伴随物。尽管我们掌握了新的信息,但仍然有薄弱环节,它既不是出现在信息的创造上,也不是出现在信息的储存上,更不是出现在信息的获取上,而是出现在利用新的信息去做新的事情上。

——吉福德·平肖 三世

9.1　信息资源和信息素养

创造发明也好,科学研究也好,从来都是时代性的、世界性的,所以创造者必须具有世界的胸怀和时代的眼光,立于信息制高点,才能一览众山小。

这是一个信息大爆炸的时代,这是一个你追我赶的时代,这是一个充满机遇的时代,这是一个需要把握机会的时代。学会检索信息资源,学会利用信息资源,是学会创造发明的第一步。

信息的利用是指将获取、处理的信息应用于实践,以实现预定目标,使信息价值得以实现的能力。如果信息得到了合理的利用,就能实现其社会效益和经济效益。

9.1.1　信息资源的特点

1. 信息资源

信息、能源、材料并列为当今世界的三大资源。信息资源是指人们通过一系列的认识和创造,储存在一定载体和人脑上的,可供利用的全部信息。信息资源广泛存在于经济、社会、科技等各个领域和部门。信息资源是各种事物形态、内在规律、与其他事物的联系等各种条件、关系的反映。信息资源与人力、财力、物力和自然资源一样,都是人类发展的重要资源,是可再生的、无限的、可共享的,是人类活动的最高级财富。

2. 信息资源的特点

信息资源与自然资源、物质资源相比,具有以下特点。

(1) 再生性。能够重复使用,越用越多,越用越体现其价值。

(2) 共享性。可以多地使用,多人共享。人们对其检索和利用,不再受时间、空间、语言、地域和行业的制约。

(3) 无限性。人类和地球所在的宇宙在其存在的无限时间和无限空间内,生成了海量的物质、能量和信息。人类在其存在的有限时间和有限空间内,消耗了大量的物资和能源,也生成了大量的信息。人类赖以生存的地球终究是要毁灭的,但是在地球毁灭以后,信息资源作为人类的遗产,是可以在宇宙中长久地存在的。

(4) 财富性。它是社会财富,任何人无权全部或永久买下信息的使用权;它是商品,可以被销售、贸易和交换。

(5) 变幻性。信息资源有变化更新快和价值不确定性的特点。信息资源的利用具有很强的目标导向,不同的信息在不同的用户中体现不同的价值:利用得好很值钱,利用不上便不值钱;也可能今天很有价值,明天便没有价值;可能对我很有价值,对你却分文不值。

3. 利用信息资源需要信息素养

在信息时代,信息资源对国家和民族的发展,对人们工作、生活至关重要,成为国民经济和社会发展的重要战略资源。它的开发和利用能极大地减少材料和能源的消耗,减少污染。利用信息资源需要信息素养,即能够判断什么时候需要信息,懂得如何获取信息,如何评价和有效利用信息,使信息资源发挥最大价值。

9.1.2 信息素养

1. 信息素养是现代人的基本素质

在信息时代,信息素养是人们需要具备的一种基本能力。随着信息技术的迅猛发展及其在社会各个领域中得到广泛应用,信息素养作为生活在现代社会中的公民所必须具备的基本素质。信息素养主要由信息意识与信息伦理道德、信息知识以及信息能力构成。

2. 信息素养是学习力的体现

如何才算是拥有信息素养呢?美国图书馆协会定义为,能够认识到何时需要信息,并拥有寻找、评价和有效利用所需信息的能力。简而言之,具有信息素养的人是那些知道如何进行学习的人。下面,来看看一个身边的例子。

【小故事】 某老师要求学生写一篇有关中西方文化差异的3000字论文。A、B两个学生都想好好完成这个作业。

学生A到图书馆想找些资料,他大致知道有关文化的书籍在4楼,就来到4楼进行寻找。无奈一排排的书架里书密密麻麻,他好不容易找到有关文化书籍,又不确定到底哪些书对自己有用,就随便拿了3本作为自己论文的参考。此时他已花去约一个小时,他便开始着手写论文。但无奈觉得书里面的东西实在太过细化,自己只想要3000字的论文,写了几百个字就有些烦躁,想想时间还充裕就回寝室了。到了晚上他想起作业还没做,就打开计算机,使用百度搜索中西方文化差异,打开网页,跳出来一大堆的资料,不知如何下手,就随便看了几篇论文,途中看到网页跳出来的最新新闻还看了一会,一看时间又已经过去一个多小时,就匆匆从几篇自以为不错的文章复制一些,再自己梳理了一下就上交了。上交的时候精疲力尽,觉得论文实在太难写,自己实在不是这块料。

学生B的情况则有些不同,他想起以前老师推荐过有一本书讲中西方文化比较好,就来到图书馆,用计算机搜索这本书的大致位置,很快就找到了这本书,并在旁边看到另一本书觉得还不错,就同时借了两本书,他首先翻开目录,了解到中西方文化差异的原因,具体体现在宗教,饮食,称呼等各个方面,并大致做了笔记。然后来到图书馆的机房进行写作,他也使用了百度搜索引擎,根据浏览次数,文档得分等在百度文库挑选了几篇优秀的有关中西方文化的论文,了解到有关论文的格式,写作技巧,等等。根据自己的兴趣和所占有的资料,又在中国知网用分类检索的方式分别检索中西方饮食差异具体方面以充实自己的论点,并详细地做好笔记,最后学生B开始着手撰写中西方饮食文化差异的论文,中间又查了一点资料,但总体上写得十分流畅,写完后修改上交。到现在共花去5个小时,看着自己写的论文十分自豪,有点累但脑子十分清晰,对于下次的论文作业也充满信心。

结果可以想象,学生A觉得大堆的信息资料都是垃圾,自己花了这么多时间只是看了信息的一点皮毛,大概是自己比较笨的缘故,很害怕,也讨厌下次的作业,陷入了恶性循环。学生B则情况相反,觉得信息检索是个宝,对自己更有信心,期待下次的作业。有因才有果,在询问自己为什么不成功以外,必要的就是平时的努力,学会信息检索是高效学习的第一步。对于学生来说,应充分利用图书馆和互联网,学会检索,学会学习,为以后更好工作奠定基础。除了学习课堂上的专业知识以外,大学生一定要学习如何文献检索。其实知识面就像滚雪球一样,在一门课或者平时看书的时候发现自己感兴趣的课题,这时候就应该记一点笔记,然后积极主动地去图书馆或网络上查阅相关文献,了解它的来龙去脉,再进一步的话,可以与周围的朋友们讨论,写一点自己的心得,在这条路上可以越走越远,同时又有可能发现其他自己感兴趣的,实在是良性循环。

3. 信息素养是创新能力的重要组成部分

信息素养不仅包括使用信息工具和信息资源的能力,还包括获取识别信息、加工处理信息、传递创造信息的能力,更重要的是以独立自主学习的态度和方法、以批判精神以及强烈的社会责任感和参与意识,将这些信息能力用于实际问题的解决和进行创新性思维的综合信息的能力。没有信息素养的现代人,很难想象会有较高的创新能力。

学生时代对很多人来说,是一生中最为自由,最为快乐的时光,同时也是最为迷茫的时候,许多大学生想有心改变浑浑噩噩的自己却不知如何开始,或者面对机会不敢上前,眼睁睁看着它从指间溜走,又或者千辛万苦抓住机会却坚持不下去,对这一切,相信很多大学生都想问一句,"时间都花在哪儿了?""创新能力都去哪儿了?""为什么,怎么办?"答案因个人因素不同而千差万别,但有一点可能会被许多人忽略,那就是——信息素养不够。

4. 信息素养对发明者来说非常重要

进入信息时代,要学会在信息的海洋中游泳,一个缺乏信息素养的人,将很难在知识经济社会中立足。提高获取信息、评价信息、应用信息和创建、整合信息的能力是当代发明者的必备素质之一。

但根据一项对大学生信息检索能力的调查分析,其样本所代表的大学生群体的信息素养情况不容乐观,具体结果如下:首先,信息获取方式单一,目前大学生因接触网络较早,使用搜索引擎时间较长而忽略了数据库的使用,也很少会主动去寻找老师推荐的文献;其次,搜索引擎主要用于其日常生活而并非学习和研究,大学生对娱乐类和生活类信息表现出强烈的兴趣,而漠视学术性的信息,在这一点上很多大学生与普通网络用户相似;最后,信息检索字段单一,很多对检索有较大帮助的字段均未得到有效利用,对于大多数有着固定检索习惯的人来说,这种习惯更为确切地表述为"懒"。综上所述,这些样本所代表的群体在对信息检索工具的使用和信息的判断与甄别能力方面存在较大不足。据调查,大学生普遍认为图书馆是很有用、很有必要的信息源,但实际上平时的利用却仅限于借阅少量休闲书籍和学习参考书。还有部分同学缺乏明确的信息对象,在面对图书馆大量的电子信息资源时,往往不知从何入手,再加上并不了解图书馆,往往是大海里捞针,到头来一无所获。

5. 各国都非常重视培养学生的信息素质

再将目光放到全球,各国都非常重视培养学生的信息素质教育。

例如华盛顿大学的 Unwired 计划。Unwired 的目标是建立一个电子社区,促进将信息技术应用到教学中去。它由该校的图书馆、教育系、计算机与通信系以及校外教育部门等单位共同组成。计划包括建立各种基础设施,教师培训,学生信息素质教育等。

普渡大学的信息素质教育计划。该计划从 1994 年开始实施。由图书馆员、教师讲授有关信息技术和信息利用课程,并开发网络课件。他们将教育计划分为 3 个层次:初级班、中级班和高级班。

英国伦敦大学国王学院的信息素质计划。伦敦大学国王学院的信息系统与服务部门(The Information Service And System, ISS)根据 SCONUL 的 7 个标准制订了自己的信息素质计划。该计划希望通过 3 个方面提高医学生的信息素质:

（1）基于课程的信息素质教育；

（2）主要针对研究生的 Grad 信息课程项目；

（3）教师通过参加一系列在线信息技术和相关课程的学习来提高自身的信息素质。

还有美国布法罗大学信息素质计划。该大学依据美国医学院联合会对医学信息素质教育的要求，为药学专业学生制订了为期 4 年的信息素质培训计划。每项培训都力图与学生的专业课程学习进度相一致，满足学生某一特定时期的信息素质要求。具体安排是：第 1 年，全文药学数据库；第 2 年，书目数据库；第 3 年，高级书目检索技巧以及循证药学；第 4 年，书目管理软件和个人数字助理的使用。

6. 培养信息素养是教育教学改革的重要内容

目前，互联网的信息素养和信息素养培养的问题，相继被各国教育界当作教育改革的重要内容，由此可见信息素养已引起了人们的足够重视，并成为全世界所关注的重要问题。在当今信息大爆炸时代，拥有信息素养对每个人都具有重要意义，每个人在其学习、工作、生活中都需要从各种各样的信息源中收集和利用所需的信息来制定决策，虽然通过图书馆、网络等可以获得大量信息，但其常以碎片化的形式出现，需要对它的可靠性、有效性及相关性进行评价；另外，随着信息技术的不断发展，通过多媒体还可以获得国际视听、文本等形式的信息，这对每个人评价和理解信息又提出了新的要求。信息质量的不确定性和数量的爆炸增长向人们提出了巨大的挑战，这就要求每个公民必须要重视信息素养的培养。所以，这种"两耳不闻窗外事，一心只读圣贤书"的时代已经过去了。培养学生的信息素养和创新能力已成为当今教育教学改革的重点之一。

9.2　检索和信息利用

知识有两种，其一是自己精通的问题；其二是知道在哪里找到关于某问题的知识。这就要求人们要掌握检索和信息利用的相关方法。

9.2.1　检索就是搜索和获取相关信息

1. 检索

检索（Retrieval）是指依据一定的方法，从已经组织好的大量有关文献集合中，查找并获取特定的相关文献的过程，即知道在哪里找到关于某问题的知识。

2. 广义的检索和狭义的检索

检索有广义和狭义之分。广义的检索查新全称为"信息存储与检索"，是指将信息按一定的方式组织和存储起来，并根据用户的需要找出有关信息的过程。狭义的检索查新为"信息存储与检索"的后半部分，通常称的检索查新服务，为"信息查找"或"信息搜索"，是指从信息集合中找出用户所需要的有关信息的过程。狭义的检索查新包括 3 个方面的含义：了解用户的信息需求、检索查新的技术或方法、满足信息用户的需求。

3. 内检索与外检索

对于发明创造者而言，检索不仅是查点资料这么简单，要赋予更深的含义。

发明者的检索是指人在发明创造中搜索并获取所需信息的过程。在自己头脑里搜索所需信息被称为内检索，在自己头脑外的搜索所需信息被称为外检索。内检索是一个动脑动手的过程,是一个主观能动的思维过程。外检索是发明创造者为攻克难关寻找同盟军的一个过程。是一个围绕发明创造主题的学习、采访、考察相关相近信息的过程。外检索的刺激促进内检索的成熟,而内检索的成熟又能动地对外检索作高层次的感觉,周而复始,以至把发明创造引向深入。

发明创造者所指的检索不限于已有的资料库和数据库。要着眼于更广的范围。

人不仅是一个独立的个体,更是社会的人。发明创造不是孤立进行的,更是人类社会共同前进的。每个人的大脑都是一个信息终端,它联系着整个无边无际的苍穹。人脑就像是一台高级智能计算机,它感知着整个宇宙。人脑是一个时空信息的接收交汇点,一个时空信息翻译、转换、输出的终端机。思维其实只是人对得到感知后进入头脑的信息进行加工,但是人脑的感知不限于已有的资料库和数据库,所以人的创造力是由内检索的水平和所涉及的外检索的程度决定的。真正的发明就是通过内检索与外检索的多次融合,从而对原有信息局限性的突破,产生的新信息。

9.2.2　检索是一个思维过程

检索就是针对某一发明的主题进行的思维过程,就是人脑对自己已经存储信息的搜索和对往来信息处理的过程。思维是指向各种理性的各种认识活动。创新思维是指以新颖独创的方法解决问题的思维过程,通过这种思维能突破常规思维的界限,以超常规甚至反常规的方法、视角去思考问题,提出与众不同的解决方案,从而产生新颖的、独到的、有社会意义的思维成果。创新思维的本质在于将创新意识的感性愿望提升到理性的探索上,实现创新活动由感性认识到理性思考的飞跃。检索是创新思维的必要组件。前文已阐述了人脑对信息处理的过程包括识别、接收、转换、加工、输出、对接等。

1. 识别信息

识别信息是发明人感知信息的过程,是信息进入大脑的第一步。大脑对外来的信息认识和感知与否,取决于现有的记忆中对外来的信息能否"解码"。若头脑中没有相同或相类似的信息样本,再好的信息都无法被感知。现在是信息爆炸的时代,假如大脑没有选择性的存储,大脑早就不堪重负了。感知系统也一样,眼睛不能看到可见光以外的光线,红外线、紫外线、X射线、γ射线等大部分光线是人眼感觉不到的;耳朵听不到次声(低于20Hz)和超声(高于20kHz)的声音。所以,要首先对发明主题有深刻的理解,要勤学多练,让头脑中有更多与该发明主题相关的信息样本。灵感总是落在有准备的头脑中,越能学习就越觉得知识不足,越是对发明主题情有独钟的人就越能捕捉到所需的信息。

2. 接收信息

接收信息是发明人选择自己需要的信息进入大脑的过程。这和发明人对发明主题的认识程度有很大的关系。如果对它的内涵、外延、本质、表象等有非常清晰认识,接收信息的效率就高。信息接收的也和发明人的自身修养有关系。一种是欲望太多,什么金钱、地位、名誉等,大脑满满地塞着与发明主题无关的欲望,一叶障目,不见世界。每天都处于与发明主题无关的信息过载中,而恰恰是"有效信息"匮乏的恶果。只有放下这些世俗的东西,发明创造的智慧才会显现。另一种是信息太少,没专业知识和实践经验,没有对发明主题的深刻的认识。头脑空空,大脑没有可比较鉴别的信息样本。于是有"看到有字就觉得很重要"的毛病。引起认知和判断力的全面下降,接收信息的效率极低。最好的解决方式是看透、想通、放下、觉悟、超脱。静下心来,认真检索有关的信息。快速提高对发明主题的认识。

3. 转换信息

信息的转换是将外检索接收到的有效信息融入大脑的过程。接收的新信息进入大脑后,首先找出新信息各部分之间的内在联系,然后把外检索的信息与内检索的信息进行联系、比对,找出新、旧信息之间的差别,然后将新信息转换成人脑能接受的信息并储存起来。这样,通过外检索的刺激促进内检索的成熟,而内检索的成熟又能动地对外检索做高层次的感知,周而复始,提高自己接收、挑选和审核相关信息的能力。

4. 加工信息

信息的加工是围绕发明主题提炼出新思想的过程。它是以发明主题为目标,把记忆中的新、旧信息进行整合,再经过创新思维的分析、抽象、综合、概括等处理过程,去粗取精、去伪存真、由此及彼、由表及里,发现发明主题的主要矛盾,找到解决主要矛盾的突破点,提炼出解决发明主题主要矛盾的核心思想,产生发明创新点。

5. 输出信息

输出信息是把发明思想输出大脑的过程。核心的发明思想产生后,仍处于不稳定的状态。把发明创新点赋予发明主题,对产生的核心思想再进行内外检索,把发明思想强化、固定下来,搜寻创新发明合适的表述方法,并用言语、文字、图画等记录下来。

6. 对接信息

对接信息是把新的发明思想与客观现实衔接的过程。首先,把固定下来的发明思想还原成能被社会接受和理解的内容;其次,对发明主题进行具体化、物质化转换,不要怕出现"失真",想和做必定有差异,把做出来的发明主题与大脑中的发明思想进行比较、反馈和修正,对发明主题产生更深刻的认识;最后,把经过实践检验的发明主题进行内、外检索,扩大了解、找出问题、分析矛盾、寻求更新的发明。任何现实中的发明主题都是有无限层次,无法穷尽的。与此同时,发明主题更成熟、更实用、更新的解决办法出现,不断螺旋上升,进入新的循环。

上述可见,创新思维就是围绕一个主题,让内检索和外检索不断进行融合否定,互相交织,产生新思想的过程。

9.2.3 检索是一个学习的过程

【小故事】 *一位母亲说的故事。*

(1) 大开眼界的美国小学。

当我把9岁的儿子带到美国小学的时候,忧心忡忡。这是什么学校啊!学生可以在课堂上放声大笑,每天至少让学生玩两个小时,下午不到三点就放学回家,最让人大开眼界的是没有教科书。我的心就止不住一片哀伤。真是深情地怀念中国教育。

(2) 常去图书馆背回一大包书。

一年过去了,儿子的英语长进不少,放学后也不直接回家了,而是常去图书馆,不时就背回一大包的书来。问他一次借这么多书干什么,他一边看着借来的书一边打着计算机,头也不抬地说"作业"。

(3) 作业千奇百怪。

这叫作业吗?一看孩子打在计算机屏幕上的标题,我真有些哭笑不得。《中国的昨天和今天》，这样大的题目，即使是博士，敢去做吗？于是我严声厉色地问是谁的主意，儿子坦然相告：老师说美国是移民国家，让每个同学写一篇文章介绍自己祖先生活的国度。要求概括这个国家的历史、地理、文化，分析它与美国的不同，说明自己的看法。我听了，连叹息的力气也没有了，我真不知道让一个 10 岁的孩子去做这样一个连成年人也未必能做的工程，会是一种什么结果？只觉得一个 10 岁的孩子如果被教育得不知天高地厚，以后恐怕是连吃饭的本事也没有了。

过了几天，儿子就完成了这篇作业。没想到，打印出来的是一本二十多页的小册子。从九曲黄河到象形文字，从丝路到五星红旗……热热闹闹。我没赞成，也没批评，因为我自己有点发愣，一是因为我看见儿子把这篇文章分出了章与节，二是在文章最后列出了参考书目。我想，这是我读研究生之后才运用的写作方式，那时的我已经 30 岁了。

不久，儿子的另一篇作文又出来了。这次是《我怎么看人类文化》。儿子真诚地问我："饺子是文化吗？"为了不耽误后代，我只好和儿子一起查阅权威的工具书。从抽象到具体又从具体到抽象，我们费了一番气力，经过反反复复地折腾，儿子又是几个晚上坐在计算机前煞有介事地写文章。我看他那专心致志的样子，不禁心中苦笑，一个小学生，怎么去理解"文化"这个内涵无限丰富而外延又无法确定的概念呢？但愿对"吃"兴趣无穷的儿子别在饺子、包子上大做文章。在美国教育中已经变得无拘无束的儿子，无疑是把文章做出来了，这次打印出来的是十页，又是自己的封面，文章后面又列着一本本的参考书。他洋洋得意地对我说："你说什么是文化？其实超简单——就是人创造出来让人享受的一切。"那自信的样子，似乎发现了别人没能发现的真理。

后来，孩子把老师看过的作业带回来，上面有老师的批语："我安排本次作业的初衷是让孩子们开阔眼界，活跃思维，而读他们作业的结果，往往是我进入了我希望孩子们进入的境界。"我觉得这孩子怎么一下子懂了这么多事？再一想，也难怪，连文化的题目都敢做的孩子，还有什么不敢断言的事吗？

（4）重复前人的结论，难有新的创造。

儿子六年级快结束时，老师留给他们的作业是一串关于"第二次世界大战"的问题。"你认为谁对这场战争负有责任？""你认为纳粹德国失败的原因是什么？""如果你是杜鲁门总统的高级顾问，你将对美国投原子弹持什么态度？""你是否认为当时只有投放原子弹一个办法去结束战争？""你认为今天避免战争的最好办法是什么？"

学校和老师正是在这一个个设问之中，向孩子们传输一种人道主义的价值观，引导孩子们去关注人类的命运，让孩子们学习思考重大问题的方法。这些问题在课堂上都没有标准答案，它的答案可能需要孩子们用一生去寻索。看着 12 岁的儿子为完成这些作业兴致勃勃地看书查数据的样子，我不禁想起当年我学二战史的样子，按照年代事件死记硬背，书中的结论明知迂腐也当成《圣经》去记，不然，怎么通过考试去奔光明前程呢？此时我在想，我们在追求知识的过程中，重复前人的结论往往大大多于自己的思考。而没有自己的思考，就难有新的创造。

（5）知道在哪里找相关问题的知识。

儿子小学毕业的时候，已经能够熟练地在图书馆利用计算机和微缩胶片系统查找他所需要的各种文字和图像数据了。有一天，我们俩为狮子和豹的觅食习性争论起来。第二天，他就从图书馆借来了美国国家地理学会拍摄的介绍这种动物的录像带，拉着我一边看，一边讨论。孩子面对他不懂的东西,已经知道到哪里去寻找答案了。

有一次,我问儿子的老师:"你们怎么不让孩子背记一些重要的东西呢?"老师笑着说:"在人的创造能力中有两个东西比死记硬背更重要:一个是他要知道到哪里去寻找比自己记忆存储的多得多的有用知识;再一个是他综合使用这些知识进行创新的能力。死记硬背,就不会让一个人知识丰富,也不会让一个人变得聪明。"

(6)怎样去检索思考问题。

儿子的变化促使我重新去看美国的小学教育。我发现,美国的小学虽然没有在课堂上对孩子们进行大量的知识灌输,但是他们想方设法把孩子的目光引向校外那个无边无际的知识海洋,他们要让孩子知道,生活的一切时间和空间都是他们学习的课堂;他们没有让孩子去死记硬背大量的公式和定理,但是,他们煞费苦心地告诉孩子怎样去思考问题,教给孩子们面对陌生领域寻找答案的方法;他们从不用考试把学生分成三六九等,而是竭尽全力去肯定孩子们一切努力,去赞扬孩子们自己思考的一切结论,去保护和激励孩子们所有的创作欲望和尝试。

中国人太习惯于在一个被划定的框子里去施展拳脚了,一旦失去了常规的参照,对不少中国人来说感到的可能往往并不是自由,而是惶恐和茫然。那些沉重的课程、繁重的作业、严格的考试……让人感到一种神圣与威严的同时,也让人感到巨大的压抑和束缚,但是多少代人都顺从着,把这些视为一种改变命运的出路。这是一种文化的延续,它或许有着自身的辉煌,但是面对需要每个人发挥创造力的信息社会,面对明天的世界,我们又该怎样审视这种孕育了我们自身的文明呢?

上述可见,检索就是围绕自己想学习的内容,由内检索向外检索吸取信息,使内检索更丰富,更成熟的过程。学习就是"博观而约取,厚积而薄发"的过程。是一个快乐的成长过程。读万卷书,行万里路,交万名友。享受人生,至乐莫如读书。而不应该是"悬梁刺股"、"死记硬背"、"十年寒窗苦"的学习方式。

9.2.4　检索是一个发明创造的过程

检索是发明创造的过程,任何创新都是继承和发展的过程。学会检索就有了打开发明创造之门的钥匙。那么,怎样才能在发明创造的过程中更有效的检索呢?请按照下列步骤深入。

(1)明晰发明的主题目标。在头脑中,主题目标的内涵、外延、本质、表象应该非常明晰地放在核心位置,让各种相关信息能从各个方位刺激到发明的主题,便于"畅通上下,雅集东西",通过内检索在自己的头脑内搜寻所有与发明主题相关或相近的信息,再通过外检索在已有的载体中查寻发明主题的背景技术和现有的技术状况。

(2)清空与发明主题无关的杂念。排除杂念,把心静下来,集中注意力,找到一种无我的感觉。感觉到整个头脑越来越空,越来越灵,仿佛连接着整个宇宙时空,发明主题越来越大,越来越透明清晰,就好像被显微镜透视镜放大了无数倍。从搜寻的信息与主题的碰撞中,看清了发明主题的主要矛盾点。紧紧抓住并进一步放大主要矛盾点。再通过内检索与外检索搜寻所有主要矛盾点相关相近的信息。这时内检索越来越成熟,越来越敏锐,触类旁通,举一反三,在外检索中所看到的与发明主题相关相近的信息几乎能入木三分,很快就能抓住现有技术的核心。灵感、直觉和超感知的能力就显现了。完全深入地反映整个的事物的本质及内部的规律性。

（3）进行创新思维。运用创造技法，经过创新思维的作用，把主要矛盾点相关相近的信息经分析、抽象、综合、概括等处理。以去粗取精、去伪存真、由此及彼、由表及里的改造制作功夫，找到发明主题的突破点。提炼出解决主要矛盾的核心思想。这时发明创新的技术思想就会脱颖而出了。完成从"山重水复疑无路，柳暗花明又一村"的飞跃，这个飞跃就是创新思想。

（4）固定创新思想。把创新思想再经外检索，突破已有思维的局限性，突破思维在时间空间中的局限性，进行比对。有没有生命力，具不具有优势，经不经得起检验。使创新思想进一步完善，进一步补充修正。

（5）新发明的输出。把新的核心内容融入发明主题，否定或取代现有技术中的某一部分，使包含创新思想的发明主题以崭新的面貌出现，并以社会能够接受的形式表达出来。从而进行交流、比较和反馈。

（6）实施检验修正。依据主观上的发明思想实施。在实施过程中修改被客体不相融的内容。用实践检验，并修正主观上的发明思想。

9.2.5　检索是一个站上巨人的肩膀的过程

只有把自己的潜能发挥出来，才能造福于人类。怎么打开潜能闸门？那就要训练检索的本领，检索就成为人的先赋资源转存后赋资源的炼金石。不积跬步无以行千里，人的潜能为什么是不可估量的。管子曰"……思之思之，又重思之。思之而不通，鬼神将通之，非鬼神之力也，精气之极也……"。只要做事情用功、专心、有恒心，在遇到难题时，就能把自己的潜能充分发挥出来。

【小故事】　美国普林斯顿大学物理系一个年轻大学生名叫约翰·菲利普，在图书馆里借阅有关公开资料，仅用 4 个月时间静心设计，就发明出制造原子弹的新的方案图。他设计的原子弹，体积小（棒球大小）、重量轻（7.5kg）、威力大（相当广岛原子弹 3/4 的威力），造价低（当时仅需两千美元），致使一些国家（法国、巴基斯坦等）纷纷致函美国大使馆，争相购买他的设计。

仅仅依靠公开资料就画出一张制造原子弹的设计图，除了其他原因之外，他的信息素养和内、外检索的本领，也是他成功的一个必不可少的因素。

检索是科研工作的重要内容，是发明创造的首要步骤，是专利申请的必要环节。从小学会信息利用和检索对创新人才成长至关重要。学会了检索就学会了如何学习，学会了如何进行创新思维，学会了如何发明创造，学会了如何借用巨人的力量。

9.3　如何进行检索查新

检索查新能力是信息素养中至关重要的一个环节。简单来说，可以避免研究人员重复研究或走弯路，可以节省研究人员的时间和精力，是学习和获取新知识的一条捷径。

自学成才的数学家华罗庚曾说过"科学上没有平坦的大道，真理长河中有无数礁石浅滩，只有无畏攀登的采药者，只有不怕巨浪的弄潮儿，才能登上高峰采得仙药，深入水底觅得骊珠"。每个人都是天才,同时每个人也是笨蛋。相信自己的独一无二,相信天生我才必有用,相信乘风破浪终有时,但仅仅相信显然是不够的,99%的汗水,从来都是当之无愧的主角。信息爆炸时代,一天的信息量就够你读一辈子。99%的汗水,自然是要花在刀刃上的。学会信息利用是把人生有限的时间和精力花在刀刃上。做一件事之前,首先要检索查新方可事半功倍。

9.3.1 检索查新的一般方法

1. 如何进行有效的检索查新

在信息爆炸时代,怎样在信息的汪洋大海之中捞到你所要的针,怎么才能练就"火眼金睛",如何进行有效的检索查新呢? 内检索需要的是练内功,外检索需要的是工具和方法。

(1) 增强信息意识。首先敢于跳入信息的海洋里去游泳,去实践,然后才是善于游泳,在实践中不断提高。要学好信息检索、查新,首先树立明确的信息意识,去图书馆或是浏览网页,要先明确自己的信息需求。人们的信息搜集活动是受信息需求驱使的,可以说信息需求越明确,行动目标就越清楚,信息行为就越稳定、持久,效率就越高,反之,获取信息的自觉性与主动性就会较差,从而影响信息的获取、辨别和利用。

(2) 提高信息能力。21 世纪,计算机网络高度发达,网络上的信息量也急剧增加,作为一名发明人,需要主动学习计算机使用方法,掌握计算机基本知识与技能,而不仅仅是停留在观看视频,玩游戏等生活与娱乐上面。同时高效利用图书馆和数据库的知识也是必要的。了解图书馆藏书的规律,能够在短时间内找出自己想要的书籍,发现新上架的图书,留意书籍新旧版的更新等都是需要平时的训练。最后,要加强与他人的沟通与交流。读万卷书不如行万里路,行万里路不如阅人无数,要从与别人的交流沟通中获取有用的信息,有时候就需要自己仔细的思考,因为这些信息经过他人思维的加工,并不一定能够真实地反映实情情况,此时就需要运用创造思维能力。

(3) 提高思维能力。若想培养信息意识与提升检索能力,提高思维的广度、深度、敏捷度、创造性,加强自身的修养是必需的。

思维的广度指思维涉及面的广阔程度。若知识面不够广,思维涉及的领域就比较狭窄。思维越广阔,获取信息的渠道才会得到扩充。思维的深度是指在分析问题时,能够抓住问题的本质、获得分析对象本质的、必然的、规律性的认识。只有具备了深度与敏捷度较高的思维能力,信息的获取才会变得简单易行。创造性的思维是一种具有开创意义的思维活动,是用新的方法去分析和解决新的问题。只有在具备了创造性思维的前提下,信息的价值才有可能增值。

2. 检索基本步骤

信息检索的基本步骤如下。

(1) 分析研究课题,明确查找要求。明确课题的检索要求,确定课题的检索范围,形成代表课题的检索目标。

(2) 选择检索工具。选择检索工具的主要方法有两种:一是浏览图书馆检索工具室陈列的全部检索书刊,从中挑选、确定最为合适的检索工具;二是通过查阅国内外出版的检索工具的介绍,挑选、确定检索工具。

检索的效果取决于人们对检索工具的熟悉和了解程度。因此在查找文献资料之前,必须对各检索工具做充分的了解。

（3）确定检索途径及检索方法。检索途径的选择确定主要考虑以下两个方面的因素：其一，要根据选用的检索工具来定；其二，要根据课题的要求、掌握的已知条件来确定检索途径。

常用信息检索方法包括普通法、追溯法和分段法。

① 普通法是利用书目、文摘、索引等检索工具进行文献资料查找的方法。运用这种方法的关键在于熟悉各种检索工具的性质、特点和查找过程，从不同角度查找。普通法又可分为顺检法和倒检法。顺检法按时间顺序检索，资料齐全，但成本高，要找出有用资料难；倒检法是逆时间顺序从近向远检索，注重近期资料，重视最新信息，主动相关性强，效果较好。

② 追溯法是利用已有文献所附的参考文献不断追踪查找的方法，在没有检索工具或检索工具不全时，此法可获得针对性很强的资料，查准率较高，查全率较差。

③ 分段法是追溯法和普通法的综合，它将两种方法分期、分段交替使用，直至查到所需资料为止。

（4）查阅原始文献。

9.3.2　常用搜索引擎的介绍

目前，网络信息检索工具主要是指各种各样的搜索引擎。

搜索引擎（Search Engine）是一种利用网络自动搜索技术，是对因特网各种资源进行收集和标引，建立网页数据库，并为检索者提供网络信息检索的工具。

Internet 上通用的搜索引擎大致可以分为三类：全文搜索引擎、目录索引和元搜索引擎。

1. 全文搜索引擎

全文搜索引擎的工作原理是计算机索引程序通过扫描文章中的每一个词，对每一个词建立一个索引，指明该词在文章中出现的次数和位置，当用户查询时，检索程序就根据事先建立的索引进行查找，并将查找的结果反馈给用户的检索方式。这个过程类似于通过字典中的检索字表查字的过程。从搜索结果来源的角度，全文搜索引擎又可细分为两种，一种是拥有自己的检索程序（Indexer），俗称蜘蛛（Spider）程序或机器人（Robot）程序，并自建网页数据库，搜索结果直接从自身的数据库中调用；另一种则是租用其他引擎的数据库，并按自定的格式排列搜索结果。

万维网搜索引擎（Web Search Engines）的主体是全文搜索引擎（Full text Search Engine），具有代表性的全文搜索引擎是 Google、AlltheWeb、Alta-vista、Wise-Nut、百度、慧聪等。它们都是从互联网上提取各个网站的信息，建立索引数据库，并在用户检索时予以匹配响应，然后按一定的排列顺序将结果返回给用户。这里重点推荐 Google、Yahoo!、Ask 和百度。

（1）Google（http://www.google.com）。Google 的核心技术称为 Page Rank(TM)，它是 Larry Page 和 Serge Brin 在斯坦福大学开发的一套用于网页评级的系统。该系统以 Page Rank 技术为基础，这项技术可以确保将搜索结果首先呈现给用户。

（2）Yahoo!（http://www.yahoo.com）。Yahoo! 是世界上最早的搜索引擎之一。它拥有第一流的 Web 目录和最佳的新闻链接以及许多附加服务。

Yahoo! 支持简单检索和词组检索,具有良好的性能。

Yahoo! 特色搜索:目录搜索与专门搜索。

(3) Ask (http://www.ask.com)。Ask 是以实现自然语言检索为特色的全文搜索引擎。

Ask 的搜索功能包括支持简单检索、支持词组检索、支持高级检索。

Ask 支持自然语言检索的实现方式是支持自然语言提问,它的数据库里已经存储了 1000 多万个问题的答案。只要用英文输入一个问题,它就会给出问题的答案。

(4) 百度(http://www.baidu.com/)。百度每天响应来自 138 个国家超过数亿次的搜索请求。用户可以通过百度主页,在瞬间找到相关的搜索结果,这些结果来自于百度超过 10 亿的中文网页数据库,并且,这些网页的数量每天正以千万级的速度在增长。

百度的搜索特色是百度快照、相关搜索、拼音提示、错别字提示、英汉互译词典、计算器和度量转换、专业文档搜索、股票、列车时刻表和飞机航班查询、高级搜索语法、天气查询等。

2. 目录索引

目录索引提供了一份按经过人工整理,按类编排的网站目录,目录的资料库中搜集保存的是各网站的站名、网址和内容提要;搜索引擎的资料库中,搜集保存的则是各网站的每一个网页的全部内容,范围要大得多。各类下边排列着属于这一类别的网站的站名和网址链接,再记录一些摘要信息,对该网站进行概述性介绍(摘要可能是用户提交过去的,也可以是引擎站点的编辑为用户的站点所做的评价)。人们搜索时就按相应类别的目录查询下去。

目录索引类搜索,目录搜索引擎主要有 Yahoo!、LookSmart、About、DMOZ、Galaxy 等。

3. 元搜索引擎

元搜索引擎通过一个统一用户界面帮助用户在多个搜索引擎中选择和利用合适的(甚至是同时利用若干个)搜索引擎来实现检索操作,是对分布于网络的多种检索工具的全局控制机制,如图 9-1 所示。

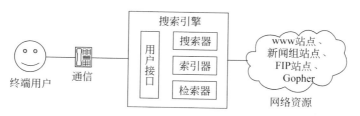

图 9-1　搜索引擎的连接原理

元数据搜索可通过以下几个搜索引擎。

(1) 搜魅网(Someta):集合了百度、Google、搜狗、雅虎等多家主流搜索引擎的结果,提供网页、信息、网址导航等聚合查询。另外,搜魅网突破了元搜索引擎没有自己的蜘蛛的瓶颈,提供了网站查询的功能。

(2) 马虎聚搜:集合了 Google 和百度的搜索结果,提供一些有用的热点排行。

(3) 佐意综合搜索(Chinazss):佐意网提供的综合搜索,结合 Google、Baidu、Yahoo! 等知名搜索引擎的优点,更加细分了不同的搜索类别,如软件搜索,游戏搜索,视频搜索,新闻搜索、网页搜索、地图搜索、音乐搜索、企业搜索等,看似页面简单,搜索功能却很强大。佐意综合搜索可以说是元搜索中的一个典范,该搜索引擎还可直接查询手机号码归属地、IP

地址等信息。

（4）觅搜（Meta Soo）：最近发现的一个使用了 Ajax 技术的中文元搜索引擎，可搜索谷歌、百度、雅虎一搜、搜狗、有道等。用户可以自行设置各搜索引擎的可信度（权重），觅搜会根据各大搜索引擎的关键词重复情况等计算得分，最高 100 分，然后按照得分排序。这是 Ajax 技术在元搜索引擎中的第一次应用。

（5）抓虾聚搜：它是将百度、Google 两家算法各异的搜索巨头的搜索结果去重，然后呈现到用户面前，方便用户使用。

通过抓虾聚搜的搜索框，还可以方便地进行下列查询，例如天气预报查询、手机归属地查询、网页计算器、邮编区号查询、实时汇率转换、网站 PR 值、ALexa 排名速查、网站快速预览、检索纠正功能、字典查询、诗词查询、成语词典、百家姓速查、快递单号查询等，致力快捷生活。

9.4 专 利 检 索

9.4.1 专利信息

开宗明义，定义先行。什么叫专利？专利，就是一项发明创造的首创者所拥有的受保护的独享权益。就是说，国家权力机关（专利局）授予发明人，对其完成的发明创造，在一定时期内拥有独自使用、生产和销售的权利。专利除具有上述内涵外，还包括下列 3 种外延：首先，专利是指受专利法保护的发明，"我有一项专利"，这是指他有一项发明已取得了专利法的保护；其次，专利也可指专利权，我想申请专利是指申请受专利法保护的权利；再次，专利还指专利说明书，"查专利"，是指查阅专利的说明书，上面载有发明内容的详细说明和受保护的技术范围，是具有很高价值的技术、经济和法律三者为一体的情报。"查专利"，这是指查阅专利的说明书，上面载有发明内容的详细说明和受保护的技术范围，是具有很高价值的技术、经济和法律三者为一体的情报。

那么一项专利最大的特点是什么？实用性、简单易操作还是对于生活能够产生极大的影响？其实专利最能够表现其特征的应该是独一无二的特性，不管是企业想要对其进行研究与开发还是个人长时间来的研发成果，专利要想确保其申请过程顺利进行，那么就必须保证不能与其他人的想法重复，完全属于自己的专利一定是独一无二的。这就要求企业和个人在进行专利的研究和开发的过程中需要对自己的研究和开发方向进行权威的检索，保证它不会与其他人的想法重复，否则我们的研究就是没有意义和价值的。

专利信息是集技术信息、法律信息和经济信息于一体的宝贵的复合型信息资源。专利信息含有与发明创造中与技术方案相关的技术信息；与专利权保护范围和专利权有效性相关的法律信息；与反映专利申请人或专利权人的经济利益趋向和市场占有欲望等相关的经济信息。如何保存专利信息呢？其载体便是专利文献。专利文献是集法律、科技、经济于一体的文献。国际专利分类表将整个科学技术领域分为 8 个部分，即 A-人类生活必需品，B-作业、运输，C-化学、冶金，D-纺织、造纸，E-建筑、采矿，F-机械、热工、照明、军工、爆破，G-物理技术，H-电技术，专利文献覆盖了所有技术领域以及非技术领域涉及技术的方面。

在专利文献中的专利公报可以反映出各国专利申请或专利权的法律状态，专利文献中的权利要求书是国家授予专利权人对其专利在一定期限内享有独占权的法律文件。从专利文献中可以得出技术开发的热点、动态、产业发展方向和市场发展动向,可以分析出专利权人对市场的企图。这些信息是政府和企事业单位制定科技、产业和外贸政策及策略的决策依据。

自专利文献诞生以来,由于专利文献中记载了有关发明创造的技术信息和有关专利权的法律信息,人们就在不断地使用专利文献,从事专利文献工作的人们在长期的工作实践中概括出的一种持指查找专利资料活动的术语——专利文献检索。国家知识局产权局文献部的定义是专利信息检索是指根据一项数据特征,从大量的专利文献或专利数据库中挑选符合某一特定要求的文献或信息的过程。

随着计算机与网络技术的不断完善,今天人们所说的"专利信息检索"特指利用计算机查找专利信息的过程。专利检索效果如何,受到客观因素和主观因素的制约和影响。专利信息检索的客观因素主要指专利信息检索的系统因素,包括专利信息数据库、专利信息检索软件;专利信息检索的主观因素主要包括专利信息检索目的、检索种类、检索技术及检索经验、检索策略等。这些因素共同制约着专利信息检索的过程,直接影响着专利信息检索的结果。

9.4.2 专利的检索查新

信息素养对于个人的重要性不言而喻,其中的检索查新是它具体的一种方法,那么对于申请专利而言,其专利检索能力可以说就是成功申请专利的奠基石。俗话说得好:磨刀不误砍柴工。想要申请专利,先做好检索查新。

由于社会公众专利意识淡漠和忽视专利信息查询,以及缺乏专业信息检索手段和应用外国专利检索系统的昂贵费用,导致我国企业和研发机构通常只能使用因特网上各国政府网站上的专利数据库进行专利信息查询,但仅靠对因特网上那些未经深度加工的专利数据库的简单查询,往往并不能得到非常准确的检索结果,大量漏检和误检的现象时常发生。不重视专利检索便会导致财力跟物力重复花费在同一个地方或者花费在不应该花费的地方。

对于大学生来说,自己创造发明之前先进行必要且有效的专利检索,是非常有必要的。在专利文献中,由于专利文献的系统分类,按照年代的时间,某一领域的专利发明循序渐进,会感觉是在读一部技术产品的发展史,有着透彻的分析和了解,脑子里更会有更高明或更新奇的想法涌现。可以说,利用专利文献进行新的开发设计是一条捷径。

研究显示,在我国普通高等教育过程中,专利文献检索方面的能力培养尚未引起足够的重视。作为必修课上过的占 5%,作为选修课上过的占 26%,自学过的占 13%。在校本科生一般不会、硕士生很少利用专利文献,多数博士生也不注重利用专利文献,甚至部分高校教师和研究机构的科研人员也很少利用专利文献;企业研发人员对专利文献的检索、利用普遍感到不会、不熟、力不从心。我国高校毕业生对于直接反映技术创新成果的专利文献,缺乏足够的检索知识和能力,也没有养成分析利用的习惯。高校里出现这种问题主要是因为不重视和缺师资。所以高校理工科人才培养应将专利文献检索与利用列为重要课程,列入教学大纲和教学计划。

9.4.3 专利检索策略

专利信息检索功能是指专利信息检索系统为使检索软件满足检索者的需求、使专利数据库中的各种相关信息能够被有效地检索出来而做的特殊设置。

通常检索软件在检索专利数据库小的数据时,通过将一个个检索词和特定字段中的词进行比较,将合有相同词的记录作为检索结果提取出来,从而实现检索目的。然而,无论是在单字段中检索,还是在多字段中检索,总有许多信息需要经过特殊组织或较为复杂的比较才能找到。因此许多检索软件设置了能够满足各种检索需求的检索功能,如逻辑组配检索、通配检索、范围检索、位置检索、二次检索,以及统计等功能。

1. 逻辑组配检索功能

逻辑组配检索功能,也可称作布尔逻辑检索技术,是指检索软件设置了利用"或、与、非"等逻辑运算符将同一个字段内的两个以上被检索词,如图 9-1 所示。

表 9-1　3 种逻辑关系

逻辑算符	and(与)	or(或)	not(非)
检索式	A and B	A or B	A not B
或者写成	A * B	A+B	A－B
描述	A 和 B 都出现的记录	A 和 B 有一个或两个都出现的记录	只出现 A 而不出现 B 的记录
图示			

(1)"或"运算。用"或"运算符(or)将同一个字段内的两个被检索词(A or B)进行组配并检索的检索方式称逻辑"或"检索,其检索结果将包括所有带有 A 或 B 两个检索词中任意一个检索词的记录。逻辑"或"检索功能有助于扩大检索范围,提高查全率。

(2)"与"运算。用"与"运算符(and)将同一个字段内的两个被检索词(A and B)进行组配并检索的检索方式称逻辑"与"检索,其检索结果将包括所有同时带有 A 和 B 两个检索词的记录。逻辑"与"检索功能有助于增强检索专指性,缩小检索范围,提高检准率。

(3)"非"运算。用"非"运算(not)将同一个字段内两个被检索词(A not B)进行组配并检索的检索方式称逻辑"非"检索,其检索结果将包括所有带 A 检索词而不带 B 检索词的记录。逻辑"非"检索功能有助于缩小检索范围,增强检索的准确性。

2. 通配检索功能

通配检索功能,也可称作通配检索技术,是指检索软件设置了在某一检索字段内用"截断符、强制符、选择符"等通配符替代某一检索字符串中的字符,构成通配检索式的检索功能。

用含有截断符的字符串构成检索词并进行检索称截断检索,截断检索可分为前截断检索和后截断检索,前截断检索还可称为后方一致检索,后截断检索还可称为前方一致检索。在一个检索词中只能出现一个截词符,或前截断或后截断. 该截词符通常代表任意数量的字符。

用强制符通配的字符串构成的检索词进行的检索为强制检索。检索词中可以使用一个以上强制符,一个强制符代表一个字符。

用含有选择符的字符串作为检索词进行检索,叫作选择检索。在一个检索词中可以使用一个以上选择符,一个选择符代表一个字符。

通配检索功能可以起到扩大检索范围、提高查全率、减少检索词的输入量、节省检索时间等作用。

3. 位置检索功能

位置检索功能是针对主题词或关键词检索设置的,是指检索软件设置了用"位置算符"将两个被检索词进行逻辑"与"组配,且表明两词之间的位置关系,组成位置检索提问式的检索功能。"位置算符"可分为代表相邻关系的"邻词算符"和代表同在关系的"同在算符",并分别形成邻词检索和共存检索。

4. 其他检索功能

范围检索功能是指检索软件设置了在某一数值或日期检索字段内使用"从……到……,大于,大于等于,小于,小于等于"等运算符号组织检索提问式的检索功能。范围检索功能可以减少数值或日期字符串的输入量,节省检索时间。

新颖性检索是指为确定申请专利的发明创造是否具有新颖性,从发明创造的主题对包括专利文献在内的全世界范围内的各种公开出版物进行的检索,其目的是找出可进行新颖性对比的文献。虽然新颖性检索与专利技术信息检索都是从技术主题进行检索,但其对检索结果和专利信息检索系统有着与专利技术信息检索完全不同的要求,而互检索步骤也不同。

专利法律状态检索是指对一项专利或专利申请当前所处的状态所进行的检索,其目的是了解该项专利是否有效。专利法律状态检索属于号码检索,即从专利或专利申请的申请号、文献号、专利号等,检索出专利的法律状态。

同族专利检索是指对一项专利或专利申请在其他国家申请专利并被公布等有关情况进行的检索,该检索的目的是找出该专利或专利申请在其他国家公布的文献(专利)号。虽然同族专利检索与专利法律状态检索都属号码检索,但他们所借助的检索系统和得到的检索结果是不同的。

人们在专利信息应用实践中,为了满足一定需求。将上述检索种类组合起来应用、因而产生出许多综合性检索种类,如专利族法律状态检索、防止侵权检索、专利无效诉讼检索、技术引进中的专利信息检索、技术创新中的专利信息检索、产品出口前的专利信息检索、竞争对研究中的专利信息检索、专利战略研究中的专利信息检索。这些检索种类或者是将同族专利检索与专利法律状态检索结合起来应用,或者是将专利技术信息检索与专利法律状态检索结合起来应用,或者是将专利技术信息检索、同族专利检索与专利法律状态检索结合起来应用,甚至是将上述 4 种检索全部结合起来应用。

9.4.4 专利信息数据库

专利信息数据库可以说是一个名副其实的宝库。专利信息数据库是构成专利信息检索系统的最重要的组成部分、信息检索的物质基础,是影响专利信息检索效果的重要客观因素。数据库是指基于计算机的、根据一定需要进行信息传递而建立的一种有序的信息集合体,而专利信息数据库正是为传递各种专利信息而建立的有序的专利信息集合体。

专利信息数据库中的数据大体可以分为两类:专利著录数据和专利全文数据。专利著录数据是指基于专利文献著录项目而建立的数据;专利全文数据则是指基于专利说明书全文而建立的数据。专利著录数据是为便于检索而建立的,因此专利著录数据是编码型数据,是可检索数据。而专利全文数据主要是为浏览而用,因而专利全文数据,特别是早期专利全文数据,是图像型数据,是不可检索的数据。随着数据加工技术的不断进步,特别是 OCR 技术的应用,专利全文数据也被加工成编码型数据,用于全文检索。因此专利全文数据被处理成两类:图像型数据和编码型数据。虽然编码型专利著录数据的数据库是基于专利文献著录项目而建立的,但数据库加工者并不会把每件专利的所有专利文献著录项目都收录到一个数据库中。数据库加工者会根据检索需要,把专利著录数据的数据库分别处理成专利检索数据库、专利法律状态数据库、同族专利数据库、专利权转移数据库等。

专利检索数据库通常包括专利号或文献号、申请号、申请人或专利权人、发明人或设计人、专利分类号、优先权信息、发明名称、文摘等专利数据,专业化的专利检索数据库还会包括经过标引的关键词、细分的专利文摘等数据。特别是专利文摘数据会进一步细分成新颖性、用途、优点、技术描述等若干个子字段。专利检索数据库主要供人们查询专利对比文献或参考文献。

专利法律状态数据库通常包括不同公布级别的公布时间和公布类型等数据。专利法律状态数据库主要供人们查询专利当前是否授权、是否有效等状态,以及失效原因等。同族专利数据库通常包括同一专利族中各个同族专利的文献号、公布种类、公布时间等数据。同族专利数据库供人们查询同一专利族的专利数量、所属同族专利种类等信息。专利权转移数据库通常包括:专利号、专利出让入名称、专利受让入名称、专利权转移生效时间等数据。专利权转移数据库供人们查询专利权转移信息。在以编码型专利文献著录项目构成的专利著录数据的数据库中,每件专利被处理成一个记录。专利信息数据库根据检索需要,将其所收录的每个专利记录的专利文献著录项目处理成若干字段,每个字段设有字段名称和字段代码,供编制检索软件时设立检索入口。

专利检索数据库中的专利记录常设字段有文献号、申请号、申请人、发明人、专利分类号、发明名称、文摘、申请日、公布日等。其中文献号、申请号字段为数字型数据,申请人、发明人、发明名称、文摘字段为文本型数据;专利分类号为代码型数据;申请日、公布日为日期型数据。专业化的专利检索数据库中的专利记录还设有关键词字段,关键词字段为关键词型数据。

9.4.5　专利信息检索方式

专利数据库这么个宝库,外面就有着坚固的"锁"保卫着它。《孙子·谋攻篇》中说:"知己知彼,百战不殆;不知彼而知己,一胜一负;不知彼,不知己,每战必殆。"那看来这把"锁"的信息是一定要了解一下的了。

为适应不同用户对专利信息检索的需求,一般检索软件采用以下检索方式中的一种或多种:命令检索方式,格式化检索方式和辅助检索方式。

命令检索方式是指由检索者直接输入检索命令代码、检索字段代码和检索提问字符串并执行检索的方式。在命令检索方式的检索界面上,没有提示性语句,检索者需熟悉检索命令,熟知专利数据库中的检索字段及其代码,了解检索系统设置的各种检索功能。同时对于检索者来说,命令检索方式自由度大,可在检索系统规定的范围内任意组织检索提问式,并进行多逻辑关系的复杂检索,因此它比较适合在专业化专利信息检索系统中使用,更适于专业检索人士使用。

格式化检索方式是指检索系统为检索者设置了固定的检索提问式输入窗口及各检索窗口之间固定的逻辑关系选项的检索方式。在格式化检索方式的检索界面上,检索者只能按照固定设置进行检索,无法组织检索提问式,也无法进行多逻辑关系的复杂检索,因此它比较适合在大众化专利信息检索系统中使用,更适于普通公众使用。

辅助检索方式是指根据检索提示进行专利信息检索的检索方式。在辅助检索方式的检索界面上,检索系统为检索者不仅设置了固定的检索提问式输入窗口、检索字段代码选项和检索词索引选项,还设置了执行检索步骤的提示,检索者可根据一步步提示来完成检索,因此它比较适合在大众化专利信息检索系统中使用,更适于初学者使用。

9.4.6 专利信息检索入口与字段

对锁的信息已经了解不少,现在需要的就是一把能打开锁的钥匙。但众所周知,一把锁配一把钥匙,与锁配套的钥匙就是要选择准确的检索字段,再进一步,就可以得其门而入了。

通常,专利数据库中有哪些检索字段,检索软件就可设置哪些检索入口。

作为专利检索数据库的检索软件通常设置的专利检索入口有文献号、申请号、申请人、发明人、专利分类号、发明名称、申请日、公布日等。作为专业化的专利检索数据库的检索软件还会设置更多的检索入口,如关键词、专利权人、化学代码等检索入口。文献号、申请号是从专利的号码角度检索专利文献的检索入口。文献号包括公开号、公告号(如申请公告号、审定公告号、授权公告号)、专利号。人们可以从某一专利的申请号、公开号或申请公告号、审定公告号、授权公告号、专利号入手,直接调阅专利文献,或检索同族专利,或查询该专利的法律状态。申请人、发明人是从与专利有关的人(包括自然人和法人)的角度检索专利信息的主要检索入口。与专利有关的检索入口包括专利申请人、专利受让人、专利权人、专利出让人、发明人、设计人等。人们可以从某一专利申请人或专利受让人、专利权人、专利出让人、发明人、设计人、专利代理人等入手检索出属于该专利申请人或专利受让人、专利权人、专利出让人、发明人、设计人的一件或一批专利文献。专利分类号是从技术主题角度检索专利信息的主要检索入口。人们可以从其专利分类号检索出居于该分类号所代表的技术领域的一组专利文献。

发明名称、文摘、关键词是从技术主题角度检索专利信息的最重要的检索入口,在计算机检索中普遍使用。在发明名称、文摘、关键词检索入口中进行的主题词检索。主题词可分为标引词和非标引洞。标引词是指经过专门标引加工筛选出来的主题词,它包括机器标引和手工标引生成的主题词。非标引词也称自由词,在中文计算机检索系统中自由词还包括字。人们可以利用计算机从主题词检索包含该主题词的专利文献。有些计算机检索系统允许从标引词检索包含该主题词及其同义词的专利文献。

到目前为止,专利检索的途径有3种:纸件检索、软件检索和网上检索。

在计算机还没有普遍应用到信息检索领域之前,在网络化还没有为信息共享实现最大化提供可能之前,专利检索主要的途径是纸件检索和软件检索。

纸件载体是主要的专利文献形式,也是检索的主要对象,纸件检索所查资料一般最不容易出错,最具有证据效力,但其在专利检索过程中效率低、费时、费力、容易散失损坏,而且由于印刷发行周期长,最新的资料检索比较困难。

软件检索通常包括缩微胶片式、计算机磁介质及光盘专利文献检索。微缩胶片式专利文献由于所占空间小、存储密度高、保存寿命长、易于复制等优点得到了很快的发展，成为储藏专利全文的主要手段之一，磁介质主要包括磁带和磁盘，具有存储密度高、体积小、装卸自由、可长期保存等优点，因而被广泛应用。当数字存储技术将光盘带入文献收藏领域后，各种形式的专利数据库光盘应运而生。光盘作为一种新出现的介质，曾被称为"未来的专利文献载体"。随着计算机技术的发展和普及，光盘数据库在专利检索及专利全文的获取中发挥了重要的作用。光盘检索虽然较快，但是光盘检索的有限共享性限制了其使用范围，而且更新的速度也有一定的限制。

随着计算机云存储、大数据等技术的发展，网上专利资源以其无可比拟的数据优势及检索方便快捷、不受时空限制等特点受到用户的青睐，成为专利检索的主要方式。网上专利检索已逐步发展并成熟起来，现如今网上专利检索将成为最主要且最快捷的检索方式。网上检索，速度快、内容新、但不具有法律效力，如要作为证据使用，需要有关部门出示相应的证明，或通过法定认可的部门检索后下载并予以证明才具有法律效力。

下面着重介绍的便是网络检索。

9.4.7　实战演练

对专利检索初步了解后，下面进行实战演练。

为使专利检索更有目的性，这次以汽车节油器为例进行检索。

专利检索的具体步骤有技术主题分析，确定检索项，查看文献和写检索报告。

1. 分析技术主题

首先要做的便是明确自己的检索需求，例如这次是汽车节油器，那么首先该做的便是在对自己的设想进行一定的分析后再有目的地进行专利检索，这样一方面避免了漫无头绪的网页浏览，另一方面通过他人的专利对自己的设计进行改进。

在开始检索前，检索者应当意识到所有可能的、与特定发明有关系的一连串原因和结果。例如，在考虑"汽车节油器"这一问题时，考虑一下问题的原因关键是节油器在汽车上的安装方法，节油器的种类，国内外节油器现状，等等。

检索者应当意识到可能的、与特定发明有关系的一连串原因和结果。通过这种方式得出的附加关键词可以用于检索并有助于提高检索质量。

2. 确定检索项进行检索

那么现在便要选择一个网站进行专利检索。

以中华人民共和国知识产权局为例。可通过网址 http://www.sipo.gov.cn/，进入国家知识产权局网站，进入该网站的主页。可以在图片右边找到 3 个有关专利检索的入口。

专利检索与服务系统专利检索与服务系统（公众部分）主要包括专利检索和专利分析两部分。主要提供常规检索、表格检索、概要浏览、详细浏览、批量下载等功能。专利检索部分收录了中国、美国、日本、韩国、英国、法国、德国、瑞士、俄罗斯、欧洲专利局和世界知识产权组织等 103 个国家、地区和组织的专利数据。中国专利数据，每周六更新，国外专利数据，每周三更新。而中国专利检索向公众提供中国专利信息，包括发明、实用新型和外观设计 3 种专利的著录项目及摘要，并可浏览到各种说明书全文及外观设计图形，每周更新，如图 9-2 所示。

专利检索

专利检索与服务系统（公众部分）

专利检索与服务系统（公众部分）于2011年4月26日正式上线。

专利检索与服务系统（公众部分）主要包括专利检索和专利分析两部分。

专利检索主要提供常规检索、表格检索、概要浏览、详细浏览、批量下载等功能。

专利检索部分收录了103个国家、地区和组织的专利数据。数据范围如下：中国、美国、日本、韩国、英国、法国、德国、瑞士、俄罗斯、欧洲专利局和世界知识产权组织。

中国专利数据，每周六更新，国外专利数据，

中国专利检索系统

中国专利检索系统，于1985年9月10日上线，向公众提供中国专利信息，包括发明、实用新型和外观设计三种专利的著录项目及摘要，并可浏览到各种说明书全文及外观设计图形。每周更新。

图 9-2　检索页面

一般专利检索可从申请（专利）号、名称、摘要、申请日、公开（公告）日、公开（公告）号、分类号、主分类号、申请（专利权）人、发明（设计）人、地址、国际公布、颁证日、专利代理机构、代理人与优先权这些项目中任选一至多个检索字段进行检索。下面就对这些检索字段进行详细介绍。

（1）申请（专利）号检索。申请（专利）号由 8 位数字组成。申请（专利）号可实行模糊检索。模糊部分位于申请号起首或中间时应使用模糊字符"％"（必须使用半角格式），位于申请号末尾时模糊字符可省略。

一般允许输入长度为 2～8 位数字。需要注意的是，出现在专利文献中的专利号经常带有计算机校验码，输入时不用输入专利号里的小数点和小数点后的数字 x。如 46783891.5、64839574.x，其中小数点后的 5 和 x 不必输入。

（2）名称与摘要检索。发明名称（或摘要检索）只要在发明名称中包含所输入的字符串就符合检索要求。发明名称（或摘要检索）实行模糊检索，模糊检索时应尽量选用关键词，模糊部分位于字符串起首或中间时应使用模糊字符"％"位于分类号末尾时模糊字符可省略。如已知专利名称（或摘要检索）中包含"汽车"和"节油器"，且"汽车"在"节油器"之前，应输入"汽车％节油器"。

（3）分类号与主分类号检索。在《国际专利分类表》可查得专利申请案的分类号，当同一专利申请案具有若干个分类号时，其中第一个分类号称为主分类号。检索字符数不限（字母大小写通用）。分类号（或主分类号）实行模糊检索，模糊部分位于分类号（或主分类号）起首或中间输入时应使用模糊字符"％"，位于分类号末尾时模糊字符可省略。如已知分类号（或主分类号）中包含 05 和 23，且 05 在 23 之前，应输入"％05％23"。在检索界面左例的"IPC 分类检索"系统也可查询分类。

（4）公开（告）日与申请日与颁证日检索。公开（告）日（或申请日或颁证日）含有年、月、日 3 个部分，各部分之间用圆点隔开，"年"为 4 位数字，"月"和"日"为 1 或 2 位数字。公开

日（或申请日或颁证日）可实行模糊检索。模糊部分可直接省略（不用模糊字符），同时省略字符串末尾的圆点。如公开日（或申请日或颁证日）在 2011 年某月 22 日，应输入"2011..22"，如公开日（或申请日或颁证日）在某年 3 月，应输入".10"，如公开日（或申请日或颁证日）为 2000 年至 2003 年之间的专利，应输入"2000 年 to2003"。

（5）公开（告）号检索。公开（告）号由 7 位数字组成。公开号可实行模糊检索。模糊部分位于公开号起首或中间时应使用模糊字符"％"，位于公开号末尾时模糊字符可省略。如已知公开号中包含 1234，应输入"％1234"。

（6）申请（专利权）人检索。申请（专利权）人可为个人或团体，输入字符数不限。申请人可实行模糊检索。模糊部分位于字符串中间时应使用模糊字符"％"，位于字符串起首或末尾时模糊字符可省略。

申请人还可实行组配检索。组配检索的基本关系有两种：and（逻辑"与"）关系和 or（逻辑"或"）关系。必须同时满足的若干检索要求，相互间为 and 关系；至少满足其中之一的若干检索要求，相互间为 or 关系。如已知申请人为"陶松垒"或姓"陶"，或名字中包含"松"，分别用"陶松垒"、"松"、"陶"进行检索，已知申请人姓陶，且名字中包含"松"，应输入"陶％松"，已知申请人姓"张"或"郑"，应输入"张 or 郑"。已知申请人为"广州某玻璃厂"，应输入"广州％玻璃厂"。

（7）发明（设计）人检索。发明（设计）人可为个人或团体，输入字符数不限。发明人可实行模糊检索。模糊部分位于字符串中间时应使用模糊字符"％"，位于字符串起首或末尾时模糊字符可省略。如已知发明人姓"陶"，应输入"陶"。

（8）地址检索。地址的输入字符数不限，地址可实行模糊检索。模糊部分位于符串中间时应使用模糊字符"％"，位于字符串起首或末尾时模糊字符可省略。如已知申请人地址的邮政编码为 128023，地址为某市胜利路 66 号，应输入"128023％胜利路 66 号"（注意邮政编码在前）。

（9）专利代理机构检索。专利代理机构的输入字符数不限。专利代理机构可实行模糊检索。模糊部分位于字符串中间对应使用模糊字符"％"，位于字符串的首或尾时模糊字符可省略。如已知专利代理机构为杭州专利事务所务所，也可输入"杭州"。

（10）代理人检索。专利代理人通常为个人。专利代理人可实行模糊检索。位于字符串中间时应使用模糊字符"％"，位于字符串起首或末尾时模糊字符可省略。如已知专利代理人姓"陶"，且名字中包含"松"，应输入"陶％松"。

（11）优先权检索。优先权信息中包含表示国别的字母和表示编号的数字。优先权可实行模糊检索。模糊部分位于字符串中间对应使用模糊字符"％"，位于字符串起首或末尾时模糊字符可省略。如已知专利的优先权属于英国，且编号为 654321，应输入"GB％654321"。

3. 查看文献

首先，根据需要设置检索范围，在检索界面提问框的上方将全部专利、发明专利、实用新型和外观设计专利 4 种选择，缺少时将在全部专利中进行检索，即检索 1985 年以来所有公开发明专利、实用新型和外观设计专利。如果选择发明专利、实用新型或外观设计专利中的任意一项，检索将只在指定专利类型数据库中进行。

然后，在检索界面的检索条件输入框中输入检索条件，可单击检索界面右下方的"帮助"

下拉列表框,查看相应检索字段的含义、输入格式及检索实例。

　　在检索界面的左侧提供了"IPC 分类检索",可实现对分类号的查询及检索功能。单击"国外专利检索数据库介绍"可查阅美国、日本(英文版)、欧洲及世界知识产权组织专利数据库。

　　最后,所有检索条件正确输入后,单击输入框下方的"确定"按钮,系统执行检索并进入检索结果显示页。在检索结果显示页,根据检索选定范围,列出该检索式在相应数据库中的检索记录数。检索结果依发明专利、实用新型专利、外观设计专利顺序显示专利申请号及专利名称。单击相应的专利类型可直接进入相应专利显示首页。每页最多列出 10 条记录。在显示页的下方,可以查看目前所在的页号和总页数,还可快速跳转到指定的页号或直接回到检索结果的首页、上一页或下一页。单击任意一个记录的专利名称,可进入专利题录信息和摘要显示页。显示页的中部列出了专利的全部题录信息和摘要. 上方左侧设有"法律状态"链接项,左侧列出了专利号、申请公开说明书全文总页数,如果专利已经授权,系统还会在申请公开的下方列出审定授权说明书全文总页数,单击所对应说明书右侧的"共××页"字样,即可看到相应说明书全文,单击"下一页"按钮,可进入说明书的下一页或在右侧的输入框中输入要跳转到的页号后单击 go 按钮,浏览相应的内容。为达到更好地浏览效果,可使用屏幕上方的工具栏,对全文图形进行保存、旋转、放大或缩小、分页显示、移动等操作,如果已经接通打印机,还可实现专利说明书全文的打印输出。

　　单击显示页左下方的"专利检索"按钮,可回到检索界面进行下一课题的检索。单击"查询结果"按钮,将回到前专利的题录信息显示页。查看专利说明书全文最好事先下载Alternatiff-1-4-0. exe. 软件否则无法浏览说明书全文。该软件可从检索界面中的"说明书浏览器下载"项进行下载,并参考右侧的"浏览器安装说明"进行注册、安装,用户也可以利用操作系统自带的图像浏览软件阅读说明书全文。

　　要检索汽车节油器,可参照上面讲的在名称项输入"汽车节油器",可得页面如图 9-3所示。

图 9-3　汽车节油器检索结果

可以选择一项进行查看,如图 9-4 所示。

单击上方的(12)页可得如图 9-5 所示的结果。展开后如图 9-6 所示。

实用新型说明书（12）页

申请号：	88204290.4	申请日：	1988.04.09
名称：	汽车综合节油器		
公开（公告）号：	CN2043671	公开（公告）日：	1989.08.30
主分类号：	F02M27/04	分案原申请号：	
分类号：	F02M27/04;F02D9/12;F02M3/045		
颁证日：		优先权：	
申请（专利权）人：	陶松垒		
地址：	浙江省宁海县上隍畈电力宿舍301		
发明（设计）人：	陶松垒	国际申请：	
国际公布：		进入国家日期：	
专利代理机构：		代理人：	

摘要

一种汽车综合节油器，适用于各种汽油机汽车。它是燃油磁化预热器，燃油供给控制器，空气进量控制器，火花增强器，强制怠速截流器等节油元件结合为一体的节油装置。以一套电路把它们联系起来。各元件在能起作用时加入工作，在有副作用时隔开。从而集各装置的优点为一体。达到提高经济性，改善动力性，净化排气，延长汽车寿命的目的，并具有造价低，工作可靠，全自动，安装调试方便等特点。

联系我们 | 网站地图 | 版权声明 | 访问统计 | 信息量统计 | 网站支持单位

图 9-4　汽车综合节油器

图 9-5　显示结果

[19]中华人民共和国专利局　　[11]公告号 CN 2043671U

[12]实用新型专利申请说明书

[21]申请号 88204290.4　　[51]Int.Cl⁴ F02M 27/04

[43]公告日 1989年8月30日

[22]申请日 88.4.9
[71]申请人 陶松垒
地址 浙江省宁海县上隍畈电力宿舍301
[72]设计人 陶松垒

F02D 9/12 F02M 3/045

说明书页数：6　　附图页数：4

[54]实用新型名称 汽车综合节油器
[57]摘要

一种汽车综合节油器，适用于各种汽油机汽车。它是燃油磁化预热器，燃油供给控制器，空气进量控制器，火花增强器，强制怠速截流器等节油元件结合为一体的节油装置。以一套电路把它们联系起来，各元件在能起作用时加入工作，在有副作用时隔开，从而集各装置的优点为一体，达到提高经济性，改善动力性，净化排气，延长汽车寿命的目的，并具有造价低，工作可靠，全自动，安装调试方便等特点。

<29>

(BJ)第1452号

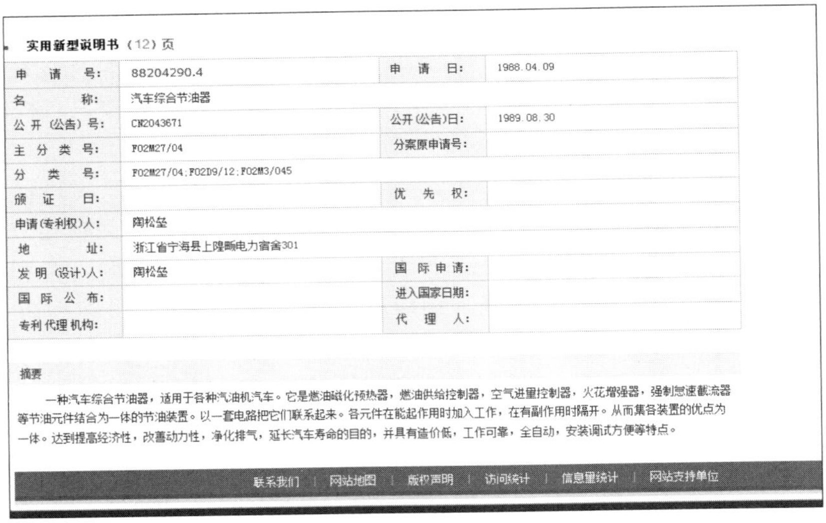

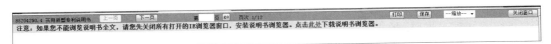

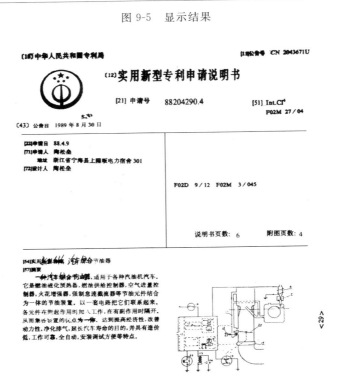

图 9-6　专利申请说明书

输入页数可进行全文的查看,也可进行保存或通过打印机进行打印。

4. 检索报告

浏览文献的同时,应该及时做好笔记,这才算真正地完成专利检索这一步。可以准备一个本子,专门用来记录自己的检索出来的信息。例如,以"汽车节油器"作为关键词,通过检索可以看到"燃油磁化预热器"、"燃油供给控制器"、"与点火系连接的火花增强器"、"利用油门踏板动作自动控制怠速燃料供给和自动控制离合器分离与接合,从而达到降低烧油消耗的目的,新型的电热腔雾化吸气射流式汽车节油器"等以各种方式达到目的的节油器,从中可以选取有用的点来完善自己的想法,同时观察自己的想法有没有与他人重复,防止做无用功。

受文章篇幅限制,其他网站的专利检索在此不再一一介绍,大致流程大同小异,应该举一反三,认真学习专利检索知识,为今后的专利申请打下坚实的基础。

9.4.8 常用专利检索网站介绍及应用

1. 中国国家知识产权局

中国知识产权局(http://www.sipo.gov.cn)是中国专利审批的政府机构,在该网页上有专利检索入口,供检索 1985 年至今的中国专利,并可以免费下载专利说明书全文。

该网站提供专利号、作者、专利代理人、分类查找等多个检索入口,可以方便灵活地检索中文专利。

中国知识产权网提供的专利说明书均为 TIF 文件,需事先下载阅读软件。

2. 中国专利文献数据库

中国专利文献数据库(http://www.beic.gov.cn/database/patent.html)是北京市经济信息中心和北京市专利局共同开发的,供网上用户免费查询的中国专利文献数据库。具有全面性、权威性和实用性。收录了自 1985 年以来中国专利局公布的所有发明专利和实用新型专利,内容有题录、文摘、权利要求等。检索途径设有专利名称、文摘、权利要求、申请人等共计 27 个描述字段,用户可以根据需要选择其中某一个描述字段,输入关键词进行单项全文检索;也可选择两个以上描述字段进行与(AND)、或(OR)布尔检索。

3. 中国专利信息网

因特网用户可以免费向中国专利信息网(http://www.patent.com.cn)注册,注册后可见到有限的免费服务。通过检索可免费得到近期相关专利的题名、摘要,甚至是每篇专利的首面,这对跟踪国外专利上相关领域的最新进展颇有益处。常用的检索方式如下。

(1)简单检索。按用户输入选择的时间段和输入的关键词查询相关专利号及专利名称。

(2)专利号检索。按用户输入的专利号提取摘要及专利文件全文。

(3)布尔检索。用户可在下拉式菜单中对专利名称、摘要、权利要求、发明人、受让人、代理机构和任意项等 7 个顶进行限定,输入关键词,选择最大检索结果数量,并执行与(AND)、或(OR)、非(NOT)的布尔操作,实现较复杂的检索方式。

(4)高级检索。用户可在任意项、发明人、受让人、专利名称、摘要、专利要求和代理机构相应项填入关键特指的专利。高级检索可进行两顶以上的与(AND)检索;但各项之间无法执行或(OR)、非(NOT)操作。

此外,在中国专利信息网上除可以检索中国专利外,还可以检索国外免费专利。

4. Derwent 专利数据库(http://www.derwent.com)

Derwent 专利数据库(http://www.derwent.com)是英国 Derwent 公司开发的网站,该公司出版的《世界专利索引》(WPI)主要收集工业化国家的专利,报道工程技术各领域所取得的专利,采用国际专利分类法编制专利分类体系,全部是英文文摘。WPI 数据库有 700 万条数据,覆盖 37 个国家和两个国际专利组织,内容为英文的著录项目、数据和摘要。并有国际专利文本复制服务,可向用户提供世界上各主要机构发布的专利说明书。该公司还推出了 Patent Explorer(http://patentexplorer.com)。

5. Soopat 专利检索引擎

Soopat(http://www.soopat.com/)致力于做“专利信息获得的便捷化,努力创造最强大、最专业的专利搜索引擎,为用户实现前所未有的专利搜索体验”。SooPat 本身并不提供数据,而是将所有互联网上免费的专利数据库进行链接、整合,并加以人性化的调整,使之更加符合人们的一般检索习惯。它和 Google 进行非常高效的整合,充分利用了人们对于Google 检索的熟悉程度,从而更加方便使用。

6. 其他国家专利信息服务网站

(1) Micro-Patent。Micro-Patent(http://www.micropat.com)公司提供的专利网页,1997 年底由美国 Information Ver-tures 公司购买。该系统拥有 1994 年以来的美国专利、1992 年以来的欧洲专利和 1988 年以来的世界专利;1998 年又增加 1964—1974 年的美国专利,以及日本专利文献的首页数据信息。系统还提供最近两周的最新专利的免费首页查询,检索结果给出专利号和专利名称。

(2) 加拿大专利数据库:网址是 http://strategis.ic.ca/sc-mrksv/cipo/patents/。

(3) 英国专利局:网址是 http://www.patent.gov.uk。

(4) 德国专利局:网址是 http://www.deutsches-patentamtde。

(5) 欧洲专利局:网址是 http://www.epoco.at。

(6) 日本专利局:网址是 http://www.jpomiti.go.jp。

另外,如奥地利、澳大利亚、巴西、加拿大、克罗地亚、丹麦、芬兰、德国、匈牙利、朝鲜、马来西亚、新西兰、秘鲁、波兰、葡萄牙、罗马尼亚、西班牙、瑞典、土耳其等国家和中国香港地区的专利局的专利检索也可通过日本专利局网站(http://jpo-miti.go.jp)的链接查到。

第 10 章　申请专利的途径和流程

我们从别人的发明中享受了很大的利益，我们也应该乐于有机会以自己的任何一种发明为别人服务，这种事我们应该自愿和慷慨地去做。

——富兰克林

10.1 专利申请的途径

懂得并按照申请专利的途径和流程做下去,取得一项创造发明就是水到渠成的事。

任何流程都是一个或一系列连续而有规律的行动,这些行动以确定的方式发生或执行,最终促使特定结果的实现;在决策确立之后,流程要解决的就是怎么更好地实现决策的目标,而不是改变已决策的目标。

10.1.1 递交申请文件的 3 个途径

申请专利有 3 种途径:面交、邮寄和网上递交申请文件。

(1)面交。申请文件可以以面交的方式提交给国家知识产权局专利局受理窗口,也可以面交到设在各地的国家知识产权局专利局代办处受理窗口。

(2)邮寄。申请文件可以挂号寄交到"国家知识产权局专利局受理处"或设在各地的国家知识产权局专利代办处。

(3)网上递交。可以网上递交电子申请文件。

目前在北京、沈阳、济南、长沙、成都、南京、上海、广州、西安、武汉、郑州、天津、石家庄、哈尔滨、长春、昆明、贵阳、杭州、重庆、深圳、福州、南宁、乌鲁木齐、南昌、银川、合肥等城市设立了国家知识产权局专利局代办处。例如,如图 10-1 所示为浙江省杭州市的一个国家知识产权局杭州专利代办处。

图 10-1 杭州市的专利代办处

10.1.2 提交文件的注意事项

提交文件需注意以下几项。

(1)必须使用国家专利局的统一文件。向国家知识产权局提交申请文件或办理各种手续的文件,应当使用国家知识产权局统一制定的表格,这些表格可以在国家知识产权局网站进行下载,申请文件和手续性文件一式一份。

(2)一张表格只能用于一件专利申请。一张发明专利请求书只能填写一件发明,一张意见陈述书只能就一件专利申请陈述意见。不得将几件申请的陈述意见或几件发明填写在一张意见陈述书或一张发明专利请求书上。向国家知识产权局提交的各种文件申请人都应当留存底稿,以保证申请审批过程中文件填写的一致性,并可以此作为答复审查意见时的参照。

（3）别忘了签字盖章。每次提交文件前都应检查一下,专利请求书、费用减缓请求书、补正书、意见陈述书等都要有签字或盖章。漏签字或忘盖章是申请专利时最容易犯的一个低级错误。

（4）邮寄申请文件需使用挂号信函。无法用挂号信邮寄的,可以用特快专递邮寄。挂号信函上除写明国家知识产权局或者专利代办处的详细地址及邮政编码外,还应当标有"申请文件"及"国家知识产权局受理处收"或"国家知识产权局××专利代办处收"的字样。申请文件使用快递公司递交的,以国家知识产权局受理处以及各专利代办处实际收到日为申请日。

（5）邮寄申请文件不能折叠。无论是用挂号信、特快专递,还是用快递公司邮寄的申请文件,必须用大信封平整放置,一律不能折叠。

（6）国家知识产权局在受理专利申请时不接收样品、样本或模型。在审查程序中,申请人应审查员要求提交样品或模型时,如在国家知识产权局窗口当面提交的,应当出示审查意见通知书;邮寄的应当在邮件上写明"应审查员×××（姓名）要求提交模型"的字样。

10.2 专利申请审批制度

专利申请以后,国家知识产权局专利局应当依照专利法及其实施细则的规定,对专利申请进行必要的审查和法律事务处理。审批过程可能长达几个月到几年。在此过程中,申请人应当依据《专利法》及其《专利法实施细则》的规定或者国家知识产权局专利局的通知办理若干必要手续。此外,申请人在审批程序中有各种特殊情况需要声明或者提出请求,也需要按规定办理相应的手续。申请人积极配合审批程序,办好申请后的手续,对缩短审批时间至关重要,有的甚至对专利的申请结局和命运会产生重要的影响。

10.2.1 审查制度

各国对专利申请的审查有不同的要求,基本上实行两种不同的制度。中国对实用新型和外观设计专利采用形式审查制,对发明专利采用实质审查制。

1. 形式审查制

形式审查制也叫登记制。形式审查指查明专利申请是否符合《专利法》规定的格式要求,其具体审查内容通常包括审查申请文件是否完整,格式是否符合规定,审查申请专利的发明创造的内容是否符合《专利法》规定的保护范围,审查申请专利的发明创造的内容是否符合单一性的要求,审查是否缴纳了申请费。

2. 实质审查制

实质审查制又称完全审查制度。实质审查是在形式审查基础上,审查申请登记单位是否具备登记条件,申请登记事项是否属实,提交的文件、证件是否真实、有效、合法、完整,是否符合国家法律、法规和政策规定等内容。不仅审查申请书的形式,而且对发明是否具备新颖性、创造性和实用性等条件进行实质性的审查。只有具备上述专利条件的发明,才授予专利权。

10.2.2 授予原则

按照专利法的基本原则,对于同一个发明只能授予一个专利权。当出现两个以上的人就同一发明分别提出专利申请的情况时,有以下两种处理原则。

1. 先发明原则

先发明原则,是指同一个发明如有两个以上的人分别提出专利申请,应把专利权授予最先做出此项发明的人,而不是以提出专利申请时间的早晚为依据。目前在世界上只有美国、加拿大和菲律宾等少数国家采用这种原则。

2. 先申请原则

先申请原则,是指当两个以上的人就同一发明分别提出申请时,不是以做出该项发明的时间先后为准,而是以提出专利申请时间的先后为准,即把专利权授予最先提出申请的人,中国和世界上大多数国家都采用这一原则。

10.2.3 我国的专利审批制度

我国《专利法》规定,对专利的审查采用两种审查制度。对发明专利申请,采用早期公开延迟审查制;对实用新型和外观设计专利的申请,采用形式审查制,如图 10-2 所示。

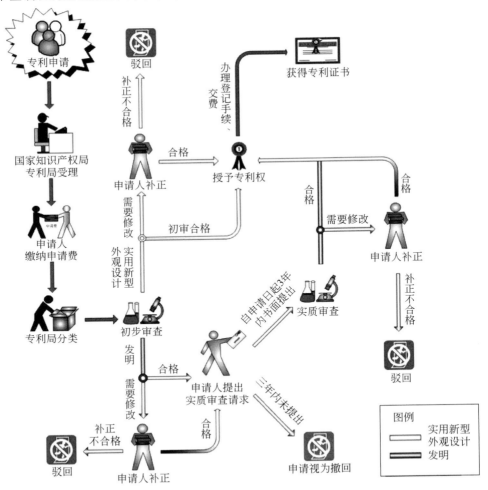

图 10-2　审批制度流程图

10.3 专利流程详解

下面将详细介绍 3 种专利的申请流程。

10.3.1 发明专利的审批流程

发明专利申请的主要审查程序有初步审查、早期公开、请求实质审查、实质审查和授权。

1. 初步审查

专利局受理发明专利申请后,就进入了对专利申请文件的初步审查阶段。初步审查的任务是对专利申请是否符合《专利法》及其《专利法实施细则》规定的形式要求以及明显的实质性缺陷进行审查,具体包括以下内容。

(1)审查各种申请文件是否齐备,是否符合规定格式,文件的撰写、打印是否符合规定形式。

(2)审查有无明显的实质性缺陷。主要是审查专利申请的内容是否明显不符合《专利法》的有关规定。

2. 早期公开

我国《专利法》第三十四条规定,专利局经初步审查认为发明专利申请符合要求,自申请日起满 18 个月,应将该申请予以公布。早期公开就是指发明专利申请自提出申请之日起,有优先权的自优先权日起满 18 个月,即自行把发明专利申请文件全文公布在《发明专利公报》上,允许公众自由阅读。

我国《专利法》第三十四条还规定,专利局可以根据申请人的请求早日公布其申请。这就是说,早期公开除上述按法定公开外,申请人可以根据自己的需要提出"提前公开声明"。

3. 实质审查

我国《专利法》第三十五条规定,发明专利申请自申请日起年内,专利局可以根据申请人随时提出的请求,对其申请进行实质审查;申请人无正当理由逾期不请求实质审查的,该申请即被视为撤回。

请求实质审查时,应向专利局提交《实质审查请求书》,并缴纳实质审查费。对没有得到法定早期公开的申请,提交《实质审查请求书》的同时需提交《提前公开声明》。在请求实质审查时,申请人还应提交申请日前与其发明有关的参考资料。凡已在外国提出过专利申请的,申请人应当提交该国为审查其申请进行检索的资料或审查结果的资料,无正当理由不提交的,该申请即被视为撤回。

专利局接到申请人的实质审查请求书后,即按发明内容的类别,分别送给有关审查部门进行实质审查。所谓实质审查,是指专利局对发明专利申请的新颖性、创造性、实用性等做实质性审查。实质审查这一步是审查工作的关键。

(1)新颖性审查。新颖性是专利"三性"之一,是发明是否能取得专利权的首要条件。新颖性的判断标准是客观的。我国《专利法》对于在出版物上是否已公开,采用绝对新颖性要求,而对使用上的要求,则采用相对新颖性要求。绝对新颖性是指在世界范围内,无论是以什么方式公开都将使发明丧失新颖性。因为审查员第一步是要较全面地检索该专利申请日之前的世界性文献,判断申请专利的发明创造是否具有新颖性。

（2）创造性审查。创造性是一项专利申请能否取得专利权的又一实质性条件。其前提是该发明申请具有新颖性。对创造性的判断一般要比对新颖性的判断困难得多,这是因为正确把握专利法规定的创造性标准既复杂,技术性又很强。除了对申请案与客观存在的标准作对比外,也要进行主观人为的推断和评价。构成发明具备创造性的标志是"突出的实质性特点"和"显著的进步"两个缺一不可的条件。那么发明达到什么程度才算是具有"突出的实质性特点和显著进步"呢? 审查基准中引用了发明所属技术领域的普通技术人员这一概念来公正评定发明是否具有突出的实质性特点。所谓普通技术人员是指具有该领域中等专业技术知识的技术人员,他的知识水平随着时间的不同而不同。在同一时间,不同技术领域中的普通技术人员的知识水平也不尽相同,那么怎样掌握普通专业技术人员的技术水平呢? 发明有显著进步,是指发明与最接近的背景技术相比具有明显的进步,那么又如何确定背景技术呢? 对上述一系列问题,都带有审查员主观的人为因素。即使对同一申请,由不同的审查员来审查,结论也可能会不一致,因此创造性审查成了"三性"审查中的难点。

（3）实用性审查。我国《专利法》第二十二条明确规定,实用性是指该发明或者实用新型专利能够制造或者使用,并且能够产生积极效果。某项发明要取得专利权,就必须有其实用性价值。如果专利申请是一种产品,那么这一产品就必须是在生产中能够"制造"的;如果专利申请是一种方法,那么这一方法就必须在产业实践中能够实施,或称作"工业化"。能够产生积极效果,是指在实施该发明时,应当为社会提供预期的效果,在技术上能推动科学技术进步。综合起来,判断实用性的基准应当有 3 个:可实施性、再现性和有益性。

4. 复审

我国《专利法》第四十一条规定,申请人对专利局驳回 3 个月内,对申请的决定不服的,可以在收到通知之日起向专利复审委员会请求复审。复审是指专利复审委员会对发明专利申请人不服专利局驳回决定而提出的复审请求所进行的第二次审查。专利复审委员会收到请求复审的申请案后,要进行认真调查研究,对申请案重新做出审查处理。一般来讲,专利复审委员会对复审的决定有两种处理结果:一是维持原专利局对申请案的驳回决定;二是撤销原来对申请案的驳回决定,批准该发明专利申请,或要求申请人修改权利要求书后授予专利权。无论哪种决定,专利复审委员会都应以书面的形式把复审结果通知申请人。如果申请人对专利复审委员会的决定 3 个月内向人民法院不服,还可以自收到通知之日起诉。

5. 授权公告

专利申请经专利局实质审查之后,认为申请符合《专利法》规定的,经实质审查没有发现驳回理由的,专利局应当做出授予发明专利权的决定,发给专利证书,并予以登记和公告。自此,申请人取得了受法律保护的专利权。

下面参照图 10-3 对发明专利流程做一个简要的介绍。

在准备好自己的创新技术成果的相关技术资料后就要决定是否由自己撰写申请文件。委托专利代理机构虽然方便,但是它的费用较高,且申请者得不到锻炼的机会,因此还是主张大家自己撰写文件。向国家知识产权局提出申请后,若文件符合专利受理要求的便能取得专利受理通知书,但应注意,若不符合要求的还有 15 天的申请复议的时间。

专利申请按照规定缴纳申请费的,自动进入初审阶段。发明专利在初审前首先要进行保密审查,需要保密的应按保密程序处理。

初步审查通过的直接进入下一环节,若初步审查认为专利有问题,专利局会提出审查意

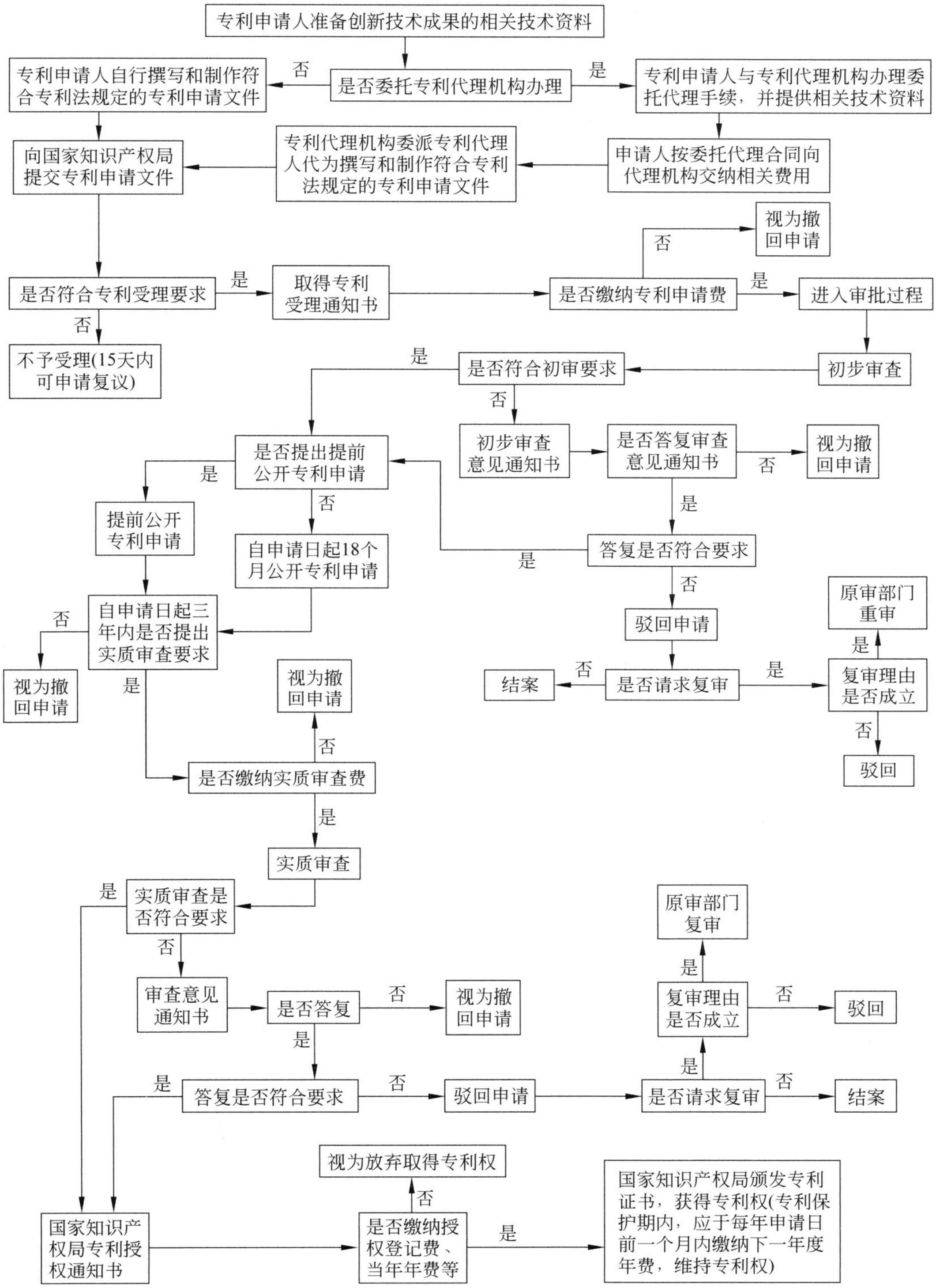

専利申請人准备创新技术成果的相关技术资料

专利申请人自行撰写和制作符合专利法规定的专利申请文件 ← 否 — 是否委托专利代理机构办理 — 是 → 专利申请人与专利代理机构办理委托代理手续，并提供相关技术资料

向国家知识产权局提交专利申请文件 ← 专利代理机构委派专利代理人代为撰写和制作符合专利法规定的专利申请文件 ← 申请人按委托代理合同向代理机构交纳相关费用

是否符合专利受理要求 — 是 → 取得专利受理通知书 → 是否缴纳专利申请费 — 否 → 视为撤回申请
是否缴纳专利申请费 — 是 → 进入审批过程
否 → 不予受理(15天内可申请复议)

进入审批过程 → 初步审查 → 是否符合初审要求 — 是 → 是否提出提前公开专利申请
否 → 初步审查意见通知书 → 是否答复审查意见通知书 — 否 → 视为撤回申请
是 → 答复是否符合要求 — 是 → 是否提出提前公开专利申请
否 → 驳回申请

是否提出提前公开专利申请 — 是 → 提前公开专利申请
否 → 自申请日起18个月公开专利申请

提前公开专利申请 → 自申请日起三年内是否提出实质审查要求
自申请日起18个月公开专利申请 → 自申请日起三年内是否提出实质审查要求
否 → 视为撤回申请
是 → 是否缴纳实质审查费 — 否 → 视为撤回申请
是 → 实质审查

驳回申请 → 是否请求复审 — 是 → 复审理由是否成立 — 是 → 原审部门重审
否 → 结案
否 → 驳回

实质审查 → 实质审查是否符合要求 — 是 → 国家知识产权局专利授权通知书
否 → 审查意见通知书 → 是否答复 — 否 → 视为撤回申请
是 → 答复是否符合要求 — 是 → 国家知识产权局专利授权通知书
否 → 驳回申请 → 是否请求复审 — 是 → 复审理由是否成立 — 是 → 原审部门复审
否 → 结案
否 → 驳回

国家知识产权局专利授权通知书 → 是否缴纳授权登记费、当年年费等 — 否 → 视为放弃取得专利权
是 → 国家知识产权局颁发专利证书，获得专利权(专利保护期内，应于每年申请日前一个月内缴纳下一年度年费，维持专利权)

图 10-3 发明专利申请流程

见,审查意见分补正通知书和审查意见通知书。可答复初步审查意见通知书,并需要答复审查意见通知书,若不答复视为撤回申请,答复符合要求的也可进入下一步骤,答复不符合要求的会被驳回申请,这时可以选择请求复审,复审理由成立的原审部门会对专利进行复审,复审理由不成立的还是会被驳回。

发明专利申请从发出初审合格通知书起就进入等待公布阶段。申请人请求提前公布的,则申请立即进入公布准备程序。经过格式复核、编辑校对、计算机处理、排版印刷,大约在 3 个月后,在专利公报上公布并出版说明书单行本。没有提前公布请求的申请,要等到申请日起满 18 个月才进入公布准备程序;要求优先权(包括外国优先权和本国优先权)的申请,从优先权日起满 15 个月进入公布准备程序。申请进入公布准备程序以后,申请人要求撤回专利申请的,申请仍然会在专利公报上予以公布。申请公布以后,申请人就获得了临时保护的权利,也就是说自申请公布之日起,申请人可以要求实施其发明的单位或者个人支付适当的费用。申请公布以后,申请记载的内容就成为现有技术的一部分。

当发明专利申请公布以后,如果申请人已经办妥了实质审查(简称实审)请求手续(提出实审请求并已缴纳了实审费),国家知识产权局将发出进入实审程序通知书,申请进入实审程序,否则应等待申请人办理实审请求手续。国家知识产权局将在年期限届满前,发出警告通知书通知申请人,告之逾期不提出实审的后果。从申请日起满 3 年,申请人未提出实审请求的或者实审请求未生效的,申请即被视为撤回。进入实审程序的申请将按照进入实审程序的先后排队等待实审。在实审中,审查员将在检索的基础上对专利申请是否具备新颖性、创造性、实用性以及专利法规定的其他实质性条件进行全面审查。经审查,认为不符合授权条件的,或者存在各种缺陷的,应当通知申请人在规定的时间内(第一次审查意见通知书一般给 4 个月的答复期限)陈述意见或进行修改。申请人逾期不答复的,申请被视为撤回。经至少一次答复或修改后,申请仍不符合要求的,予以驳回。由于实审的复杂性,审查周期一般要 1 年或更长时间,若从申请日起 2 年内尚未授权,从第 3 年起需要每年缴纳申请维持费,是在授权时与年费一并缴纳。

发明专利申请在实质审查中未发现驳回理由的,或者经申请人修改和陈述意见后消除了缺陷的,审查员将制作授权通知书,申请按规定进入授权准备阶段。

审查员做出授权通知书后,申请进入授权登记准备。经授权形式审查人员对授权文本的法律效力和完整性进行复核,对专利申请的著录项目进行校对、修改确认无误以后,国家知识产权局专利局发出授权通知书和办理登记手续通知书。

申请人接到授权通知书和办理登记手续通知书以后,应当在两个月之内按照通知的要求办理登记手续并缴纳规定的费用(专利保护期内,应于每年申请日前一个月内缴纳下一年度年费,维持专利权)。

在期限内办理了登记手续并缴纳了规定费用的,国家知识产权局专利局将授予专利权,颁发专利证书,在专利登记簿上记录,并在专利公报上公告,专利权自公告之日起生效。未按规定办理登记手续的,或者逾期办理的,视为放弃取得专利权的权利。

10.3.2 实用新型专利的审批流程

对于实用新型专利,向国家知识产权局提出申请后若文件符合专利受理要求的便能取得专利受理通知书,但应注意,若不符合要求的还有 15 天的申请复议的时间。缴纳专利申请费用后就能进入第一个审批过程——初步审查。初步审查通过的直接进入下一步,若初步审查没有通过,可答复初步审查意见通知书,并需要答复审查意见通知书,若不答复视为撤回申请,答复符合要求的也可进入下一步,答复不符合要求的会被驳回申请,这时可以选择请求复审,复审理由成立的原审部门会对你的专利进行复审,复审理由不成立的还是会被驳回。图10-4为实用新型和外观设计专利申请流程。

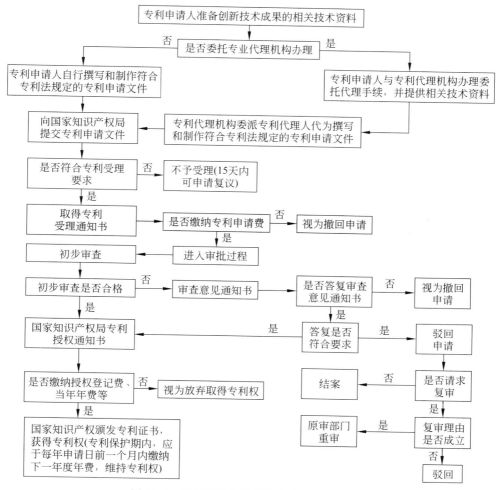

图 10-4　实用新型和外观设计专利申请流程

　　初步审查通过后国家知识产权局专利授权通知书后,需要在两个月内缴纳授权登记费、印刷费、当年年费等,之后国家知识产权局颁发专利证书,这时才算真正获得了专利权。专利保护期内,每年申请日的前一个月就可以缴纳下一年度的年费,以维持专利权。

　　实用新型专利前期的流程与发明专利大致相同,只是减少了实质审查、提前公开专利申请等步骤。

　　在实行实用新型专利制度的国家中,大多数国家实行的是登记制,即只要经形式审查,认为格式符合要求、手续完备,便给予登记。

　　由于对实用新型专利申请只进行初步审查,不做实质审查,所以出现了授予的专利权可靠性差,同一发明创造的专利权授予多个不同的申请人等问题。为了确保授予实用新型专利权的质量,我国《专利法实施细则》第四十四条做出了强化实用新型专利申请初步审查的规定,也就是说,实用新型专利申请的初步审查较发明专利的初步审查增加了一些实质审查内容。实用新型专利申请的初步审查与发明专利申请的初步审查完全一样的部分不再重复,其增加的内容分述如下。

（1）依照《专利法实施细则》第二条的规定,审查专利申请的主题是否属于《专利法实施细则》上所说的实用新型。

（2）依照专利局第二十七号公告,审查其是否不属于实用新型专利权保护的范围。例如,是否属于方法以及产品的用途,是否属于不可移动的建筑物,是否属于由两台或两台以上的仪器或设备组成的系统,是否属于单纯的线路,是否属于直接作用于人体的电、磁、光、声、放射或者其结合的医疗器具。

（3）专利申请文件的撰写是否明显不符合《专利法实施细则》第十八条至第二十三条的规定。这部分审查是实用新型专利申请审查的核心部分,包括说明书撰写的方式和顺序,权利要求书撰写的规定,附图的要求等。

（4）是否符合同样的发明创造只能授予一项专利权的规定。

（5）依照《专利法》第九条的规定,审查是否属于最先申请人。

10.3.3　外观设计的审批流程

外观设计专利审查与实用新型流程大致相同,这里就不再赘述。下面补充几点有关外观设计审查的内容。

（1）申请文件是否齐全,并且审查这些申请文件是否符合规定的格式。

（2）申请人委托专利代理机构办理专利申请的,是否有代理人委托书。

（3）申请费是否已经缴纳。

（4）专利申请是否明显违反国家法律、社会公德或者妨害公共利益。

（5）专利申请是否符合单一性。

（6）申请人对申请文件的修改补正是否明显超出原图片或者照片表示的范围。

（7）专利申请的主题是否不属于《专利法实施细则》上所说的外观设计。

10.3.4　专利审批流程的几点补充

1. 公布号与申请号的区别

申请人务必注意申请在《专利公报》上公布时的公布号和专利申请的申请号是两个不同的系列。申请人在专利审批过程中向国家知识产权局专利局办理各种手续时,应当采用申请号,而不要用公布号,因为国家知识产权局专利局的所有申请文档都是按照申请号排列和管理的,提供申请号有利于快速找到要处理的申请,同时因为申请号带有校验位,万一申请人提供的号码有错时容易及早发现和处理。如果申请人提供的是公布号,国家知识产权局专利局必须通过对照表查询才能找到要处理的申请,特别在申请人提供的公布号有错时,一般在造成后果以前很难发现。

2. 审查意见的答复

在发明、实用新型和外观设计专利申请的初步审查以及发明专利申请的实质审查过程中,审查员有可能发出一次或多次审查意见(在流程图中可以发现),要求申请人在规定的期限内进行答复。申请人逾期不答复的,将导致该申请视为撤回。

申请人在规定的期限内答复了,但其答复或修改并没有消除原申请存在的缺陷的,将导致审查员再次发出审查意见或者驳回申请,如果申请人答复了并且其答复或修改也消除了原申请存在的缺陷,但对申请的技术方案做了较多的限定说明的,即使该申请被授予专利权,也可能由于申请人在答复过程中将保护范围限定过窄而使该专利在授权后无法获得真正的保护。因此,如何答复审查意见也是专利申请过程中一项非常重要并且具有一定难度的工作。

总体而言,审查意见可分为两类:补正通知书和审查意见通知书。补正通知书主要用于通知申请人专利申请存在的形式缺陷,一般在初步审查程序较常见,而审查意见通知书通常用于提出审查员对专利申请的新颖性、创造性、实用性、是否充分公开等实质性问题的质疑,一般在实质审查程序中使用较多。

3. 初步审查程序中审查意见的答复

对于审查员在初步审查程序中发出的补正通知书,一般答复不太困难,因为补正通知书基本都是指出申请文件存在的形式缺陷。对于发明和实用新型申请,通常申请人只需按审查员的意见,对申请文件中不符合规定的格式或相关用语等进行修改,从而消除补正通知书中所指出的缺陷即可。

对于外观设计申请,除了形式缺陷之外审查员还经常会在补正通知书中指出“各视图之间投影关系不对应”等外观设计图或照片存在的问题,对于这类补正通知书,一定要谨慎答复。尽管审查员一般会在补正通知书写明具体不对应的视图,有时甚至还写出视图中不对应的部位,但如果申请人不能十分确信自己与审查员的理解完全一致,就应与审查员进行电话沟通,经电话讨论后再修改视图进行补正。

答复补正通知书时,通常应使用专利局统一制订的表格《补正书》,并在其“补正内容”栏对应填写补正前、补正后的相关内容,以便审查员清楚了解具体修改情况。对于修改较多,不便在《补正书》中写出,或者需要对相关修改作具体说明的申请的情况,可使用《意见陈述书》,在其正文部分对修改作详细说明。

个别情况下,初审程序中审查员也会发出审查意见通知书。例如,审查员认为某专利申请的保护客体属于《专利法》第五条或第二十五条所规定的不授予专利权的内容,或者申请人将本应申请发明专利的保护主题(如产品制造方法)提出实用新型专利申请,这时审查员将发出审查意见通知书,要求申请人在规定期限内进行答复,必要时还会提出具体的建议(如建议改为申请发明专利)。对于这类审查意见,申请人应认真分析,并对照具体的法律规定,判断审查员的理解是否正确。如果认为审查员的理解有误,应陈述意见予以澄清,争取获得授权;反之,如认为审查意见十分有理,该申请确实无望授权,则不必进行答复,或者听从审查员的建议,重新提出发明专利申请。

4. 实质审查程序中审查意见的答复

在发明专利申请的实质审查程序中,审查员需要对专利申请是否具备新颖性、创造性、实用性,说明书是否充分公开,权利要求书是否以说明书为依据等实质性问题进行审查,并且会针对这些问题提出具体意见。因此与初审程序中补正通知书相比,实质审查程序中的审查意见通知书的答复要复杂得多。

5．答复审查意见时应注意的问题

审查员对专利申请进行审查的目的有两个：一方面是为了发现申请文件中存在的缺陷，给申请人消除缺陷的机会，使专利申请被授权后权利更加稳定；另一方面，使申请人所要求的保护范围对公众而言更加公平、合理，不能将现有技术、公知技术囊括其中。申请人在答复审查员发出的审查意见时，应理解专利审查的上述两个目的，并在此基础上确定答复的一些基本原则。

具体而言，答复审查意见时应注意如下几个问题。

（1）正面、直接地针对审查员的意见进行答复。审查员发出审查意见和申请人答复审查意见的过程事实上就是申请人与审查员就专利申请的相关问题进行交流的过程，因此申请人在答复时一定要针对审查员所提出的问题进行答复，准确高效地与审查员进行沟通，绝不能闭门造车一味强调自己的观点。

（2）应努力争取最大的利益。申请人申请专利的目的是为了获得专利保护，对申请人而言，专利的保护范围越宽越好，但审查员为了公众的利益必须对专利申请的保护范围把住关口。因此审查员往往要求申请人只保护一个较小的范围。从这个角度理解，可以认为审查员与申请人是对立的。因此申请人在答复审查意见时，不应当不假思索地接受审查员的意见，而应当认真分析审查意见的正确性。除非绝对必要，否则应当争取不做缩小权利要求保护范围的修改或陈述。如果必须这样，也应当仅将其缩小到可能的最大保护范围，而不应当为了获得授权将其缩小到很难获得真正保护的较小范围。

（3）对申请文件进行修改时，不能超出原始申请文件所记载的范围。对此《专利法》第三十三条给予了明文规定。一般而言，对发明和实用新型申请，个人增加原说明书和权利要求未记载的技术特征，也不得扩大原权利要求的保护范围；对外观设计申请，不能增加原图或照片中未示出的形状、图案、色彩，也不得扩大原图片或照片所确定的保护范围。

（4）有理、有节，避免过激言辞。答复审查意见时应摆事实，讲道理，客观地陈述申请人的观点。即使申请人完全不同意审查员的审查意见，或者认为审查员没有完全理解本发明甚至错误理解了本发明，仍应注意心平气和地答复，避免使用过激的语言。双方相互尊重将有利于双方意见的交流和沟通，更有助于问题的解决及申请的授权。

（5）按时完成并提交答复意见。答复审查意见都有严格的期限限制，申请人应在规定的期限内完成并提交答复。否则将导致该申请被视为撤回。一般初步审查程序中审查意见的答复时间为两个月，实质审查程序中审查意见的答复时间为 4 个月。如果申请人因故在该期限内不能答复的，可以请求延长答复的时间，但应在期限届满前提出，并缴纳延长期限请求费。

6．发明人、申请人与专利权人的关系

发明人是对发明创造的实质性特点做出创造性贡献的人，发明人应当是个人，不得填写单位或者集体。申请人是针对发明人的发明申请专利的人，可以是发明人或者发明人的单位，或者发明人授权给其他的个人或者单位申请，如果最后专利授权，专利申请人就是专利权人了。

简单地说，发明人就是做出发明的人，申请人就是申请专利的人，申请人和发明人可以是也可以不是同一人。例如，为了完成公司的任务而做出的发明申请专利，公司作为法人就应该是申请人，若专利成功授权，公司就是专利权人。专利授权一定是授权给申请人。

专利法所称发明人或者设计人,是指对发明创造的实质性特点做出创造性贡献的人。在完成发明创造过程中,只负责组织工作的人、为物质技术条件的利用提供方便的人或者从事其他辅助工作的人,不是发明人或者设计人。

10.4 专利的电子申请

专利的电子申请是互联网时代专利申请的必然趋势。

(1) 专利的电子申请是无纸化办公的要求。

(2) 专利的电子申请方便、快捷。

(3) 专利的电子申请少时、省力。

(4) 专利的电子申请是专利事务所和申请量大的单位和个人所必需的。

10.4.1 电子申请基本知识

1. 什么是电子申请

电子申请是指以互联网为传输媒介将专利申请文件以符合规定的电子文件形式向国家知识产权局提出的专利申请。申请人可通过电子申请系统向国家知识产权局提交发明、实用新型和外观设计专利申请和中间文件,以及中国国家阶段的国际申请和中间文件。

2. 电子申请系统简介

国家知识产权局电子申请系统于 2004 年 3 月正式开通,新电子申请系统于 2010 年 2 月 10 日上线运行。电子申请系统 365 天 24 小时开通,包括国庆节、元旦、春节等节假日。

新的电子申请系统在注册方式、接收文件格式、其他服务等方面更加方便、人性化。新的专利电子申请系统在功能、服务等方面都进行了改进和优化。使用电子方式提交专利申请,不仅能有效节约能源,降低成本,还能缩短审查周期,受到社会公众的关注和欢迎,如图 10-5 所示。图 10-6 所示为 2012 年专利电子申请趋势图。

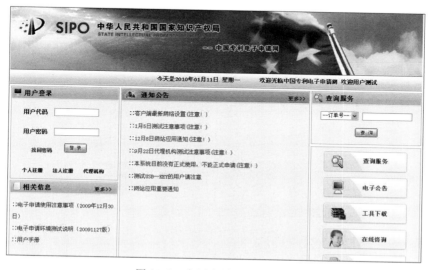

图 10-5　中国专利电子申请网

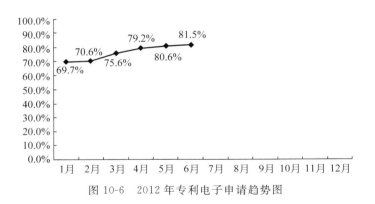

图 10-6　2012 年专利电子申请趋势图

3. 电子申请相关概念

（1）电子申请用户。电子申请用户是指已经与国家知识产权局签订电子专利申请系统用户注册协议（以下简称用户注册协议），办理了有关注册手续，获得用户代码和密码的申请人和专利代理机构。

（2）数字证书。专利电子申请数字证书是国家知识产权局注册部门为注册用户免费提供的用于用户身份验证的一种权威性电子文档，国家知识产权局可以通过电子申请文件中的数字证书验证和识别用户的身份。

（3）电子签名。电子签名是指通过专利局电子专利申请系统提交或发出的电子文件中所附的用于识别签名人身份并表明签名人认可其中内容的数据。《专利法实施细则》第一百一十九条第一款所述的签字或者盖章，在电子申请文件中是指电子签名，电子申请文件采用的电子签名与纸件文件的签字或者盖章具有相同的法律效力。

10.4.2　电子申请使用流程

电子申请使用流程如图 10-7 所示。

图 10-7　电子申请使用流程

1. 登录网站办理用户注册手续，获得用户代码和密码

登录中国专利电子申请网（http://www.cponline.gov.cn），注册电子申请用户后，从

国家知识产权局获得电子申请用户代码和密码。

办理注册的方式分为当面注册、邮寄注册和网上注册 3 种,如图 10-8 所示。

（1）当面注册。在法定工作日工作时间带齐注册材料到国家知识产权局受理窗口或专利代办处办理注册手续。

（2）邮寄注册。直接邮寄注册材料到专利局,办理注册手续。

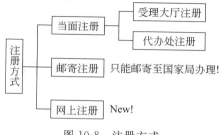

图 10-8　注册方式

（3）网上注册。登录电子申请网站(http://www.cponline.gov.cn),在网站上注册为临时用户。并于 15 日内邮寄注册材料到专利局,办理正式的注册手续。用户注册应具备的材料包括《电子申请用户注册请求书》(一份)、《电子申请用户注册协议》和相关证明文件(一式两份)、用户注册证明文件。

注册请求人是个人的,应当提交由本人签字或者盖章的居民身份证件复印件或者其他身份证明文件。注册请求人是单位的,应当提交加盖单位公章的企业营业执照(企业提交)或者组织机构证(事业单位提交)复印件、经办人签字或者盖章的身份证明文件复印件。注册请求人是专利代理机构的,应当提交加盖专利代理机构公章的专利代理机构注册证复印件、经办人签字或者盖章的身份证明文件复印件。

邮寄地址：北京市海淀区蓟门桥西土城路 6 号国家知识产权局专利局受理处

邮编：100088

用户进行注册后,可获得一个暂时的用户代码进行用户登录。

2. 下载客户端软件与数字证书

在注册成功后,就需要下载电子申请客户端。

登录外网申请网页,单击页面右侧的"工具下载"按钮,在弹出的工具下载列表中,选中 CPC 安装程序,单击列表右上角中的"下载"按钮完成下载操作。将文件解压后,按照提示操作安装完成即可。

电子申请客户端升级一般有在线升级和离线升级。

（1）在线升级。由于客户端软件的修改和更新,用户需要及时使用"E 系统(EES)升级程序"来更新 CPEES 客户端,以便客户端程序可以正常使用。升级方式如下：单击任务栏右下角的 图标,如图 10-9 所示,或者执行"开始"|"E 系统(EES)升级程序"|"E 系统(EES)升级程序"|"E 系统(EES)升级程序"菜单命令,如图 10-10 所示,即出现如图 10-11 所示为"软件更新"窗口。

图 10-9　任务栏右下角的"E 系统(EES)升级程序"图标

升级前要先确定更新地址可用,然后单击"升级设置"按钮,选择"升级地址",确认 IP 地址为 202.96.46.61,端口号为 7053,如图 10-12 所示。

在窗口中选择"升级代理"选项卡,单击"测试"按钮,在弹出的"连接成功"消息框中单击"确定"按钮,如图 10-13 所示。

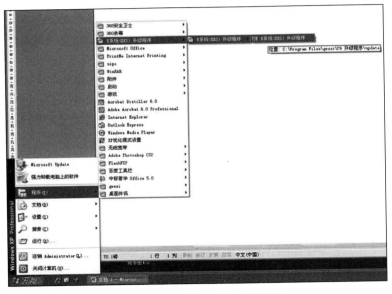

图 10-10　E 系统(EES)升级程序

图 10-11　"软件更新"窗口

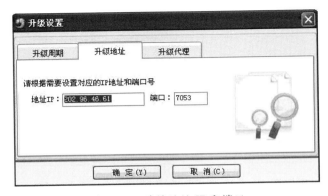

图 10-12　确认地址 IP 和端口

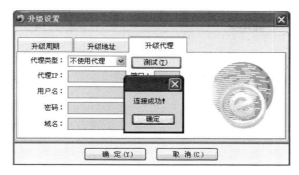

图 10-13　连接成功

注意：若系统提示"部分主件安装成功/失败"，再次单击"软件升级"按钮即可。这是因为有些组件升级时可能会有冲突，或者服务器过于繁忙的情况下，会先升级一部分，然后再升级另一部分。

（2）离线升级。电子申请客户端离线升级包是给不能经常上网的电子申请用户（主要是代理机构）及其他及时升级程序有困难的电子申请用户，更新程序使用的。

使用方法如下：登录电子申请网站，单击"工具下载"按钮，在弹出的工具下载列表中，选中最新日期的离线升级包，单击"下载"按钮。下载成功后，双击该文件，在文件夹里选择OffLine Update. exe。系统会显示"电子申请客户端开始更新，请稍候……"，更新成功后先是"电子申请客户端更新成功！"，这时程序已经升级到最新程序。

电子申请每次更新升级后，都会在电子申请网站的工具下载栏里面放上最新的离线升级包，使用离线升级包升级的用户，需要经常关注网站上是否有新的离线升级包。

等到升级成最新版本后就需要进行客户端的配置。

打开电子申请客户端，在界面中单击"系统设置"下拉框中的选项，在弹出的"系统设置"框中，选申请模式，选中最下面的生产环境；接着选服务地址栏，输入服务器地址：202. 96. 46. 61 端口 7053；最后选择网络代理设置中的"测试"按钮，如提示连接成功，操作成功，单击"确定"按钮完成配置。

网络下载和安装数字证书的操作如下：打开登录页面，输入用户代码和用户密码，单击"登录"按钮，进入用户信息栏中，单击左边用户证书中的证书管理，如图 10-14 所示。

图 10-14　用户信息栏

进入界面中单击页面上方的"下载证书"按钮,会弹出安装证书确认框,根据提示进行操作即可安装完成,如图 10-15 所示。

如果需要给数字证书添加密码,单击设置安全级别,选择"高"单选按钮,如图 10-15 所示。单击"下一步"按钮,在弹出的对话框中输入密码,单击"确定"按钮返回,如图 10-16 所示。

图 10-15 给数字证书添加密码

图 10-16 输入密码

3. 制作申请文件

(1)制作新申请文件。打开电子申请客户端,编辑新申请案件。具体操作是,选择申请专利中的发明、新型、外观或者 PCT 申请中的 PCT 发明和 PCT 新型,进入案件编辑界面编辑,然后保存完成编辑工作。可以先在 Word 软件中先编辑好文件,再复制到电子申请的界面中,字体大小等系统会自动设置。

(2)制作中间文件。专利申请过程中自己发现需要补正,陈述意见等,或者回复通知书的文件都称中间文件,是区别于新申请文件的说法。例如最初没有提专利减缓,后来中间提出请求,就是作为中间文件提交。可以以答复补正的方式提交中间文件。

在电子申请客户端单击"答复补正"按钮,在弹出的对话框中选择需要答复的通知书,如图 10-17 所示。然后在"中间文件"栏中选择需要制作的中间文件,如图 10-18 所示。

图 10-17 单击"答复补正"按钮

图 10-18 选择中间文件

（3）以主动提交的方式提交中间文件。在电子申请客户端单击"主动提交"按钮，在弹出的对话框中单击"新建"按钮，在弹出的对话框中填写相关的申请文件信息，单击"确定"按钮，左侧通知书列表中就会显示该申请文件的信息，然后在"中间文件"栏中选择需要制作的中间文件。

4. 检查文件

电子申请系统支持 XML、DOC、PDF 这 3 种文件格式的提交，提交文件的格式应符合《电子申请文件格式要求说明》《关于外观设计专利电子申请提交规范注意事项》的要求。

国家知识产权局专利局于 2010 年 2 月 10 日启用了新版电子申请系统。新系统提交的文件应符合以下格式要求。

（1）XML 格式文件。电子申请用户应使用电子申请离线客户端编辑器编辑提交 XML 文件。

① 字符集。编辑 XML 文件时，应使用 GB 18030 字符集范围以内的字符，不应使用自造字。

② 图片。XML 文件引用的图片格式应为 JPG、TIF 两种格式；说明书附图的图号应以文字形式表示，不应包含在图片中；外观图片或照片大小不应超过 $150 \times 220 mm^2$，其他图片大小不应超过 $165 \times 245 mm^2$；图片或照片分辨率应为 72～300DPI。

③ 数学公式和化学公式。XML 文件中的数学公式、化学公式，应以图片方式提交。

④ 表格。XML 文件中的表格及表头有合并单元格的表格，可以用电子申请离线客户端编辑器编辑提交，其他表格应以图片方式提交。

⑤ 段号和权项号。新申请 XML 文件中的说明书段号和权项号由系统自动生成。

申请后提交的 XML 格式文件说明书段号应以 4 位数字编号；权利要求书权项号应以阿拉伯数字编号。

（2）DOC、PDF 格式文件。

① 文件范围。发明专利申请和实用新型专利申请的权利要求书、说明书、说明书摘要、摘要附图、说明书附图等，可以提交 DOC、PDF 格式文件。

② 版本。DOC 文件应为 MS Word 2003 或 2007 版本的 DOC 和 DOCX 文件；PDF 文件应为符合 PDF Reference Version 1.3（含）以上版本的文件。

③ 权限。DOC 文件不应设置密码保护、文档保护功能。

PDF 文件应具有打印权限，不应设置加密功能。

④ 字符集。应使用 GB 18030 字符集范围以内的字符，不应使用自造字。

⑤ 图片。图片大小应限定在单页内，不应包含灰度图和彩图。

⑥ 版式要求。说明书不应添加任何形式的段落编号，文档页面设置应为纵向 A4 大小。所有文件应符合《审查指南》的相关要求。

（3）其他要求。DOC 或 PDF 文件中，不应含有水印、宏命令、嵌入对象、超链接、控件、批注、修订模式等内容。

5. 数字签名

在界面中选中提交案件，单击界面上方的"签名"按钮，在弹出的界面中选中和案件匹配的数字证书，单击"签名"按钮，如图 10-19 所示。注意案件提交的时候，案件中使用的数字证书一定要和提交时验签的证书一致。

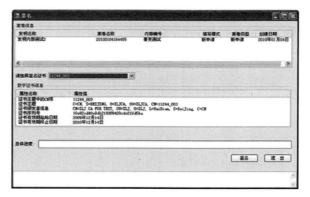

图 10-19　数字签名

6. 提交申请文件

（1）上传申请文件。如果是新申请案件，签名通过后，案件从草稿箱中的新申请转移到发件箱中的新申请。先勾选发件箱中的新申请案件，单击界面上方的"发送"按钮，在弹出的界面中单击"开始上传"按钮，如图 10-20 所示。

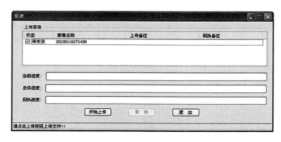

图 10-20　上传申请文件

（2）接收电子申请回执。新申请案件提交成功后，很快会自动收到电子申请回执，提交人应耐心等待，及时接收电子回执。如果没有收到，可单击界面上方的"接收"按钮下载，如图 10-21 所示。

图 10-21　接收电子申请回执

7. 网站查询，接收通知书

电子申请回执接收完成后，案件需要进行相关业务的处理，当处理完成后，可以收到专利申请受理通知书和缴纳申请费通知书。具体操作是，进入到收件箱中已下载通知书界面，单击界面上方的"接收"按钮，在弹出的界面中单击"获取列表"按钮，显示所有待下载的通知书列表,如图 10-22 所示。选中需要下载的通知书,单击"开始下载"按钮,即开始下载相应的通知书,如图 10-23 所示。

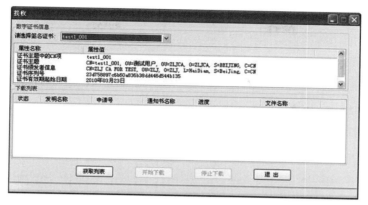

图 10-22　获取列表

图 10-23　下载相应的通知书

　　申请人可以根据案件提交时间、电子申请案卷编号或者申请号在电子申请网站上查询电子申请案卷的提交文件清单,申请号是否被赋予,并且下载扫描件。

8. 电子发文查询

　　电子申请的发文情况可以在电子申请网站上查询。

　　电子申请用户应每日在电子申请网站上查询电子发文情况,并将网站上的查询结果和客户端实际接收到的电子发文进行核对,避免出现通知书少收漏收的情况。

10.5　专 利 缴 费

10.5.1　专利费用介绍

1. 申请费

申请费的缴纳期限是自申请日起算两个月内。与申请费同时缴纳的费用还包括发明专利申请公布印刷费、申请附加费,要求优先权的,应同时缴纳优先权要求费。未在规定的期限内缴纳或缴足的,专利申请将视为撤回。

说明书(包括附图)页数超过 30 页或者权利要求超过 10 项时,需要缴纳申请附加费,金额以超出页数或者项数计算。

优先权要求费的费用金额以要求优先权的项数计算。未在规定的期限内缴纳或缴足的,视为未要求优先权。

3 种专利的各项费用如表 10-1 所示。

表 10-1　3 种专利的各项费用　　　　　　　单位:元

		发明	实用新型	外观设计
申请费		900	500	500
文件印刷费		50		
说明书附加费	从第 31 页起每页	50	50	50
	从第 301 页起每页	100	100	100
权利要求附加费从第 11 项起每项		150	150	150
优先权要求费每项		80	80	80

2. 发明专利申请实质审查费

申请人要求实质审查的,应提交实质审查请求书,并缴纳实质审查费 2500 元。实质审查费的缴纳期限是自申请日(有优先权要求的,自最早的优先权日)起 3 年内。未在规定的期限内缴纳或缴足的,专利申请视为撤回。

3. 复审费

申请人对专利局的驳回决定不服提出复审的,应提交复审请求书,并缴纳复审费。复审费的缴纳期限是自申请人收到专利局做出驳回申请决定之日起 3 个月内。未在规定的期限内缴纳或缴足的,复审请求视为未提出,如表 10-2 所示。

表 10-2　专利复审费　　　　　　　单位:元

	发明	实用新型	外观设计
复审费	1000	300	300

4. 著录事项变更费等

著录事项变更费、实用新型检索报告费、中止程序请求费、无效宣告请求费、强制许可请求费、强制许可使用费的裁决请求费的缴纳期限是自提出相应请求之日起一个月内。未在规定的期限内缴纳或缴足的,上述请求视为未提出,如表 10-3 所示。

表 10-3　著录事项变更费等　　　　　　　单位:元

		发明	实用新型	外观设计
著录事项变更手续费	发明人、申请人、专利权人变更	200	200	200
	专利代理机构、代理人委托关系变更	50	50	50

	发明	实用新型	外观设计
中止程序请求费	600	600	600
无效宣告请求费	3000	1500	1500
强制许可请求费	300	200	
强制许可使用费	300	300	

5. 恢复权利请求费

申请人或专利权人请求恢复权利的,应提交恢复权利请求书,并缴纳费用。该项费用的缴纳期限是自当事人收到专利局发出的权利丧失通知之日起两个月内。未在规定的期限内缴纳或缴足的,其权利将不予恢复,如表 10-4 所示。

表 10-4　恢复权利请求费　　　　　　　　单位:元

(人民币:元)	发明	实用新型	外观设计
恢复费	1000	1000	1000

6. 延长期限请求费

申请人对专利局指定的期限请求延长的,应在原期限届满日之前提交延长期限请求书,并缴纳费用。对一种指定期限,限延长两次。未在规定的期限内缴纳或缴足的,将不同意延长,如表 10-5 所示。

表 10-5　延长期限请求费　　　　　　　　单位:元

	第一次延长期每月	再次延长期每月
延长期限请求费	300	2000

7. 办理退款的手续

当事人对多缴、重缴、错缴的专利费用,可以自缴费之日起一年内,提出退款请求。提出退款请求的,应提交意见陈述书,并提交《国家知识产权局专利收费收据》复印件。

8. 年费的缴纳

(1) 申请人办理登记手续时,应当缴纳专利登记费、公告印刷费、印花税和授予专利权当年的年费。发明专利申请需要缴纳申请维持费的,申请人应当一并缴纳各个年度的申请维持费。期满未缴纳或未缴足费用的,视为未办理登记手续。授予专利权当年的年费,应当在专利局发出的授予专利权通知书中指定的期限内缴纳,以后的年费应当在前一年度期满前一个月内预缴。

(2) 需要缴纳申请维持费的情况是,发明专利申请自申请日起满两年尚未被授予专利权的,申请人应当自第三年度起缴纳申请维持费。

9. 滞纳金的缴纳

(1) 专利权人未按时缴纳授予专利权当年以后的年费或者缴纳的数额不足的,专利权人自应当缴纳年费期满之日起最迟 6 个月内补缴,同时缴纳滞纳金。交费时间超过规定交费时间不足一个月的,不收滞纳金,超过规定缴费时间一个月的,每多超出一个月,加收当年全额年费的 5% 作为滞纳金,例如,缴费时超过规定缴费时间两个月,滞纳金金额为年费标准值乘以 10%(《专利法实施细则》第九十六条)。

(2)首次缴纳数额不足时年费滞纳金的计算。专利权人再次补缴时,应依照实际补缴日所在滞纳金时段内的滞纳金标准,补足应缴纳的全部年费滞纳金。例如,年费滞纳金 5% 的缴纳时段为 5 月 5 日至 6 月 5 日,滞纳金为 45 元,但缴费人仅缴纳了 25 元。缴费人在 6 月 7 日补缴滞纳金时,应依照实际缴费日所对应的滞纳期时段的标准 10% 缴纳,该时段滞纳金为 90 元,所以缴费人还应补缴滞纳金 65 元。

(3)办理恢复手续时年费滞纳金的计算。专利权人因专利权终止办理恢复手续时,年费滞纳金应按当年年费全额的 25% 缴纳。

10.5.2 专利费用的减缓

1. 可以减缓的费用

申请人或者专利权人缴纳专利费用确有困难的,可以请求减缓。可以减缓的费用包括 5 种:申请费、发明专利申请审查费、复审费、发明专利申请维持费、自授予专利权当年起 3 年的年费。其他费用不予减缓。

请求减缓专利费用的,应当提交《费用减缓请求书》,如实填写经济收入状况,必要时还应附具有关证明文件。

2. 年费的减缓

授权前已获准专利费用减缓的,自授权当年起连续 3 个年度可按已批准的减缓比例缴纳年费。例如,一件已获准减缓专利费用的专利申请的授权当年为第 3 年度(即办理登记手续通知书中所指明的年度),则专利权人按批准的减缓比例可以减缓第 3 年度、第 4 年度及第 5 年度的年费,第 6 年度起应按全额缴纳年费。

3. "专利年度"概念

(1)授予专利权当年。授予专利权当年是指专利申请在第 N 年度授权,第 N 年即为授权当年,以办理登记手续通知书中所注明的为准。例如,一件专利申请的办理登记手续通知书中要求缴纳第 3 年度的年费,即表示该案的"授权当年"为第 3 年度。

(2)专利年度。专利年度是指该专利自申请日起每满一年为一个专利年度。例如,一件专利申请的申请日为 1998 年 6 月 1 日,则自该日起至 1999 年 6 月 1 日为该案的第 1 年度,自 1999 年 6 月 2 日至 2000 年 6 月 1 日为该案的第 2 年度……

10.5.3 缴费注意事项

(1)通过邮局或者银行汇款,应当在汇款单附言栏中或者汇款用途栏中写明正确的申请号或专利号及费用名称。正确的申请号或专利号应为 9 位(2003 年 10 月 1 日之前申请的专利)或 13 位(2003 年 10 月 1 日之后申请的专利),不得缺位,最后一位校验位前的小数点可以省略。

例如,9 位申请号可写成 9910×××× . 2 或者 9910××××2;13 位数申请号可以写成 200510×××××× . 1 或者 200510××××××1。所缴的费用名称可以用简称(见专利费用标准)。

(2)缴费人通过银行或邮局缴付专利费用时,应当在汇单上写明正确的申请号或者专利号和缴纳费用的名称(或简称)。缴费人汇款时收到银行或邮局汇款凭证,应认真核对申请号或专利号以及缴费人通讯地址和邮政编码,这些信息在以后的程序中是有重要作用的。费用不得寄到专利局受理处。

(3) 通过银行或者邮局汇款,应将汇款单复印件及申请号或专利号、费用名称、分项金额、邮编、地址、收件人信息,发至收费处,如需发传真,应在汇款当日。(传真:010-62084312)。此办法是对未在汇款时注明上述必要信息的补救方式,不具有法律效力。

① 银行汇付。

开户银行:中信银行北京知春路支行;

户 名:中华人民共和国国家知识产权局专利局;

账 号:7111710182600166032。

② 邮局汇付。

收款人姓名:国家知识产权局专利局收费处;

商户客户号:110000860(可代替地址邮编);

地址(邮编):北京市海淀区蓟门桥西土城路 6 号(100088);

传 真:010-62084312;

电子邮件信箱:shoufeichu@sipo.gov.cn。

(4) 费用的查询:当事人汇款后未收到专利局收费收据需要查询的,可电话查询(010-62085566),查询时效为一年。

(5) 费用标准会有所调整,以新标准为准。

10.5.4 费用减缓请求

申请专利时需要缴纳的费用是一笔相对比较大的支出,而申请费用减缓无疑是一个很好的解决办法。有的费用可以最高减免 85%,实际只付 15%。

1. 费用减缓请求书的填写

(1) 申请号。凡是费用减缓请求书与专利申请请求书一同提交的,不必填写此项,由专利局填写。若以后提交的,则必须填写申请号。

(2) 申请人或申请人代表。应填写申请人姓名或名称,若申请人为多个时,申请人一栏中应填写申请人代表的姓名或名称,其内容与专利申请请求书中的一致。

(3) 请求减缓的理由。个人请求减缓的,应写明本人的年收入情况。

单位请求减缓的,除了写明请求减缓的理由外,还应附具上级行政主管部门的证明。单位的上级主管部门不明确的,可以由当地省(市)专利管理机关出具证明。在出具的证明中,应当说明请求减缓的单位是企业、事业还是机关、团体,是企业的应当说明亏损情况,非企业的应当说明其经济困难情况。

(4) 申请人或代理机构签章。若未委托专利代理机构的,由申请人或申请人代表签字或盖章,若委托专利代理机构的,则由专利代理机构签章。

2. 减缓比例

个人(非职务)申请的可减缓 85%。

单位(职务)申请的可减缓 70%。

两个或两个以上的个人共同申请的,可减缓 70%。

个人和单位共同申请的,可减缓 70%。

两个或两个以上的单位共同申请的,不予减缓。

3. 费用减缓的项目

费用减缓仅适用下列 5 项:申请费、复审费、专利批准后 3 年内的年费、发明专利实审费和维持费。

10.6 专利国际申请

10.6.1 专利国际申请的条件

1. 概念

专利国际申请指的是在一国完成的发明创造到另外一个国家或者多个国家申请专利权。

2. 专利国际申请条件

(1) 我国单位或者个人必须根据我国参加的有关国际条约提出国际申请。

(2) 我国单位或者个人就其在国内完成发明创造提交国际申请的,应当首先向国务院专利行政部门提出申请,同时应当委托涉外代理机构办理。

(3) 申请人应当遵守关于保密的规定,即申请专利的发明创造涉及国家安全或者重大利益需要保密的,要按国家有关规定办理。

10.6.2 专利国际申请的途径和流程

一般来说,可以通过 3 种方式申请国际专利,即巴黎公约途径、PCT 途径、EPC 途径。申请国际专利时可以综合考虑各种途径的优劣,结合自身的实际情况,选择最适合的申请途径。

1. 传统的巴黎公约途径

根据巴黎公约的规定,一项发明若想获得多个国家的专利,申请人可以在优先权日起 6 个月或 12 个月内,分别向多个国家专利局提交申请。但这种途径,需要在各国提出申请手续,制作符合各国规定的申请文件,申请人需要花费比较多的时间、精力和费用。

2. PCT 途径

《专利合作条约(Patent Cooperation Treaty,PCT)》是继巴黎公约之后的又一个意义重大的国际条约,它奠定了各国在专利领域进行国际合作的基础,对专利申请的受理和审查标准做了国际性统一规定。与巴黎公约相比,根据 PCT,在条约成员国的范围内,某一国家的居民或者国民只要使用一种规定的语言在一个国家提交了国际专利申请,就产生了分别向各成员国提交国家专利申请的效力,并取得各条约成员国承认的国际申请日。简单地说,即申请人自优先权日起 12 个月内直接向中国国家知识产权局提交一份用中文或英文撰写的申请,一旦确定了国际申请日,则该申请在 PCT 的所有成员国自国际申请日起具有正规国家申请的效力。申请人自优先权日起 30 个月内向欲取得专利的多个国家专利局提交申请的译文,并缴纳相应的费用即可。

PCT 申请要经历国际阶段和国家阶段。申请的提出、国际检索和国际初步审查在国际阶段完成,是否授予专利权的工作在国家阶段完成,由被指定的各个国家局完成。另外如果申请人愿意,可以不通过某一国家或地区主管局,而直接向位于日内瓦的 WIPO 的 PCT 受理局提交国际专利申请。

3. EPC 途径

专利申请人在欧洲地区有两种途径寻求专利保护。向各欧洲国家专利局递交申请,或通过欧洲专利局(EPO)申请欧洲专利。EPO 代表 EPC 的成员国授予专利权。《欧洲专利权授予公约》(European Patent Convention,EPC)于 1973 年 10 月 5 日在德国慕尼黑签订,也简称《慕尼黑公约》。该公约于 1977 年 10 月 7 日生效,最初的成员国有比利时、德国、法国、卢森堡、荷兰、瑞士、英国和瑞典 8 个国家。1978 年 6 月 1 日开始受理第一件欧洲专利申请。目前 EPC 体系成员国共有 32 个,同时还有 5 个国家虽然没有加入 EPC 体系,但是承认欧洲专利。EPC 对所有欧洲国家开放,一件欧洲专利申请可以指定一个或几个 EPC 成员国,该申请一旦被 EPO 授权,则在各指定国分别生效。

由于引导欧洲经济走向高度一体化的欧洲共同体市场和统一货币,成为影响欧洲专利活动的外在因素,并为欧洲专利申请人在多个 EPC 成员国寻求专利保护赋予了动力。因此,欧洲人向其他 EPC 成员国专利局和 EPO 提交专利申请的情况目前已极为普遍。但同时 EPC 对于申请人的资格没有进行限制,因此,中国企业和个人也可以申请取得欧洲专利。专利国际申请的途径和流程如图 10-24 所示。

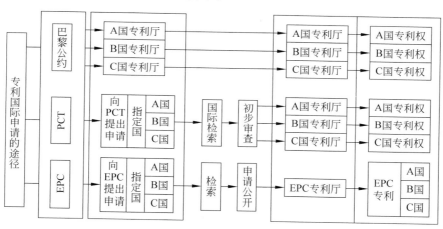

图 10-24　专利国际申请的途径和流程

10.6.3　专利国际申请的作用和意义

1. 抢占国际市场

专利国际申请可以有效防止国际市场被其他相关企业占领。由于专利保护具有地域性特点,因此一项技术在我国被授予专利权,仅仅意味着专利权人有权禁止他人在我国未经其许可利用该技术,但是并不能阻止他人在其他国家实施该技术,或者依据这些国家的法律规定提交相应的专利申请。一旦该技术的专利权在国外被授予其他竞争对手,那么企业自身的产品将被完全排除在这些国家的市场范围之外,而即使获得授权的专利权人与企业之间不存在竞争关系,企业为了将产品打入国际市场也不得不向专利权人支付可能价格不菲的许可费。

2. 国际技术转让

专利国际申请有助于通过国际技术转让回收研发成本,充分实现技术的经济价值。企业申请专利保护的一些技术可能与产品制造无关,也有可能是企业自身并未考虑开拓相关产品的国际市场,但是即使在此类情形下,专利国际申请也仍然具有重要的意义。在专利申请国获得专利授权之后,企业将更易于向专利申请国的企业进行国际技术转让并收取许可使用费。

3. 降低许可成本

我国企业长期以来由于缺乏自主创新的技术,在外国被授予专利权的发明创造为数甚少,因而在引进国外先进技术谈判时往往处于极端被动的地位。现在已经有不少企业开始意识到专利国际申请的重要性,在国外积极主动地申请专利,那么在引进国外先进技术时即可通过与对方之间的专利技术交叉许可降低许可成本,变被动为主动,实现优势互补。为国际技术贸易提供谈判筹码。

4. 免遭无端损失

专利国际申请为在国外发生的专利侵权诉讼提供了防卫反击的有力武器。企业将产品出口海外市场时经常会遭遇专利侵权纠纷,一些发达国家的企业以专利侵权为由企图封杀我国企业具有市场竞争力的产品。在此情形下,如果我国企业在国外获得了相关产品的专利权,不仅可以以此为基础与对方进行调解,而且在对方未经我方许可擅自使用我方专利技术的情形下,还可据此挟制或反击对方,以减少企业在国外专利侵权诉讼中可能遭受的损失。

第11章 专利申请文件的撰写

很多人把创意归结于偶然。其实创意的由来并非是大家所以为的"灵光一现",积累是非常重要的过程,没有积累就不会有创新。要创新需要一定的灵感,这灵感不是天生的,而是来自长期的积累与全身心的投入。

11.1 撰写专利申请文件的步骤和原则

谁拥有专利,谁就拥有市场主动权,而拥有专利的关键不但在于专利的申请,更在于专利权的获得和专利权的有效性。只有在申请阶段保证专利申请文件的质量,才可能保证专利权的获得及其有效性,从而进一步保证市场运作的收益。专利申请文件撰写就是发明成果转化成专利文献的创作。

1. 专利申请文件

一项发明创造完成以后,并不能自动得到《专利法》的保护,必须由有权申请专利的人按照《专利法》的规定以书面形式向国家知识产权局专利局提出申请,才有可能取得专利权,这些以书面方式提交的材料称为专利申请文件。所谓专利申请文件的撰写,就是用语言结合附图把一种产品或者方法唯一确定地表达出来。专利申请文件撰写可以委托专利代理人,也可以由发明人自己完成。

2. 专利申请的目的

(1) 获得专利权。国家知识产权局专利局受理专利申请以后,会按照专利法规定的程序对申请文件进行审查,只有符合专利法规定的专利申请才会被授予专利权。我国的《专利法》及其《实施细则》均对专利申请文件的撰写规范提出了详尽的要求。专利申请文件的撰写兼具法律性和技术性,其撰写的好坏将会直接影响到发明创造能否获得专利授权以及专利申请在专利局的审批速度,对一项专利权能否形成、专利权人能否获得有效的合法、最大化的法律保护,起着关键的作用。可见,专利申请文件要按规矩写,符合专利法的规定,才能快速顺利通过审查。

(2) 得到利益。申请专利是为了对来之不易的发明创造进行法律保护,通过法定程序确定发明创造的权利归属关系,从而有效保护发明创造成果,独占市场,以此换取最大的经济利益。申请专利的最终目的就是要获利。可见,专利申请文件的质量直接影响到专利法对发明创造的保护。高质量的专利申请文件有利于更顺利地通过审查,有利于更有效地应对他人提起的无效和后期行政诉讼,并且有利于在侵权阶段更好地保护专利涉及的产品。

(3) 公开自己的发明成果。专利申请文件会向全世界公开,将自己的创新成果广而告知,让发明人的创意与智慧开花结果,鼓励、保护和利用发明创造,促进产业发展,为科技进步增砖添瓦,为人类社会的发展做出贡献。可见,专利申请文件要成为历史文献必须慎重对待。

(4) 载入专利数据库。专利一旦被授权,申请文件会长期储存在专利数据库中,今后一直被同行专家检索,因此需要慎重地考虑专利申请文件中自己发明主题的全面记载。可见,专利申请文件也是发明人的"形象",所以要认真对待。好的专利申请文件可以"流芳百世",差的专利申请文件也会"遗臭万年"。

3. 撰写专利申请文件的一般步骤

(1) 确定发明创造的内容。

(2) 确定申请哪一种专利类型的专利。专利法中所涉及的发明创造包括发明、实用新型和外观设计。

（3）检索发明创造的背景资料，了解现有技术文献进行检索。

（4）明确申请方案、保护的范围和内容。

（5）撰写专利申请文件。

（6）提交专利申请。

4. 专利申请文件撰写的基本原则

为了提高专利必须申请文件的质量，加快专利审批进度，使发明创造得到较好的保护。撰写专利申请文件的遵循以下基本原则。

（1）简要。专利申请文件要语言简练，主题鲜明。没有必要的文字，与发明主题无关的内容尽量删除。

（2）准确。专利申请文件要准确表达发明主题，用语应当清楚、准确、无歧义，不能模棱两可。

（3）严密。专利申请文件要避免不恰当的用语，以避免对专利的保护范围造成无谓的限制。

（4）逻辑。专利申请文件要有逻辑性，不能前后矛盾，模糊不清。

（5）条理。条理清晰，结构合理。

（6）规范。专利申请文件要符合专利法、专利法实施细则以及审查指南的规定。

5. 专利申请文件撰写的质量评价标准

高质量的专利申请文件应满足质量评价标准。

（1）表述精确。专利申请文件应清楚、完整地表述发明人的发明创造主题。

（2）公开适度。专利申请文件记载的内容应适度公开技术内容，既能满足充分公开的要求，又能适当保留技术秘密。此外，高质量的专利申请文件还应降低竞争对手在申请文件的启示下就改进的技术方案获得专利授权的可能性，从而使申请人在商业运作中占据更有利的地位。

（3）布局到位。专利申请文件应合理限定保护范围，使其一经授权，其保护范围不但能在可能发生的侵权纠纷中有效地覆盖竞争对手涉嫌侵权的产品和方法，进而最大程度地降低竞争对手规避设计的可能性，而且能在可能发生的专利许可或转让等行为中清晰地界定技术方案。

（4）减少缺陷。力求把技术方案和申请文件的缺陷降至最低，使专利申请文件在审批程序中能顺利通过审查员的审查，获得专利权。一旦获得专利授权，申请文件就应在可能发生的无效程序中经受住无效宣告请求人的挑战。

11.2 外观设计专利申请文件的撰写

申请外观设计专利时，应当提交外观设计专利请求书、外观设计图片或照片，以及外观设计简要说明。如果通过专利代理机构，还应提交专利代理委托书，如果需要减免费用，还应提交专利费用减缓请求书。相关表格可在国家知识产权局网站（http://www.sipo.gov.cn）下载。

11.2.1　外观设计专利请求书的填写

（1）应当使用国家公布的中文简化汉字填写，表格中文字应当打字或者印刷，字迹为黑色。外国人姓名、名称、地名无统一译文时，应当同时在请求书英文信息表中注明。

（2）表格中的方格供填表人选择使用，若有方格后所述内容的，应当在方格内添加标记。

（3）在表格中的详细地址栏填写地址时，本国的地址应当包括省（自治区）、市（自治州）、区、街道门牌号码，或者省（自治区）、县（自治县）、镇（乡）、街道门牌号码，或者直辖市、区、街道门牌号码。有邮政信箱的，可以按规定使用邮政信箱。外国的地址应当注明国别、市（县、州），并附上外文详细地址。其中申请人、专利代理机构、联系人的详细地址应当符合邮件能够迅速、准确投递的要求。

（4）表中第1、2、3、4、5、21栏由国家知识产权局填写。

（5）外观设计的产品名称应符合下述要求。

① 应当与外观设计图片或者照片中表示的外观设计相符合。

② 能准确、简明地表明要求保护的产品的外观设计。

③ 产品名称一般应当符合国际外观设计分类表中小类列举的名称。

④ 产品名称一般不得超过20个字。

⑤ 应避免使用下列名称。

- 含有人名、地名、国名、单位名称、商标、代号、型号或以历史时代命名的产品名称。
- 概括不当、过于抽象的名称，例如"文具"、"炊具"、"乐器"、"建筑用物品"等。
- 描述技术效果、内部构造的名称，例如"节油发动机"、"人体增高鞋垫"、"装有新型发动机的汽车"等。
- 附有产品规格、大小、规模、数量单位的名称，例如"21英寸电视机"、"中型书柜"、"一菱手套""16-P型显示器"等。
- 以产品的形状、图案或色彩命名的名称，例如"菱形尺"、"带有熊猫图案的书包"、"红色外衣"等。
- 省略不当，如"棋盘"不能写成"棋"，"玩具汽车"不能写成"汽车"等。
- 以外国文字或无确定的中文意义的文字命名的名称，例如"克莱斯酒瓶"，但已经众所周知并且含义确定的文字可以使用，例如"DVD播放机"、"LED灯"、"USB集线器"等。

（6）所有专利文件都可按照表后的说明进行填写。

11.2.2　外观设计的图片或照片

图片或者照片应当清楚地显示要求专利保护的产品的外观设计。申请人请求保护色彩的外观设计专利申请，应当提交彩色图片或者照片。

图片或者照片的纸张只限使用正面，四周应当留有页边距：左侧和顶部各25mm，右侧和底部各15mm。

就立体产品的外观设计而言，产品设计要点涉及6个面的，应当提交六面正投影视图；产品设计要点仅涉及一个或几个面的，应当至少提交所涉及面的正投影视图和立体图，并应当在简要说明中写明省略视图的原因。就平面产品的外观设计而言,产品设计要点涉及一个面的,可以仅提交该面正投影视图;产品设计要点涉及两个面的,应当提交两面正投影视图。

必要时,申请人还应当提交该外观设计产品的展开图、剖视图、剖面图、放大图以及变化状态图。此外,申请人可以提交参考图,参考图通常用于表明使用外观设计的产品的用途、使用方法或者使用场所等。

色彩包括黑白灰系列和彩色系列。对于简要说明中声明请求保护色彩的外观设计专利申请,图片的颜色应当着色牢固、不易褪色。

六面正投影视图的视图名称,是指主视图、后视图、左视图、右视图、俯视图和仰视图。各视图的视图名称应当标注在相应视图的正下方。其中主视图所对应的面应当是使用时通常朝向消费者的面或者最大程度反映产品的整体设计的面。例如,带把手的杯子的主视图应是杯把在侧边的视图。

对于成套产品,应当在其中每件产品的视图名称前以阿拉伯数字顺序编号标注,并在编号前加以"套件"字。例如,对于成套产品中的第 4 套件的主视图,其视图名称为:套件 4 主视图。

对于同一产品的相似外观设计,应当在每个设计的视图名称前以阿拉伯数字顺序编号标注,并在编号前加以"设计"字。例如"设计 1 主视图"。

组件产品,是指由多个构件相结合构成的一件产品。组件产品分为无组装关系、组装关系唯一和组装关系不唯一 3 种。对于组装关系唯一的组件产品,应当提交组合状态的产品视图;对于无组装关系或者组装关系不唯一的组件产品,应当提交各构件的视图,并在每个构件的视图名称前以阿拉伯数字顺序编号标注,并在编号前加以"组件"字。例如,对于组件产品中的第 3 组件的左视图,其视图名称为"组件 3 左视图"。

对于有多种变化状态的产品的外观设计,应当在其显示变化状态的视图名称后,以阿拉伯数字顺序编号标注。

正投影视图的投影关系应当对应、比例应当一致。

1. 对图片的要求

图片应当参照我国技术制图和机械制图国家标准中有关正投影关系、线条宽度以及剖切标记的规定绘制。不得以阴影线、指示线、虚线、中心线、尺寸线、点画线等线条表达外观设计的形状。

可以用两条平行的双点画线或自然断裂线表示细长物品的省略部分。图面上可以用指示线表示剖切位置和方向、放大部位、透明部位等,但不得有不必要的线条或标记。

不得使用铅笔、蜡笔、圆珠笔绘制图片,也不得使用蓝图、草图或油印件。

用计算机绘制的外观设计图片,分辨率应当满足清晰的要求。

2. 对照片的要求

(1) 照片应当清晰,避免因对焦等原因导致产品的外观设计无法清楚地显示。

(2) 照片背景应当单一,避免出现该外观设计产品以外的其他内容。产品和背景应有适当的明度差,以清楚地显示产品的外观设计。

（3）照片的拍摄通常应当遵循正投影规则，避免因透视产生的变形影响产品的外观设计的表达。

（4）照片应当避免因强光、反光、阴影、倒影等影响产品的外观设计的表达。

（5）照片中的产品通常应当避免包含内装物或者衬托物，但对于必须依靠内装物或者衬托物才能清楚地显示产品的外观设计时，则允许保留内装物或者衬托物。

11.2.3　外观设计的简要说明

简要说明用于解释图片或者照片所表示的该产品的外观设计，不得使用商业性宣传用语，也不能用来说明产品的性能和内部结构。简要说明包括下列内容。

（1）外观设计产品的名称。简要说明中的产品名称应当与请求书中的产品名称一致。

（2）外观设计产品的用途。简要说明中应当写明有助于确定产品类别的用途。对于具有多种用途的产品，简要说明应当写明所述产品的多种用途。

（3）外观设计的设计要点。设计要点是指与现有设计相区别的产品的形状、图案及其结合，或者色彩与形状、图案的结合，或者部位。对设计要点的描述应当简明扼要。

（4）指定一幅最能表明设计要点的图片或者照片。指定的图片或者照片用于出版专利公报。

下列情形应当在简要说明中写明。

（1）请求保护色彩或者省略视图的情况。如果外观设计专利申请请求保护色彩，应当在简要说明中声明。如果外观设计专利申请省略了视图，申请人通常应当写明省略视图的具体原因，例如因对称或者相同而省略；如果难以写明的，也可仅写明省略某视图，例如大型设备缺少仰视图，可以写为"省略仰视图"。

（2）对同一产品的多项相似外观设计提出一件外观设计专利申请的，应当在简要说明中指定其中一项作为基本设计。

（3）对于花布、壁纸等平面产品，必要时应当描述平面产品中的单元图案两方连续或者四方连续等无限定边界的情况。

（4）对于细长物品，必要时应当写明细长物品的长度采用省略画法。

（5）如果产品的外观设计由透明材料或者具有特殊视觉效果的新材料制成，必要时应当在简要说明中写明。

（6）如果外观设计产品属于成套产品，必要时应当写明各套件所对应的产品名称。

11.2.4　外观设计专利的撰写示例

专利撰写示例都可以在专利数据库中得到。

1. 照片视图案例

本例中的陶瓷浮影仪是浙江科技学院学生创办公司生产的产品，且申请了外观设计专利。外观设计的照片如图 11-1 所示。

由于陶瓷浮影仪各面绘有不同的花纹，所以采用了 5 个面的视图来展现，为了突出产品形态结构，又加上了立体图和使用状态立体图，使得产品外观更加清晰明了。

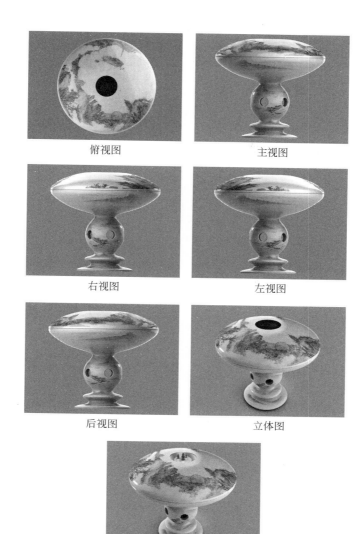

俯视图　　　　　　　　主视图

右视图　　　　　　　　左视图

后视图　　　　　　　　立体图

使用状态立体图

图 11-1　陶瓷浮影仪的外观设计

2．绘制视图案例

本例是浙江科技学院学生为某企业设计的十二生肖面巾纸盒，申请了 12 个外观设计专利，图 11-2 所示是其中的一个。

这里将纸盒的 6 个面以主视图、仰视图、俯视图、右视图、展开图、左视图、立体图、后视图的形式展现面巾纸盒是所有信息，十分细致。

外观设计简要说明如下。

（1）本外观设计产品的名称：面巾纸盒。

（2）本外观设计产品的用途：装面巾纸。

（3）本外观设计的设计要点：形状。

（4）最能表明设计要点的图片或者照片：俯视图。

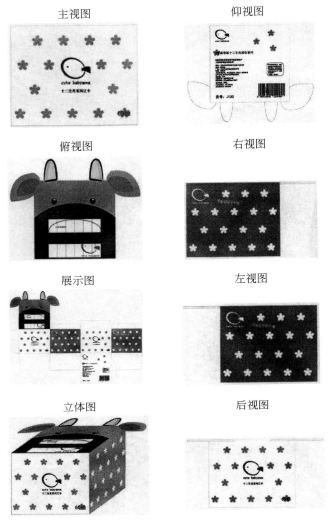

主视图	仰视图
俯视图	右视图
展示图	左视图
立体图	后视图

图 11-2　面巾纸盒的外观设计

11.3　发明和实用新型专利申请文件的撰写

　　申请发明专利必须提交的必要文件是请求书、权利要求书、说明书（必要时应当有说明书附图）、说明书摘要（必要时应当有摘要附图）。根据具体情况,还应提交专利代理委托书、费用减缓请求书、要求提前公开声明、实质审查请求书。国家知识产权局专利局制定了一系列的表格,申请人可在中华人民共和国知识产权局网站(http://www.sipo.gov.cn)下载和填写。涉及氨基酸或者核苷酸序列的发明专利申请,说明书中应包括该序列表,并把该序列表作为说明书的一个单独部分提交,同时还应提交符合国家知识产权局规定的记载有该序列表的光盘或软盘。

11.3.1 权利要求书的撰写

1. 权利要求书是专利的核心

权利要求书是专利申请文件中最重要的部分，其撰写的好坏将直接影响发明或实用新型专利申请能否获得授权、获得专利权的保护范围的大小以及专利申请在专利局的审批进度。一份专利申请的主题是否具有新颖性、创造性和实用性，专利申请是否符合单一性的规定，他人的专利行为是否侵犯了专利权，都取决于权利要求书的内容或者与权利要求书有直接的关联。在专利申请文件中，它是发明或者实用新型专利要求保护的内容，具有直接的法律效力，是申请专利的核心，也是确定专利保护范围的重要法律文件。权利要求书的撰写是最重要的，是申请人向国家请求保护他的发明创造及划定保护范围的文件，一旦提交，一般不允许扩大保护范围，而批准后，它即具有法律效力。它的撰写又是最为困难和最富技巧性的，因此权利要求书的撰写要认真对待。

在我国，《专利法》和《专利法实施细则》是撰写专利申请文件的法律依据，申请人必须依照相关法律的规定撰写申请文件，只有这样才有可能通过专利局的实质审查或者无效宣告的审查，获得可靠的专利权。

2. 权利要求书的独立权项与从属权项

权利要求书包括独立权利要求和从属权利要求两方面的内容。

（1）独立权利要求就是从整体上反映发明或实用新型的主要技术内容，记载构成发明或者实用新型必要的技术特征。独立权利要求应当包括前序部分和特征部分。

① 前序部分。在前序部分应写明要求保护的发明或者实用新型技术方案的主题名称和发明或者实用新型主题与最接近的现有技术共有的必要技术特征。

② 特征部分。在特征部分可使用"其特征是……"或者类似的用语，写明发明或者实用新型区别于最接近的现有技术的技术特征。这些特征和前序部分写明的特征合在一起，限定发明或者实用新型专利要求保护的范围。

独立权利要求应从整体上反映出发明或实用新型专利的主要技术内容，它的技术特征的集合是该专利的最大保护范围，第三人生产的产品只要不用到其中的任何一个技术特征就不构成专利侵权，因此在独立权利要求中不要写入任何非必要的技术特征；同时，也不要将权利要求写得较为宽广，尤其是实用新型专利的权利要求书不能写得较为宽广，这样会使其权利不稳定，不能很好地对自己的利益进行保护。

（2）从属权利要求就是引用前面的权利要求，记载发明或实用新型附加的技术特征，反映发明或实用新型具体实施方案的权利要求。从属权利要求也分前序（引用）部分和特征（限定）部分。

① 引用部分。引用部分应写明引用的权利要求的编号及其主题名称。

② 限定部分。限定部分应写明发明或者实用新型附加的技术特征。

从属权利要求只能引用在前的权利要求。引用两项以上权利要求的多项从属权利要求，只能以唯一方式引用在前的权利要求，并不得作为另一项多项从属权利要求的基础。

有多项权利要求的应当用阿拉伯数字顺序编号。编号时独立权利要求应排在前面，它的从属权利要求紧随其后。

独立权利要求在法律上有独立的意义，而从属权利要求必须依附于独立权利要求，在法律上没有独立的意义。因此，一份权利要求书中可以只有独立权利要求，没有从属权利要求，但不能没有独立权利要求，只有从属权利要求。独立权利要求写在前，从属权利要求写在其后。如果该发明创造有两个或两个以上的独立权利要求，则各自的从属权利要求应分别写在各独立权利要求之后。

3. 产品权利要求和方法权利要求

权利要求书分为产品权利要求和方法权利要求。

（1）产品权利要求包括人类技术生产的物（产品、设备），保护的对象是物品、物质、材料、工具、装置、设备、仪器、部件、组件、线路、合金、涂料、水泥、玻璃、组合物、化合物等。

（2）方法权利要求包括有时间过程要素的活动（方法、用途）。有时空要素的活动，也就是在时间的先后顺序，空间上不同的地点或移动。保护对象是制造方法、使用方法、通信方法、处理方法、安装方法以及将产品用于特定用途的方法等。

4. 权利要求书的撰写要求

权利要求书的撰写要求可分为两种：实质性与形式性。

1）实质性要求

权利要求书应当以说明书为依据，清楚、简要地表述请求保护的范围。

（1）以说明书为依据。《专利法》第二十六条第四款规定，权利要求书应当以说明书为依据，说明请求专利保护的范围。

所谓的以说明书为依据，是指权利要求应当得到说明书的支持。包含两种意思：形式支持与实质支持。

① 形式支持。权利要求书的内容在形式上应当能从说明书中找到相应的文字记载，这些文字记载的内容所表达的含义应该与权利要求书的内容相当或相同。一般把相同的内容记载在说明书的技术方案部分。为了达到这个要求，通常的做法是先起草权利要求，然后复制到说明书中。在讲到说明书的技术解决方案部分时，还会提到形式支持问题。

② 实质支持。权利要求书中的每一项权利要求保护的技术方案应当是所属技术领域的技术人员能够从说明书中公开的内容直接得出或者概括得到，并且权利要求的范围不超出说明书记载的内容。这里谈到直接得出或概括得到两个方面。直接得到就是可以从说明书的文字记载中直接找到相关的内容，而且对这些内容不必做进一步的理解，其含义是清楚、明确的。但是对于概括得到就需要从多个实施例所公开的内容进行适当概括才能得出，往往权利要求以概括方式所表达的范围要比直接得到的宽一些，这种概括就是从多个实施例的下位概念出发找出下位概念之间具有共性的方面，然后提升至上位概念而得出。也可以是从离散数值概括出一个连续数值范围。

实质支持需要注意的是，概括要恰当，具体如下。

① 概括范围的宽窄取决于其与现有技术相关的程度。

② 该领域普通技术人员能从说明书中记载的实施例或实施方式联想到此权利要求所概括的技术方案。

- 用上位概念概括一些下位概念时，必须利用下位概念的共性。例如，从铜、铝概括出导热金属；从氟、溴、碘概括出卤素（气、液、固三态都存在）。关于从离散数值概括出连续数值范围的情况，可以是公开了 3 个离散点的实施例，概括出以最小和最大值为两个端点的连续数值范围。

- 不能包括一些推测的、效果又难于预先确定和评价的内容。

③ 权利要求中采用功能性限定技术特征的条件。

- 使用功能性限定比用结构特征更清楚。

- 说明书中给出了多种实施方式,足以从这些实施方式概括出一种功能性语言的表述方式,不允许有纯功能的权利要求。例如,一个显示装置,包括一个功率放大器,用于放大信号;一个控制器,用于进行控制;一个夜景显示器,用于进行显示。

（2）清楚。权利要求是否清楚,对于确定发明或者实用新型主题要求保护的范围是极为重要的。

① 权利要求应当清楚,不仅每一项权利要求应当清楚,而且所有权利要求作为一个整体也应当清楚。每项权利要求的类型应当清楚,权利要求的主题名称应当能够清楚地表明该权利要求的类型是产品权利要求还是方法权利要求。

② 用词要严谨。用词严谨指不能使用含糊不清楚的词语,容易造成误解的词语不要使用,如五角形,这五角形可能是五边形或五角星形,这会造成误解,应该用更为确切的词限定。

对于已有统一名称的装置,也使用统一的名称,例如一种流体换向装置,用于改变流体的方向,该装置实际上一种换向阀,而换向阀是一个已知的通用名称,用液体换向装置来定义未满足要求。

一般不要说否定词,但也不是所有否定词都不能用,也有固定搭配的专用名词不受限制,例如电学领域的非门,化学领域的不饱和烃,它们都具有确切的含义。当然在不用否定词就不能清楚地表达时,还是可以使用的。

模糊不清词是指如高温、高压、强、弱、厚、薄等。但是像电学领域的"高频放大器",制冷领域的"液氮低温"等术语是这些领域中很清楚的概念,因此可以使用。还有"尤其是"、"必要时"、"最好是"、"等"、"大约"、"接近"、"基本上"、"左右"、"例如"等类似的措辞会导致权利要求的保护不清楚,所以不允许使用。在没有使保护范围不清楚的前提下,"大约"、"接近"、"基本上"、"左右"词汇还是可以使用的。例如,在出现"在淋浴用喷头上加工出多个喷孔……"这样的句子时,由于这些喷孔数量不可能精确限定,且多几或少几个并不影响实际效果,此时可以使用有不确定的"多个喷孔"这样的词汇。

③ 保护范围要清晰。权利要求应当清楚地记载发明或实用新型用来解决技术问题的必要技术特征,技术特征的表述应当采用结构特征,尽量避免使用功能或者效果特征。只有某一技术特征无法用结构特征来限定,或者技术特征用结构特征限定不如用功能或效果特征来限定更为清楚时,才允许使用功能或者效果特征来限定技术方案,且该功能或者效果特征必须在说明书中得到充分支持。例如,在说明书中必须写明功能或者效果特征如何通过实验或者操作得到验证。需要注意的是,不得利用功能或者效果特征任意扩大权利要求的保护范围,以免造成权利要求的范围不清楚。对于权利要求中的功能性特征,应当理解为覆盖了所有能够实现所述功能的实施方式。

④ 引用关系要清楚。权利要求之间的引用关系应当清楚。从属权利要求可以引用独立权利要求或在前的从属权利要求。当从属权利要求是多项时,其引用的权利要求的编号应当用"或"或者其他与"或"同义的方式表达。

一项引用两项以上权利要求的多项从属权利要求,不得作为另一项多项从属权利要求的引用基础。

（3）简要。不但每一项权利要求应当简要，而且构成权利要求书的所有权利要求作为一个整体也应当简要。

① 用词要简明。权利要求的用词应当简明，除记载必要的技术特征外，不得对原因或理由及目的做不必要的描述，尽量减少不必要的词语，删除不需要的附加说明用语，不得描述原因或理由，也不得使用商业宣传性用语。

② 数目合理。一项发明或者实用新型专利应当只有一项独立权利要求，一份专利申请文件中不得出现两项或两项以上保护范围实质上相同的权利要求，仅用不同的文字表达而含义相同的权利要求应当删除。如权 1 是 A＋B＋C，权 2 引权 1，增加了特征 D，权 3 写成独立权项，特征有 A＋B＋C＋D，权 3 与权 1 内容相同，不应该写。这样避免将从属权利要求改写为一个新的独立权利要求。

2）形式要求

与所有文件一样，权利要求书应当打字或者印刷，字迹应当整齐清晰，呈黑色，符合制版要求，不得涂改，字高应当为 3.5～4.5mm，行距应当为 2.5～3.5mm。纸张应当纵向使用，只限使用正面，四周应当留有页边距：左侧和顶部各 25mm，右侧和底部各 15mm。应当在每页下框线居中位置顺序编写页码。

（1）权利要求书应当说明发明或者实用新型的技术特征，清楚和简要地表述请求保护的范围。权利要求书中包括多个权项，则用阿拉伯数字按顺序编号。

（2）若有几项独立权项，其从属权项应尽量紧靠其所引用的权利要求，不能先写完所有独立权项后，再写从属于独立权项 1 的所有从属权项，再写从属独立权项 2 的所有从属权项。

（3）每项权项只允许在其结尾使用句号，因为一个权项看作一个整体 。

（4）使用的科技术语应当与说明书中使用的术语一致。

（5）可以有化学式、反应式或数学式，但是绝对不要有插图。

（6）除非绝对必要，不能使用"如说明书……部分所述"或"如图……所示"等类似用语。但是也有例外，例如生物学中的酶切图。

（7）通常不允许使用表格，除非用表格能更清楚地保护客体，但是也有例外，例如生物学中的核苷酸序列表。

（8）技术特征可以引用说明书附图中相应的附图标记，但是必须要带括号，而且附图的标记不能解释为对权利要求保护范围的限制。例如，一种多层膜，组成依次为 A、B、C、D，其附图的标记分别为 1、2、3、4。那么不能说材料为 B 的层(4)，这里材料为 B 的层为 2 和 4 两层，附图的标记不能解释保护范围，因此这样是不允许的，应改为位于表面的材料为 B 的层(4)。

（9）除了附图的标记或者其他必要情形必须使用括号外，尽量避免使用括号来做进一步注解。因为规定"括号"不能作为限定，注解应该放到说明书中，允许使用括号的是附图标记、度量单位、化学式，例如 $Ca(OH)_2$。

（10）采用"或"结构做并列选择时，其含义应当是清楚的，例如，"A 和 B 或 C 和 D"就有两种理解：其一为 AB、CD，其二为 ABD、ACD。

（11）一般不要引用人名、地名、商品名或商标名称。

5. 权利要求书的撰写方法

权力要求书的撰写格式一般采用两段式：前序部分＋特征部分。

前序部分应该写明保护的主题名称和最接近的现有技术共有的必要技术特征，特征部分用"其特征在于"或"其特征是"连接起来，写明区别特征，这些特征和前序部分的特征一起限定发明或者实用新型的保护范围。采用这种撰写方式既清楚地说明了本发明或实用新型专利与现有技术的关系，又强调了其自身实质内容。这样的写法使独立权利要求更加简明，不需要把与改进点无关的特征写入前序部分内，也就是说将要在特征部分内提到的已有特征都应当写到前序部分中。划界不影响保护范围。

需要注意的是，以下几种情况不适于采用两段式。

（1）开拓性发明、用途发明或化学物质发明。对于化学物质的发明，不能要求将结构式分成前序和特征。

（2）组合发明，难分主次。例如，用现有的绞肉机和灌肠机合起来构成香肠机，不能分出哪个为主，哪个为次。

（3）方法改进的发明。该发明是省去其中的某一步骤，或改变步骤的先后顺序，或省去某步骤中采用的物质或材料等情况。

（4）产品改进发明。改进之处仅在于省去某部件，或者省去已知组合物中的某组分等情况。例如，权利要求 1 前序具有 A＋B＋C＋D，其特征在于没有 D，这样就出现了矛盾，前序部分包含了本发明中没有的特征，因此可以不划界。

（5）化学物质的发明。关键是分子式，不适合划界。

（6）单纯用途的发明。此类发明不需要划界。

若权利要求 1 有从属权项，应采用"如权利要求 1 所述的……其特征是……"的联接词语进行表述。

6. 权利要求书撰写的具体步骤

（1）在理解发明或实用新型的技术问题基础上，找出其主要技术特征，弄清各技术特征之间的关系。

（2）根据检索和调研到的现有技术，确定与本发明或实用新型最接近的对比文件。

（3）根据最接近的对比文件，进一步确定本发明或实用新型所解决的技术问题，列出本发明或实用新型为解决该技术问题所必须包括的全部必要技术特征。

（4）与最接近的现有技术做比较，将它们共同的必要技术特征写入独立权利要求的前序部分，本发明或实用新型区别于最接近现有技术的必要技术特征写入特征部分，从而完成独立权利要求的撰写。

（5）对其他附加技术特征进行分析，利用那些对申请创造性会起作用的附加技术特征写成相应的从属权利要求。

7. 权利要求书撰写的注意事项

（1）用概括性语言表达。权利要求书不同于通常意义下的文学作品，文学作品的用词活泼、语法结构丰富、语言富有艺术感染力，力求给读者留下深刻印象。权利要求书也不同于技术文件。技术文件的用词要求准确、严谨、符合逻辑。权利要求书是技术性和法律性相结合的法律文件，其用词不但要求准确、严谨、符合逻辑，而且需要高度的概括性语言表达方式。

（2）保护范围尽量宽。应尽量撰写出一个保护范围较宽的独立权利要求，撰写时不要局限于发明或实用新型的具体实施方式，应尽可能采取概括性描述来表达技术特征。撰写独立权利要求时，应当尽量扩大保护范围，但应当保证权利要求所限定的技术方案满足新颖性和创造性为限。提交后则审查员不允许再改，补正修改时均不能超出说明书和权利要求书所记载的范围。在满足单一性的情况下，独立权利要求的布局应当严密，应尽可能覆盖所有可能存在的侵权情况。

（3）从属权项尽量多。从属权利要求是对独立权利要求中技术特征的进一步限定，或者是对独立权利要求所限定的技术特征的进一步补充。从属权利要求应当与专利说明书中的具体实施方式相对应，其布局可以采取层层递减的原则。应特别注意的是，在撰写专利申请文件，尤其是实用新型专利申请文件时，独立权利要求的保护范围非常大或较大时，从属权利要求应逐步缩小其保护范围，而不应立即限定在一个或多个非常小或较小的保护范围。为了增加取得专利的可能性和在批准专利后更有利于维护专利权，应针对不同的具体实施方式撰写从属权利要求，层层设防。其作用是利于审批程序并且维护专利权的稳定，在权利要求1被认定无效后，可将从属权利要求提升为独立权利要求，否则因为没有从属权利要求可跟进，整个专利权将被认定无效；它的另一个作用是在独立权利要求有争议时，从属权利要求支持独立权利要求。当然，说明书可用来解释，但不如从属权利要求直接。

（4）围绕一个发明主题。对独立权利要求中必要技术特征的提炼，可以采取逐步删除的方式。独立权利要求应当满足其所限定的技术方案的完整性，且能够实现发明目的。同时，应围绕着发明主题逐步删除非必要的技术特征。在存在多个独立权利要求时，应当注意一个发明主题下的不同的独立权利要求之间的统一性，在单一性是依靠特定技术特征来保证时，应当确认该特定技术特征是必要技术特征，且是发明点；在多个独立权利要求之间不满足单一性时，建议分案处理。

（5）适度公开。处理好公开充分和技术诀窍的关系。既要充分公开保证授权，又不要把所有的技术秘密都公开。既要争抢"地盘"，又要保持后劲。既要推动技术进步，又要维护企业自身利益。

（6）深入检索。由于检索贯串发明专利申请、审查、无效，以及后期的侵权等各个环节，因而要围绕发明专利的主题进行深入和广泛地检索，随时掌握同领域的现有技术状况，从而处于主动地位，在发明专利的不同阶段客观准确地评判发明专利的专利性，有效避免权利要求的"瞎子撞车"现象。

11.3.2　说明书的撰写

说明书是申请发明专利和实用新型专利的重要文件。它应当对申请专利的发明或者实用新型做出清楚、完整的说明，以所属技术领域的普通技术人员能够实现为准。

说明书是确定权利要求保护范围的必要依据。必要时也可以对权利要求记载的保护范围进行解释。特别要注意的是，凡是权利要求书中要求保护的技术特征，在说明书中务必做详细描述，如果对有关的技术特征的描述不清楚、不完整、不充分，就会导致专利申请被驳回或被宣告专利权无效。

1. 说明书撰写要求

（1）清楚。说明书内容应当清楚，所描述的技术内容应该简洁明确，不得模棱两可、含糊不清,避免所属技术领域的技术人员不能清楚、正确地理解发明。其要求如下。

① 主题明确。清楚揭示发明和实用新型实质。说明书应当从现有技术出发,明确地反映出发明或实用新型想要做什么和如何去做,使所属技术领域的技术人员能够确切地理解该发明或实用新型的主题。

② 用词准确。说明书应当使用发明或实用新型所属技术领域的技术术语。

③ 前后内容一致,符合逻辑。

(2) 完整。说明书完整就是指说明书必须包括所规定的5个部分,不得缺少有关理解、再现发明或实用新型所需的任何技术内容。一份完整的说明书应当包括下列各项内容。

① 帮助理解发明或实用新型专利的不可或缺的内容。例如,有关所属技术领域、背景技术状况的描述,以及说明书的附图说明等,都应记载在说明书中。

② 确定发明或实用新型具有新颖性、创造性和实用性所需的内容。例如,发明或者实用新型所要解决的技术问题、解决其技术问题所采用的技术方案和发明或实用新型的有益效果。

③ 再现发明或实用新型的内容。例如,为解决发明或实用新型的技术问题而采用的技术方案的具体实施方式,都应当记载在说明书中。

④ 克服偏见的发明要说明什么偏见,如何克服。

凡属于普通技术人员不能直接、唯一地从现有技术得出的有关内容,均应在说明书中做出描述。

(3) 实现。所谓实现是指所属技术领域人员根据说明书所描述的技术内容,无须创造性的劳动就能再现发明或者实用新型的技术方案,解决其技术问题,并产生预期的技术效果。由于缺乏解决技术问题的技术手段而无法实现的5种情况如下。

① 说明书中只给出任务和设想或只表明愿望而未给出能够实施的技术手段。

② 说明书中只给出含糊不清、无法实施的技术手段。

③ 说明书中给出的技术手段不能解决该技术问题(保留秘密)。

④ 技术方案中的一个主要技术措施按照说明书记载的内容不能实施。例如主要技术必须用到一种新的、未公知的催化剂。

⑤ 说明书中给出了需要实验结果才能证实其成立的技术方案,但是在说明书中未提供实验证据。

(4) 支持。所谓支持是指说明书和权利要求书之间的限定关系,即说明书描述的内容必须支持权利要求书。具体要求如下。

① 权利要求书中的每个技术特征,均在说明书中做了说明,且不超出说明书记载范围。

② 说明书中记载的内容与权利要求的内容相适应,没有矛盾。

③ 至少在说明书中的一个具体实施方式中包含了独立权利要求中的全部必要技术特征。

④ 从属权利要求的方案的每个附加特征应反映在至少一个实施方式中,并非有多少权利要求就有多少个实施方式。

2. 说明书各部分撰写的方式

1) 名称

发明或实用新型的名称应清楚、简明,写在首页上方的居中位置。

（1）与请求书中的名称完全一致，应与权项保护范围相一致否则一般应修改请求书。

（2）清楚、简明地反映发明或实用新型要求保护的技术方案的所有主题名称和类型。

（3）采用本技术领域通用的技术名词，不要使用杜撰的非技术名词或符号。

（4）最好与国际分类表中的类、组相应，以利于专利申请的分类。

（5）不得使用人名、地名、商标、型号或者商品名称，也不得使用商业性宣传用语。

（6）简单明确，一般不超过 25 个汉字。

（7）有特定用途或应用领域的，应在名称中体现。

（8）尽量避免写入发明或实用新型的区别技术特征。

2）正文部分

说明书正文部分的撰写依据《专利法实施细则》第十七条的规定，按照下列方式和顺序撰写五大部分内容。通常正文部分与名称空一行。

（1）技术领域。发明或者实用新型专利的技术领域，应当用"涉及"或"属于"等词简单提及发明或者实用新型专利要求保护的技术方案所属或者直接应用的具体技术领域，而不是上位的或者相邻的技术领域，也不是发明或者实用新型本身，即不应写入发明或者实用新型的区别技术特征。

最好参照国际专利分类表确定直接所属的技术领域，该具体的技术领域往往与发明或者实用新型在国际专利分类表中可能分入的最低位置有关。

一般情况下，由于大多数申请人或代理人不具备检索国际专利分类表的条件，只能根据发明或者实用新型专利的技术内容酌情处理，因而在已公布的专利申请文件中，仍有为数不少的申请案在这方面的撰写存有一定的缺陷。

（2）背景技术。任何发明创造都有背景技术，背景技术部分引证的文件，说明现有技术与本发明所公开的内容的关系。

① 引证文件应当是公开出版物，不包括网络公开。

② 引证外国专利或非专利文件的，应用原文写明文件的出处及相关信息。

③ 引证申请人本人在申请日前或申请日当天向专利局提出申请，将要公开的专利文件。

（3）发明内容。发明内容部分应当清楚、客观地写明以下内容。

① 目的。目的即要解决的技术问题。可用"为了……"或"旨在……"表示本发明或者实用新型要解决的现有技术中存在的问题。实质上，专利申请的基础就是技术问题，无技术问题也就没有专利申请，而且权利要求中涉及的必要技术特征以及说明书是否支持权项与技术问题密切相关，因此，希望能够对这个给予足够的重视，如果能够很好地把握住技术问题，其他问题就可迎刃而解。通常针对最接近的现有技术中存在的问题结合本发明所取得的效果提出。具体要求如下。

- 体现发明或实用新型的所有主题名称以及发明的类型。
- 采用正面语句直接、清楚、客观地说明。
- 应具体体现出要解决的技术问题，但又不得包含技术方案的具体内容。
- 不得采用广告式宣传用语。

② 技术方案。这是说明书的核心部分，也是权利要求独立权项的主要内容。其描述应使所属技术领域的技术人员能够理解，并能解决所要解决的技术问题。具体要求如下。

- 清楚完整地写明技术方案,应包括解决其技术问题的全部必要技术特征。
- 用语应与独立权利要求的用语相应或相同,以发明或实用新型必要技术特征的总和形式阐明其实质,删除附图标记、删除其特征在于这样的措辞。
- 必要时还可以描述附加技术特征,为了避免误解,应该用"所述的……"的形式另起段落进行描述,把附加技术特征逐项描述清楚。
- 若有几项独立权利要求时,这一部分的描述应体现出它们之间属于一个总的发明构思。

③ 有益效果。说明书应当清楚、客观地写明发明或者实用新型与现有技术相比所具有的有益效果。

有益效果是指由构成发明或者实用新型的技术特征直接带来的,或者是由所述的技术特征必然产生的技术效果。有益效果是确定发明是否具有"显著的进步",实用新型是否具有"进步"的重要依据。

在引用实验数据说明有益效果时,应当给出必要的实验条件和方法。

对有益效果应具体进行分析,不能只给出结论,通常可采用 3 种方式。

- 对结构特征或作用关系进行分析的方式。
- 用理论说明的方式。
- 用实验数据证明的方式。

(4)附图说明。说明书有附图的,应给出附图说明,具体要求如下。

① 按照机械制图国家相关标准对附图的图名、图示的内容做简要说明,不用具体描述其具体内容。

② 当附图不是只有一幅时,应当对所有的附图按顺序做出说明。

(5)具体实施方式。实现发明或者实用新型的优选的具体实施方式是说明书的重要组成部分,它对于充分公开、理解和再现发明或者实用新型,支持和解释权利要求都是极为重要的。因此说明书应当详细写明申请人认为实现发明或者实用新型的优选方式,必要时应举例说明,有附图的应该对照附图进行说明。

实施方式的描述应当与解决技术问题所采用的技术方案相一致,并应当对权利要求的技术特征给予详细解释,以支持权利要求。具体撰写要求如下。

① 至少具体描述一个具体实施例,描述的具体化程度应当达到使所属技术领域的技术人员按照所描述的内容能够重现发明或者实用新型,而不必再付出创造性劳动,如进行摸索研究或者实验。

② 在权利要求(尤其是独立权利要求)中出现概括性(或功能性)技术特征时,这部分应给出几个实施方式,除非这种概括对本领域普通技术人员来说是明显合理的。

③ 并不要求对已知技术特征做详细展开说明,但是必须详细说明区别于现有技术的必要技术特征和各附加技术特征,以及各技术特征之间的关系及其功能和作用。

④ 具体实施方式的描述应当与发明或者实用新型的技术方案相应,并对权利要求中的技术特征给予详细说明,以支持权利要求。(如具体实施方式中至少应包括一个独立权利要求的全部必要技术特征,具体实施方式中的技术特征与独立权利要求中的技术特征没有矛盾。)

⑤ 对于那些就满足充分公开发明或实用新型而言必不可少的内容,不能采用引用的方

式撰写,而应当将其具体写入说明书(不能过分保持技术秘密)。

⑥ 对于涉及产品的发明或实用新型,不同的实施方式是指几种具有同一构思的具体结构,而不是不同结构参数的选择,除非这些参数选择对技术方案有重要意义。在描述产品时应描述其机械结构、电路构成,并说明各部分之间的相互关系。对于可动产品,必要时还应说明其运动过程,以帮助对技术方案的理解。这类产品,描述其动作过程有时非常重要,国外的申请文件这方面做得比较到位,一般都会详细地说明如何操作、如何动作,每一步都很具体,而国内的申请案基本都没有,希望能够引起注意。

⑦ 对于方法发明涉及的工艺条件可以用不同的参数或者参数范围来表示不同的实施方式。

⑧ 在结合附图描述实施方式时,应引用附图标记进行描述,引用时应与附图所示一致,放在相应部件的名称之后。

⑨ 当申请内容十分简单,即权利要求的技术特征总和所保护申请内容是具体的、单一的,在说明书技术方案部分已对实施方式做过具体的描述,则在这部分可不必做重复描述。权利要求中的技术特征涉及较宽的范围时,应给出两个端值的实施例和不少于 1 个的中间值的实施例。

3. 撰写说明书需要注意点

(1) 撰写中应多次检索。检索是入门学习的关键。通过查阅网上资料、书籍或专利文献等资料,了解发明主题所涉及的技术的基本知识,熟悉行业常用术语和习惯表达方式,说内行话,使审查员和读者感觉专利申请者不是"门外汉"。

(2) 撰写中修正、补充、完善发明中的技术内容。明确现有技术中存在的问题,突出本发明与现有技术之间的区别性技术特征,本发明所采取的技术方案的要点以及相应的有益效果。

(3) 要注重技术语言与法律语言的结合。在撰写专利说明书时,应当以自然语言描述技术方案,尤其是涉及计算机程序的专利申请,应当以自然语言的方式描述计算机程序和流程;对容易产生歧义的用语应当反复推敲,尤其是对作为兼顾技术语言与法律语言的严谨性的谓语的动词的反复推敲;同时还应避免所用的描述用语过于生硬或者刻板。

(4) 要层次分明表述清楚。在撰写具体实施方式时,应当使具体实施方式的逻辑结构、体例层次清楚。根据情况的需要,在撰写具体实施方式时可以采用"金字塔"结构或者"倒金字塔"结构,但整个具体实施方式在结构上应保持一致;在后出现的技术特征或术语,应当在前有所说明,不得突然出现在前未出现的技术特征或术语;同时,前后段落或上下文之间应有良好的承接关系,应避免"东拼西凑"、"东拉西扯"、"逻辑结构不清"等情况的出现。

(5) 前后一致,互不矛盾。应围绕一个发明主题贯穿到底。整体思想要完整,自圆其说,不能漏洞百出。意思表达要前后一致,不能自相矛盾。用词、语句要前后一致,例如不能前文说"螺丝",后文说"螺钉",前文说"垫片",后文说"垫块"。

(6) 要充分公开。具体实施方式中的技术方案在描述的应当充分公开、清楚、具体地说明整体技术方案的内容其的技术特征应当尽可能详细地阐述每个技术特征的用途、工作原理,以及与其他技术特征的连接关系或工作关系等,从局部到整体或从整体到局部或从抽象到具体地体现出整个技术方案。

(7) 撰写中要谨慎、简要。背景技术中尽量不要引用专利文献或技术文献,以免在申请国外专利时,可能需要翻译该引用文献;背景技术中尽量减少对现有技术的描述,使用语言应当简练,以减少向国外申请专利时的翻译费用;减少对重复的技术特征和技术方案的说明,采用"结合"、"参照"或"前述"等用语简要概括;涉及具体电路的,如果发明创造不在于电路本身,不要将具体的电路图加入到说明书中,除非有必要,且最好以框图的方式对该电路进行描述。实施例与权利要求要相对应,在撰写专利说明书的具体实施方式部分时,尤其注意突出描述与权利要求相对应的实施例,必要时应当说明与相应实施例相对应的有益效果,在描述实施例时可以采取就近处理的原则。一般不写与权利要求无关的细节,以说清楚能授权为度。

11.3.3　说明书摘要的撰写

1. 说明书摘要的作用

专利说明书摘要是专利说明书内容的概述,是国家知识产权局出版的《中国专利公报》上发表的重要内容。专利说明书摘要是一种技术情报,不具有法律效力,不能作为修改专利说明书或权利要求书的根据,也不能用于解释专利权的保护范围。专利说明书摘要主要作用是为专利情报的检索提供方便途径,使科技人员看过后能确定是否需要进一步查阅专利文献的全文。

2. 说明书摘要的写法

专利说明书摘要中首先要重复发明或实用新型专利的名称,然后指出它所属的技术领域、需要解决的技术问题,发明或实用新型的主要技术特征和用途。可见内容就五六句话,具体包括:

（1）发明或实用新型的名称;

（2）发明或实用新型所属技术领域;

（3）发明或实用新型需要解决的技术问题;

（4）发明或实用新型的主要技术特征;

（5）发明或实用新型的用途;

（6）说明发明或实用新型其他要说的简要内容。

3. 撰写说明书摘要的注意事项

（1）文字表达要严密,语言要简洁、准确、规范,使人一目了然。

（2）文字不分段,不宜过长,包括标点符号不得超过 300 个字（对于进入国家阶段的国际申请,其说明书摘要译文不限）。

（3）文字中的附图标记应加括号。

（4）不得出现商业性宣传用语。

11.3.4　说明书和摘要的附图

附图是说明书的一个组成部分。附图的作用在于用图形补充说明书文字部分的描述,使人能够直观地、形象化地理解发明或实用新型专利的每个技术特征和整体技术方案。发明专利申请说明书根据内容需要,可以有附图,也可以没有附图,而实用新型说明书是必须要有附图的。

说明书中有附图的,应指定并提供一幅最能说明该发明或实用新型技术方案的附图作为摘要附图,附图的大小及清晰度应当保证在该图缩小到 $4 \times 6 cm^2$ 时,仍能清楚地分辨出图中的各个细节。可以包含发明的化学式,该化学式视为摘要附图。

附图的一般要求如下。

(1) 申请实用新型专利的说明书中必须有附图,机械、电学、物理领域中涉及产品结构的发明说明书也必须有附图。

(2) 附图应当使用包括计算机在内的制图工具和黑色墨水绘制,线条应当均匀清晰、足够深,不得着色和涂改,不得使用工程蓝图。剖面图中的剖面线不得妨碍附图标记线和主线条的清楚识别。

(3) 几幅附图可以绘制在一张图纸上。一幅总体图可以绘制在几张图纸上,但是应当保证每一张上的图都是独立的,而且当全部图纸组合起来构成一幅完整总体图时又不互相影响其清晰程度。附图的周围不得有与图无关的框线。附图总数在两幅以上的,应当使用阿拉伯数字顺序编号,并在编号前冠以"图"字,例如图1、图2,该编号应当标注在相应附图的正下方。

(4) 附图应当尽量竖向绘制在图纸上,彼此明显分开。当零件横向尺寸明显大于竖向尺寸必须水平布置时,应当将附图的顶部置于图纸的左边。一页图纸上有两幅以上的附图,且有一幅已经水平布置时,该页上其他附图也应当水平布置。

(5) 附图标记应当使用阿拉伯数字编号。说明书文字部分中未提及的附图标记不得在附图中出现,附图中未出现的附图标记不得在说明书文字部分中提及。申请文件中表示同一组成部分的附图标记应当一致。

(6) 附图的大小及清晰度,应当保证在该图缩小到 2/3 时,仍能清晰地分辨出图中各个细节,以能够满足复印、扫描的要求为准。

(7) 在同一张附图中,应当采用相同比例绘制,为使其中某一组成部分清楚显示,可以另外增加一幅局部放大图。附图中除必需的词语外,不得含有其他注释。附图中的词语应当使用中文,必要时,可以在其后的括号里注明原文。

(8) 附图中除必需词语外,不应包含其他注释。但对于流程图、框图应当作为附图,并应当在其框内给出必要的文字和符号。一般不得使用照片作为附图,但特殊情况下,例如,显示金相结构、组织细胞或者电泳图谱时,可以使用照片贴在图纸上作为附图。

11.3.5 发明专利申请文件的撰写实例

一种治理江河入海口方法

1. 权利要求书

(1) 一种治理江河入海口方法,包括消能促淤、地基处理、分流聚沙、硬壳堤坝、引河开挖、闸门建造和种植固沙。其特征是,第一步,对入海口岸进行勘测,找到江中礁或江边突出的山嘴、矶头,摸清地质地貌的水文状况,了解相对稳定的纵向隆起的沙坎,及变迁规律;第二步,在喇叭口临海段的中部打设排桩和抛填石笼,实施促淤消能和地基处理措施,建成防波堤;第三步,在河道渐宽段的江中礁或江边突出的山嘴、矶头上设置分流鼻子堤坝,并在分流鼻子堤坝的一侧建造闸门,开挖引河;第四步,沿着分流鼻子堤坝的两侧至少筑一道硬壳堤坝,并顺着自然流线形状逐渐向下游伸展,形成两条河道;第五步,一边逐渐向下游建造硬壳堤坝,一边对河道进行疏浚,并将疏浚清淤的泥沙就近堆放于硬壳堤坝圈闭的范围内,形成人工岛;第六步,在人工岛上设置岛中湖,取湖中的泥沙加高周边堤坝的高程;第七步,在人工岛和岛中湖的周边种植芦苇,并沿边护坡。

(2) 如权利要求(1)所述的一种治理江河入海口方法,其特征是,在临海段的中部打设排桩和抛填石笼,建成防波堤,改变临海段江面宽广,水深不大,泥沙无规则堆积,河床多变的状况;在防波堤的两端形成急流区,越来越深,临海段的中部形成缓流区,越来越浅,利用自然潮能的力量,使泥沙不断沉积于此,逐渐冲积形成人工岛。

(3) 如权利要求(1)所述的一种治理江河入海口方法,其特征是,分流鼻子堤坝是做一个鼻子形状的高出历史高水位的堤坝,并将开挖闸基和引河的土石方堆筑于分流鼻子堤坝的内侧。

(4) 如权利要求(1)所述的一种治理江河入海口方法,其特征是,沿着分流鼻子堤坝的两侧插设呈 S 形的硬壳板桩,在 S 形硬壳板桩的两端设有互锁扣槽,以使板桩之间联成一体,互为支撑。

(5) 如权利要求(1)所述的一种治理江河入海口方法,其特征是,硬壳堤坝按照自然流线形状逐渐向下游伸展,形成一主一副两条河道,在没有支流加入的情况下,主河道的截面积是上游江河平均截面积的 60%～80%,副河道的截面积是上游江河截面积的 50%～70%。

(6) 如权利要求(1)所述的一种治理江河入海口方法,其特征是,在人工岛上种植红树林、互花米草,用于消浪、促淤、固沙和护坡。

2. 说明书

一种治理江河入海口方法

(1) 技术领域

本发明涉及江河入海口治理方法,尤其是一种入海口岸消能、促淤、护堤和人工冲积岛的形成方法,属于环境保护和海岸工程技术。

(2) 背景技术

自然状态的江河,由于长期受上游山水的自然冲刷,形成迂回曲折的河道。由于江河深浅宽窄不一,流速不同,河道两岸不断被冲蚀,洪水来时在江河下游的入海口附近形成大片的泄洪区。江河的入海口附近是人们喜欢居住的地方,于是人们总是筑堤围垦,压缩原来的泄洪区面积,形成繁华的三角洲。在江流河道中,由于水土流失,日积月累,渐渐地沉积起越来越厚的泥层,由于河床的提高,两岸的堤坝又要加固提高,造成恶性循环,不但使河床提高,库容减少,污染环境,影响交通,而且在汛期会洪水泛滥,危及堤防,造成水灾。中国有 1 亿多的人口住在本应留给洪水的泄洪区里,海啸台风,山洪暴发,水一涨起来,自然成了灾。所以随着人口的增加,土地资源的减少,居住环境的改善,沿海经济的发达,江河入海口岸的繁华,人们对江河的治理就提出了更高需求。

在江河入海口附近由于长期受海潮的吐纳和上游洪水的冲刷,形成"大喇叭口"的平面外形。导致潮能聚集和潮波变形产生破坏力极大的涌潮,危及两岸的堤坝。入海口附近纵向隆起的沙坎,江宽水浅,主槽游荡不定,两岸边滩淤涨坍塌无常。潮流大进大出,咸潮长驱直入。冲积平原上的广阔的滩地资源和上游淡水资源不能充分利用。水浅潮猛,水下地貌,随时改变,航道难定,交通不便,船舶无法通行,而且事故频发。泥沙流动,地基板块多变,建筑物造价昂贵,难以立足生根。

所以,如何解决潮能聚集,防洪御潮,稳定主槽,改善航运,稳定地基,充分利用淡水和土地资源,科学合理地开发入海口岸的黄金地带,是人们一直研究的课题。

关于江河治理国内外有大量的研究报道,自 20 世纪 70 年代以来,黄河水利委员会所属的黄河水利科学研究院的赵文林、杨文海、钱意颖等人进行了高含沙水流基本规律的试验,研究了浑水黏滞系数与宾哈姆体物理特性;清华大学的钱宁、费祥俊,原水利部西北水利科学研究所的张浩、任增海也对高含沙水流的流变特性进行了卓有成效的研究;特别是在国家85 科技攻关项目中,武汉大学王明甫、陈立,清华大学费祥俊等,又做了大量工作,对天然河流高浓度泥浆在不同流态、不同流区的阻力规律、流速分布特点又进行了比较系统、深入的研究,分析了清、浑水水力坡降的相互关系。林一山对长江流域规划和平原河流的治理方法做了有价值的研究。浙江水科院、钱塘江管理局、河口研究所对江河泥沙的运动变化规律,做了大量有价值的研究。所有这些研究成果为本发明奠定了基础。通过检索国内外专利文献及相关的数据库,从寻找到的资料可见,很多专家学者的研究在这一技术领域,做出了积极的贡献,这些研究试验成果都是本发明的基础和前提。但是,未发现利用自然能量因势利导,顺水推舟的方法,解决入海口问题。采用硬壳堤坝法和分流鼻子法的江河治理方法,也未发现采用消能促淤护堤的实现入海口岸综合治理方法。

(3) 发明内容

本发明针对这一问题,在大量前期研究的基础上提出的新的综合治理方案。目的在于满足江河的泄洪、压潮、灌溉、蓄水、交通航船的功能,增加土地资源,建成湿地公园。服务社会,造福人类。

本发明的技术方案包括消能促淤、地基处理、分流聚沙、硬壳堤坝、引河开挖、闸门建造和种植固沙。

其特征是,第一步,对入海口岸进行勘测,找到江中礁或江边突出的山嘴、矶头,摸清地质地貌和的水文状况,了解相对稳定的纵向隆起的沙坎,及变迁规律;第二步,在喇叭口临海段的中部打设排桩和抛填石笼,实施促淤消能和地基处理措施,建成防波堤;第三步,在河道渐宽段的江中礁或江边突出的山嘴、矶头上设置分流鼻子堤坝,并在分流鼻子堤坝的一侧建造闸门,开挖引河;第四步,沿着分流鼻子堤坝的两侧至少筑一道硬壳堤坝,并顺着自然流线形状逐渐向下游伸展,形成两条河道;第五步,一边逐渐向下游建造硬壳堤坝,一边对河道进行疏浚,并将疏浚清淤的泥沙就近堆放于硬壳堤坝圈闭的范围内,形成人工岛;第六步,在人工岛上设置岛中湖,取湖中的泥沙加高周边堤坝的高程;第七步,在人工岛和岛中湖的周边种植固沙,并沿边护坡。

为了便于叙述,我们把未进入喇叭口状的江河称为上游,进入喇叭口状的江河称为下游。喇叭口状的入海口分成三段:靠江河上游的一段称为渐宽段,靠海的一段称为临海段,介于渐宽段与临海段之间的一段称为扩展段。

所述的对入海口岸地貌进行勘测,是为了摸清水文汛情和地质地貌。在渐宽段找到并确定设置分流鼻子堤坝和闸门引河的位置。在扩展段探明纵向隆起的沙坎和相对稳定的主槽。在临海段确定利于促淤消能的打桩抛石的位置。掌握一手的水文地质资料,了解丰水期和枯水期的流量,常年平均流量。

所述的设置排桩和抛填石笼是促淤消能措施,在临海段的中部设置连续板桩和抛石,板桩之间联成一体,互相支撑,抛石选用大块石,或用钢丝笼把块石联成一体,以能抵御海浪为度。在临海段的中部设置排桩和抛填石笼,建成防波堤,改变临海段江面宽广,水深不大,泥沙无规则堆积,河床多变的状况;在防波堤的两端形成急流区,越来越深,中部形成缓流区,越来越浅,利用自然潮能的力量,使泥沙不断沉积于此,逐渐冲积形成人工岛。世界上许多大河入海的地方,都会自然形成一些冲积岛。我国共有 400 多个冲积岛,长江入海口的崇明岛,就是一个很大的冲击岛。但是有些江河虽然又有大量泥沙且没有形成冲积岛。本发明效法自然,在入海口创造形成冲积岛的条件,促使冲积岛的形成,被称为人工冲积岛。

所述的分流鼻子堤坝,是做一个鼻子形状的高出历史高水位的堤坝,可在河道渐宽段开端的山嘴、矶头改造成分流鼻子堤坝,在分流鼻子堤坝的一侧建造闸门,开挖分流引河,并将开挖闸基和引河的土石方堆筑于分流鼻子堤坝的内侧。

所述的沿着分流鼻子堤坝两侧的硬壳堤坝,可采用硬壳板桩,沿着分流鼻子堤坝的两侧插设呈 S 形的硬壳板桩,在 S 形硬壳板桩的两端设有互锁扣槽,以使板桩之间联成一体,互为支撑。硬壳堤坝按照自然流线形状逐渐向下游伸展,形成一主一副两条河道,在没有支流加入的情况下,主河道的截面积是上游江河平均截面积的 60%～80%,副河道的截面积是上游江河截面积的 50%～70%。以保证无论是丰水期还是枯水期间的船舶的航行。根据伯努利能量方程,这样才能保持河道流速均衡,减少泥沙沉积。

所述的引河用于闸门与上下游河道的沟通。闸门用于控制调节两条河道的水位和流量,有计划的分步把河床中的泥沙冲入人工岛。副河道有上下游通航需求的可增加船闸。

所述的沿着分流鼻子堤坝的两侧一边逐渐向下游设置硬壳板桩,一边采用环保型清淤输泥设备、软黏土管道输送设备或绞吸式挖泥船,把河心航道上的泥土进行疏浚,堆放于硬壳板桩圈置的范围内。

所述的渐宽段建成鼻子堤坝,临海段建成防波堤,在江河喇叭口上下段分别形成两个人工岛,从而消除了潮能和潮波的能量,不再产生破坏力极大的涌潮,危及两岸的堤坝。由于河流和潮能的长期作用,介于渐宽段与临海段之间的扩展段不断被淤积,加上人为的促淤措施,最终两个人工岛自然联成一体,两边的航道也自然形成。

所述的加高人工岛周边堤坝的高程,是因为冲积形成人工岛的高程不足以抵御风浪的袭击,在人工岛上泥沙又很有限。设置岛中湖,取湖中的泥沙到周边,加高周边堤坝高程。在重点建筑物部位做好地基处理,在需要做湖河、码头、桥梁和道路的位置做好规划预留。规划人工岛,是用好人工岛上有限的泥沙到最需要的地方,在尽量短的时间内,做出经济高质量的人工岛。

所述的种植固沙和沿边护坡。人工岛由泥沙组成,结构松散,因而在外形轮廓上很不稳定,河口地区的冲积岛,每逢遇到强潮倒灌或洪水倾泻,强烈的冲蚀会使冲积岛四周形态发生改变。因此在人工岛上种植红树林、互花米草,用于消浪、促淤、固沙和护坡。从而河道得到较好治理,建成江心岛和湿地公园。同时做好环境保护和生态平衡。

本发明的积极效果:

由于采用江河接近喇叭口位置设置一个分流鼻子堤坝的方法,使河道分流成两条位置稳定的河道,河道积淤减少,航道稳定,交通方便,大吨位船舶可以安全通行。

由于在喇叭口临海段的中部设置排桩和抛填石笼,实施促淤消能和地基处理措施,人为造成形成缓流区,使泥沙不断沉积于此,利用自然能量形成人工冲积岛。

由于建成鼻子堤坝和防波堤,在江河喇叭口上下段分别形成两个人工岛,从而消除了潮能和潮波的能量,不再产生破坏力极大的涌潮,危及两岸的堤坝。泥沙聚集稳固,建筑跨海大桥的投资得到节省。沿江两岸的居民更加安全放心,人民得以安居乐业。

由于设置闸门和引河,可以控制调剂下游河流的流量,从此消除潮流大进大出,咸潮长驱直入现象,上游淡水资源得到充分利用。

由于采用在人工岛上种植红树林、互花米草。促使海潮能量在人工岛边消减,同时利用海潮自然能量将泥沙推送到人工岛处淤积,获得大片土地资源。

由于江河入海口得到了综合治理,建成湿地公园,平衡生态,美化环境。解决入海口的治理问题。潮汐发电站、绿色海湾、游艇乐园才可能在海湾得以发展。

所以,本发明具有固沙护堤,泄洪压潮、蓄水灌溉、稳定航道,增加土地资源,建成绿色海湾的特点,使江河得到综合治理,充分利用,服务人类,造福社会。

(4) 附图说明

图1①为实施例1江河入海口治理方法示意图。图2②为实施例2钱塘江入海口杭州湾的治理示意图。图3③为杭州湾综合治理方法示意图。包括:江河上游(1)、山嘴(2)、闸门(3)、分流鼻子堤坝(4)、硬壳板桩(5)、海岸线(6)、大块石(7)、人工岛(8)、新河面(9)、分流引河(10)、桥梁(11)、公路(12)、岛中湖(13)、江河支流(14)、主流河道(15)、码头(16)、江湖通道(17)、湖间通道(18)、跨杭州湾大桥(19)、防波堤(20)、潮汐发电站(21)。

(5) 具体的实施方式

下面结合附图和实施例对本发明做进一步说明。

实施例1如图1所示,江河上游(1)河面基本等宽,河床基本等深,没有支流加入,到了下游出现了大喇叭口的平面外形,在海岸线(6)附近的喇叭口门没有河口冲积岛。水下地貌,随时改变,航道多变,无法通船。水浅潮猛,潮流大进大出,咸潮长驱直入,淡水资源不能充分利用。潮能聚集,潮波变形,涌潮极大,毁坏堤坝,海水倒灌,水患严重。长期以来,对江河的治理,对堤坝的修修补补,头痛医头,脚痛治脚,总是不能解决问题。

本发明提出综合治理方案是,首先,把上下游的交接处的山嘴(2)做成高出水面的分流鼻子堤坝(4),在山嘴(2)一侧建造闸门(3),开挖分流引河(10);与此同时,在喇叭口临海段的中部打设多道连排钢板桩,在板桩的两边用开底驳抛以大块石(7)。其次,沿着分流鼻子堤坝(4)的两侧,插设2道硬壳板桩(5);硬壳板桩(5)互相连成一体,顺着自然流线形状逐渐向下游伸展,形成两条新河面(9);一边逐渐向下游打设硬壳板桩(5),一边对河道进行疏浚,并将疏浚清淤的泥沙就近堆放于2道硬壳板桩(5)内;渐宽段的分流鼻子堤坝和两侧的硬壳板桩形成后,使大量高含沙水流经过突然变宽的河道时,根据伯努利能量方程可知,流速降低,大量泥沙在此沉积,并进入硬壳板桩(5)圈闭的范围内。在喇叭口临海段人为创造形成

河口冲积岛的条件,不但挡住了涌潮,同时在此沉积大量泥沙,利用河道的自然力量搬运泥沙,节省大量泥沙搬运的工作量。即可利用江河的能量搬运集中泥沙,又可减少河床泥层的沉积,稳定航道。在渐宽段的中部形成人工岛并不断向下游扩大,同时临海段的人工岛也不断在扩大,最终上下两个人工岛连成一体。因为冲积形成人工岛的高程不足以抵御风浪的袭击,在人工岛上泥沙又很有限。所以设置岛中湖,取湖中的泥沙到周边,加高周边堤坝高程。形成人工岛(8)和岛中湖(13)。然后在重点建筑物部位做好地基处理,在需要做湖河、码头(16)、桥梁(11)的位置做好规划预留。建造桥梁(11)、公路(12),并在人工岛(8)上种植护岛固沙的红树林、绿草和庄稼。红树林具有防风消浪、促淤保滩、固岸护堤、净化海水和空气的功能。盘根错节的发达根系能有效地滞留来沙,减少近岸海域的含沙量;茂密高大的枝体宛如一道道绿色长城,有效抵御风浪袭击。

实施例2是钱塘江的入海口杭州湾,是一个非常典型的喇叭状海湾。是一个世界上最厉害的涌潮的海湾。它外宽内窄,外深内浅,出海口江面宽达100km,往西到澉浦,江面骤缩到20km。到海宁盐官镇一带时,江面只有3km宽。起潮时,宽深的湾口,一下子吞进大量海水,由于江面迅速收缩变窄变浅,夺路上涌的潮水来不及均匀上升,便都后浪推前浪,一浪更比一浪高。到大夹山附近,又遇水下巨大拦门沙坝,潮水一拥而上,掀起高耸惊人的巨涛,形成陡立的水墙,酿成初起的潮峰。钱塘江涌潮我国最大最壮观的潮汐,潮头高达8m左右,潮头推进速度达近10m/s,其壮观景象,汹涌澎湃,气势雄伟,犹如千军万马齐头并进,发出雷鸣般的响声,实为天下奇观。这些为旅游业带来了效益,但是涌潮也给沿江人民带来过深重的灾难。每当台风来临,又值大潮汛,便会出现强烈的风暴潮冲击两岸堤防,一旦成灾,便会给人民财产带来损失,潮水即便退却,农田已经盐碱化,数年不能耕种。千余年来,钱塘江两岸潮灾的损失已无法统计。日本、印度尼西亚,澳大利亚,巴基斯坦等国外的水灾也同样使人触目惊心。钱塘江两岸一幢幢楼房拔地而起,居住人口越来越密,近年来虽未发生过主堤溃决的现象,但更要居安思危,防患于未然,亟须想出办法彻底驯服涌潮,造福人民。

本发明提出综合治理方案与实施例1基本相同,如图3所示。在喇叭口的渐宽段做分流鼻子堤坝(4),在喇叭口临海段的中部促淤消能,在杭州湾的两端形成两个人工岛(8)。所不同的是在喇叭口上要建造跨杭州湾的陆上信道,及其水上信道,如图2所示。在临海段到渐宽段,建造3条跨湾高速汽车通道,其做法是,首先,在要建高速公路(12)的部位铺设土工布,敷设粒径小于10mm的碎石层,插设塑料排水板,做好地基处理;其次,分层铺石,堆筑堤坝,然后,在堤坝临海面和两头压载大吨位的混凝土块体,砌筑防浪墙。做成既是防波堤(20),又是公路(12)的路基。每条通道要建两座桥梁(11)与公路(12)连接。在渐宽段、中间段和临海段建成三条防波堤(20),随着时间的推移,防波堤(20)边,泥沙停滞,不断淤涨成人工岛(8),人工岛(8)不断在扩大,最终上下两个人工岛连成一体。本发明提出的这种方案与全长36km的跨杭州湾大桥(19)相比较,具有投资省,造价低,效益高,综合利用,安全可靠的特点。

水上通道的做法是,在主流河道(15)和加入的江河支流(14)的沿岸边建造码头(16)。在江湖之间建造江湖通道(17),在湖湖之间建造湖间通道(18)。沟成四通八达的水上通道。大型轮船可以安全航行。在临海段的防波堤(20)的两边还可以建造大型的潮汐发电站(21),如图3所示。使岛中湖(13)具有蓄水、缓冲、调节作用,还可以建成世界一流的绿色海湾、游艇乐园。海水永不停息地一涨一落，不断地调节，最终将彻底驯服涌潮，让它造福于人类，服务于社会。

本发明一种利用自然能量因势利导，顺水推舟的方法，在入海口创造冲积岛形成的条件，解决江河入海口的治理问题。适用于各种江河入海口的治理。

3. 说明书附图

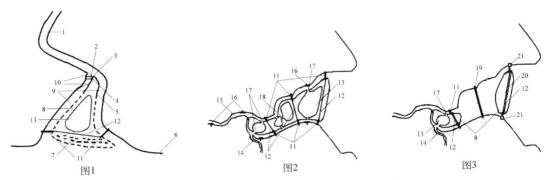

图 11-3　一种治理江河入海口方法说明书附图[①]

4. 说明书摘要

一种治理江河入海口方法，尤其是一种入海口岸消能促淤和人工冲积岛形成方法。包括消能促淤、地基处理、分流聚沙、硬壳堤坝、引河开挖、闸门建造和种植固沙。采用在江河接近喇叭口位置设置一个鼻子分流堤坝，在喇叭口临海段人为创造形成河口冲积岛的条件，利用自然能量搬运入海口泥沙形成人工岛。因势利导，顺水推舟，使江河得到综合治理，服务社会，造福人类。具有固沙护堤，泄洪压潮、蓄水灌溉、稳定航道，增加土地资源的特点。适用于多种江河入海口治理。

5. 摘要附图

摘要附图如图 11-4 所示[①]。

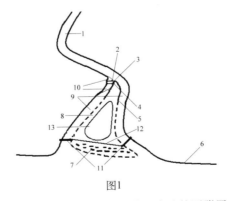

图1

图 11-4　一种治理江河入海口方法摘要附图[②]

---

①②：图 11-3 和图 11-4 的图题在正式的说明书中没有。仅为便于读者阅读而添加的。

· 294 ·

11.4 实用新型与发明专利请求文件的不同点

11.4.1 实用新型的特点

实用新型是指对产品的形状、构造或者其结合所提出的适于实用的新的技术方案,是对创造性要求不太高,而实用性较强的专利,是周期短、费用省、授权快的专利,是学生申请最多的最容易申请的专利。

实用新型请求文件与发明专利基本相同,下面只介绍不同点。

1. 提交的必要文件

申请实用新型专利须提交的必要文件是请求书、权利要求书、说明书、说明书附图、说明书摘要、摘要附图。根据具体情况,还应提交专利代理委托书(如果通过专利代理机构的话)、费用减缓请求书。

2. 只限于具有一定形状的产品

实用新型专利只限于具有一定形状的产品,不能是一种方法,也不能是没有固定形状的产品,这是与发明的主要不同之处。

产品的形状是指产品所具有的、可以从外部观察到的确定的空间形状。对产品形状所提出的技术方案可以是对产品的三维形态的空间外形所提出的技术方案,例如对凸轮形状、刀具形状做出的改进;也可以是对产品的二维形态所提出的技术方案,例如对型材的断面形状的改进。

产品的构造是指产品的各个组成部分的安排、组织和相互关系。产品的构造可以是机械构造,也可以是线路构造。机械构造是指构成产品的零部件的相对位置关系、连接关系和必要的机械配合关系等,线路构造是指构成产品的元器件之间的确定的连接关系。

复合层可以认为是产品的构造,产品的渗碳层、氧化层等属于复合层结构。

3. 撰写的重点

在实用新型专利申请文件的撰写中需要抓住实用新型的几个要素。以机械类产品为例,需要抓住的 4 个要素是名称、形状、位置和连接关系,在撰写实用新型专利申请文件的时候必须有意识地抓住这些重点要素来写。

(1)确定产品名称和各个部件的名称。专利申请撰写的目标是描述一件机械类产品,而这个产品是由各个部件按照各种方式组成的,撰写的第一件事情就是确定产品名称和各个部件的名称。

(2)描述产品的形状和构造。实用新型专利本质上要求的是形状和构造,因此,这两种特征应该描述清楚。在撰写实用新型专利申请文件的时候,必须有意识地考虑,组成产品的部件的形状是否是必要技术特征,不是必要技术特征则只确定部件的名称即可,是必要技术特征就要考虑如何描述形状。

(3)描述产品的位置和连接关系。位置和连接关系是实用新型最重要的技术特征,比名称和形状更为重要。有的时候形状不一定是必要技术特征,但是位置和连接方式基本上都是必要技术特征。

4. 下列发明创造不能取得实用新型

（1）各种方法、产品的用途只能申请发明专利。

（2）无确定形状的产品，如气态、液态、粉末状、颗粒状的物质或材料，但其配方或加工制作方法可以申请发明专利。

（3）单纯材料替换的产品而这种替换没有使产品产生新的构造变化。例如，用钢制材料替换木制材料而产品的构造没有变化，仅改变焊条的成分而构造没有变化的电焊条。单纯材料替换的产品是指相同产品用不同的材料。

（4）用不同工艺方法生产的同样形状、构造的产品。例如，产品的构造未发生变化，单纯以铸代焊的产品或以铸代机加工的产品，产品本身不能申请实用新型专利，但是这种替换的方法若具有专利性可以申请发明专利。

（5）不可移动的建筑物。不可移动的建筑物的例外情况如下：

① 在使用时与大地连接，但其本身可以移动，例如浮桥。

② 用于不可移动建筑物的构件、预制件、建筑单元。

③ 可以整体移动的建筑物，例如可以移动的工业炉窑。

（6）仅以平面图案设计为特征的产品，例如棋、牌等。

（7）由两台或两台以上的设备组成的系统；具体是指由可以独立工作的两台或两台以上的设备按一定的顺序或某种联系组合而成的系统，不属于实用新型专利的保护范围。

（8）直接作用于人体的医疗器械。以电、磁、光、声或放射直接作用于人体的医疗器具不属于实用新型专利的保护范围。例如磁疗仪、红外热疗仪、超声波治疗仪等。

（9）单纯的线路设计。如只涉及线路（液压线路、气动线路等）时，要求保护的对象不是一种产品，而是实现某种功能的方法，则不属于实用新型的保护范围。例如液压快速运动回路。

（10）电路。纯电路或仅以电路方框图公开其技术方案的产品不属于实用新型专利的保护范围。

（11）食品、饮料、调味品和药品不属于实用新型的保护范围。

11.4.2 实用新型申请文件撰写实例

大地震会造成巨大损失，在建筑物内的人们如果能提前知道地震的来临就会减少很大的伤亡，因此可以设计一个家用地震警报器申请实用新型专利。之前已经学习了检索，各种实例在数据库中有很多，所以能够根据发明项目的主题词查找所需的实例。

1. 权利要求书

权利要求书的格式如图 11-5 所示。

撰写权利要求书时，首先确定主题名称，通过研读可发现这是一个家用地震警报器，所以可将名称定为家用地震警报器，这个直接显示这个装置的功用，并且写明其使用范围，简单明确。

再列出所有技术特征。在产品权利要求中，应写明产品由哪些零部件、元器件构成，还应写清楚它们的结构特点及它们之间的位置关系、连接关系等。这些零部件、元器件以及它们之间的位置关系和连接关系等均称为技术特征。家用地震警报器的箱体设有可调长度的

1. 家用地震警报器，包括箱体、支脚、水平装置、指南针、接线口、指示灯、重锤、触点、声响器和电路板，其特征是：在可调水平的箱体内，用弹性导线悬挂着一个重锤，在的重锤边沿设置若干个与警报声响器相联通的电触点。

2. 如权利要求1所述的家用地震警报器，其特征是：箱体设有可调长度的支脚，箱体上设置水平显示器、指南针、电源指示灯和方位指示灯。

3. 如权利要求1所述的家用地震警报器，其特征是：正八角形箱体的底部有三个可调的支脚螺丝，箱体内采用弹簧悬挂着一个镀锌铁球，边沿设置8个围绕铁球的磷铜片，每个磷铜片端与箱体内壁间设置8个方位的紧急警报触点。

4. 如权利要求1所述的家用地震警报器，其特征是：电触点有两种，一种是在重锤的边沿设置的常开触点，另一种是重锤的边沿与箱体内壁间设置的常开触点。

5. 如权利要求1所述的家用地震警报器，其特征是：触点设置为东、东南、南、西南、西、西北、北、东北8个方位，连接各自的方位指示灯。

6. 如权利要求1所述的家用地震警报器，其特征是：箱体设置外接电源和外接警报声响器的接口。

图 11-5　家用地震警报器权利要求书

支脚，弹性导线悬挂有重锤等都是技术特征。

接着把所有技术特征按重要性排列，分清哪些是主要的技术特征（必不可少的），哪些是次要的，进而分析次要技术特征中，哪些对发明或实用新型的目的有积极意义、有良好的技术效果，这些附加技术特征应写入从属权利要求中，而将那些对发明目的无实际意义的技术特征删除。家用警报器中弹性导线悬挂有重锤，在重锤边沿设置若干个与警报声响器相连通的接触点等这些是警报器的核心，是整个专利的基础部分。

最后确立独立权利要求和从属权利要求。在独立权利要求中，权利要求由前序部分和特征部分构成。分界线为"其特征是……"或"其特征在于……"。在此之前为前序部分，在此之后为特征部分。

前序部分首先要写明本发明创造的名称（家用地震警报器），接着写明这个专利包括的部件（箱体、支脚、水平装置、指南针、接口线、指示灯、重锤、声响器、电路板）。特征部分写明本发明创造所独具的技术特征。特征部分（其特征是，在可调水平的箱体内，用弹性导线悬挂着一个重锤，在重锤边沿设置若干个与警报声响器相连通的接触点）与前序部分所述的技术特征一起构成了达到发明创造目的的完整的技术方案。

在撰写完独立权利要求项后，便可撰写从属权利要求项。从属权利要求包含了独立权利要求中的所有技术特征，并且在此基础上补充进去新的技术特征，对独立权利要求或在前的从属权利要求的技术内容做进一步的限定，使其保护范围变窄。如警报器中的第一个从属权利要求就是对箱体进行一个限定，讲清了它与显示器、指南针、电源指示灯、方位指示灯的关系，第二个从属权利要求箱体下设有螺栓等。

2. 说明书

说明书的格式如图 11-6 所示。

家用地震警报器

技术领域

本实用新型是一种地震警报器。属于抗震防灾安全用品。

背景技术

2008 年北京时间 5 月 12 日 14 时 28 分，在四川汶川县（北纬 31 度，东经 103.4 度）发生震级为 8.0 级的地震。全国震惊，惨不忍睹。地震(earthquake)是地球上经常发生的一种自然现象。近年来地震活动极其频繁，全球每年发生地震约 500 万次，对整个社会有着很大的影响。

我国地处全球两大最活跃的地震带——环太平洋地震带和欧亚地震带之间，是遭受地震灾害最为严重的国家之一。据统计 20 世纪以来我国发生 6 级以上地震 700 多次，其中 7.0～7.9 级地震近 100 次，8 级以上地震 11 次。1900 年以来，中国死于地震的人数 60 多万，占全球地震死亡人数的 55%。全球两次死亡 20 万人以上的大地震全都发生在我国，一次是 1920 年宁夏海原 8.5 级地震，死亡 23.4 万人；另一次是 1976 年唐山 7.8 级地震，死亡 24.2 万人。国内外许多起地震实例表明，在地震发生的短暂瞬间，人们不知所措，在一片慌乱中被砸死砸伤的概率最大。如果能在地震到来前及时发出警报，及时通知人们，以清醒的头脑进入避难状态，以避免措手不及，就能使许多人免遭罹难。

所以很多科技工作者，致力于地震预报这一当代世界性的科学难题。各国都有庞大的地震研究机构和预警报系统，其准确性将会随着科学技术的发展而逐步达到。暂且不说预警的准确与否，由于地震发生来得突然，难以预料，强地震来临，前兆异常的时间短暂，通知人们都来不及。如 1976 年唐山地震，很多人还在睡梦之中。

针对地震来临的突然性和不确定性，设计研制地震警报器装置于千家万户，未雨绸缪，防范于未然，是十分必要的。

发明内容

针对上述问题，为了及时通知人们进入避难状态，满足建筑物内的人们防震避险的需求，以免措手不及，保障人身安全，本实用新型设计一种家用地震预警报器。

人们基本上是生活在建筑物中，在强地震灾害来临前，最基本的前兆现象是地面的连续振动和明显晃动，然后引起建筑物振动和晃动，当建筑物振动、摇晃、倾斜至一定值时，才出现墙裂、梁断和倒塌，形成灾害。人们感觉到大地震从开始到结束，时间不过十几秒到几十秒，因此要在前兆现象出现时，发出警报通知人们抓紧时间进行避震最为关键。

本实用新型包括箱体、支脚、水平装置、指南针、接线口、指示灯、重锤、触点、声响器和电路板等。技术方案是，在可调水平的箱体内，用弹性导线悬挂着一个重锤，在重锤边沿设置若干个与警报声响器相联通的电触点。在地震灾害发生前，只要建筑物略有摇晃、震动、倾斜，就会发出警报通知人们进入避难状态。

所述的可调水平的箱体为圆形、方形或正八角形，设有可调长度的支脚，或固定于梁上，或放置于墙角，箱体上设置水平显示器、指南针、电源指示灯和方位指示灯。

所述的重锤要有足够的重量，且表面导电，采用弹性导线悬挂在箱体内的中间位置，

1

图 11-6　家用地震警报器说明书

在重锤的边沿设置触点。

　　所述的电触点有两种，一种是在重锤边沿设置的常开触点，只要重锤与箱体有较小的相对位移，就能使位移方向的常开触点闭合。另一种是重锤的边沿与箱体内壁间设置的常开触点，当重锤与箱体有较大的相对位移，才能使常开触点闭合。触点一般设置为东、东南、南、西南、西、西北、北、东北8个方位，连接各自的方位指示灯。

　　所述的警报声响器有两种，一种是喇叭用语音提示发出地震信号，一种是电铃用平时不易听到的刺耳声音发出地震警报。

　　本实用新型的独特优点和积极效果如下：

　　1. 由于在重锤的边沿设置常开触点，只要建筑物略有摇晃、震动、倾斜，重锤与箱体有较小的相对位移，就能使位移方向的常开触点闭合，在地震灾害发生前，发出警报通知人们进入避难状态，为迅速躲避地震灾害争取了时间，减少地震来临时的慌乱和无奈，减少被砸死砸伤的概率。

　　2. 由于本实用新型采用指南针、方位触点和方位指示灯，可显示震中的方向。

　　3. 由于采用语音提示和电铃发出地震信号，及时发出警报，提醒人们进入状态。

　　4. 由于有足够的重量的重锤用弹性导线悬挂在箱体内的中间位置。能感应到摇晃、震动、倾斜等各种信号。

　　5. 由于把警报器固定于梁上，或放置于平时不易碰撞的墙角，且设有两种触点，较好地避免了误动作。

　　本实用新型具有结构简单，体积小巧，使用方便，价格低廉等特点。

附图说明

　　图1为家用地震警报器剖面图。

　　图2为家用地震警报器俯面图。

具体的实施方式

　　下面结合附图和实施例对本实用新型进一步说明。

　　实施例：家用地震警报器，如图1、图2所示。一个正八角型箱体（8），底部有三个可调的支脚螺丝（9），顶部设有水平显示器（1）、指南针（2）、外接线口（12）、开关（14）、方位指示灯（13）。箱体（8）内采用弹簧（3）悬挂着一个镀锌铁球（6），在镀锌铁球（6）的边沿设置8个围绕铁球的磷铜片（10），形成8个方位的警报触点（11）。每个磷铜片（10）端与箱体（8）内壁间设置一组常开的电触点，形成8个方位的紧急警报触点（7）。箱体（8）内还装有喇叭（5）、气孔（4）和电路板等。

　　安装时，把家用地震警报器放置于屋内不易碰撞的地方，用支脚螺丝（9）调整水平

2

图 11-6　（续）

显示器（1）的气泡至中间位置。联上外接电源和警报声响器。地震将来临或低等级地震时，建筑物出现少量振动和晃动，一般不为人们所觉察。箱体（8）内悬挂的铁球（6）随之位移，碰触围绕铁球的磷铜片（10），电流经过弹簧（3）、镀锌铁球（6）、警报触点（11）、电路板，使喇叭（5）和外接的警报声响器工作。由于人们在工作或休息时，特别是睡觉时，不容易发觉地震的前期信息，及时发出警报，提醒人们进入避难准备状态。方位指示灯（13）亮起告诉人们震中的方向。强地震将来临或高等级地震时，箱体（8）内悬挂的铁球（6）位移量大，警报触点（11）和紧急警报触点（7）同时接通，声响器发出紧急警报，叫醒人们紧急避难。

　　本实用新型广泛适用于位于地震带的家庭、单位、学校、宾馆。

3

图 11-6 　（续）

　　首先是技术领域。发明或者实用新型的技术领域应当是发明或者实用新型要求保护的技术方案所属或者直接应用的具体技术领域，有些可以根据自己专利的内容自行进行适当的修改。例如警报器直接可列为抗震防灾生活安全用品。

　　接着是背景技术。可对自己所发明的有关内容进行检索，可着重写明自己的发明创造对目前的状况有着积极的影响。也可将自己的发明与现有技术进行对比说明自己专利的优越性。警报器的背景技术就是我国地处两大活跃地震带之间，地震频繁给人们造成巨大威胁。而现有技术并不足以预先通知人们地震的来临。这些都可以进行搜索，自己进行语言组织。需要注意的是，在现有技术中不可含有故意贬低他人的言语。

　　接下来是发明内容。用正面的、尽可能简洁的语言客观而有根据地反映发明或者实用新型要解决的技术问题，也可以进一步说明其技术效果。对警报器，可先描写一点地震来临时的情况，然后可参考权利要求书的权利要求项（去掉“其特征是……”部分）。警报器这个专利说明书就参考权利要求书进行发明内容的撰写。

　　对于自己每一点的要求项，可撰写一项相对应的有益效果，表明其作用所在。警报器中首先对独立要求项里的内容进行描写（由于重锤的边沿设置常开触点，只要建筑物有摇晃等情况就能使位移方向的常开触点闭合，发出警报为人们争取时间），这里就给背景技术中人们苦于地震的情况提供解决方案。对于指南针，指示灯等也写明其作用所在。

　　附图说明，报警器共有两张图片，可分别标记为图 1[①] 家用地震警报器剖面图，图 2[②] 家用地震警报器俯视图即可。

　　最后是具体实施方式。实施方式的描述应当与解决技术问题所采用的技术方案相一致，并应当对权利要求的技术特征给予详细解释，以支持权利要求。对实施例的描述应当详细，有附图的，应当对照附图。可以看到，警报器说明书内先将附图中重要部件进行逐一的描述。再分两种情况写到安装与地震来临的具体实施例，将各部位的静置状态以及工作状态详细说明。其实对于具体实施例，就可以简单描述这个装置是如何工作的即可。

---

　　① 　即图 11-7 中的图 1。
　　② 　即图 11-7 中的图 2。

3. 说明书附图

说明书附图的格式如图 11-7 所示。

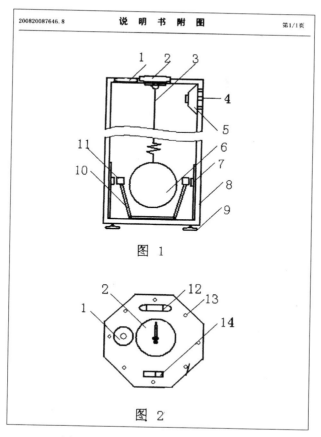

图 11-7　家用地震警报器说明书附图

注意：说明书附图的每个部件都需要有相应的编号。

4. 说明书摘要

说明书摘要的格式如图 11-8 所示。

> 　　家用地震警报器，属于抗震防灾安全用品，包括箱体、支脚、水平装置、指南针、接线口、指示灯、重锤、触点、声响器和电路板等。在可调水平的箱体内，悬挂着一个带电的重锤，在的重锤边沿设置若干个与警报声响器相连通的触点。在地震灾害发生前，只要建筑物略有摇晃、震动、倾斜。就会发出警报通知人们进入避难状态。有减少地震来临时的慌乱和无奈，避免被砸死砸伤的危险性的作用。具有结构简单，体积小巧，使用方便，价格低廉等特点。广泛适用于位于地震带的家庭、单位、学校、宾馆。

图 11-8　家用地震警报器说明书摘要

可以看到,摘要就是从说明书中摘取一部分信息并进行编辑。先说明专利的技术领域(抗震防灾安全领域),再说明这个装置所含有的部件,权利要求书中的独立要求项以及在具体的实施例中所能发挥的作用,最后加上警报器的适用范围即可。

5. 摘要附图

(此部分略)

11.5 其他文件的撰写

11.5.1 请求书

1. 请求书的填写

(1) 名称。在填写发明专利或实用新型专利申请书时,其名称务必与说明书中的名称完全一致且不得超过 25 个字,但是也有例外,例如在某些化学、生物领域的发明等特殊情况下,经审查员同意可以增至 40 个字。

(2) 发明人或设计人。发明人或设计人必须是自然人(相对于法人),即个人。若发明人或设计人是多人时,在姓名之前需标明序号。

(3) 申请人。申请人可以是自然人或法人,应填写申请人的姓名或名称、地址、邮政编码。若申请人是自然人,应填写个人身份证号;若申请人是法人,应填写单位代码;若申请人为外国人,要写明国籍。

(4) 联系人。凡单位申请又未委托专利代理机构的,必须填写联系人的姓名、地址、邮政编码及联系电话。

(5) 申请人代表的指定。申请人有两人以上且未委托专利代理机构的,如果请求书中第一申请人不作为代表人,则应在"确定非第一申请人为代表人声明"一栏中指定第几申请人为申请人的代表人。

(6) 代理。如果申请人委托专利代理机构的,应填写代理机构的名称、机构代码、邮政编码、联系电话和地址,以及代理人的姓名、工作证号和联系电话。

(7) 分案申请。如果是分案申请的,应填写原案申请号和原案申请日。

(8) 要求优先权声明。

(9) 不丧失新颖性宽限期声明。如果有不丧失新颖性宽限期的某种情况,应在相关项目之前的方框内标记。

(10) 申请文件清单。需提交的申请文件均一式两份,写明份数、每份的页数,以及权利要求书中的权项数。

(11) 附加文件清单。如果有附加文件清单中的相关内容,应在该项目之前的方框内标记。若有在清单中未列出的附加文件,则按照上述形式写明。

(12) 申请人或代理机构签章。凡是委托专利代理机构的由专利代理机构签章,未委托专利代理机构的由申请人签字或盖章,若申请人为多个时,必须由全体申请人签字或盖章。

(13) 生物材料样品保藏。涉及生物材料样品保藏的专利申请,应填写该生物材料的分类命名(注明拉丁文名称)、保藏该生物材料样品的单位名称、地址、保藏日期和保藏编号。

(14) 保密请求。涉及需要保密的发明专利或实用新型专利申请,应填写本栏目相关内容。

2. 请求书填写的注意事项

（1）请求书应使用国家知识产局专利局统一制定的标准格式，纸张幅面为 A4 规格。

（2）表格必须用中文填写，不能用外文或少数民族文字，中文必须用规范化的简体字。外国人名、地名若无统一译名时，应注明原文。

（3）必须打字或铅印，字体的颜色应使用黑色。

（4）表中不需填写的栏目，不必做任何标记。

（5）申请人的名称以及专利代理机构的名称必须与其图章的名称完全一致，表中的签字或图章不得复印，必须实签。

（6）递交的文件不得装订、打孔、黏贴、折叠等。

11.5.2 费用减缓请求书

1. 费用减缓请求书的填写

（1）名称。在填写费用减缓请求书时，其名称务必与说明书中的名称完全一致且不得超过 25 个字。

（2）申请人或专利权人。申请人或专利权人应为第一署名申请人或专利权人。

（3）请求费用减缓的理由。个人请求费用减缓的，必须如实填写个人年收入情况，两个以上个人共同申请专利应当填写每个人的年收入情况；单位请求费用减缓的，应当在费用减缓请求书中如实填写经济困难情况，并附具市级以上人民政府管理专利工作的部门出具的证明。市级以上人民政府管理专利工作的部门出具的证明应当说明请求专利费用减缓的单位的性质是企业、事业单位还是机关团体，并说明其经济困难情况。填写不符合规定或者未提交有关证明的，不予减缓费用。

可以请求减缓的费用为申请费（公布印刷费、申请附加费不予减缓）、发明专利申请审查费、复审费、自授予专利权当年起（含当年）3 年内的年费。

（4）附件。附件供填表人选择使用，若有方格后所述的情况，应当在方格内做标记。

（5）申请人或代理机构签章。费用减缓请求书此处应当由申请人或者专利权人签字或者盖章，申请人或者专利权人为多个的应当由全体申请人或者专利权人签字或者盖章。申请人或专利权人委托专利代理机构办理费用减缓手续并提交声明的，可以由专利代理机构加盖公章。委托专利代理机构办理费用减缓手续的声明可以在专利代理委托书中注明，也可以单独提交。

2. 费用减缓请求书填写的注意事项

（1）费用减缓请求书应当使用中文填写，字迹为黑色，文字应当打字或印刷，提交一式一份。

（2）费用减缓请求是在提出专利申请的同时提出的，可以一并请求减缓上述费用。提出专利申请之后只能请求减缓除申请费外尚未到期的费用，但该请求最迟应当在有关费用缴纳期限届满前两个半月之前提出。

（3）进入中国国家阶段的国际申请可以请求减缓的费用为复审费和自授予专利权当年起（含当年）3 年内的年费。

（4）申请人或者专利权人为个人的，可以请求减缓缴纳 85% 的申请费、发明专利申请审

查费和年费及 80% 的复审费。申请人或者专利权人为单位的,可以请求减缓缴纳 70% 的申请费、发明专利申请审查费和年费及 60% 的复审费。两个或者两个以上的个人或者个人与单位共同申请专利的,可以请求减缓缴纳 70% 的申请费、发明专利申请审查费和年费及 60% 的复审费。两个或者两个以上的单位共同申请专利的,不予减缓费用。

（5）费用可以直接到国家知识产权局缴纳,也可以通过邮局或者银行汇付。如果通过邮局汇付,收款人姓名:国家知识产权局专利局收费处;商户客户号:110000860。如果通过银行汇付,开户银行:中国工商银行北京北太平庄支行;户名:中华人民共和国国家知识产权局专利局;账号:0200010009014400518。

11.5.3 补正书

1. 补正书的填写

（1）申请号。补正书中的申请号需与专利受理通知书的申请号一致。

（2）名称。在填写补正书时,其名称务必与说明书中的名称完全一致且不得超过25 个字。

（3）申请人或专利权人。申请人或专利权人应为第一署名申请人或专利权人。如果该申请办理过著录项目变更手续,应当按照国家知识产权局批准变更后的内容填写。

（4）补正原因。根据自己实际情况若有方格后所述情况的,应当在方格内做标记。

（5）补正内容。要对权利要求进行修改,应当提交相应的权利要求替换项,涉及权利要求引用关系时,需要将相应权项一起替换。如果申请人需要删除部分权项,申请人应该提交整理后连续编号的部分权利要求书。

对说明书修改的应当提交相应的说明书替换段,不得增加和删除段号,只能对有修改部分段进行整段替换。如果要增加内容,则只能增加在某一段中;如果需要删除一个整段内容,应该保留该段号,并在此段号后注明:"此段删除"字样。段号以国家知识产权局回传的或公布(授权)公告的说明书段号为准。

要对说明书附图进行修改,应当以图为单位提交相应的替换附图。

要对说明书摘要、摘要附图进行修改,应当提交相应的说明书摘要、摘要附图替换页。

同时,申请人应当在补正书第(3)栏中的"文件中的位置"中标明修改涉及的权项、段号、图、页。

（6）附件清单。根据自己实际情况填写。若有方格后所述情况的,应当在方格内做标记。

对于涉及核苷酸或者氨基酸序列的发明专利申请,对于未提交纸页序列表的申请,如果提交的计算机可读形式的序列表无法读取或者请求书中注明提交了序列表但是实际未提交,申请人补交序列表的,以向国家知识产权局提交符合规定的序列表之日为申请日。

（7）申请人或代理机构签章。费用减缓请求书此处应当由申请人或者专利权人签字或者盖章,申请人或者专利权人为多个的应当由全体申请人或者专利权人签字或者盖章。申请人或专利权人委托专利代理机构办理费用减缓手续并提交声明的,可以由专利代理机构加盖公章。委托专利代理机构办理费用减缓手续的声明可以在专利代理委托书中注明,也可以单独提交。

2. 补正书填写的注意事项

（1）补正书应使用国家知识产局专利局统一制定的标准格式，纸张幅面为 A4 规格。

（2）表格必须用中文填写，不能用外文或少数民族文字，中文必须用规范化的简体字。外国人名、地名加无统一译名时，应注明原文。

（3）必须打字或铅印，字体的颜色应使用黑色。

（4）表中不需填写的栏目，不必做任何标记。

（5）申请人的名称以及专利代理机构的名称，必须与其图章的名称完全一致，表中的签字或图章不得复印，必须实签。

（6）递交的文件不得装订、打孔、黏贴、折叠等。

（7）发明专利申请人在提出实质审查请求时以及在收到国家知识产权局发出的发明专利申请进入实质审查阶段通知书之日起 3 个月内，可以对发明专利申请主动提出修改。实用新型或者外观设计专利的申请人自申请日起两个月内，可以对实用新型或者外观设计专利申请主动提出修改。

11.5.4　意见陈述书

1. 意见陈述书的填写

（1）申请号。意见陈述书中的申请号需与专利受理通知书的申请号一致。

（2）名称。在填写意见陈述书时，其名称务必与说明书中的名称完全一致，且不得超过 25 个字。

（3）申请人或专利权人。申请人或专利权人应为第一署名申请人或专利权人。如果该申请办理过著录项目变更手续，应当按照国家知识产权局批准变更后的内容填写。

（4）陈述事项。根据自己实际情况填写。若有方格后所述情况的，应当在方格内做标记。

（5）陈述的意见。对权利要求修改的应当提交相应的权利要求替换项，涉及权利要求引用关系时，需要将相应权项一起替换。如果申请人需要删除部分权项，申请人应该提交整理后连续编号的部分权利要求书。

对说明书修改的应当提交相应的说明书替换段，不得增加和删除段号，仅只能对有修改部分段进行整段替换。如果要增加内容，则只能增加在某一段中；如果需要删除一个整段内容，应该保留该段号，并在此段号后注明"此段删除"字样。段号以国家知识产权局回传的或公布（授权）公告的说明书段号为准。

对说明书附图修改的应当以图为单位提交相应的替换附图。

对说明书摘要、摘要附图修改的应当提交相应的说明书摘要、摘要附图替换页。

同时，申请人应当在意见陈述书中写明修改涉及的权项、段号、图、页。

（6）申请人或代理机构签章。意见陈述书此处应当由申请人或者专利权人签字或者盖章，申请人或者专利权人为多个的应当由全体申请人或者专利权人签字或者盖章。申请人或专利权人委托专利代理机构办理意见陈述手续并提交声明的，可以由专利代理机构加盖公章。委托专利代理机构办理意见陈述手续的声明可以在专利代理委托书中注明，也可以单独提交。

2. 填写意见陈述书的注意事项

（1）补正书应使用国家知识产局专利局统一制定的标准格式，纸张幅面为 A4 规格。

（2）表格必须用中文填写，不能用外文或少数民族文字，中文必须用规范化的简体字。外国人名、地名加无统一译名时，应注明原文。

（3）必须打字或铅印，字体的颜色应使用黑色。

（4）表中不需填写的栏目，不必做任何标记。

（5）申请人的名称以及专利代理机构的名称，必须与其图章的名称完全一致，表中的签字或图章不得复印，必须实签。

（6）递交的文件不得装订、打孔、黏贴、折叠等。

（7）意见陈述书第 3 栏，填写不下时，应当使用规定格式的附页续写。

11.5.5　其他表格的填写

其他表格的填写大同小异，请在填写之前仔细阅读文本后的填表注意事项。

第 12 章　专利应用实施

实现专利技术成果的转化、应用和推广，促进科学技术的进步和社会经济的发展。

12.1 专利应用实施的意义

在人生中若有一项发明创造是让人高兴的,若有发明创造获得专利是更让人高兴的,若有发明创造被社会应用转化为生产力,那才是最让人高兴的事。

发明创造的公开使人们从中得到启发,有利于技术的传播,也可以提高整个社会的科研起点,避免了资源的浪费,是对社会的巨大贡献;同时,将发明创造应用于工业生产,又进一步为社会创造物质财富和精神财富,推动了社会的发展和进步。因此,发明创造和专利技术的公开和推广应用是专利制度的两项重要内容。本章主要介绍了专利实施的定义、方式及其意义。专利应用实施将无形的财富转化为现实中有形的财富,为社会的发展做出贡献。

12.1.1 专利应用实施的概念

1. 专利应用实施

专利应用实施是指专利权人或者专利权人许可他人为了生产经营的目的,制造、使用和销售专利产品或使用专利方法。它是把获得专利权的发明创造应用于工业生产。如果发明创造是产品专利,那么实施就是指制造专利产品;如果该发明创造是一项方法专利,那么专利的实施就是指使用专利方法,或者直接使用该专利方法制造产品。

世界上大部分国家的专利法都规定,实施专利既是专利权人的权利,又是专利权人的义务。因为专利权人的利益与专利的实施紧密相连。虽然一个人在一生之中能够发明并申请到几个专利是值得高兴的事情,而一个人在一生之中能够让自己的发明专利得到应用实施,那更是难能可贵。专利的实施不仅能够给个人带来名誉和利益,更能够促进社会的发展。申请人自申请专利后,就应当积极地争取尽早实施专利。

实践证明,专利技术的公开和推广应用,推动了社会的进步和发展,发明创造的公开使人们从中得到启发,有利于技术的传播,同时提高了整个社会的科研起点,避免了资源的浪费,是对社会的巨大贡献。将发明创造应用于工业生产,进而为社会创造物质财富和精神财富。因此,发明创造的公开和实施是专利制度的两项重要内容。

2. 专利实施许可

专利实施许可也称专利许可证贸易,是指专利技术所有人或其授权人许可他人在一定期限、一定地区,以一定方式实施其所拥有的专利,并向他人收取使用费用。专利实施许可仅仅转让了专利技术的使用权利。转让方仍拥有专利的所有权。受让方只获得了专利技术实施的权利,并没拥有专利所有权。专利实施许可的作用是实现专利技术成果的转化、应用和推广,有利于科学技术进步和发展,从而促进社会经济的进步和发展。专利权人通过许可他人使用其专利技术,可以使他人迅速进入原来企业并不占优势的领域,从而扩大企业的影响,并在一定程度上控制产品或技术的发展变化。最重要的是,通过许可或交叉许可,企业可以组成产业联盟,提高市场占有率。对于被许可方来说,通过实施他人专利,特别是独占实施许可情形下,被许可人实际上获得了市场的绝对控制权。对研发能力不足的企业来说许可使用他人专利是产品进入市场的捷径。

专利实施许可类型可以分为以下几种。

(1)按照实施期限分:在专利整个有效期间实施许可和在专利有效期间某一时间段实

施许可。

（2）按照实施地区分：在我国境内的实施许可和在特定地区实施许可。

（3）按照实施范围分：制造许可、使用许可、销售许可和全部许可（包括制造、使用、销售许可）。

（4）按照实施专利用途多少分：一般实施许可和特定实施许可。

（5）按照实施条件分：普遍实施许可、排他实施许可、独占实施许可、分售实施许可和交叉实施许可。

（6）按照自愿与否分：强制许可和自愿许可。

3. 专利强制许可和自愿许可

（1）专利强制许可。专利强制许可是一种非自愿的许可，是国务院专利行政部门依照法定的条件和程序实施专利的一种强制性手段。它是指自专利权被授予之日起的一定时间后，任何单位均可以依照《专利法》的规定，不经过专利权人的同意，由国务院专利行政部门在一定条件下准许其他单位和个人实施专利权人的专利的一种强制性法律手段。强制许可分为 3 种。

① 未能获得专利权人许可时的强制许可。这种强制许可是指具备实施条件的单位以合理的条件请求发明或者实用新型专利权人许可实施其专利，而未能在合理的时间内获得这种许可时，国务院专利行政部门根据该单位的申请，可以给予实施该发明专利或者实用新型专利的强制许可。

② 根据公共利益的强制许可。这种强制许可是指在国家出现紧急状态或者非常情况时，或者为了公共利益的目的，国务院专利行政部门可以给予实施发明专利或者实用新型专利的强制许可。

③ 从属专利的强制许可。这种强制许可是指一项取得专利权的发明或者实用新型，已经取得专利权的发明或者实用新型具有显著经济意义的重大技术进步，其实施又有赖于前一发明或者实用新型的实施的，国务院专利行政部门根据后一专利权人的申请，可以给予实施前一发明或者实用新型的强制许可。

（2）专利自愿许可。专利自愿许可包括普通许可、独家许可（又称排他许可）、独占许可、交叉许可、分许可。

① 普通许可。按照普通实施许可合同，合同的被许可方根据许可方的授权在合同约定的时间和地域范围内，按合同约定的使用方式实施该专利，同时专利权人保留了自己在同一地域和时间实施该专利以及许可第三人实施该专利的权利。

② 独家许可。依照这类合同，被许可方在约定的时间和地域范围内以合同约定的使用方式享有对专利的排他性实施权。在合同约定的时间和地域范围内，专利权人可不得再许可任何第三人以此相同的方式实施该项专利，但专利权人可自行实施。

③ 独占许可。这种合同是指专利权人许可被许可方在合同约定的时间和地域范围内，以合同约定的使用方式对专利进行独占性实施，从而排斥包括专利权人在内的一切人实施该项专利。

④ 相互交换许可。相互交换实施许可合同是指许可方与被许可方就相互允许使用彼此的专利而订立的协议，也称交叉实施许可合同。

⑤ 分许可。分实施许可合同是相对于基本的实施许可合同而言的，在专利实施许可合

同中，如果许可方允许被许可方就同一专利再与第三人订立许可合同，由第三人在合同约定的期限和地域范围内实施该项专利，则被许可人与第三人签订的后一种实施许可合同就是分实施许可合同。分实施许可合同只能从属于基本的实施许可合同，不得有任何超越行为。

4. 专利权的限制(不视为侵犯专利权)

专利权的限制是指专利法规定的，允许第三人在某些特殊情况下可以不经专利权人许可而实施其专利，且其实施行为并不构成侵权的一种法律制度。根据专利法的规定，下列情形不被视为侵犯专利权。

(1) 先用权人的实施。专利法规定，在专利申请日以前已经制造相同产品或者已经做好制造、使用的必要准备，并且仅在原有范围内继续制造、使用的，不视为侵权。先用权的成立条件如下：

① 实施行为人在他人取得专利权的专利申请日以前已经制造相同产品、使用相同方法或者已经做好制造、使用的必要准备。

② 实施行为人所实施的发明创造，或者是行为人自行研究开发或者设计出来的，或者是通过合法的受让方式取得的。

③ 在他人就相同的发明创造取得专利权之后，实施行为人只能在原有范围内制造或者使用。

(2) 专利权的用尽。专利权人自己制造、进口或者许可他人制造、进口的专利产品或者依照专利方法直接获得的产品售出后，任何人使用、许诺销售或者销售该产品的，不再需要得到专利权人的许可或者授权，不构成侵权。这意味着，专利权人只对专利产品的首次销售享有专有权，对已被首次销售的专利产品不具有再销售或者使用的控制权或支配权。

(3) 为科学研究和实验目的的使用。专为科学研究和实验目的而使用专利产品或者专利方法的，不构成专利侵权。

(4) 临时过境。临时通过我国领域、领水或领空的外国的海陆空运输工具为其自身需要而使用在我国享有专利权的机械装置和零部件的，无须得到我国专利权人许可，不构成侵权。

12.1.2 专利应用实施的意义

1. 给智慧的人们以利益

美国著名前总统林肯的一句经典的话："专利制度是为天才之火添加了利益之油。"专利应用实施是企业生存和发展的法宝，是竞争的源泉。技术创新则是企业创新的龙头，没有创新技术的应用实施，企业便没有勃勃生机。在花费了大量的人力、物力有了技术创新之后，要想劳有所获，就必须重视专利的应用实施。专利将创新成果用法律固定下来，使企业独占这个专利技术名正言顺，也使企业获得了一个市场。例如一些在美国的医学公司，经多年的开发和临床验证开发了新药物，有了原创性的研究成果，申请新药的发明专利。经过审核后，授予发明专利权，从而可以专享从申请之日起 20 年的发明专利保护期。在美国开发一个新药，平均花费的研发费用高达数亿美元。由于有专利的保护，这些医学研发公司，可以在专利保护期内，独家生产，并高价销售发明的专利新药。不用几年就收回投资，后几年赚得盆满钵满。通过发明专利的保护，保护技术开发的发明人获得专享的收益，从而鼓励大家开展创造性的研究开发工作。

2. 促进科技进步和社会发展

发明专利要求公开专利的核心技术,且也规定一定的保护期限,对一个人人守法的诚信社会来讲,专利的应用实施是能促进研究成果的推广与应用。例如一些医学公司赚得高额利润的同时,其他没有专利权的医学公司,看到人家的新的医药专利,会加紧投入,开展创造性的研究工作,开发出更好的新药。作为对专利保护的回报,所有专利权人必须公开披露关于其发明的信息,以丰富世界上的整个技术知识宝库。这一公有知识宝库的不断丰富,对他人的进一步创造和创新起到推动作用。这样,专利不但对权利人予以保护,而且还为后代研究者和发明人提供宝贵的信息和灵感。另一方面也会做相关的跟踪研究,并非常清楚地了解其专利的保护期限,某些快要到期的专利药物,一些相关工厂的生产设施已安装调试完成,甚至一些成品药也已生产出来,就等专利到期后,立即投放市场,从而导致专利到期后药品的售价急剧下降。这样,原来的专利研究成果也因专利到期后得到更大规模地推广应用。既能适当保护专利拥有者的权益,也能让其他参与的相关方获得收益,从而达到多方共赢的结果。

3. 促进科技成果转化为生产力

虽然很多科技工作者在实验室取得了许多"成果",但是其中有很多都被束之高阁,没有被很好地利用,这样一样,科技就丧失了它原本的价值,科技工作者也失去了创造发明的动力。专利应用实施的目的,就是要将技术转化为生产力,让"纸上谈兵"的科技成果从"象牙塔"中解放出来,落地生根,开花结果。能够实现社会价值,产生巨大的经济效益、社会效益和生态效益,促进社会的发展的科技成果才真正的成果。2008年,国务院颁布了《国家知识产权战略纲要》,将知识产权战略与科教兴国战略、人才强国战略并称为促进我国经济社会全面发展的三大战略。《国家"十二五"规划纲要》更是首次将"每万人口发明专利拥有量提高到3.3件"的指标写入主要目标部分。专利应用实施便是推动科技进步和社会发展的动力之一。

4. 可以将无形财产转化为有形财产

无形资产,是指企业拥有或者控制的没有实物形态的可辨认的非货币性资产。因为它们没有物质实体,而是表现为某种法定权利或技术。专利应用实施是指制造、使用和销售专利产品或使用专利方法,不管是专利权人自己实施,还是专利权人许可他人实施,都可以将无形财富转化为有形财富,把智力劳动转化为货币。这些现象让人们逐渐意识到无形财富可以转化为有形财富,脑力活动可以直接转换为物质收入。专利制度的目的之一是鼓励发明创造。通过专利权的保护作用,企业可以获得更佳的经济效益,并用所得的部分收入奖励对发明创造做出贡献的发明人,鼓励他们积极从事于发明创造,激发了发明创造者的积极性,从而使企业获得更多的技术、专利,增强企业的技术创新能力。

5. 可以促进竞争,繁荣市场

专利是国家和地区经济社会发展中的一种战略性资源。知识产权已成未来经济世界的主要组成,也是当今国际贸易中的争端热点。专利的拥有量和专利的实施程度,是衡量一个国家或地区经济和科技实力的重要标志之一。提高自主创新能力,建设创新型国家,是国家发展战略的核心。国家之间的竞争主要是专利的竞争。专利的应用实施对于加快转变经济发展方式和建设创新型国家具有深远的意义。

对众多企业来说也一样,专利在竞争中将扮演着重要角色。专利的应用实施就是技术的大比拼。在专利市场上的胜利将会取得最终的胜利。企业为了提高产品的市场竞争力，获得更大的经济效益，必须增加产品的技术含量，加强新技术、新产品的开发，以此推动企业的技术进步。这一过程，必然会带来对技术的投资。在专利的实施过程中，各种经济实体在市场中均占有一席之地，且各自以其技术实力和经济实力扩大市场占有率，促进百家竞争，市场繁荣。专利的应用实施在提高企业的技术竞争能力的同时，推动着国家的科技进步。

12.2 专 利 转 让

专利转让是指专利权人作为转让方，将其发明创造专利的所有权或将持有权移转受让方，受让方支付约定价款所订立的过程。通过专利权转让合同取得专利权的当事人，即成为新的合法专利权人，同样也可以与他人订立专利转让合同，专利实施许可合同，包括专利申请权转让。

专利申请权和专利权转让，是指专利权人将自己的整个专利申请权和专利权全部转让给受让方。转让专利申请权或者专利权的，当事人必须订立书面合同，经专利局登记和公告后生效。

专利转让权一经生效，受让人取得专利权人地位，转让人丧失专利权人地位，专利权转让合同不影响转让方在合同成立前与他人订立专利实施许可合同的效力。除合同另有约定的以外，原专利实施许可合同所约定的权利义务由专利权受让方承担。另外，订立专利权转让合同前，转让方已实施专利的，除合同另有约定以外，合同成立后，转让方应当停止实施。

1. 专利转让的方式

专利转让主要有 3 种方式：

（1）专利权人死亡的，因继承而转让专利权；

（2）专利权人为法人或非法人组织的，因合并、分立而发生专利权的转让；

（3）专利权人还可以通过合同转让专利权。

2. 专利转让生效的条件

（1）专利申请权或者专利权的转让自登记之日起生效。

（2）《专利法》第十条规定：专利申请权和专利权可以转让。"转让专利申请权或者专利权的，当事人应当订立书面合同。"

（3）在实践活动中，转让合同从双方签字之后到国务院专利行政部门登记和公告之前有一段时间，在这段时间内产生的法律问题的处理，就涉及转让合同是否生效的问题。按照《合同法》规定，合同自双方签字之日起便已生效，但是由于专利申请本身的特点，专利申请或者专利权的转让应当经过国务院专利行政部门的登记，因此转让合同双方签字后，根据《合同法》虽然已经生效，但是只有等到国务院专利行政部门登记后，该转让合同才完全生效。

3. 专利转让须知

（1）提交双方法定代表人签章的专利权转让合同书、专利权人和受让人的身份证明、专利证复印件和法律状态证明书、原代理机构的解聘书及受让人新的代理委托书、工商变更证明材料原件。

（2）国家知识产权局收取著录事项变更费 200 元。

（3）国家知识产权局专利局在 3～5 个月内审查完成并予以登记公告。

（4）专利权转让自国家知识产权局登记公告之日起生效。

4. 专利转让的注意事项

（1）避免盲目扩大专利价值。对于专利权的转让标的，应以能够成交为原则，否则很可能合作失败。

（2）切勿求快。专利转让是一个法律程序，建议最好委托相关业内人士（例如律师），进行相关操作，切勿自行随便签订合同。

（3）应把合作放在首位。专利开发的目的，除了是对自己的肯定，更重要的是对社会、对生活贡献和有益处。一项具有一定技术含量和市场容量的专利技术，在没有转化为社会生产力之前，只能是技术，因此实现产业化才是造福于社会和人类的最高标准。在某种程度上适当退让和调低同样是很必要的，毕竟合作是需要双方拿出诚意的。

（4）做好相关记录。尽可能做好转让过程中的记录，这对于后续问题以及利益分配都是很重要的。

（5）在转让之前，不要轻易进行价值评估等操作，尤其不要轻易根据对方要求进行此类操作，如果确实需要进行评估，尽量明确评估费用担负原则和担负比例，以免上当受骗；在没有完全完成转让手续前，不要轻易交付技术资料和相关图纸等具体信息。

（6）当专利权为两个以上的专利权人共有时，如果一方转让其持有的专利权，另一方可以优先受让其共有的份额。

12.3　专　利　合　同

《专利法》规定："任何单位或者个人实施他人专利的应当与专利权人订立书面实施许可合同，向专利权人支付使用费。被许可人无权允许合同规定以外的任何单位或个人实施该专利。"

专利实施合同有规定的文本和表格，完整的专利合同可以从国家知识产权局的官方网站（http://www.sipo.gov.cn）下载。

由于专利转让和实施许可有多种类型，所以专利权转让实施许可合同有专门格式，应按规定认真填写。

12.3.1　专利转让合同

1. 技术转让合同的类型

根据《合同法》第三百四十二条的规定，技术转让合同包括以下类型。

（1）专利权转让合同。专利权转让，是指专利技术所有权的转让。按合同约定，受让方向转让方支付使用费，转让方将专利权移交给受让方，受让方成为新的专利权人。专利权转让合同是指专利权人作为转让方将发明创造专利的所有权或持有权移交受让方，受让方支付约定价款所订立的合同。

（2）专利申请权转让合同。专利申请权转让合同是指转让方将其特定的发明创造申请专利的权利移交受让方，受让方支付约定价款订立的合同。按合同约定转让方格专利申请权移交给受让方，受让方向转让方支付转让费，并成为新的专利申请人。

（3）技术秘密转让合同。技术秘密转让合同是指转让方将其拥有的技术秘密成果提供给受让方，明确相互之间的技术秘密成果使用权、转让权，受让方支付约定使用费的合同。

（4）专利实施许可合同。专利实施许可合同是指专利权人或其授权人作为转让方许可受让方在约定范围内实施其专利技术，受让方支付约定的使用费所订立的合同。专利实施许可合同转移的是部分或全部的专利使用权，专利权仍属于专利权人。根据当事人双方约定实施专利的使用权的范围，专利实施许可合同又可分为独占实施许可合同、排他实施许可合同和普通实施许可合同。

所谓独占实施许可合同，是指专利权人作为转让方许可受让方在约定范围内实施其专利，并且专利权人不得再在此范围内自行实施或许可第三方实施该专利，受让方支付约定的使用费的合同。约定的范围是指专利实施许可的期限、地区和方式。订立独占实施许可合同后，专利权人在约定的范围内已把其全部使用权转让给了受让方，因而无权再与第三方就同一专利订立专利实施许可合同，也无权自行使用同一专利。

排他实施许可合同是指在约定范围内，专利权人作为转让方许可受让方实施其专利，在此范围内专利权人不得再许可第三方实施该专利，但仍保留自己实施该专利的权利，受让方支付约定的使用费的合同。其中约定的范围也是指专利实施许可的期限、地区和方式。

普通实施许可合同是指专利权人作为转让方许可受让方在约定的范围内实施其专利，专利权人可以在同一范围内继续许可第三方实施或自行实施同一专利，受让方支付约定使用费的合同。普通实施许可合同保留了转让方在许可受让方实施专利的约定范围内的自行实施和许可他人实施其专利的权利，可以继续多家转让。此外，对于产品发明或者实用新型专利，可以采取生产许可、使用许可、销售许可等形式。

2. 专利转让合同应具备的条款

专利转让必须签订书面合同，专利转让合同一般应具备以下条款。

（1）项目名称。项目名称应载明某项发明、实用新型或外观设计专利权转让合同。

（2）发明创造的名称和内容。应当用简单明了的专业术语，准确、概括地表达发明创造的名称，所属的专业技术领域，现有技术的状况和本发明创造的实质性特征。

（3）专利申请日、专利号、申请号和专利权的有效期限。

（4）专利实施和实施许可情况。有些专利权转让合同是在转让方或与第三方订立了专利实施许可合同之后订立的，这种情况应载明转让方是否继续实施或已订立的专利，实施许可合同的权利义务如何转移等。

合同应该有以下条款：

（1）前言。

（2）合同术语定义。

（3）合同的标的。合同的标的是指技术范围的确定和说明，应写明专利的种类、名称、申请日、批准日、有效期等内容。

（4）费用的支付。费用的支付分为一次总算支付、提成费（按销售金额或利润确定提成比例）、入门费加提成费（签订合同后，预付一笔费用，然后每年再按销售金额或利润来提成）、技术入股（专利权人以其专利技术作为股份投入，利益共享、风险共担）。

（5）技术资料的交付。合同应该规定技术资料交付的范围、时间、地点、验收方法。

（6）技术改进成果的分享。签约后一方对该专利技术的改进，其成果归谁所有及另一方的利益问题。

（7）技术服务和人员培训。被许可方获得技术资料后可能无法制造出合格产品，还需许可方提供培训、指导等。

（8）保密条款。主要涉及技术秘密，被许可方应对许可方负有保密的义务。

（9）担保条款。双方各自互相给予对方履行合同的许诺。

（10）争议的解决。规定双方发生争议后的解决办法。

（11）违约条款。对不履行或不按时履行合同等违约的处理。

（12）合同的生效日、有效期限、终止及延期。

3．起草合同的注意事项

（1）合同条款不可违反国家法律，否则该合同将成为无效合同。合同的条款应完整，合同的附件应提供齐全。合同的内容应该具体、详细、准确。合同的文字要准确，不可模棱两可。

（2）必要时可邀请有关人士参与。被许可方在接触该专利产生了兴趣并有意引进时，最好邀请该技术领域的专家对其技术进行先进性论证。被许可方在技术论证后，应再邀请经济贸易方面的专家对专利产品的市场前景、经济效益进行分析。双方在技术贸易的谈判、签约过程中最好能邀请专利事务所参与，对有关事宜提供意见，帮助当事人确定一种较好的技术贸易模式，完成起草合同等工作。

（3）当事人应当以书面形式订立合同，可以使用国家知识产权局监制的合同文本。采用其他合同文本的，应参考相关书籍，符合专利法及专利实施细则等有关法律的规定。

专利方面书籍很多，如图 12-1 所示，读者可以自行阅读，以提高自己的相关知识。

图 12-1　专利相关书籍、专利法及专利实施细则

12.3.2　专利实施许可合同

专利实施许可合同是指专利权人、专利申请人或者其他权利人作为让与人，许可受让人在约定的范围内实施专利，受让人支付约定使用费所订立的合同。

1．主要条款

专利实施许可合同的主要条款一般包括以下几方面：

（1）专利技术的内容和专利的实施方式；

（2）实施许可合同的种类；

（3）实施许可合同的有效期限和地域范围；

（4）技术指导和技术服务条款；

（5）专利权瑕疵担保和保证条款；

（6）专利许可使用费用及其支付方式；

（7）违约责任以及违约金或者赔偿损失额的计算方法。

除了上述内容外，还可以就当事人双方认为必要的其他事项进行约定。例如：不可抗力条款，专利技术改进成果的归属，争议的解决办法，关键名词和术语的解释，等等。

2. 专利实施许可中的注意事项

（1）明确专利权终止或被宣告无效的法律责任。根据我国法律规定，发明专利权的有效期限是申请之日起 20 年，实用新型和外观专利的有效期限是申请之日起 10 年。因此注意有效期限及明确约定相关的法律责任也是非常重要的问题。

审查专利实施许可合同的有效性。此处应当注意的是，是否被授予专利权，转让方是否为合法的专利权人，是否有共有权人，是否取得共有权人的同意，专利权的缴费等问题。

（2）明确约定转让方的一些特定义务。例如，提供实施专利技术的有关资料和必要的技术指导，承担对专利权的完整性的担保义务，承担如实向受让方说明订立合同前专利实施的情况，等等。

（3）明确约定验收标准和方式。在专利实施许可合同的履行过程中，当事人常会因合同标的，即技术成果是否成熟、先进、可靠、适用而发生纠纷。审理这类纠纷案件时，往往会遇到对该技术成果的鉴定问题，鉴定结论对案件的审理结果影响极大，因此在合同中应约定验收标准和方式。当事人为此发生纠纷，人民法院对该技术成果组织鉴定，实质上就是对该合同的技术成果是否符合合同约定的验收标准和方式。若不符合约定的验收标准，就视为违反合同，违约方应当承担违约责任。

（4）明确不争议条款是否为无效条款。不争议条款又称不得反控条款，是指在专利实施许可合同中，规定被许可方不得对许可合同中所涉及专利权的合法性提出质疑，即被许可方不得在合同有效期内对合同中涉及的专利权直接或者间接地向专利复审委员会提出无效宣告请求。

12.3.3　专利实施许可合同备案

1. 备案管理

为了切实保护专利权，规范交易行为，促进专利实施，国家制定了《专利实施许可合同备案管理办法》。国家知识产权局负责全国专利实施许可合同的备案工作。经国家知识产权局授权，各省、自治区、直辖市管理专利工作的部门负责本行政区域内专利合同的备案工作。

2. 备案流程

根据专利法实施细则第十五条和国家知识产权局第 18 号局长令，专利实施许可合同中的当事人应当在合同生效日起 3 个月内到国家知识产权局或地方知识产权局办理备案。对备案审查合格的专利实施许可合同，国家知识产权局或地方知识产权局将给予备案合格通知书及备案号、备案日期，并将通知书送交当事人。对不符合要求的，发出书面补正通知，补交文件后，再予以办理。具体流程如图 12-2 所示。

3. 备案文件

办理专利合同备案应当提交下列文件并一式两份：

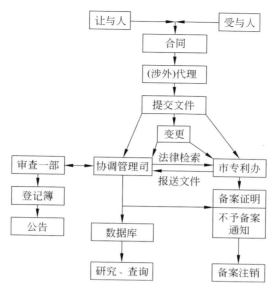

图 12-2 专利实施许可合同备案流程图

（1）备案申请表；

（2）合同副本；

（3）专利证书或者专利申请受理通知书复印件；

（4）专利现有法律状态证明（检索专利登记簿和专利文件）；

（5）让与人身份证明；

（6）备案公告项目表；

（7）其他文件。

4. 受让人权利

按照有关规定经过备案的专利合同的受让人有以下权利：

（1）可以对专利侵权行为向人民法院提出诉前停止侵权行为的申请；

（2）可以提起侵权诉讼；

（3）可以请求地方各级专利管理部门处理专利侵权纠纷。

12.3.4　需注意的一些细节

有些细节问题，双方在签订专利合同时，应当加以重视，应严格按照法律规定办理相关手续，从而最大限度规避风险。

1. 被许可方需注意的事项

（1）专利技术有效性审查。专利实施许可合同只在该专利权的存续期间内有效，被许可方未仔细审核该专利是否期限届满或因未缴纳年费等原因被宣布无效，或其是否第三方对该专利技术主张权利。可能导致在合同有效期内作为标的专利技术有效期届满或被宣告无效；或在实施技术时第三方对该技术主张权利，影响被许可方对专利的正常实施。

被许可方应当对许可方许可实施的专利技术进行严格的调查，应确认专利技术的有效性，是否有效期限届满或者因未缴纳年费等原因被宣布无效；是否有权利瑕疵，有无第三方对同一专利技术主张权利。

（2）事前了解。

① 被许可方应当对许可方的履约信用，协作精神等在合同签订前进行充分了解。

② 被许可方应对许可方的技术能力及水平作全面充分的了解。例如，查看有无相关专业领域的技术专家或人员参与技术工作，许可方参与研究开发工作人员的学历、技术职称、获奖情况、先前是否从事过类似领域技术工作，其技术水平是否被认可，等等。

③ 工作经历调查。调查了解许可方有无曾经从事过相关技术工作的经历。

（3）当事人应当明确约定所转让专利技术的性能，达到的有关技术、经济指标等内容。

（4）应在合同中约定许可方保证自己是所提供的专利的合法拥有者，并且保证所提供的技术完整、无误、有效、达到约定的目标。

（5）当事人在合同中对许可方提供技术指导的范围、具体内容等应约定的明确具体。

（6）技术使用费的交付方式有一次总算总付、一次总算分期支付、提成支付或者提成支付加预付入门费等方式。合同中应对支付方式做出明确约定。

（7）当事人应当明确约定专利技术的研发阶段、技术成熟程度，是属于已经完成商品化开发的专利技术成果，还是尚处于小试阶段、中试阶段的专利技术成果。

（8）当事人可明确约定许可方对被许可方实施技术后的经济效益承担责任，即约定许可方保证被许可方达到约定的经济效益指标。

（9）技术指导。

① 合同双方应明确约定许可方提供技术指导的方式，包括技术指导、培训、交流、现场操作及解决问题等。

② 合同双方应明确约定许可方提供技术指导事项的期限。

（10）双方就从属专利签订专利实施许可合同，许可方必须事先取得基本专利的专利权人的授权。

（11）当事人应当确定双方使用专利技术的方式主要有以下 3 种方式：独占实施许可、排他实施许可和普通实施许可。

（12）被许可方取得专利技术后应按照合同约定支付价款。

（13）当事人应当明确约定报酬的结算期限。

（14）受让人若有需要将受让的专利许可第三人实施，如与他人合作实施或入股联营的，应在合同中明确约定相关条件及有关事项。

（15）被许可方实施专利不应超越约定的范围。被许可方实施专利超越约定的范围。被许可方应当停止该违法行为，承担违反合同约定责任，支付违反合同约定金或者赔偿损失。

（16）被许可方验收。

① 当被许可方出具验收证明及文件时应当保存履行证据。

② 在验收后的合理期限内被许可方应及时通知对方验收结果。

③ 被许可方在最后一次验收中发现专利技术不符合合同约定后，应及时向许可方告知验收结果且提交解除合同，同时还要保存相关证据证明验收不合格。

④ 许可方正确履行了合同之后，被许可方应当按规定的期间验收领取专利技术。

（17）被许可方应保存已按合同约定向许可方支付报酬的证据，以防日后就此产生争议。

（18）合同双方应约定在合同终止后库存产品的处置方法。

（19）起草合同时应当注意合同有效期不得超过专利权的存续期间。

（20）当事人就共有专利订立专利实施许可合同时，应征得共有权人的同意。

（21）签订排他实施许可合同时，应确保转让人未在相同范围内就此专利已与第三方订立专利实施许可合同。

（22）如果许可方之前曾与第三方签订专利实施许可合同并向其分售可专利实施许可，则被许可方应调查许可方是否是根据实施强制许可的决定与第三方签订立的专利实施许可合同，若不是，则无权许可他人实施。

（23）被许可方应当按照约定的范围和期限，对让与人提供的技术中尚未公开的秘密部分，承担保密义务。

2. 许可方需注意的事项

（1）许可方应当对被许可方的资产状况、信誉状况等进行调研。

① 对被许可方的履约信用，协作精神及其保密能力宜在合同签订前进行充分了解。

② 对被许可方的技术水平、技术消化能力有充分的了解，以免专利许可实施后还需投入大量精力进行技术指导，如不可避免，则应事先在合同中对相关报酬约定相对较高的数额。

（2）支付方式。

① 约定提成支付方式应明确约定提成标准、比例及相关解释。例如，可以按照实施专利后新增的产值、利润或者产品销售额的一定比例提成，提成支付的比例可以采取固定比例逐年递增或者递减，等等。

② 约定提成支付方式，当事人应在合同中约定查阅有关会计账目的办法。

③ 无论采用何种方式交付，均应保存交付的证据。

（3）许可方应当按照约定提供必要的技术指导。

（4）许可方提交相关资料的清单、份数时应保存履行证据。

（5）转让人应当按照约定许可受让人实施专利，交付实施专利有关的技术资料。

（6）为保证专利权在合同有效期限内的有效性，当事人应约定由何方缴纳专利年费和积极应对他人提出宣告专利权无效的请求。

（7）当需要验收时，许可方应当提请被许可方按照约定提交验收证明及文件。

（8）许可方不得要求技术被许可方接受非实施技术必不可少的附带条件。

（9）合同中约定按照实际销售数额结算专利使用费的，应同时约定被许可方有向许可方通报产品的经营情况的义务。

（10）许可方在接受被许可方逾期支付的转让费，并要求对方继续按合同支付转让费的行为视为其对单方解除合同权利的放弃。

（11）许可方应对被许可方在转让合同终止后继续使用专利技术的行为提出承担侵权责任的主张，而不能主张违约责任。

（12）当事人应当明确约定，在何地区范围内使用该专利。

（13）许可方提供技术指导的相关费用及支付方式应约定清楚。

（14）当事人应当明确约定专利实施许可的期限，最长不得超过专利的存续期间。

（15）当事人可以约定受让人按照约定实施专利技术侵害他人合法权益时由何方承担

责任。

（16）约定提成支付方式应明确约定提成标准、比例及相关解释。许可方同时应举证证明被许可方的销售额，以确定转让费数额。

12.4 专利应用实施的方法

12.4.1 专利应用实施难的原因

几乎所有的人都知道"发明难，实施更难"。10年前提这句话可能还有点新意，但现在再说这句话就有点过时了。有些人埋怨中国的专利制度，但埋怨不是成功人士的素质，透过表面现象看到事物本质才是需要具备的智慧。把发明灵感转换物质财富不但要有技术，而且还要有智慧。如果没有专利制度，有了再好的发明创造也难有凭证，没有保护，没有广告，更难以推广应用。

当申请一项专利后，最重要的是要实施自己所拥有的专利，也就是要将自己的专利应用于生产、生活，然后从中获得一定的经济效益。例如，如果拥有一项雨伞的专利，它的实施就是将这样的雨伞进行生产、销售并获得收入。并不是所有的专利都能转化为有形的财富，造成专利应用难以实施的常见原因如下。

1．选题时没有瞄准市场需求

在商品经济时代，要把自己申请专利的产品生产出来并销售出去，或者把自己申请的技术方案应用出来，才能带来经济效益。某个专利产品或技术是否有市场，即生产出来的产品是否卖得掉并不确定，所以并不是所有的专利都能转化成有形的财富，没有销路的专利产品难以应用实施。

2．发明人没说清楚发明内容

有了发明灵感，很自然地会想到一些发明的完善措施，让自己的发明更精彩，使转让价值更高，但是如果发明人表达愿望的方法不对，精彩的内容没有写对地方，有的技术没有写清楚，或将专利的独立权利要求写入了附加技术，都可能会造成专利价值等于零的严重后果。另外，专利权项特别窄的专利也难以实施许可和技术转让。

3．技术方案有问题

有些发明人给出的技术方案有问题，有的不完整、不全面，有的研究不深、考虑不周、公开不充分，有的根本就实现不了。造成这一问题的主要原因是发明人缺乏发明创造和专利申请的经验。虽然，在搞发明和申请专利时要冒失败的风险，但是在设计时要多考虑一些技术细节问题，甚至要准备几套方案以防不测，有时还要考虑制造成本和制造工艺等因素。

4．转让和推销方法有问题

通过朋友和熟人推荐，让受让方认可，转让专利的成功率比较高，还有就是在一些展会上展出自己的发明，这样会有很好的效果，在展会内向一些企业发送专利资料。转让专利时有发明样机最好，这是最好的广告宣传。

5．没有找到对口的实施单位

有道是隔行如隔山，专业的事给专业的人去做，就相对容易且效率较高。有些发明人还没有找到正确的实施单位和人，专利也是难以应用实施的。

6. 要价太高

有些专利权人自我感觉太好,只是一厢情愿地认为自己的发明有"发展前景",过高地估计了自己专利的价值,再加上有些评估公司对专利价值评估过高,造成要价太高,一时难以实施许可和技术转让。要正确评估自己的专利价值,太高的价格往往会吓跑投资者。

12.4.2　对专利转让实施难的对策

(1) 利用报纸扩大宣传。通过寻找企业或者寻找一些创业报纸,专利中介机构,如《中国专利报》《中国技术市场报》等在全国发行量大,覆盖面广,是介绍专利技术的好天地。

(2) 参加展览会、技术洽谈会。技术成熟,有样品,有相关的视频给投资者看。一些规模较大的展览会、技术洽谈会、技术博览会,参加的单位多、人员多,供需双方直接见面,可使需求方对专利技术更全面、更深入地了解,促进了专利技术的推广应用。

(3) 采用走出去、请进来的方式。与省内外各级主管部门负责人、工厂厂长、技术人员等广泛交谈,让内行了解专利成果。可当时签订意向书或技术转让、技术开发等技术合同。

(4) 印发专利技术资料,宣传专利技术。有详细的策划,并写好相关策划书。编印专利技术资料从技术内容、技术指标、使用范围、市场预测、投产条件、效益分析到转让方式等方面作较详尽介绍,使需求方看了材料就心中有数,可根据自身条件选择所需要的专利技术。

(5) 登录中国专利投资网、中国专利转让网等网站发布专利信息如图 12-3 所示。网络平台进行转让,如佰腾技术商城、中国应用技术网等途径转让,引导投资人购买专利。

图 12-3　一些专利转让网站

(6) 摆正位置,放平心态。用发展的眼光看待实施,不要太注重自己的利益,要为社会做贡献。合作双方是朋友,双赢才能长久的赢,才是真正的赢。

12.4.3　专利应用实施的一般方法

(1) 自己专利自己做。绝大部分企业的专利是企业自己实施的,大部分的专利都是专利权人和发明人自己实施的。个体的专利权人可以走出一条从创新到创业的路子,也可以找个合作伙伴自己实施,这样专利应用实施就不难了。

(2) 先把样品做出来。在做样品的过程中,发明人对产品的工艺流程和技术要点更为清楚,可进一步修正完善自己的专利,以适合市场的要求。例如图 12-4 所示的降温防暑安全帽样品和图 12-5 所示的 CPU 散热器样品,样品做成后,专利产品的优点就显现了,性能参数都可以测试了。有了样品,专利的积极效果说得清,看得明;有了样品,离产业化

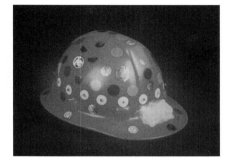

图 12-4　降温防暑安全帽图

的距离接近了,转让不难了。

（3）先使用起来。在使用中发现问题,进一步提高、完善。技术成熟,有相关的视频给投资者看。图12-6所示的下吸式免拆洗脱排油烟机,做出来自己家里先用,再让别人试用。使用的人都说好,转让就不难了。如果连自己都不想用的技术,能卖给谁呢？

图 12-5　CPU 散热器

图 12-6　下吸式免拆洗脱排油烟机家里使用

（4）与企业联合开发。入门费加销售额提成,利润分成和股份制是发明人和企业的利益捆在一起的有效方法。如图12-7所示的单手取水保温瓶就是采用专利技术入股的方法。

图 12-7　单手取水保温瓶系列产品

（5）与实际工程相结合。从工程实际出发，做符合工程需要的新设备。如桁架式土方筑堤机，专门为某工程设计，量身定做，如图 12-8 所示。

图 12-8　桁架式土方筑堤机在施工中

（6）解决工程难题。如鲎式轻质硬壳堤坝，是根据鲎的特性结构，设计了新的堤坝构筑方法，实现预制堤坝构件的工厂化，解决了软弱地基上堤坝建造过程中地基不均匀沉陷、滑移等工程难题。先做成小批样品在海岸滩涂养殖中使用，如图 12-9 和图 12-10 所示。

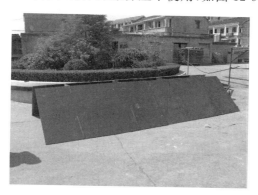

图 12-9　鲎式轻质硬壳堤坝

图 12-10　几种鲎式轻质硬壳堤坝试用样品

（7）瞄准社会上的热门话题，进行科学研究和创造发明。如遇到城市 PM 2.5 的问题，发明的室内空气净化器、家用空气净化温湿度调理器、家用空气净化增氧器。又如遇到城市内涝问题,发明的城市窨井淤泥清运方法。只要产品过硬,适销对路,不用担心市场销售问题。

(8) 创新加创业。发明人自己发明,自己开公司,自己生产,自己的销售,自己获取利润,自己承担风险。例如,图 12-11 所示的陶瓷浮影仪专利的发明人自己就创办了一家公司投入生产。

(9) 研究企业招标的或行业中公认的难题。例如液压对开驳,要求驳船上无电、无动力,手动完成驳船的启闭;又如,黏塑性物料管道输送设备,要求从输距大于 400m 的海上取土,用于堤坝内的土方闭气,如图 12-12 和图 12-13 所示。

图 12-11　陶瓷浮影仪产品

图 12-12　液压对开驳图

图 12-13　黏塑性物料管道输送船

12.4.4　专利应用实施中一些不容忽视的问题

1. 专利的期限及其保护

我国《专利法》规定,发明专利权的期限为 20 年,实用新型专利权和外观设计专利权的期限为 10 年,均自申请日起计算,但是这不意味着在专利权的期限内专利权人享有同等的权利。以发明为例,这个期限被分为 3 个阶段:申请日至公开日为第一阶段,对于通过正当方式掌握发明的单位和个人,申请人不能禁止其实施发明的行为,也不能要求其支付使用费用;公开日至授权日为第二阶段,申请人无权禁止他人实施其发明的行为,可以要求其支付适当的费用,如遭拒绝,只能等到授权后,向有关机关请求或起诉追索适当费用;授权后至权利终止前为第三阶段,此时,申请人成为专利权人,享有专利法赋予的全部权利,他人的使用构成侵权。另外,专利申请前,别人的使用可以形成先用权,并不构成侵权;专利权限期满后,专利进入共有领域,任何人都可以使用。可见,发明专利真正享有全方位保护的期限只有在授权后到终止前。因此,专利权人在专利推广过程中正确把握专利保护所处的阶段进行适当的推介显得尤为重要。

2. 专利号与专利标记

为增加产品的市场信誉度,一些专利申请人在刚获得申请号时就把申请号当作专利号在社会上推介,把获得申请号的产品说成是专利产品,这是混淆了两者的概念。首先,有专利申请号不一定是专利,申请号是国家知识产权局专利局受理专利申请时给出的编号,专利号是国家知识产权局专利局经审查符合条件后授予专利权时给出的编号。我国《专利法》规定了发明、实用新型和外观设计的基本审查制度,即发明实行早期公布、请求审查制,实用新型和外观设计采用初步审查制。实用新型专利的一个辅助审查程序是,在涉及实用新型专利的侵权纠纷案件中,人民法院和管理专利工作的部门可以要求权利人出具由国家知识产权局出具的检索报告,从而在一定程度上弥补了实用新型专利审查制度的不足。可见,只有被批准授予专利权、给予专利号的产品才是专利产品。其次,发明、实用新型、外观设计3种类型专利对应着不同专利号,其技术含量也不相同。发明专利严格按是否符合发明专利保护客体和"新颖性、创造性和实用性"等专利性的要求,经过实质审查才能授权,因而其技术含量和保护效力最高;实用新型专利不经实质审查,但它也是技术方案,涉及到技术范畴;外观设计只是对产品本身的外观或其包装的外观进行形状、图案、色彩或其组合的改进,因而本身不构成技术方案。另外,国家知识产权局的"29号局令"规定了专利标记与专利号的标注方式,明确要求标注专利标记时该专利必须是在专利权的有效期内,即专利授权至专利权终止期间,并标明专利类型和国家知识产权局授予专利权的专利号,如果把申请号当作专利号来标注则有可能构成冒充专利,而一旦构成冒充专利,专利管理部门将依照《专利法》第五十九条进行处罚。

3. 切莫上当受骗

应正确区分假借名义的中介推广。有不少专利权人反映自收到国家知识产权局发出的专利证书时就有源源不断地进行评奖、帮助专利推介的信件,其中一些不法分子假借专利评奖等手段对专利申请人、专利权人、发明人进行诈骗,有的假借国家机关、全国性组织或国际组织的名义搞专利评奖、专利转让,从中诈骗钱财;有的假冒国内外合法组织的名义,以举办博览会许诺参展项目获奖等手段,骗取参展费;有的谎称出版优秀专利项目汇编或发明人名录,骗取出版费。这些违法犯罪活动不仅直接侵害当事人的经济利益,挫伤发明人申请专利的积极性,而且严重扰乱社会秩序,破坏政府部门声誉。针对这种情况,国家知识产权局、公安部联合出台了《关于严厉打击假借专利评奖等手段进行诈骗违法犯罪活动的通知》《国知发管字〔2007〕26号》。

12.5 专利的应用实施案例

对自己的发明拥有了专利权,这是不够的,必须将其商业化,推向市场,最终获得利润。专利的应用实施是一门学问和艺术,是专利经营的内容,是专利权人的"必修课"。

12.5.1 专利的应用实施的智慧

【小故事】 诺贝尔安全炸药的应用,积累了巨额财富。

100多年前,曾经以"炸药之父"闻名于世的瑞典著名发明大王诺贝尔,一生致力于炸药的研究,在硝化甘油的研究方面取得了重大成就。他一生共获得技术发明专利355项,他自己进行工业实践,在欧、美等地的20个国家开设了约100家公司和工厂,积累了巨额财富。1896年12月10日,诺贝尔在意大利逝世。他遗嘱中提出,将部分遗产(920万美元)作为基金,以其利息作为奖金,授予世界各国在这些领域对人类作出重大贡献的学者。

【小故事】 操作系统的推广应用,比尔·盖茨成为世界首富。

比尔·盖茨,全名威廉·亨利·盖茨,美国微软公司的前任董事长,首屈一指的科技天才，与保罗·艾伦共同创办了微软（Microsoft）公司，时任微软首席执行官和首席软件设计师。

1980年，西雅图计算机产品公司的一名24岁的程序员蒂姆·帕特森花费了4个月时间编写出了86-DOS操作系统。1981年7月，微软以五万美元的代价向西雅图公司购得本产品的全部产权，并将它更名为MS-DOS。随后，IBM发布了第一台个人计算机，当时采用的操作系统是西雅图公司的86-DOS 1.14，但微软公司很快改进了MS-DOS，并使它成功地成为IBM PC采用的操作系统。成立微软公司后起名为MS-DOS操作系统。全世界编写出好的操作系统的人有很多，独有他推广应用先进技术，迅速占领市场，让全世界大多数计算机用他的操作系统。

他是一个创造天才，从13岁开始编程，39岁便成为世界首富；他是一个商业奇才，其独特的眼光总能使他准确地看到IT业的未来；其独特的管理手段，使得不断壮大的微软公司能够保持活力；他的财富更是一个神话，并连续13年登上福布斯榜首富的位置，这个神话就像夜空中耀眼的烟花，照亮了亿万人的眼睛。

【小故事】 爱迪生在电灯发明和推广应用中的巨大贡献。

一般认为电灯是由美国人托马斯·阿尔瓦·爱迪生发明的。但是，精确说来，爱迪生其实是第23位发明电灯的人。爱迪生的最大贡献是推广应用。爱迪生并不是第一个研究电光源的人，之前有很多其他人也对电灯的发明做出了不少贡献。早在19世纪初期，就有人研究成功用电来照明。1801年，英国化学家汉弗莱·戴维将铂丝通电发光，他在1810年也发明了电烛，利用两根碳棒之间的电弧照明，发明了弧光灯。1854年美国人亨利·戈培尔使用一根炭化的竹丝，放在真空的玻璃瓶下通电发光。他的发明今天看来是首个有实际效用的白炽灯，他当时试验的灯泡已可维持400小时，但是并没有及时申请专利。1850年，英国人约瑟夫·威尔森·斯旺开始研究电灯，1878年，他以真空下用碳丝通电的灯泡得到英国的专利，并开始在英国建立公司，在各家庭安装电灯。1874年，加拿大的两名电气技师申请了一项电灯专利，他们在玻璃泡之下充入氮气，以通电的碳杆发光。但是他们无足够财力继续发展这发明，于是在1875年把专利卖给爱迪生。爱迪生购下专利后，尝试改良使用的灯丝。1879年他改以碳丝造灯泡，成功维持13个小时。到了1880年，他造出的炭化竹丝灯泡曾成功在实验室维持1200小时。与之前的电灯的发明者不同的是，爱迪生赋予了电灯这一技术成果以巨大的商业价值，他通过建立起一个使电灯的普及成为可能的电力输送系统，并大量生产和销售与之相配套的优质低价的电灯，改变了家庭和办公的照明方式，让大多数人用上了电灯。

由上述真实的故事可见，一流的人才往往是发明家，他们不但是发明家。而且他们是应用实施的高手。不管在哪个时代，都有很多人发明创造出了很不错的东西，例如炸药、灯泡和计算机操作系统，但如果没有应用实施，没有整套的商业系统去推广，那些人的发明创造就没有多少价值。只有应用实施，才能赚大钱。才能推动科技进步和社会发展。

虽然历史潮流不可抗拒，在某个特定的历史阶段像炸药、灯泡和计算机操作系统这样的发明是总会出现的。无论做事还是做人，都需要那么一种品格、一种精神。敬业精神和献身精神远远胜过技术上的技巧。在现实生活当中，一流的人才具有发明家的睿智，经营家的眼光，企业家的气魄。他们总是先于他人觉察到事物的发展趋势，走在历史的前沿，引领着技术革命。这样的故事很多,可以拿来研究和效仿。

12.5.2　案例应用和分析

【案例应用】　联苯菊酯增效水乳剂的方法和生产工艺。

有一个发明人发明了联苯菊酯增效水乳剂的方法和生产工艺、精炼石油水乳剂的生产工艺和方法,已取得了专利权。于是在某网站上发布了专利信息,专利通过推广宣传后,一直都有各地投资商主动去电咨询专利的情况。多家公司前来洽谈合作事宜,其中一家公司看中了他的专利,并以30万元的交易额,外加30%的技术股份,购买了联苯菊酯增效水乳剂的方法和生产工艺专利的所有权,同时邀请发明人作为公司的研发人员提供技术支持。由是成功促成发明人与企业的合作。签订了专利权转让合同。又有一家公司看中了他的专利,并以100万元的交易额,分期付款的方式,签订了精炼石油水乳剂的生产工艺和方法的普通许可合同。然后生产了产品,制定了产品标准,通过了新产品鉴定。推广应用后,用户反应良好。获全国发明展金奖,高校科技优秀科技成果二等奖。

这个案例中,忽略专利本身的价值因素,可以看出专利转化成功的几个关键因素如下。

(1) 选择一个合适的专利推广平台。目前,网络已成为发明人宣传推广专利技术的首选。选择一个信誉好、服务好、效果好的技术推广平台是非常有必要的。选择好的技术推广平台必须关注可信度、人气以及服务这几个要素。

(2) 给予专利一个合适的交易价格。专利交易中的定价一直是一个难题。很多时候,由于发明人对自己的专利期望值过高,并给出一个不切实际的价格而导致专利交易的失败。判断一项专利或技术的价值,需要从专利技术本身的价值及交易方式、市场的现实情况以及其他一些综合因素决定的。由于受让方在实施一个项目时需要承担经营、市场以及其他各方面的风险,因此在交易过程中,发明人需要站在不同的角度综合考虑相关因素、才能对专利的交易价格有较为准确的把握,避免片面地给出一个"天价"而吓跑了企业。分期付款是一个比较可行的方式。

(3) 利润分成和股份制是发明人和企业的利益捆在一起的有效方法。从案例中可以看出,发明人对自己专利的价值认识清楚,给出的交易价格应在企业可以承受的底线之上,使企业购买专利的意愿强烈了许多。

(4) 提供必要的技术服务支持。专利技术从交易成功到生产到上市,是一个较长的过程,其中充满了不可预知的风险,而这些不可预知的风险也是不少企业谨慎选择购买专利技术的原因之一。从案例中可以看出,发明人还作为企业聘请的研发人员,为专利的转化提供技术支持,这也就解决了企业在技术引进方面的后顾之忧。发明人和企业一起生产产品,推广应用,制定产品标准,开新产品鉴定会。毕竟,作为发明人对自己的专利技术是最为清楚的,能够从技术上分担企业的风险,进一步坚定了企业购买专利技术的决心。

【案例应用】　汽车节能净化器实例分析。

有一位年轻的汽车驾驶员在部队研制成功汽车节油器,又发明了变工况下的汽车节能净化方法。实现了在汽车减速行驶时,截止燃油消耗;在汽车匀速行驶时,适当调稀空燃比;全自动控制,不影响动力,不增加操作。取得了专利。自己做成样品,先在自己开的汽车上使用,在使用中又进行了完善和改进。然后又在自己朋友的汽车上使用,确实节油不少,受到一致的好评。专利信息发布后,有多家公司看中了他的专利,多个厂家联系,洽谈合作事宜,要求生产许可。以 3000～8000 元的入门费加 2‰ 销售额提成的价格,签订了多家普通实施许可合同。于是成功促成发明人与企业的合作。很快生产出产品,经过查新,填补了国际上的空白。然后编制了产品标准,开发了系列产品。通过了新产品鉴定。经权威部门测试和用户使用,所有的权威测试报告加权平均节油率为 11.4%,一氧化碳、碳氢化合物排放量比安装前分别下降 93.7% 和 89.3%。然后,技术和产品被多个厂家采用,投入应用产生了明显的经济效益和社会效益。获商业部重大科技成果一等奖。这位普通驾驶员后成为中国汽车工程学会会员和有突出贡献的科技专家,证书如图 12-14 所示。

图 12-14　部级重大科技成果一等奖奖状和有突出贡献的科技专家证书

分析这个案例,可以看出专利转化成功的几个关键因素。

(1) 专利技术要成熟管用。先做成样品在自己和朋友汽车上使用,完善和改进。专利技术的使用成熟,试验出来效果好,适合社会的需求是推广专利技术的首要因素。

(2) 专利交易价格的首付要低。专利交易中的定价一直是一个难题。交易的首付价格低,是成功促成发明人与企业的合作重要因素。很多时候,少要一些,反而多得;多要了,反而少得。发明人要有对企业负责,为人类社会做贡献的情怀,尽量少考虑个人利益,多考虑事业发展。首付低是发明人自信的表现,是发明人走向成功的切入口。

(3) 发明人和企业的利益捆在一起。入门费加销售额提成的合作方式,使发明人和企业融为一体,能较好保障发明人和企业的利益。发明人指导企业的研发人员提供技术支持。

(4) 做好技术服务。专利技术从交易成功到生产到上市,其中充满了不可预知的风险,而这些不可预知的风险也是不少企业谨慎选择购买专利技术的原因之一。发明人为企业做好技术服务可以解决企业在技术引进方面的后顾之忧。作为发明人对自己的专利技术是最为清楚的,能够从技术上分担企业的风险。

(5) 持之以恒地做下去,一旦认定目标,就应该不惜牺牲一切,义无反顾地做下去,把发明创造当成自己的终身事业,踏踏实实、全心全意,才能在不知不觉中取得丰硕成果。

【案例应用】　塑料排水板加固水下软基方法及设备实例分析。

某企业长期从事海岸工程,在本行业中,深水区的塑料排水板的插设和土工布的埋设难度大,常规的陆地软基处理方法不能满足深水软基加固的要求,深水软基加固问题已成为海岸工程迫切需要解决的瓶颈课题。为了要研制水下软基处理船,组织了团队,列出难题,确定指标,进行攻关。采用振动沉桩方法,利用激振力来破坏桩管与泥土的黏滞阻力,实现塑料排水板的快速插拔;大胆设计了船体的中空无底结构,形成了插板船工作面,从而满足有风浪情况下的作业要求;采用桩管导流装置、水下自动剪板和装靴、实时差分 GPS 定位和计算机智能监控的自动化工作系统,如图 12-15 所示。项目得到了科研基金的资助。边研究,边设计,边申请专利,边施工。解决了 13 个关键技术问题。圆满解决深水恶劣环境下的软基快速处理难题。《中国海洋报》大篇幅报道《我国最大的软基处理作业船下水》。经过多个工程中实践,逐步修改完善,趋于成熟。多种作业船陆续下水,在省级和国家级重点工程中应用。实现在水深小于 30m、水下土层厚小于 40m、蒲氏风级 6 级、浪高 2m、流速 3m/s 条件下的深水软基快速处理。已有 7 种作业船投入工程应用。经鉴定"塑料排水板和土工布深水作业技术等方面处于国际领先水平"。

图 12-15　在调遣中和施工中的水下塑料排水板插设船

　　由于该企业重视科技投入,不断发明创造,才会获国家专利及省部级工法 20 余项,部分技术已达到国内领先、国际先进水平,在海堤工程建设上取得了巨大业绩,而且在海堤工程施工设备研制,施工工艺创新,软基处理和深水施工技术等方面都做出了突出贡献,已发展成为在海岸堤坝、海口城防、近岸海域工程建设规模最大的专业化集团公司之一。

　　分析这个案例,可以看出发明创造在工程中成功应用实施和促进企业发展的几个关键因素如下。

　　(1) 发明创造要紧跟时代发展的要求。21 世纪是海洋世纪,开发海洋已成为一个国家、一个地区经济发展的战略问题,是我国经济新的增长点。由于海洋滩涂沉积着深厚的软黏土层,这类土层含水量高,孔隙比大,渗透系数小,承载力与抗剪强度低,灵敏度高,传统的技术和设备难以发挥作用,更无法实现快速度、大强度筑堤施工。时代发展需要新设备和新技术。

　　(2) 发明创造要瞄准行业发展中的瓶颈问题。随着海岸工程向深水区的发展(如深水围海、堵港截流、人工岛工程等),深水软基加固施工的环境复杂,塑料排水板的定位与插设和土工布的埋设都成了行业发展中的瓶颈问题,常规的陆地软基处理方法不能满足深水软基加固的要求,深水软基加固问题已成为海岸工程迫切需要解决的课题。

　　(3) 发明创造要与科研项目相结合。发明创造要以科学研究为基础,把研究出来的新成果申请专利,把研究出来的新成果运用到工程中去。这样的项目能得到科研基金的资助。边研究,边设计,边申请专利,边施工。发明创造与应用就相结合了。

　　(4) 发明创造要在反复实践应用中产生。科技进步总是依据其自身的规律循序渐进的,任何一项成果都不可能一蹴而就的,必须经过多个工程中实践,逐步修改完善,趋于成熟的。

(5) 发明创造要敢为人先。要敢于投入,做前人没有做过的事情。要立足市场、面向世界、着眼未来。只要敢为人先,就能促进企业发展,进入领先行列。

【案例应用】 软黏物料管道远距离输送方法应用实例。

有一群施工人员在工程中遇到一个难题:要在距堤坝脚 200m 以外的海上取土,用于堤坝内的土方闭气。于是组织了科研团队进行研究。经检索查新知道,气体、液体和粉粒状固体可用管道输送,而黏塑性物料的管道输送理论国内外鲜见研究和报道,通常认为无法用管道输送。有些专家说:"这是国际上都没有解决的难题","不可能的事"。但是自然界和工程中普遍存在着黏塑性物料输送的需求。为了攻克软黏物料无法远距离管道输送的难题,他们研究软黏物料的输送特性、影响因素及规律,研究宾哈姆体和固体相间运动的界面关系及其改善方法,以及在气、液、表面活性剂等非均匀多相介质状态下,相互作用机理、流场特性和模型。经调查研究、实验分析、模拟测试、理论研究和实地应用,形成了一套的软黏物料管道输送理论,提出了表面膜减阻和非连续相柱流管道输送方法,研制开发成功了能远距离输送高浓度、大黏度、低含水量的淤泥和软黏土输送设备,首创性地突破了软黏物料无法远距离管道输送技术瓶颈,打破了历来被认为软黏物料无法管道输送的禁区。项目相关技术在应用实施过程中已获发明专利 16 项、实用新型专利 20 多项。发表学术论文30 余篇。经鉴定认为:"该成果在软黏土的远距离管道输送技术等方面处于国际领先水平"。

这些成果现已应用到 $10 \sim 500 \mathrm{m}^3 / \mathrm{h}$ 多种型号的淤泥和软黏土的输泥设备上,能输送各种浓度的淤泥和含水量大于 33%(质量比)以上的各种软黏土。输送距离从几百米到几千米可根据需要调整。开发研制的"环保型清淤输泥设备","低气压远距离管道输送软黏土设备","滩涂土方筑堤机"、"活塞式土方输送船"、"城市污泥管道输送装置"、"污泥卸船管道输送机"、"城市窨井污泥管道输送机"等。广泛适用于河道开挖,港口疏浚,围海筑堤,海滩回填,土方搬运,水库航道湖泊清淤,码头船坞积聚物清理,城市垃圾工业废渣清运。经济效益和社会效益显著,市场应用前景广泛。投入工程应用,已完成国家级、省级重点工程 30 多项。与国内外传统方法相比较,具有能耗省、工效高、效益好、定位准、自动化程度高的特点。图 12-16 为多种型号的淤泥和软黏土的输泥设备在工程中应用,图 12-17 为证书。

分析这个案例,可以看出科学研究,创造发明,专利应用实施取得成功的几个关键因素如下。

(1) 瞄准行业中急需解决的课题、工程中的难题及社会上的热门话题,进行科学研究和创造发明。需要是发明之母,专利权是发明之父,适合需求解决问题是科学研究和创造发明的首要任务,也是申请专利的真正目的。

(2) 不要怕困难,所有的创造发明都在"难中求",都在走前人没有走过的路。该项目开始时,有些专家说:"这是国际上都没有解决的难题""不可能的事"。创造发明不要怕难度大,不要怕前人没有做过,不要怕权威反对,不要怕理论上不成熟。创造发明就是做前人没有做过的,世上无难事,只要肯登攀,科学有险阻,苦战能过关。

(3) 要有团队。组织团队进行研究,多学科的科技协作是创造发明的福音,现代科技成

(a)

(b)

(c)

(d)

(e)

(f)

(g)

(h)

图 12-16　多种型号的淤泥和软黏土的输泥设备在工程中应用

图 12-17　部分获奖和证书

果无一不是多学科多部门合作完成的。分解课题，分工合作，各个攻克，稀释难度。专业的事给专门的人去做，就容易且效率是最高的。如"表面膜减阻方法与黏塑性物料管道输送技术"就是机械、化学、材料、土力学、电气、电子等多学科的交叉结合，多方人才通力合作的成果。

（4）检索查新，摸清国际上相关现有技术状况，站到专利的制高点，站到巨人的肩膀上，继承前人的成果，才能少走弯路。才能明确需攻克的目标，才能在最短的时间内突破技术瓶颈，达到和超过世界先进水平。

（5）边应用、边改进。实践检验，理论总是落后于实践。要不断在实践中总结出具有一般指导意义的理论。专利应用实施的过程就是不断改进、不断创新、不断完善的过程。多种型号的淤泥和软黏土的输泥设备，就是根据工程的需要，在应用中不断完善、不断深入，又不断产生新专利。只要是将专利技术真正应用于工业生产中，就是专利的实施。只要是专利在应用实践中检验，就能进一步发现问题解决问题，产生新专利。

（6）持之以恒，不断深入，一直做下去。上述应用实例中从"一种气力输泥方法及系统"（1993 年的专利），到如图 12-16（a）所示"80m³/h 的气力输泥船"，1992 年研制成功再到"环保型清淤输泥设备"获得优秀科技成果一等奖，整整过去了 20 年。梅花香自苦寒来，宝剑锋从磨砺出，坚持做下去，成功自会来。

（7）开拓应用范围。开发研制的"环保型清淤输泥设备"、"低气压远距离管道输送软黏土设备"、"滩涂土方筑堤机"、"活塞式土方输送船"、"城市污泥管道输送装置"、"污泥卸船管道输送机"、"城市窨井污泥管道输送机"等不但广泛适用于河道开挖、港口疏浚、围海筑堤、海滩回填、土方搬运、水库航道湖泊清淤、码头船坞积聚物清理、城市垃圾工业废渣清运，而且适用于化工、环保、水利、石油、建筑等领域，市场应用前景广泛。

（8）申请专利要公开充分。专利技术的公开和推广应用，推动了社会的发展和进步，发明创造的公开使人们从中得到启发，有利于技术的传播，也可以提高整个社会的科研起点，避免了资源的浪费，是对社会的巨大贡献；同时，将发明创造应用于工业生产，又进一步为社会创造物质财富和精神财富。因此，公开发明和实施发明创造是专利制度的两项重要内容。有一颗为人类社会做贡献的心，就会幸福地感到：创造发明魅力四射，专利申请其乐无穷。

参 考 文 献

[1] 傅世侠.创造[M].沈阳：辽宁人民出版社,1987.

[2] 罗伯特·斯腾伯格.创意心理学：唤醒与生俱来的创造力潜能[M].曾盼盼,译.北京：中国人民大学出版社,2009.

[3] 邵泽水.创新领着创意走——创新思维的奥秘[M].青岛：青岛出版社,2004.

[4] 赵永泰.大学生创造力培养与路径选择[M].北京：社会科学文献出版社,2005.

[5] 杰森 R 瑞奇.头脑风暴[M].黄蓓蓓,孟涛,译.北京：金城出版社,2010.

[6] 史蒂芬·柯维.高效能人士的七个习惯[M].王亦兵,译.北京：中国青年出版社,2008.

[7] 金吾伦.创新的哲学探索[M].北京：东方出版社,2010.

[8] 布朗 & 基利.学会提问——批判性思维指南[M].赵玉芳,等译.北京：中国轻工业出版社,2006.

[9] 汉弗莱·B·尼尔.逆向思维的艺术[M].丁圣元,译.海口：海南出版社,2010.

[10] 廖军.视觉艺术思维[M].北京：中国纺织出版社,2000.

[11] 肖恩·柯维.杰出青少年的七个习惯(精英版)[M].陈允明,译.北京：中国青年出版社,2011.

[12] 东尼·博赞,巴利.思维导图[M].叶刚,译.北京：中信出版社,2009.

[13] 梁良良.创新思维训练[M].北京：中央编译出版社,2000.

[14] 曲智男.思维导图实战手册[M].北京：电子工业出版社,2010.

[15] 理查德·保罗,琳达·埃尔德.思考的力量[M].丁薇,译.上海：上海人民出版社,2006.

[16] 孙艳玲.因特网上查专利[M].北京：水利水电出版社,2007.

[17] 马秀山.成功与失败(教你如何用专利)[M].北京：中国对外经贸出版社,2003.

[18] 江镇华.怎样撰写专利申请文件[M].北京：知识产权出版社,2002.

[19] 杨国平.专利申请指南[M].上海：上海科学技术出版社,2003.

[20] 林建军.专利申请与审查[M].北京：知识产权出版社,2006.

[21] 国家知识产权局专利局.专利申请须知[M].北京：知识产权出版社,2010.

[22] 林建军.专利申请与审查[M].北京：知识产权出版社,2001.

[23] 颜维琦,曹继军.高校应开专利文献检索课[N].光明日报,2013-03-14(7).

[24] 陈同星.无孔不入的专利转让诈骗[J].中国发明与专利,2008[11].

[25] 吴汉东.知识产权基本问题研究[M].北京：中国人民大学出版社,2009.